FRANK R. PFETSCH

INTERNATIONALE POLITIK

Frank R. Pfetsch

Internationale Politik

Verlag W. Kohlhammer
Stuttgart Berlin Köln

Die Deutsche Bibliothek – CIP-Einheitsaufnahme

Pfetsch, Frank R.:
Internationale Politik / Frank R. Pfetsch. – Stuttgart ; Berlin ;
Köln : Kohlhammer, 1994
ISBN 3-17-012621-0

Umschlag: Studio 23
Foto: Sipa/Superbild

Verlagsort: Stuttgart
Umschlag: Studio 23
Gesamtherstellung:
W. Kohlhammer Druckerei GmbH & Co. Stuttgart
Printed in Germany

Inhalt

Übersichten, Graphiken, Matrizes, Schaubilder, Tabellen, Modelle

Einleitung

Eine wissenschaftliche Disziplin wird vor allem durch zwei Merkmale bestimmt, nämlich durch die Wahl ihres Objektbereichs, d. h. des gewählten Ausschnitts aus der Realität, und durch das methodische Vorgehen bzw. forschungstechnische Instrumentarium.
Der vorliegende einführende Überblick thematisiert einen *Wirklichkeitsausschnitt* aus dem Bereich der internationalen Politik, der sich von anderen dadurch unterscheidet, daß er
– *handlungsorientiert* ist, d. h. die Akteure behandelt, die Instrumente benennt und die Ziele thematisiert; dies ist auch der Grund, warum ich den Begriff „Internationale Politik" dem Begriff „Internationale Beziehungen" als Titel vorziehe, denn dieser international gebräuchliche (IR = International Relations) betont eher Strukturen als Handlungen. In den folgenden Ausführungen können die Begriffe jedoch ausgewechselt werden.
– in den Kreis der *Akteure* nicht nur Regierungen und staatliche bzw. nicht-staatliche Organisationen einbezieht, sondern auch politische Bewegungen und einzelne Politiker; dem Nationalstaat als dem nach wie vor wichtigsten Akteur wird dabei der breiteste Raum gewidmet;
– die *Instrumente* der internationalen Politik als ein breit gefächertes Arsenal innerstaatlicher, zwischenstaatlicher (außenpolitischer) und internationaler (Konferenzdiplomatie) politischer Mittel betrachtet;
– die *Ziele* als ein komplexes Ensemble von nationalstaatlicher Orientierung, subgouvernementaler Bewegung (Autonomie) und regionaler bzw. internationaler Gemeinschaftsbestrebungen begreift.
– Internationale Politik muß auch im Zusammenwirken außenpolitischer Aktionen gesehen werden; wenn der Staat als der wichtigste Akteur angesehen wird, dann spielt selbstredend die Interaktion der *Außenpolitiken der Einzelstaaten* eine zentrale Rolle und muß auch in einem Buch über internationale Beziehungen dargestellt werden. Man kann sagen, daß die internationale Politik, wie sie sich zwischen Staaten und in internationalen Organisationen darstellt, aus Aktionen nationalstaatlicher Akteure resultiert, will sie nicht als mechanistisch aufgefaßt und damit mißverstanden werden. Die Analyse der internationalen Beziehungen ist immer auch zugleich Analyse der

außenpolitischen Willensbildungs- und Entscheidungsfindungsprozesse im Innern von Staaten.

– Zur Ausschnittsperspektive gehört auch die Lagerung von Beobachtungen auf der Zeitachse, d. h. die *historische Dimension* nach hinten und die *Zukunftsperspektive* nach vorne. Während die meisten Begriffe der internationalen Politik unter ganz bestimmten Bedingungen entstanden und historisch gewachsen sind und so auch dargestellt werden müssen, ist die Zukunftsperspektive eher methodisch anhand von Analyseinstrumentarien, d. h. Modellen, Visionen, Plänen, Prognosetechniken und utopischen Entwürfen anvisiert.

In früheren Arbeiten wurde das internationale System u. a. als *Integration und Konfrontation* im Sinne zweier Handlungsmuster der internationalen Politik dargestellt. Diese perspektivische Sicht wird auch in dem vorliegenden Buch weiterverfolgt. Die zahlreichen, in diesem wie im vorigen Jahrhundert gegründeten Zusammenschlüsse zu internationalen und transnationalen Organisationen, die Bildung regionaler Organisationen und Integrationsgemeinschaften lassen die *Integrationsforschung* als ebenso wichtigen Zweig der Analyse internationaler Politik erscheinen wie die *Konfliktforschung,* die die konfrontativen Momente thematisiert.

– Die zentrale Frage aller Forschungen im Bereich der internationalen Politik ist die nach *Krieg und Frieden,* zwei Zustandsbeschreibungen, auf die sowohl die Integrations- als auch die Konfliktforschung ausgerichtet ist. Das abschließende letzte Kapitel geht den Erklärungen für diese Zustandsarten des internationalen Systems nach und untersucht die Möglichkeiten gewaltfreier Lösungen von Konflikten.

Zum *methodischen Vorgehen* und zum forschungstechnischen Instrumentarium gibt es eine große Anzahl zentraler Begriffe, die – weil kontrovers gehandelt – zunächst der Klärung bedürfen; auch gibt es zahlreiche formale Kategorien zur Charakterisierung bestimmter Konstellationen und Prozesse, die dargestellt und auf ihre Relevanz hinterfragt werden müssen. Die historische und sozial-empirische Forschung hat viele Erkenntnisse zutage gefördert, die im Kontext zentraler Fragestellungen als Tatsachenbeschreibungen zunächst für sich stehen können aber auch zur Überprüfung von Theorien und Hypothesen genutzt werden, bzw. weitere Hypothesen generieren können.

Der vorliegende einführende Überblick ist somit theoretisch wie empirisch angelegt und versucht, die problem-orientierte und quantitativ-empirisch ausgerichtete Globalperspektive der angelsächsischen – und hier insbesondere der amerikanischen – Forschung mit der eher philosophisch-historischen und ideologiekritisch angelegten kontinental-europäischen Forschung zu verbinden.

Die vorliegende, als Lehr- und Studienbuch konzipierte Darstellung, steht vor einer doppelten Aufgabe, nämlich der, über internationale Beziehungen zu schreiben und der, über das Schreiben über internationale Beziehungen zu berichten. Es geht also darum, die eigenen Vorstellungen über den *Gegenstand* der Analyse zu entwickeln und die Vorstellungen anderer *wissenschaftlicher Analysen* zu berücksichtigen.

Als übergeordnete Fragestellung kann formuliert werden: welche Strukturen und welche Handlungen führen im Akteur-Struktur-Verbund im Bereich der internationalen Beziehungen zu welchen Ergebnissen? Politisches Handeln wird – ob verändernd oder bewahrend – in Abhängigkeit von drei Determinantenfeldern gesehen: erstens von Strukturen, Konfigurationen, Ordnungsmustern etc., also von all den verfestigten Gegebenheiten, die für die Handelnden als vorgegeben und nicht kurzfristig veränderbar aufzufassen sind; zweitens von Handlungsparametern des nationalen und internationalen Systems und drittens von Persönlichkeitsfaktoren zentraler Entscheidungsträger, deren Handeln wiederum auf Strukturen und Prozesse zurückwirkt.

Als Grundmuster, das mit seinen verschiedenen Dimensionen in allen Kapiteln auftaucht, wird ein Fadenkreuz mit vier unterschiedlichen Analyseebenen verwendet, nämlich innerstaatlich-national und intergouvernemental-international, sowie staatlich-national und nichtstaatlich-transnational. Diese organisatorischen Grundeinheiten finden ihren Ausdruck in den verschiedenen Sach-, Handlungs- und Problembereichen. Auch die zentralen theoretischen Positionen lassen sich auf dieser Achse abtragen.

Entsprechend dieser handlungstheoretischen Überlegungen sind die einzelnen Kapitel dieses Buches systematisch und zugleich genetisch-historisch angelegt: es werden nach Problemstellung, Begriffsklärung und Darstellung von Hilfsmitteln der Analyse (Kap. 1., 2., 3.) zunächst die Akteure in ihren Organisationen, mit ihren Zielen und mit den ihnen zur Verfügung stehenden Mitteln und Instrumenten abgehandelt (Kap. 4., 5. und 6.); dann folgen Darstellungen über die zentralen antagonistischen Prozesse und Zustände Integration und Desintegration (Kap. 7), Konflikt und Kooperation (Kap. 8) sowie Krieg und Frieden; abschließend wird der Frage nach den Möglichkeiten gewaltfreier Lösungen nachgegangen (Kap. 9).

In das Buch aufgenommen wurden einige zuvor publizierte und nicht publizierte Untersuchungen[1] über relevante Aspekte der Internationalen Beziehungen. Auch werden zur Erläuterung, Präzisierung und Überprüfung von Theorien Ergebnisse des empirisch-quantitativ angelegten Forschungsprojekts KOSIMO (Akronym für KOnflikt.SImulations-MOdell) mitgeteilt.

Dieses Lehrbuch wurde in verschiedenen Seminaren über „Internationale Beziehungen“ in Heidelberg, Pittsburgh, Seoul und Leipzig getestet und hat von studentischen Anregungen profitiert. Meinen Dank möchte ich Sabine Klotz, Gunther Jost, Christof Roloff und Bernhard J. Trautner aussprechen, die mir bei der Überarbeitung behilflich gewesen sind.

Heidelberg, im September 1993

Kapitel 1: Anmerkungen zur Disziplin Internationale Beziehungen und zu ihrer Geschichte

1.1. Problem- und Fragestellungen

Welche Fragestellungen bestimmen das Handlungsfeld internationaler Beziehungen (Politikerperspektive) und wie wird bzw. wurde dieser politische Handlungsbereich wissenschaftlich analysiert (Wissenschaftlerperspektive)?

In der *praktizierten Politik* können als handlungsleitende Fragestellungen angegeben werden:

- Welche Ziele sollen die Außenpolitik eines Landes leiten, welche Werte sollen verteidigt werden, und welche Rolle soll ein Staat im Ensemble anderer Staaten spielen?
- Wie reagiert ein Staat und vor allem seine Regierung auf in Aussicht genommene Aktionen?
- Welche Positionen sollen in bestimmten Problemlagen und zu bestimmten Fragen eingenommen werden und wie sind diese mit den Optionen anderer Staaten vereinbar?
- Welche innen- und außenpolitischen Folgen sind zu erwarten für die eigene Regierung und für die des betroffenen Staates?
- Welche Ziele definieren das nationale Interesse und welche Prioritäten sollen gesetzt werden?
- Welche Mittel erscheinen angemessen, um solche Ziele zu erreichen?
- Wie soll und kann eine einmal gewählte Politik überzeugend dargestellt und legitimiert werden?
- Welche Vorstellungen über regionale und internationale Ordnungsmuster leiten die Außenpolitik eines Staates und hier insbesondere die Außenpolitik dominierender Staaten?

Solche Fragestellungen werden zunächst von Experten innerhalb und außerhalb der Administrationen bearbeitet; Expertenwissen resultiert dabei vor allem aus Erfahrungen und Beobachtung.

Die *wissenschaftliche Analyse* hat im allgemeinen nicht die Erfolgszwänge im Auge, die den Politiker leiten und wird im allgemeinen auch nicht unter Zeitdruck angefertigt.

In Anlehnung, aber auch in Modifikation und Erweiterung eines von Karl W. Deutsch[1] vorgeschlagenen Katalogs von Grundfragen, lassen sich die wichtigsten für die wissenschaftliche Analyse im Mittelpunkt stehenden Problemfelder der gegenwärtigen internationalen Beziehungen formulieren.

Nationalstaat und internationale Beziehungen: Welche Rolle spielt der Nationalstaat als die noch immer wichtigste Organisationsform in den Wandlungen der internationalen Beziehungen?

Welche Auswirkungen hat die Bildung bzw. der Zerfall von Nationalstaaten in den internationalen Beziehungen? Welche Bedeutung kommt der geopolitischen Lage von Nationalstaaten zu? Inwiefern hat die sich verändernde Zahl existierender unabhängiger Staaten das internationale Geschehen beeinflußt, und welche Konfigurationen bestimmen die Struktur des internationalen Systems?

Krieg und Frieden: Welche Faktoren bestimmen das Handeln von Regierungen und anderer relevanter Gruppen in konfliktreichen Situationen und welche Bedingungen liegen vor bei friedlichem bzw. kriegerischem Verhalten? Welche Strategien gibt es, um Konflikte auf dem Verhandlungswege zu lösen, welche Faktoren begünstigen diese?

Macht und Ohnmacht: Worin besteht die Macht und Ohnmacht einer Regierung, welches sind die Quellen und die Dimensionen von Macht und wie kann Macht eingeschätzt bzw. gemessen werden?

Wohlstand und Armut: Wie groß ist die Ungleichheit zwischen Nationen in bezug auf die Verteilung von Besitz und Einkommen? Wie wirken sich Einkommensunterschiede auf das Verhalten der Staaten in der internationalen Politik aus?

Freiheit und Unterdrückung: Welchen Wert legen Völker auf die Unabhängigkeit von anderen Völkern? Welchen Preis sind sie bereit zu bezahlen für Freiheit und Unabhängigkeit? In welchem Verhältnis steht die Freiheit im Innern eines Landes und seiner Außenbeziehungen? Wie äußern sich Freiheitsbewegungen in einer Nation auf ähnliche Bestrebungen in anderen Nationen?

Wahrnehmung und Illusion: Wie sehen politische Führer und Staatsbürger ihre eigenen Nationen und wie sehen sie andere Nationen? Welchen Einfluß auf das Außenverhalten hat die Wahrnehmung von Images bestimmter Länder?

Wandel und Stabilität: Welche Bedingungen bestimmen Kontinuität und Wandel von Staaten und welchen Einfluß haben solche Prozesse auf das Verhalten im internationalen System? Welche Strukturen und Prozesse leiten in die eine oder in die andere Richtung; welche politischen Instrumente wirken verändernd, welche bewahrend?

Aktivität und Apathie: Wer hat in welchem Ausmaß ein aktives Interesse an politischen Dingen und hier speziell an außenpolitischen Bedingungen? Welche Rolle spielen die öffentliche Meinung und die

Medien bei der Wahrnehmung von Problemlagen und deren politischer Umsetzung?
Identität und Transformation: Wie bewahren Individuen, Gruppen, Völker und Nationen über alle Veränderungen hinweg ihre Identität? Welche Elemente bestimmen das Identitätsgefühl? Inwiefern schließt die eigene Identität bzw. der Kampf um die eigene Identität diejenige anderer Gruppen aus?
Autonomie und Integration: Nach welchen Überlegungen und Bestrebungen bilden sich integrierte nationale und regionale Gemeinschaften und nach welchen kommt es zur Disintegration? Welche funktionalen Bedürfnisse müssen erfüllt werden, damit es zur zentrifugalen bzw. zur zentripetalen Form der Vergemeinschaftung kommt?
Vergangenheit und *Zukunft:* Inwieweit wirken in den Beziehungen zwischen Völkern gegenseitige Vergangenheitserfahrungen nach und welche Vorstellungen oder Visionen gibt es über die Zukunft? Wie vergangenheitsbelastet und wie zukunftsorientiert ist politisches Handeln?
Diesen Fragen versucht die vorliegende Einführung nachzugehen und, wenn auch nur partielle, Antworten oder zumindest Klärungen zu finden.

1.2. Theoretische Arbeiten

Der Forschungsgegenstand Internationale Beziehungen ist erst zu Beginn dieses Jahrhunderts vor allem in den Vereinigten Staaten entwickelt worden und erst in der zweiten Hälfte dieses Jahrhunderts zu einer wissenschaftlichen Disziplin im deutschen universitären System herangereift.
In den beiden letzten Jahrzehnten, also etwa in der Periode 1970 – 1990 sind einige Arbeiten über Internationale Beziehungen erschienen[2], Arbeiten, die zum Ziel haben, den Gegenstand Internationale Politik mehr oder weniger umfassend darzustellen. Ein Blick auf die jeweils gewählten Konzeptionen läßt erkennen, daß ganz unterschiedliche Sichtweisen in der Darstellung zu erkennen sind, je nachdem, aus welchem Land ein betreffender Autor stammt und wie seine wissenschaftliche Ausrichtung aussieht. Ein Autor aus der skandinavischen Welt konzentriert sich eher auf Fragen der Neutralität, des Disengagements, der Abrüstung oder der Dritten Welt; einem Autor aus dem Land einer Großmacht geht es eher um Fragen der Analyse bestimmter Machtpositionen usw. Es gibt auch kulturelle Unterschiede zwischen Publikationen, die in Deutschland erschienen sind, und

denen, die im englisch- oder französischsprachigen Raum publiziert worden sind. Der auffallendste Unterschied besteht darin, daß die deutschen Arbeiten sehr viel theoretischer das Thema, bzw. die Themen behandeln als die englischsprachigen; die angelsächsische Literatur hat demgegenüber vor allem die Akteure und bestimmte Problembereiche im Blick. Die englischsprachige Literatur ist somit eher beschreibend und praktizierte Politik nachvollziehend, während die deutschsprachige Literatur sich zur Aufgabe stellt, das Feld systematisch darzustellen und theoretische Ansätze anzubieten.

Unter *theoretischen bzw. metatheoretischen* Gesichtspunkten sind die Studien von Frei (1973), Haftendorn (1975), Behrens/Noack (1984) angelegt bzw. systematisiert; Analysenkonzepte werden ferner angeboten von Hütter (1976), Berg-Schlosser (1977), Czempiel (1981) u. a.

Akteurs- und handlungsbezogen, d. h. von den nationalstaatlichen Akteuren ausgehend, sind die Studien von Deutsch (1971), Frei (1973), Boyd/ Pentland (1981), Noack (1981, Czempiel (1981) angelegt.

Von bestimmten *Problemstellungen* gehen die Studien von Albrecht (Demokratisierung), Czempiel (Friedensstrategien), Senghaas (Gewaltproblematik, Rüstungsproblematik), Kegley/Wittkopf, Boyd/ Pentland (globale Probleme), Knapp/Krell (Konfliktfelder, Ordnungsprobleme) aus.

Im einzelnen lassen sich folgende Beobachtungen über die Literaturlage machen:

In der Bundesrepublik wurden Anfang der siebziger Jahre die ersten übergreifenden und umfassenden Einführungen in die internationalen Beziehungen angefertigt. Dabei überwiegt eindeutig die theoretische bzw. ideologiekritische Perspektive, unter der Einzelstudien zusammengefaßt werden, ohne daß notwendigerweise neue theoretische Ansätze hinzugekommen sind.

Will man eine Einteilung nach politischen Lagern vornehmen, so kann die *„linke" Literatur* dadurch gekennzeichnet werden, daß sie politik-ökonomische oder allgemeiner: Struktur-Ansätze in den Vordergrund stellt, sich mit der Legitimationsproblematik beschäftigt und schließlich das internationale System in seiner historischen Entfaltung darstellt.

Die *„liberale* Mitte" hat Konzepte Krieg und Friede im Auge, beschäftigt sich mit Modellansätzen und theoretischen Erklärungsmustern und bringt Fallstudien oder Systemansatz mit empirischen Beispielen.

Eine *„rechte" oder „konservative"* Literatur geht vor allem von dem klassisch gewordenen Machtansatz der Morgenthau-Schule aus, betrachtet den Nationalstaat als den wichtigsten Akteur in den internationalen Beziehungen und hebt die Machtpotentiale der Einzelstaaten hervor. Diese Literatur ist eher skeptisch gegenüber der

Rolle Internationaler Organisationen und hat das Abschreckungskonzept des Kalten Krieges als wichtiges Erklärungstheorem im Auge.
In neueren Arbeiten ist zu erkennen, daß ideengeschichtliche Ansätze aufgearbeitet werden und der Fundus klassischer Theorien zu den internationalen Beziehungen ausgeschöpft wird.

1.3. Ordnungsmodelle für den Gegenstandsbereich „Internationale Politik" und für die theoretischen Ansätze

Einteilungen nach Gegenstand und theoretischer Reflexion können nach verschiedenen Gesichtspunkten vorgenommen werden. Möglich sind Unterscheidungen erstens nach dem *dualen Menschenbild* gut/optimistisch – schlecht/pessimistisch, zweitens nach der doppelten Real-Antinomie *staatlich-gesellschaftlich* und *Klein- versus Großeinheiten*, sowie drittens nach den darauf bezogenen *theoretischen Denkschulen* Realismus – Freihandel/Imperialismus und Regionalismus – Funktionalismus/Idealismus.

1.3.1. Das duale Menschenbild

Sinnvoll erscheint zunächst eine Einteilung nach prinzipiell unterschiedlichen Sichtweisen ausgehend von verschiedenen Grundhaltungen, nämlich einer *optimistisch-moralistischen* Grundhaltung und einer *pessimistisch-realistischen*. Aus diesen anthropologischen Grundannahmen folgen unterschiedliche Politikauffassungen bzw. -analysen (Vgl. Übersicht 1).
Die Optimisten oder Moralisten gehen von der grundsätzlich guten Natur des Menschen aus, die es gilt, durch gesellschaftliche oder politische Organisationen zu entwickeln mit dem Ziel, in einer gewaltfreien oder zumindest gewaltarmen Gesellschaft den Frieden herzustellen. Diese Sichtweise steht in der anthropologischen Tradition von Jean-Jacques Rousseau und in der idealistisch-moralistischen Tradition von Kant. Die „Tradition des Optimismus" ist nach Ian Clark durch vier Merkmale charakterisiert, nämlich durch den Glauben an Fortschritt, Wandel durch Institutionen, die Überzeugungskraft der Ratio und an die natürliche Harmonie der Interessen, die eher komplementär als antagonistisch seien.[3]
Die Pessimisten oder Realisten sehen im Menschen eher das Tier, das mittels staatlicher Macht und Kontrolle gebändigt werden

Übersicht 1: Paradigmen in den internationalen Beziehungen

	„Moralisten/Optimisten"	„Realisten/Pessimisten"
Anthropologie	Mensch ist von Natur gut, optimistisch	Mensch ist von Natur böse, pessimistisch
Analyseeinheit	Gesellschaft, innerstaatliche Gegebenheiten	Staat/Nation, Regierungen
Weltsicht	Welt als Weltgesellschaft, Weltinnenpolitik	Welt als Staatenwelt
Struktur	Abhängigkeiten, Dependenz	Anarchie
Militär	Abrüstung	Abschreckung durch Rüstung, Rüstungsgleichgewicht
Strategien	Weltregierung, Stärkung Intern. Organisationen, Universalorgan	Skeptisch gegenüber Intern. Organ., staatl. Ordnungsmacht, Hierarchie- und Ordnungsgefälle
Forschungs-einrichtungen, Schulen	„kritische Friedensforschung", Idealistische Schule, Gesinnungsethiker	Strategische Studien, Realistische Schule der Intern. Bez., Verantwortungsethiker
Konflikt	in Strukturen (strukturelle Gewalt), Differenz zwischen potentiellen und aktuellen Gegebenheiten	in Machtverhältnissen
Krieg	Positionsdifferenzen, gewaltsamste Form des Konfliktaustrags	Resultat anarchischer Zustände, Fehlen einer Ordnungsmacht, Fortsetzung der Politik mit anderen Mitteln, militärische Konflikte
Friede	personaler und struktureller Gleichgewichtszustand, Zustand ohne Anwendung oder Androhung von Gewalt, Zustand abnehmender Gewalt und zunehmender Gerechtigkeit, brüderliche Harmonie	Abwesenheit von Krieg (negativer Friede), Anerkennung des Status quo ohne weitere Vorbehalte

muß und nur durch eine Ordnungsmacht von Krieg abgehalten werden kann.

Friede ist dann die Abwesenheit von Krieg. Diese Sichtweise steht in der anthropologischen Tradition von Thomas Hobbes und dem machtpolitischen Realismus von Machiavelli bis Morgenthau. Die sechs Merkmale des politischen Realismus sind, wiederum nach Clark, die Leugnung von Fortschritt, die verbunden sei mit einer zyklischen Geschichtsauffassung, die Skepsis gegenüber internationalen Organisationen und damit der Herstellbarkeit friedlicher Verhältnisse, der Zweifel an der Kraft rationaler Gestaltung; Konflikt, nicht Harmonie sei die Grundlage des Verkehrs zwischen Staaten, die Staatsräson gilt als leitende Moralkategorie und schließlich stünden Staaten in einem permanenten Rivalitätsverhältnis zueinander, weil übergeordnete Institutionen mit oberster Gesetzgebungs- und Sanktionsgewalt fehlten.[4]

Diese theoretische Trennungslinie teilt auch cum grano salis politische

Strömungen in westlichen Demokratien. In den USA liegt der Unterschied in den „great philosophical tendencies" der Demokraten und Konservativen oder früher den Internationalisten und Isolationisten; in Großbritannien verläuft die Trennlinie zwischen den whigs und den tories, in Deutschland zwischen den Links-Liberalen und den Konservativen und in Frankreich zwischen den Sozialisten und den Gaullisten.

1.3.2. Das analytische Grundkonzept: Die doppelte Real-Antinomie

Im Fadenkreuz zweier Achsen mit den Polen *staatlich-gesellschaftlich* und *Klein-Großeinheiten* (Vgl. Graphik 1) lassen sich zahlreiche zuortbare Dimensionen abtragen (vgl. Matrix 1):

Graphik 1: Vier-Ebenen-Grundmodell

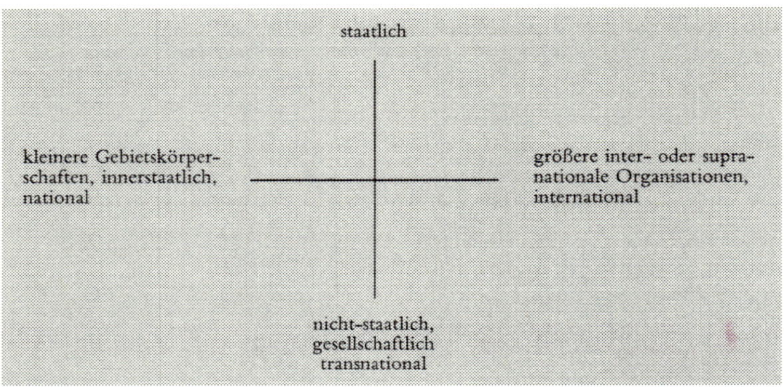

- *organisatorisch politische Grundeinheiten, Ist-Zustände der Welt, Loyalitäts-, bzw. Analyseebenen* (Nationalstaaten – Weltmarkt/Weltgesellschaft, Kommunen/Gemeinden – Völkerbund/Vereinte Nationen; Länder/Provinzen – Regionalgemeinschaften/Förderationen/Allianzen; Internationale Parteibündnisse – Regionale politische Gemeinschaften);
- *Akteure* politischer Entscheidungen (Regierungen – Transnationale Organisationen; gesellschaftliche Gruppen – Internationale Organisationen);
- *Rechtssysteme* (nationale Verfassungen – Internationales Korporationsrecht; Kommunalrecht – Völkerrecht; Provinzialverfassungen – Regionalabkommen; Statuten gesellschaftlicher Organisationen – Staatsverträge);

Matrix 1: Analyseebenen nach Dimensionen

Dimensionen	Staatlich	Gesellschaftlich, nicht-staatlich, transnational	Kleinere Gebietskörperschaften, innerstaatlich, national	Internationale Staatengemeinschaft, internat. Organisationen, Größere inter- u.supranationale Organisationen
Organisatorisch-politische Grundeinheiten, Ist-Zustand, Analyseebenen	Nationalstaat	Weltmarkt, Weltgesellschaft, zwischenstaatl. Parteibündnisse	Kommunen, Gemeinden, Provinzen, Länder	Völkerbund, UNO, Regionalgemeinschaften, Föderationen, Allianzen
Akteure	Regierungen	Transnationale Organisationen	gesellschaftliche Gruppen und Bewegungen	Internationale Organisationen
Rechtssysteme	nationale Verfassungen	Internationales Korporationsrecht, Statuten gesellschaftlicher Org.	Kommunalrecht, Provinzialverfassungen	Völkerrecht, Staatsverträge
Problemfelder	Nationale Identität	Ressourcenoptimierung	Regionale Identität	Verpflichtung auf Menschenrechte
Triebkräfte, Ressourcen	Macht	Kapital/Geld	Autonomie, Selbstbestimmung, Partizipation	Internationalismus
Instrumente, Mittel	Außenpolitische Instrumente	Marktstrategien	legale und/oder illegale Kampfmittel	Konferenzdiplomatie, Bündnis- und Konferenzpolitik, Vermittlung
Ziele	Sicherheit, Integrität, Wohlstand, Nationales Interesse	Profitmaximierung, gesellschaftliche Ziele	Selbstbestimmung	Friede
Zielkonstellationen	geordnetes Staatengefüge	Weltweiter Freihandel, Erziehungsautarkie	Welt der Regionen	Weltstaat
Theorien	Realismus, Neo-Realismus	Freihandelslehre, Imperialismus, Dependenz	Regionalismus, Anarchismus, Basisdemokratie	Funktionalismus, Liberalismus

– *Problemfelder* (Nationale Identität – Wohlstand/Wissenstransfer/Ressourcenoptimierung; Regionale Identität – Verpflichtung auf Menschheitserbe);

- *Triebkräfte/Ressourcen* (Macht – Kapital/Geld; Autonomie/Selbstbestimmung – Internationalismus);
- *Instrumente/Mittel* (Außenpolitische Instrumente – Marktstrategien; Kampf/Referendum – Konferenzdiplomatie);
- *Ziele* (Sicherheit, Integrität, Wohlstand, nationales Interesse – Profitmaximierung, gesellschaftliche Ziele/Organisationsziele; Selbstbestimmung – Friede);
- *Zielkonstellationen, gewünschte Ordnungsstruktur, Soll-Zustände der Welt* (hierarchisch geordnetes Staatengefüge mit Ordnungsmacht – weltweiter Freihandel/Erziehungsautarkie; Welt der Regionen – Weltstaat).

Diese verschiedenen Antinomien werden in den folgenden Kapiteln weiterverfolgt.

Graphik 2: Dichotomien

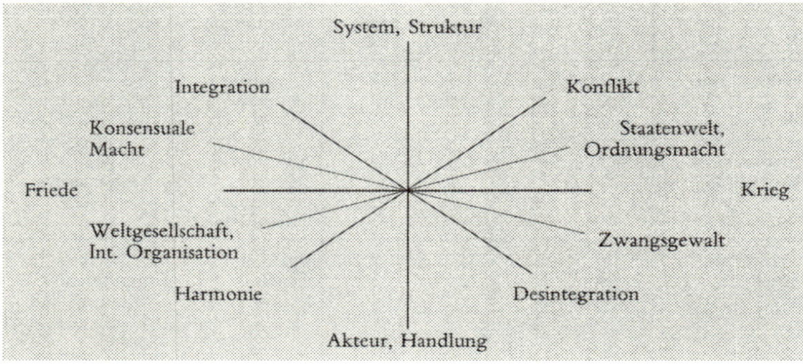

Diese Anordnung von Dichotomien gruppiert Gegensatzpaare auf der theoretischen (Struktur-Akteur) und auf der Realebene (Krieg–Friede). Auf der linken Hälfte sind Begriffe oder Konzepte abgetragen, die für die „Moralisten" zentral sind, auf der rechten Hälfte solche, die den „Realisten" zugerechnet werden können (vgl. Graphik 2).

1.3.3. Theoretische Orientierungen

Auf der Reflexionsebene können entsprechend der doppelten Antinomie auf der Realebene vier theoretische Richtungen genannt werden, die durch den Bezug auf unterschiedliche Ressourcen und politisch-ökonomische Grundeinheiten gekennzeichnet sind (vgl. Graphik 3), nämlich:

Graphik 3: Theoretische Metaebenen, Denkschulen

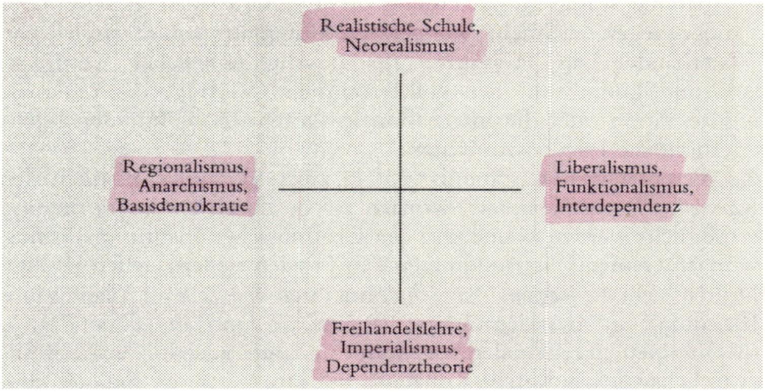

Erstens die sogenannte *Realistische Schule,* die in der Tradition von Thukydides, Machiavelli oder Hobbes steht und ihre wichtigsten neuzeitlichen Vertreter in Morgenthau, Waltz, Mearsheimer, (Weede und Kindermann im deutschsprachigen Raum) hat und auf fünf zentralen Maximen beruht:

- die politische Macht ist die zentrale Ressource, um Sicherheit zu gewährleisten; Sicherheit und Herrschaft sind nach wie vor die primären gouvernementalen nationalstaatlichen Aufgaben, denen gegenüber Wohlfahrt nur sekundär ist;
- der Staat ist der wichtigste Akteur;
- Staaten können als geschlossene Einheiten und als rationale Akteure konzipiert werden;
- Staaten kalkulieren ihre Interessen entsprechend ihrer jeweiligen Machtpositionen im internationalen System;
- Staaten kümmern sich um sich selbst in einem anarchischen System. Bei fehlender zentraler Autorität gibt der Egoismus der Staaten den Ausschlag.

In der neueren Forschung gibt es zwei Varianten des realistischen Ansatzes, nämlich den *strukturellen Realismus,* wonach Friede vornehmlich durch die Bipolarität und die nukleare Abschreckung gewährleistet werden kann (Gaddis, Mearsheimer, Waltz) und den *kooperativen Neorealismus,* wonach Friede durch Kooperation zwischen Staaten unter anarchischen Bedingungen ermöglicht werden kann (Keohane). Zweitens bezieht sich die sogenannte *funktionalistische Schule* oder der *Liberalismus* in der Tradition von Abbé de St. Pierre, Rousseau, Kant, Wilson bis Clark und Sohn vor allem auf zwei Maxime:

- Staaten können nicht als einheitliche Akteure betrachtet werden und
- Anarchie ist nur ein Extremzustand des internationalen Systems; es überwiegen vielmehr kooperative Integration und kollektives Verhandeln als Ressource zur Lösung politischer Konflikte; Grundfiguren sind der völkerrechtliche Vertrag, die regionale Integration oder die Internationale Organisation; Interdependenz erhöht die Friedensaussichten.

Zu diesem Grundverständnis gibt es zwei Varianten, nämlich den *Kantschen Republikanismus,* wonach Friede durch Demokratisierung ermöglicht werden könne und den Grothiusschen Institutionalismus, wonach Gemeinschaftsbildungen den Frieden sichern helfen (Bull).

Drittens sieht die *Regionalismusschule* mit ihren Wurzeln im Anarchismus (Bakunin), in Basisdemokratie (Rousseau) und im Föderalismus (Montesqieu) in regionaler Autonomie und ggfs. auch im Separatismus erstrebenswerte politische Konzepte. Für ihre Vertreter sind Selbstbestimmung und Partizipation kultureller und/oder ethnischer Gemeinschaften zentrale politische Ressourcen und kleine überschaubare politische Einheiten die gewünschte politische Grundstruktur; in der Regionalismusdebatte begegnen sich subnationale und transnationale Argumentationsstränge.

Viertens schließlich hat die Reflexion über den nichtstaatlichen oder gesellschaftlichen Bereich zur Entwicklung der *Freihandelslehre* (Smith, Ricardo, Say, Hirschmann, Kirsch) bzw. zu deren Kritik in Form der *Imperialismus-* (Hobson, Lenin, Wehler) und *Dependenztheorie* (Galtung, Senghaas) geführt. Man kann diese Richtung als *polit-ökonomischen Globalismus* bezeichnen. Ihre zentrale Ressource ist das Kapital/Geld, das entweder durch komparative Kostenvorteile zur Wohlstandsmaximierung aller führt oder durch Kapitalakkumulation Ungleichheiten produziert und Abhängigkeiten schafft. Gehen die einen von einem arbeitsteiligen Welthandel aus und befürworten eine Strategie der Liberalisierung der Welt-Märkte, so sehen Kritiker in der Strategie differenzierter Abkoppelung vom Weltmarkt das Heil; eine radikale Minorität fordert die sozialistische Revolution.

1.4. Die Konvergenz der Schulen

Die deutschen Arbeiten der neueren Zeit über internationale Beziehungen[5] können auch nach bestimmten forschungstechnischen und erkenntnisleitenden Interessen unterschieden werden, wobei Forschungstechnik und -methodik und Erkenntnisinteresse sich nicht gegenseitig abgrenzen lassen. Es gibt historische Untersuchungen und quantitativ-empirisch arbeitende Autoren und solche, die von normativen Vorgaben ausgehen.

Die normative Richtung der kritischen Friedensforschung faßt den Friedensbegriff weiter als die Abwesenheit von Krieg und hat sich vor allem der Thematik Abschreckung, Abrüstung/Aufrüstung angenommen; sie sieht in den Rüstungspotentialen den einen, wenn nicht den wichtigsten Grund für nicht-friedliches Verhalten in der Gegenwart. Die quantitativ arbeitende Richtung der empirischen Kriegs- bzw. Friedensursachenforschung hat sich an einigen wenigen Universitäten etabliert und hat Ansätze vor allem US-amerikanischer Studien aufgegriffen und weiterverarbeitet. Mit Methoden der empirischen Sozialforschung arbeiten einige „kritische Friedensforscher" ebenso wie der Realistischen Schule Nahestehende. Die beiden communities der normativ-kritischen Friedensforschung und der empirisch-quantitativen Ursachenforschung trafen sich methodisch und – auch bei aller Unterschiedlichkeit in der inhaltlichen Bestimmung – in der Zielvorgabe „Friede".

In der deutschsprachigen Literatur sind Ergänzungen in folgenden Bereichen zu wünschen:

- Studien zu einzelnen internationalen Organisationen, Analysen bestimmter Institutionen und Akteure.
- Untersuchungen, die von einem bestimmten Problemkomplex (world problematic, issue areas) ausgehen; bisher liegen nur vornehmlich Untersuchungen zur Abrüstungs- und Umweltproblematik vor.
- Eigenständige Beiträge zur Theorie oder zur theoretischen Verarbeitung internationaler Probleme; nach wie vor dominieren Beiträge aus dem amerikanischen Raum. Die philosophisch-theoretischen Traditionen eines Kant, Gentz, Clausewitz oder Weber sind demgegenüber zurückgetreten.
- Studien, die den Zusammenhang zwischen Außenpolitik und internationalen Beziehungen thematisieren. Außenpolitikstudien bleiben isoliert auf Außenpolitik begrenzt; Untersuchungen zu internationalen Beziehungen bleiben im Kontext des internationalen Systems.
- Arbeiten, die stärker die Handlungs- bzw. die Akteursperspektive in den Vordergrund stellen und weniger die Strukturen. Das schwierige Problem der Verbindung zwischen beiden Analyseebenen bleibt ein Forschungsdesiderat.

Neben den bisherigen mainstreams der traditionellen und der kritischen Forschung sind auch Untersuchungen zu nennen, die länderspezifisch vorgehen und ausgewählte Konflikte bearbeiten bzw. Länderprofile zum Konfliktverhalten entworfen haben oder solche, die bestimmte Regionen und Organisationen aufgegriffen oder bestimmte Ansätze weiterverfolgt haben.

Im Ganzen entsteht der Eindruck, daß die deutschsprachige Literatur zunächst in unterschiedliche und zum Teil isolierte communities zerfallen ist, daß Einzelstudien isoliert bleiben von systematischen Konzepten, und daß andererseits systematische Darstellungen nur wenig historische Dimensionen erkennen lassen. Die seit den siebziger Jahren entstandenen unterschiedlichen communities scheinen sich aber aufeinander zuzubewegen.

Kapitel 2: Internationale Beziehungen, Transnationale Politik, Außenpolitik

2.1. Internationale Beziehungen

Internationale Beziehungen bzw. internationale Politik läßt sich beschreiben als die Gesamtheit grenzüberschreitender Beziehungen zwischen politischen Akteuren, die in bezug auf ein bestimmtes Themenfeld (z. B. zivile Luftfahrt, Internationale Seerechtskonvention, Antarktisvertrag) für sich genommen ein Teilsystem mit bestimmbaren Grenzen (Umwelt), Strukturen und Regulierungsmechanismen bilden. Solche ausgrenzbaren Handlungszusammenhänge werden in der neueren Forschung auch als Regime bezeichnet. Der Vorteil dieses neuen Forschungsansatzes[1] liegt darin, daß mit dem erweiterten Begriff des Regimes, der ja ursprünglich die politische Ordnung eines nationalen Verbandes oder sogar nur die Organisation der Regierung meinte, auch Handlungszusammenhänge erfaßt werden, die die institutionalisierte Staatenstruktur durchbrechen und auf bestimmte Problemstellungen und Zielvorgaben hin analysieren. Es bilden sich somit nach Zielen, Mitteln, Aufgabenstellungen und Beteiligten ausgrenzbare und ausdifferenzierbare Subsysteme heraus. Als Handlungseinheit verstanden, bildet der Regimeansatz die Möglichkeit, System- und Handlungsansätze miteinander zu verbinden, staatliche und nicht-staatliche Aktionseinheiten zu erfassen; der Regimeansatz ist in der deutschsprachigen Literatur meist auf kooperative, nicht auf konfliktorische Zusammenhänge angewendet worden. Keohane und Nye betonen, daß auch die antagonistische Kooperation zwischen den USA und der früheren UdSSR ein multiples interdependentes System darstellte, das den Bedingungen eines internationalen Regimes genügt.[2] Der weitere Begriff der Handlungseinheit, in dem die genannten Bestandteile zusammenwirken, d. h. in dem die Akteure, Grenzen, Strukturen und Regulierungsmechanismen eine Handlungseinheit bilden, ist offen für kooperative und konfliktorische Prozesse. Z. B. werden Akteure der Europäischen Gemeinschaft durch die Zahl der Mitglieder bestimmt, die Grenzen durch das Territorium der Mitgliedstaaten, die Strukturen durch die in den Verträgen zu den gemeinsamen Organen festgelegten Regeln und Normen.

Die internationalen Beziehungen beschäftigen sich vornehmlich mit staatlichen *Akteuren,* d.h. mit Regierungen. Als wichtige Akteure treten hinzu Regionalorganisationen bzw. Universalorganisationen, nicht-gouvernementale Organisationen sowie informelle gesellschaftliche Kräfte. Die *Grenzen (Umwelten)* jeweiliger Teilsysteme können historisch aus dem Bewußtsein der Akteure abgeleitet werden. Die griechischen Stadtstaaten kannten jenseits ihrer Grenzen wie die Römer jenseits des Limes nur die Barbaren, die christlichen Staaten grenzten sich von den Ungläubigen oder Heiden ab, die Industriestaaten des 19. Jahrhunderts als „Zivilisierte" von den „Wilden" und Präsident Reagan sprach in bezug auf die kommunistische Führungsmacht vom „Reich des Bösen"; in der Ära des Kalten Krieges versuchten beide Supermächte ihre jeweiligen Einflußzonen mittels Doktrinen abzugrenzen und den jeweiligen Gegner als „imperialistisch" und „antidemokratisch" auszugrenzen.

Die Art der Interaktionen zwischen den Akteuren des internationalen Systems wird bestimmt von *Strukturen und Prozessen,* die durch Herrschaftsverhältnisse bestimmt sind. Die Konfigurationen können je nachdem als hierarchisch, polar, diffus, anarchisch, egalitär etc. gekennzeichnet werden oder in sprachliche Bilder wie dem der Billardkugel, der Spinnwebe oder eines Gitters gekleidet werden.

Die jeweiligen Gesellschaften oder Staatengruppen besitzen *Regeln* des Konfliktaustrags und Normen, die allgemein anerkannt (wenn auch nicht immer eingehalten) werden. Das Völkerrecht definiert Rechte, Menschenrechte werden allgemein anerkannt, das Prinzip „one country one vote" wird in der Generalversammlung der UN praktiziert und es gibt international anerkannte Regeln des diplomatischen Verkehrs. Dennoch mangelt es in der internationalen Politik an einklagbaren und durch Sanktionen einlösbaren verbindlichen Regeln.

Internationale Beziehungen können nicht abgekoppelt von außenpolitischen Entscheidungsprozessen einzelner Staaten gesehen werden. Außenpolitik von Einzelstaaten bzw. Einzelakteuren konstituiert internationale Beziehungen und bedingt sie gleichzeitig. D.h. einzelstaatliches Handeln wird zunächst von nationalen oder subnationalen Interessen gesteuert, muß aber Regional- und Universalinteressen mit berücksichtigen, d.h. einzelstaatliches Interesse wird vielfältig gebrochen, harmonisiert, zum Kompromiß geführt, gefiltert etc. Bilaterale Beziehungen zwischen Staaten erhalten durch das umfassendere internationale System bestimmte Vorgaben, d.h. Rahmenbedingungen, die durch die einzelnen Akteure selbst nicht oder nur wenig beeinflußbar sind.

Am Beispiel des Zypernkonflikts läßt sich diese Aussage konkretisieren.

Der Zypernkonflikt war bzw. ist ein innerstaatlicher Konflikt zwischen den zwei Bevölkerungsgruppen, nämlich der Zypern-Griechen und der Zypern-Türken. Dieser Konflikt ist dadurch regionalisiert, daß die beiden Volksgruppen sich an ihre jeweiligen Mutterländer angelehnt haben, bzw. daß die Mutterländer die jeweiligen Gruppen auf der Insel unterstützt haben. Beide Mutterländer sind wiederum Mitglied in gemeinsamen (NATO), bzw. in unterschiedlichen (EG-Staat Griechenland) internationalen Organisationen. Schon das Eingreifen von Großbritannien und nachfolgend das der USA haben Zypern zu einem international wichtigen Land werden lassen. Neben innerstaatlichen (Bürgerkrieg) und regionalen (Türkei–Griechenland) haben die Konflikte in und um Zypern auch schon immer eine internationale Dimension gehabt.
Kennzeichen des internationalen Staatensystems im Vergleich zum Nationalstaatssystem ist, daß es *keine oberste Sanktionsinstanz* gibt, die verbindliche Entscheidungen für die Einzelstaaten und ihre Bürger

Schaubild 1: Zypern im Kontext der verschiedenen Systemebenen

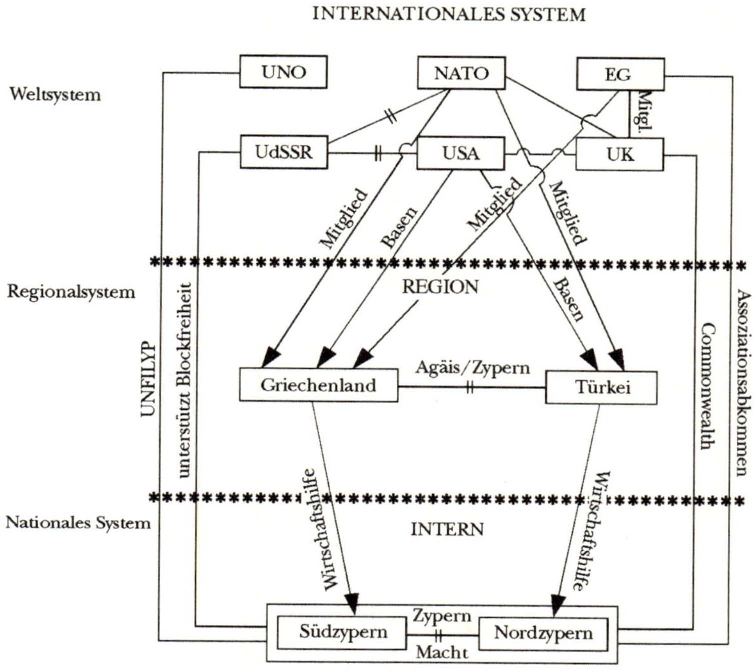

treffen könnte, bzw. die bei Zuwiderhandlungen mit Sanktionen eingreifen könnte. Das internationale System kennt dennoch Regeln oder Normen, die eingehalten werden oder die z. B. im Völkerrecht kodifiziert sind, das zwar nicht über eine institutionalisierte Rechtsgewalt mit Sanktionen verfügt, aber über Sanktionsmechanismen wie z. B. der die Weltöffentlichkeit repräsentierenden UN-Vollversammlung. Die in der Charta der Vereinten Nationen festgelegten Sanktionsmittel, die von politisch bis militärisch reichen, sind schon mehrfach seit Bestehen der Weltorganisation angewandt worden. Es fehlt aber eine gerichtliche Instanz mit anerkannter und einklagbarer Rechtsprechung. Der Internationale Gerichtshof (IGH) ist zwar eine rechtsprechende Instanz, die Parteien müssen aber der Aufnahme des Verfahrens und der Einhaltung von Gerichtsurteilen zustimmen.

Zur Analyse des wichtigsten Akteurs, der internationalen Organisationen, sind folgende Gesichtspunkte zu berücksichtigen:

Organisationen sind von bestimmten Regierungen mit bestimmbaren Interessen gegründet worden und haben sich bestimmte Aufgaben und Ziele gesetzt; sie haben eine bestimmte organisatorische Struktur ausgebildet und im Verlaufe ihrer Existenz bestimmte Wandlungen durchgemacht. Es ist wichtig, auch die Entwicklung einer internationalen Organisation aus den Interessen der Mitglieder heraus zu begreifen, denn die nationalen Interessen bleiben auch nach der Gründung die konstituierenden Grundeinheiten auch wenn die Organisation bei fortgeschrittenem Grad ihrer Verfestigung ein Eigengewicht bekommen haben sollte.

Bei der Analyse gilt es in einem ersten Schritt zunächst, die Problemlage zu identifizieren, die darauf bezogenen Interessenlagen der Initiatoren zu erkunden, die Gebiete einzugrenzen, auf denen sie tätig werden wollen und die Mittel zu bestimmen, die ihnen zur Erledigung ihrer Aufgaben zur Verfügung stehen. Welche Erwartungen bringen die Mitglieder mit und welche Opfer sind sie gewillt zu erbringen? Was erhalten sie von der internationalen Organisation dafür zurück?

In einem zweiten Schritt gilt es, die gewählte organisatorische Struktur aufzuzeigen, den organisatorischen Typus zu bestimmen, der Gradmesser dafür sein kann, in welchem Maße die Regierungen bereit waren, der Organisation ein eigenes Gewicht zu geben; je stärker ausgeprägt und institutionalisierter die Organisationsstruktur und je größer die Aussattung, umso mehr gewinnt eine Organisation an Eigengewicht und kann als eigenständiger Akteur in der internationalen Politik auftreten.

In einem dritten Schritt kann eine Evaluation erfolgen, d. h. die Antwort auf die Frage nach der Effizienz und nach dem Erfolg gefunden werden. Als Maßstab dafür können unterschiedliche

Indikatoren gewählt werden. In einer Ziel-Analyse kann danach gefragt werden, ob die Organisation die selbstgesteckten Ziele erreicht hat; dies ist wiederum abhängig von der institutionellen, finanziellen und personellen Ausstattung, von dem politischen Willen der Mitglieder, von der Art des Politikfeldes etc.

2.2. Transnationale Politik

Außenpolitik ist heute kein Monopol von einzelstaatlichen Regierungen mehr. Es gibt zahlreiche, meist wirtschaftliche Akteure, die relativ selbständig, innerhalb bestimmter, vom Staat gesetzter Grenzen Politik machen, wie zum Beispiel multinationale Konzerne. Das Handeln dieser unterhalb der staatlichen Ebene im privaten bzw. halbstaatlichen Bereich angesiedelten Organisationen nennt man transnationale Politik.

Transnationale Politik kann definiert werden als Beziehungen zwischen Vertretern gesellschaftlicher, meist wirtschaftlicher Gruppen, die natürliche oder juristische Personen sein können, sowie Beziehungen dieser nicht-gouvernementalen Organisationen untereinander und im Verhältnis zu auswärtigen Regierungen.

Transnationale Politik beschreibt ein, den Nationalstaat übersteigendes, transzendierendes Interaktionsfeld, das seine Impulse von gesellschaftlichen Akteuren (wirtschaftlich, sozial, wissenschaftlich, technisch etc.) außerhalb der staatlichen Organisationen erhält. Die Beziehungen zu den jeweiligen staatlichen Instanzen gestalten sich jedoch sehr unterschiedlich; und der Staat kann Rahmenrichtlinien (Gesetze) vorgeben, kann als Eigentümer bzw. Besitzer beteiligt sein, kann Richtwerte vorgeben etc.; Kennzeichen für die Existenz transnationaler Akteure ist aber, daß sie relative Autonomie besitzen und, entsprechend dem Pluralismusansatz in demokratisch parlamentarischen Systemen, über relative Handlungsfreiheit verfügen. Beispiele für transnationale Akteure sind die multinationalen Konzerne, die Sozialistische Internationale, die International Political Science Association (IPSA), der Weltkirchenrat etc.

2.3. Außenpolitik

Unter Außenpolitik kann grenzüberschreitendes politisches Handeln von politischen Einheiten verstanden werden, also von Regierungen, gesellschaftlichen Gruppen oder regionalen Gemeinschaften, mit der

Intention, bestimmte Absichten oder Ziele und Interessen mit Hilfe nationaler Ressourcen gegenüber oder in Beziehung zu anderen politischen Einheiten durchzusetzen. Das Ziel kann auch gleichzeitig nach innen gerichtet sein und auf Selbsterhaltung oder Systemstabilisierung zielen. Diese Definition enthält als Ziele der Außenpolitik die Absichten und Interessen nach außen und nach innen. Als Träger der Außenpolitik treten vor allem Regierungen und deren Organe in Erscheinung sowie gesellschaftliche Gruppen oder einzelne Individuen.

Die Übergänge zur transnationalen Politik werden da fließend, wo Nationalstaaten in ihrer territorialen Ausdehnung groß oder in sich segmentiert sind, d. h. in verschiedenartige Untereinheiten zerfallen. Zum Schwellenbereich zwischen nationalen und internationalen Organisationsformen gehören vor allem regionale Zusammenschlüsse wie die europäische Gemeinschaft oder die Organisation Amerikanischer Staaten, die aus außen- oder innenpolitischer Notwendigkeit die Vorteile des Nationalstaatsverbands mit den Vorteilen internationaler Kooperation zu tauschen bzw. zu verbinden trachten.

Die Trennung zwischen Außenpolitik und internationalen Beziehungen, bzw. zwischen Außenpolitik und Innenpolitik ist im Einzelfall nicht einfach vorzunehmen. Für das praktische Handeln ist eine Trennung oft künstlich, wenn nicht sogar schädlich. Außenpolitisches Handeln stellt immer die Gegebenheiten des internationalen Systems in Rechnung, wie umgekehrt die Analyse internationaler Beziehungen innerstaatliche Analysen in dem hier verstandenen und noch zu erklärenden Sinne einzubeziehen hat.

Kapitel 3: Konfigurationen, Prozeßmuster und Entwurfstechniken in den internationalen Beziehungen (Hilfsmittel der Analyse)

Die Erforschung internationaler Beziehungen bedient sich zahlreicher Begriffe und Konzepte aus anderen Bereichen wie dem der Medizin (z. B. des Wachstums, der Krankheit, der Epidemie), der Technik (des Gleichgewichts, der Statik und Dynamik etc.), der Mathematik (der Abhängigkeit, der Funktionalität, der Wellen etc.) und Naturwissenschaft (der Äquidistanz, der Stabilität oder des Chaos des Systems) oder des Alltagslebens (des Konzerts, des Billard- oder Schachspiels etc.). Die Verständigung und das Verständlichmachen über Statik und Dynamik, Struktur und Prozeß der internationalen Beziehungen wird über das Code-System Sprache geleitet und bedient sich häufig Analogien und Metaphern[1], um damit Vorstellungen über nicht sinnlich wahrnehmbare Konstellationen oder Entwicklungen erzeugen zu können. Solche Vorstellungen sind auch in der politisch-historischen Alltagssprache gebräuchlich. Man spricht so z. B. vom „kranken Mann am Bosporus", vom „ehrlichen Makler", vom „Konzert der Großmächte", „Reich des Bösen" etc.; diese Metaphern oder Analogien beschreiben und konstituieren soziale und politische Realität und haben normativen Charakter.[2] Stabilität bringt positive Assoziationen, Chaos negative. Gleichgewicht erzeugt Bilder von Harmonie und Ordnung, d. h. Überschaubarkeit, Übersichtlichkeit, Berechenbarkeit. Chaos bringt Befürchtungen, Bedrohungen. Unübersichtlichkeit, Turbulenz, Unordnung oder erkennbar fehlende Ordnung werden mit Schwindelgefühl, Konfrontation oder Anarchie assoziiert.

Im folgenden sollen die eher abstrakten und formalen Begriffe zur Beschreibung internationaler Konstellationen und Prozesse diskutiert werden. Zum Handwerkszeug wissenschaftlicher Analyse gehören auch abstrahierende Verfahren wie das des Denkens in Modellen oder der utopischen Entwürfe sowie der Simulation fiktiver oder realer Entscheidungssituationen. Der Sinn des Einsatzes solcher Hilfsmittel liegt in der Anschaulichkeit, der ordnenden Kategorisierung und der

Erkenntnis. Man kann zwischen statisch-strukturellen und dynamisch-prozeßhaften Begriffen und Konzeptionen unterscheiden.

3.1. Strukturbegriffe (Konfigurationen)

Strukturen sind institutionell oder normativ vorgegebene Verhaltensparameter oder verfestigte Rollen, an denen sich die Akteure orientieren. Organisatorische Statuten und Strukturen determinieren Handeln. In bezug auf das internationale System sind zahlreiche Begriffe im Umlauf, die die Struktur des Systems beschreiben sollen, wie z. B. Hierarchie, Polarität (polare Gegensätze, Antagonismus), Abhängigkeit–Unabhängigkeit, Symmetrie–Asymmetrie, Zentrum–Peripherie, dissoziativ–assoziativ; auch Metaphern aus der Lebenswelt (Kugel, Gitter, Spinnweb) sowie globale Modelle über den Weltzustand bzw. über die Weltentwicklung sind Konstrukte, die der Beschreibung existierender Zustände des Staatensystems dienen sollen.

3.1.1. Hierarchie

Hierarchie bezeichnet eine Konstellation einseitiger Abhängigkeitsbeziehungen zwischen Staaten, die in Form einer Pyramide geordnet dargestellt werden können. Der Hegemon ist im Zentrum, in der Peripherie liegen mehr oder weniger abhängige Staaten. Das Gegenmodell zum Hierarchiemodell wäre ein gleichgeordnetes und gleichwertiges egalitäres Verhältnis von Staaten, das in der Realität nicht existiert, denn zu jeder Zeit hat es bezogen auf geographisch abgrenzbare Regionen vorherrschende Stämme, Staaten oder Staatenbündnisse gegeben.

Hierarchie Egalität

Hierarchie als abstrakte oder mechanistische Konfiguration kann historisch vor allem auf Herrschaftskonstellationen sich beziehen und will Zustände beschreiben, wie sie zur Zeit hegemonialer Herrschaftssysteme wie dem chinesischen Kaiserreich, dem Reich der Sumerer, dem ägyptischen Pharaonenreich, dem römischen Reich, dem Kaiserreich des Mittelalters usw. bestanden haben mögen. Auch das Staatensystem des 19. und 20. Jahrhunderts ist für bestimmte Perioden als ein gestuftes System von Staaten mit mindestens fünf hierarchischen Spitzen (Pentarchie) beschrieben worden.

3.1.2. Polarität

Die Literatur bietet eine Vielzahl von Polaritätsbegriffen an. Man spricht von Bipolarität, Trilateralismus, hexagonaler Polarität, Multipolarität oder Unipolarität. Man spricht von loser Bipolarität und krasser Bipolarität, von Pentarchie oder von einem trilateralen System etc. (vgl. Schaubild 2).

Bipolarität bezeichnet einen Zustand des internationalen Systems, in dem zwei Mächte hegemoniale Positionen einnehmen; bezogen auf die Periode des Kalten Krieges heißt dies, daß die beiden Supermächte USA und UdSSR die dominierenden Akteure waren. Damit verbunden ist ein Trend zu territorial geschlossenen, ideologisch gefestigten Einheiten. Geographisch war dieses System vor allem auf die nördliche Hemisphäre bezogen. Das bilaterale System der unmittelbaren Nachkriegszeit hat zwar verschiedene Wandlungen durchgemacht von Phasen antagonistischer Rivalität bis zu Phasen kooperativer Koexistenz.[3] Die in der Peripherie gelegenen Staaten waren in unterschiedlichem Maße in dieses zweipolige System eingebunden oder ganz und gar davon unabhängig geblieben.

Multipolarität bezeichnet einen Zustand der Dispersion (Verflüssigung) von Macht, also eine Aufteilung von Macht auf mehr als nur zwei Akteure. In den siebziger Jahren hat die amerikanische Administration unter Nixon und Kissinger den Versuch der Öffnung des bipolaren Systems zum *Dreieck* mit Peking gemacht. Auch sind vor allem in der Peripherie neue Zentren mit ökonomisch erstarkten Staaten und Staatenassoziationen entstanden; global gesehen kann man zu Beginn der 90er Jahre von im Wandel befindlichen fünf Zentren der Weltpolitik sprechen: den USA, Rußland/GUS, Japan, Europa (EG) und China *(Pentarchie)*.

3.1.3. Abhängigkeit–Unabhängigkeit

Formal bringt der Abhängigkeitsbegriff einen funktionalen Zusammenhang zwischen mindestens zwei Größen zum Ausdruck. In $Y = F(X)$ ist Y von der Variablen X abhängig, d. h. bei Änderung von X ändert sich auch Y; bei reversibler Verknüpfung kann auch von Y ein Einfluß auf X ausgehen, d. h. $X = F(-1)(Y)$. Abhängigkeitsbe-

Schaubild 2: Polare Weltordnungen

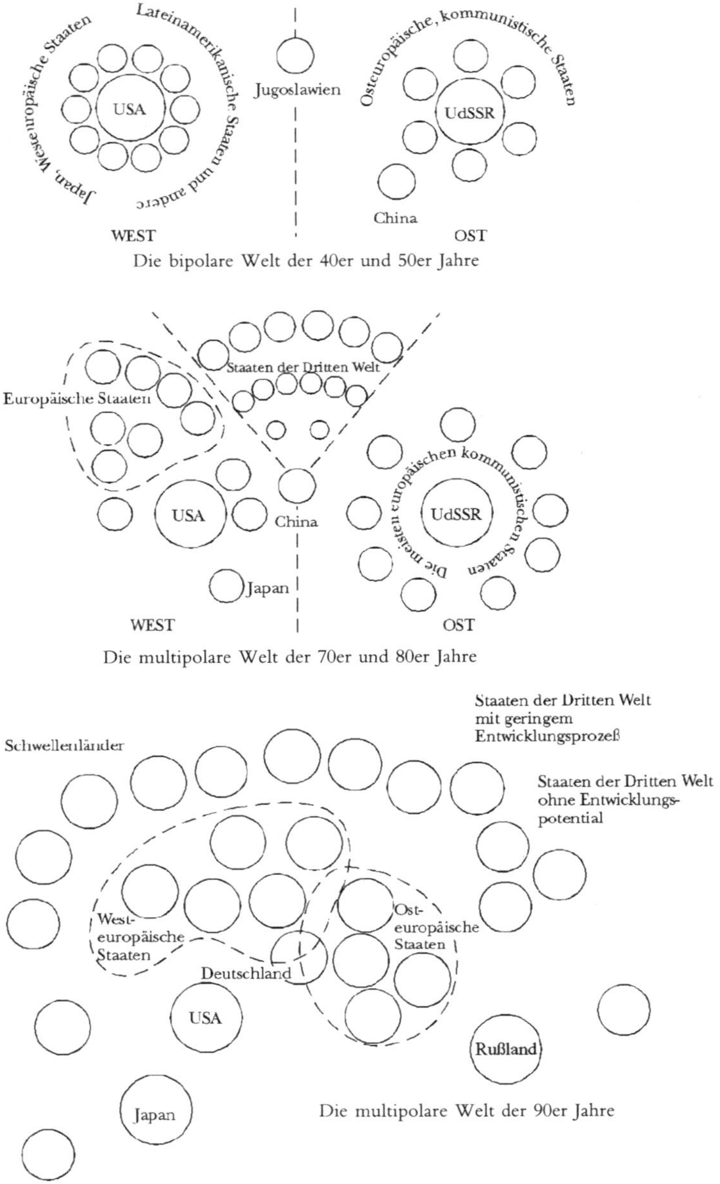

Nach: D. Papp: Contemporary International Relations. New York 1991, S. 133, 137, 147

ziehungen sind durch einseitige Kausalbeziehungen gekennzeichnet, d. h. es geht nur von einem Staat Einfluß auf einen anderen Staat aus. Die formal-mathematische Begrifflichkeit kann u. a. auch dazu dienen, den Rechtsbegriff der Souveränität sozialwissenschaftlich umzusetzen und zu operationalisieren und ihn damit meßbar zu machen.[4] Asymmetrische Abhängigkeitsbeziehungen kennzeichnen nach der Dependenztheorie das Verhältnis zwischen Zentrums- und Peripheriegesellschaften, wobei die eine von den Veränderungen in der anderen bestimmt wird.

3.1.4. Interdependenz

Interdependenz kennzeichnet ein Verhältnis der Reziprozität, d. h. der gegenseitigen Abhängigkeit von Staaten oder Akteuren. Wenn also von den Aktionen eines Staates A Wirkungen auf einen anderen Staat B ausgehen, dann gilt auch das Umkehrverhältnis: Aktionen des Staates B wirken auf den Staat A. Es handelt sich also um reversible Abhängigkeitsbeziehungen in dem oben definierten Sinne. Dabei kann es sich um unabhängig voneinander erfolgende Aktionen handeln oder um Kausalbeziehungen zwischen den Handlungseinheiten: der Staat B reagiert auf Aktionen von Staat A. Mathematisch wird dies durch die Kovarianz zum Ausdruck gebracht. Die Sicht der Welt als Geflecht von Interaktionsbeziehungen unterliegt zahlreichen Theorieansätzen in der Interdependenz- bzw. Integrationsdebatte (vgl. Kap. 8). Meinungsverschiedenheiten bestehen dabei in der Beurteilung des Ausmaßes und der Richtung von Veränderungen zwischen zwei sozialen Systemen von gegenseitiger Relevanz sowie den davon ausgehenden positiven (positive Kovarianz) oder negativen (negative Kovarianz) Effekten; d. h. bei positiver Kovarianz ergibt ein Wertgewinn für ein Element einen Gewinn (oder zumindest keinen Wertverlust) auch für das andere Element. Solche korrelierten Veränderungen müssen aber immer durch Handlungen oder Transaktionen bewirkt werden.[5]

3.1.5. Symmetrie–Asymmetrie

In symmetrischen Beziehungen zwischen Staaten ist das Verhältnis reversibel, d. h. Aktionen eines Staates X führen zu entsprechenden Aktionen des Staates Y und umgekehrt. Auf Interessen hin formuliert heißt dies: eine mit einer Aktion verbundene Nutzenmehrung des anderen; die Situation ist pareto-optimal. Asymmetrische Beziehungen führen dagegen zur Nutzenmehrung des einen Staates auf Kosten eines anderen.

Symmetrie bezeichnet somit Beziehungen zwischen Staaten oder Staatengruppen auf der Basis egalitärer Verhältnisse, d. h. bei etwa gleicher Verteilung von Machtkapazitäten. Bei symmetrischen Beziehungen überwiegen Verhandlungsmuster als Mittel der Gestaltung politischer Beziehungen zwischen Staaten.

Asymmetrie bezeichnet demgegenüber einen Zustand ungleicher Beziehungen, in denen die eine Seite die Kontrolle über die andere ausüben kann. In asymmetrischen Beziehungen bestimmen Drohung und Druck die Konfliktaustragungsmodalitäten. Solche Beziehungen liegen vor bei imperialen oder imperialistischen Strukturen. Dependenzverhältnisse zwischen Zentrum und Peripherie dominieren in solchen Beziehungsverhältnissen.

Heterosymmetrie bezeichnet einen Zustand, in dem eine dritte Macht die gleichmäßige Verteilung zwischen zwei Zentren im internationalen System behindert und damit den Handlungsspielraum der mächtigsten Staaten einschränkt.

3.1.6. Zentrum–Peripherie

Ungleich große Staaten mit unterschiedlichen Machtressourcen und dem Führungsanspruch eines größeren Staates können ein Dependenzverhältnis mit asymmetrischen Beziehungen ausbilden. Quellen solcher Herrschaftsverhältnisse sind physische Gewalt, immaterielle Macht (Ideologien, Glaube etc.) und Tradition. Ökonomische Macht beruht vor allem auf der Verfügung über knappe Ressourcen (z. B. Eigentum, Monopol) und/oder auf Macht, die aus Koalitionen und monopolistischen Organisationen hervorgeht. Nach diesem Zentrum-Peripherie-Schema wurde in der Dependenzliteratur das Verhalten zwischen den industriellen Metropolen und den wirtschaftlich unterentwickelten Regionen der Erde gesehen.

3.1.7. Dissoziativ–Assoziativ

Als entwicklungspolitische Strategien wurden in der Diskussion um eine neue Weltwirtschaftsordnung seit den siebziger Jahren vor allem zwei genannt, nämlich die auf Distanz zwischen den Entwicklungsländern und den industriellen Metropolen zielende dissoziative Strategie, die allerdings vor allem in der wissenschaftlichen Literatur zu finden war und die auf Interdependenz setzende Strategie der Assoziation.

Dissoziativ ist ein Verhältnis zwischen Staaten, die in nur loser Verbindung zueinander stehen, die jedoch mehr gemeinsam haben, als wenn es normale Beziehungen sein würden. Als dissoziative Strategie

wird die Abkopplung von existierenden Peripherie-Zentrumbeziehungen verstanden.
Unter assoziativ wird ein Verhältnis zwischen Staaten bezeichnet, das Staatenbündnisse aufweist, aber auch vertraglich festgelegte Assoziationsabkommen meint. Ein Beispiel dafür sind die Assoziationsabkommen der EG mit den AKP-Staaten (Jaunde, bzw. Lomé-Abkommen). Auch die Europäische Freihandelszone EFTA ist ein Beispiel für Assoziation.

3.1.8. Mathematische Formalisierung

Als formales Handwerkszeug haben sich mathematische Varianten der Spieltheorie, das Null-Summen-Spiel, das Chicken-Game und das Prisoner's Dilemma als besonders geeignet erwiesen, komplexe Entscheidungssituationen zu analysieren.
Die Spieltheorie ist bei der Analyse internationaler Politik dann relevant, wenn es darum geht, Entscheidungssituationen nachzuvollziehen, deren Ergebnis von zwei oder mehreren Akteuren in gegenseitiger Abhängigkeit voneinander bestimmt wird. Zur Demonstration des Verfahrens werden meist vereinfachend 1. nur zwei Akteure berücksichtigt und es gibt 2. nur ein einziges Gut, das zwischen ihnen strittig ist. Vorausgesetzt wird 3. rationales Verhalten der Akteure i. S. der Wahl von Optionen, die in Abwägung gegenüber Alternativen einen Gewinn versprechen. Viertens schließlich haben beide Akteure gleiche Präferenzen und Bewertungen bezüglich der umstrittenen und/oder begehrten Güter (symmetrische Präferenzen).
In der Realität sind diese vier Annahmen eher die Ausnahme als die Regel. Formal ist aber eine Erweiterung durch Modifikation dieser Prämissen möglich. Belegen z. B. die Akteure bestimmte Konstellationen mit unterschiedlichen Präferenzwerten, so kommt es zu einer asymmetrischen Anordnung. Auch die Kuba-Krise 1962 weist asymmetrische Elemente auf: Während die UdSSR nur zu Beginn einen Konfrontationskurs steuerte und dann schließlich dem Einlenken einen höheren Wert zumaß, konnten die USA ihre einmal eingeschlagene Linie von Anfang bis zur Beilegung der Krise beibehalten.
Zur Demonstration kann als Fallbeispiel die Konfrontation der UNO (vereinfacht als einheitlicher Akteur gesehen) mit dem Irak nach dessen Einmarsch in Kuwait 1990 genommen werden. Grundsätzlich stehen jedem Akteur, das sind in der Internationalen Politik zumeist Regierungen, zwei Handlungsoptionen offen:

- er verhält sich entweder kompromißbereit (im Beispielfall hätte der Irak seine Truppen aus Kuwait zumindest teilweise wieder abziehen können) oder

– er versucht, seine Interessen ohne Abstriche durchzusetzen (auf die Abzugsforderung der UNO reagierte der Irak mit der formalen Annexion des Emirats).

Hat ein Akteur A einmal eine Strategie gewählt, so hängt der Spielverlauf von der Reaktion des anderen Akteurs B ab: Angenommen, Akteur A verfolgt eine zurückhaltende Strategie (Option K) und Akteur B zeigt sich bereit, einzulenken, so entsteht (im Schaubild der Matrix im Feld I) die Kombination KK, eine Kompromißlösung. Verfolgen beide Akteure eine kompromißlose Strategie zur Durchsetzung ihrer Interessen, wählen beide also die Option D (Feld IV), so eskaliert der Konflikt bis zum äußersten. Im Falle der Kuwait-Krise ließ der irakische Führer Saddam Hussein das UN-Ultimatum verstreichen. Daraufhin begann der alliierte Luftangriff auf den Irak.

Zwischen den extremen Konstellationen von Kompromißlösung im Sinne eines beiderseitigen Gebens und Nehmens einerseits und der militärischen Konfrontation andererseits gibt es noch weitere Spielvarianten: Verfolgt die Regierung A eine harte, aggressive Linie und trifft damit beim Gegenüber B auf eine kompromißbereite Haltung, entsteht (im Feld II rechts oben auf der Matrix) die Kombination DK, gleichbedeutend mit „Durchsetzung"; das gleiche Ergebnis wird erreicht, wenn die Akteure ihre jeweilige Strategie tauschen (Feld III, links unten). In diesem Fall ist die Rechnung des Initiators aufgegangen, der Gegner werde aus welchen Gründen auch immer (eigene militärische und/oder ökonomische Überlegenheit, Unterstützung durch weitere Akteure, Schwäche des Kontrahenten) nachgeben. Die Tragfähigkeit eines auf solchem Wege durch Druck

Matrix 2: Handlungsoptionen

Akteur B Handlungsoptionen:	Akteur A Handlungsoptionen: Kompromiß (K)	Akteur A Handlungsoptionen: Durchsetzung (D)
Kompromiß (K)	Feld I K K	DK Feld II KD
Durchsetzung (D)	KD Feld III DK	Feld IV D D

Nach: S. Snyder u. P. Diesing: Conflict among Nations. Princeton 1977, S. 41

oder Drohung erreichten Ergebnisses ist in den seltensten Fällen so hoch wie jene, die im gegenseitigen Einvernehmen etwa in Verhandlungen erzielt wurde (KK im Feld I). Da es sich bei der einseitigen Durchsetzung gerade nicht um für beide Seiten gewinnbringende, inhaltliche Lösungen handelt, sondern die Konfliktursache im Grunde erhalten bleibt, macht diese Art von Ergebnis besonders anfällig für die Infragestellung durch die Beteiligten; eine neue Spielrunde ist damit vorprogrammiert. Als klassisches Beispiel können hier die Gebietsforderungen Hitlers angeführt werden und die zunächst einlenkenden Reaktionen der Westmächte im Münchener Abkommen von 1938 *(Appeasement-Politik)*. Als ebenfalls kaum dauerhaft sind die Ergebnisse einer Konstellation einzustufen, in der die kompromißbereite Haltung eines der Akteure auf die harte Linie des Gegenübers trifft (Kombination KD in Feld II links unten und in Feld III rechts oben): im Ergebnis gibt einer der Akteure nach. Bei einer Umkehrung der Kräfteverhältnisse aber steht die Revision einer solchen „Lösung" an.

Der Kompromiß, das Null- und das Positiv-Summenspiel

Die Überlegungen zu den Summenspielen beziehen sich auf Ergebnisse (im Unterschied zum eben erwähnten Spielverlauf), die an den umstrittenen Gütern festgemacht werden; dabei kann

- das umstrittene Gut unteilbar und nicht vermehrbar sein, z. B. Kuwait in fest umrissenen Grenzen und definierten ökonomischen Ressourcen,
- oder es kann vergrößert und/oder ausdifferenziert werden, z. B. Kuwait bestehend aus nicht eindeutig festgelegten Grenzen am Schat-el-Arab mit territorial nicht eindeutig festgelegten Ölfeldern, mit verhandlungsfähigem Ölpreis etc.
  Im Falle eines vermehrbaren und/oder ausdifferenzierbaren Gutes gibt es zwei Möglichkeiten:
- eine Befriedigung gegensätzlicher Interessen kann dadurch erreicht werden, daß beide aus dem in territoriale und ökonomische Werte differenzierbaren Gut auf dem Wege des do ut des etwas erhalten, das sie zufrieden stellen kann (Kompromiß).
- Oder es kann im Falle eines vermehrbaren Gutes, z. B. ökonomische Zuwächse durch Ölförderung, eine Befriedigung beider Kontrahenten erreicht werden, ohne daß einer dabei einen Verlust erleidet (Positiv-Summen-Spiel).

Im Falle einer bis zum Ende durchgehaltenen beiderseitigen unnachgiebigen Haltung in bezug auf eine mit festen Vorstellungen

verbundene territoriale Forderung gewinnt die eine Seite, was die andere verliert (Irak ist zur vollständigen Räumung des besetzten Gebiets gezwungen worden, die UNO-Forderungen wurden vollständig erfüllt). In diesem Falle spricht man von einem Null-Summen-Spiel, der eine gewinnt genau das, was der andere verliert.
Einige weitere Spielsituationen lassen sich typisieren:

Das Hühnerspiel *(Chicken Game)*

Es handelt sich z. B. um eine Mutprobe, bei der es gilt, sich gegenüber dem Mitspieler durchzusetzen (DK). Dabei rasen – beispielhaft – zwei Autos aufeinander zu, derjenige der ausweicht/nachgibt (KD) gilt als „Feigling" und hat verloren. Die beiden anderen Optionen werden als geringwertig eingestuft: KK, es findet keine Mutprobe statt; DD, beide wollen sich durchsetzen – keiner weicht aus – beide werden getötet. In einer symbolischen Darstellung und als Grundlage für eine Quantifizierung werden die Präferenzen dargestellt: DK > KK > KD > DD (dabei heißt >: „besser als" oder „vorzuziehen"). Als mittlerweile klassisch gilt hierfür das Beispiel der Kuba-Krise 1962: Die Machtprobe der Supermächte um die Stationierung sowjetischer Raketen in kürzester Distanz zu den USA eskalierte so weit, daß die nachgebende Konfliktpartei mit einem großen Verlust an Ansehen rechnen mußte. Doch offenbar wog für die Sowjetunion die Gefahr der eigenen Vernichtung größer als der mögliche Imageverlust (KD > DD): sie gab nach. Eine Politik, die, um ihre Ziele durchzusetzen, am Rande des Abgrunds zum (nuklearen) Schlagabtausch operiert und dadurch die Sicherheit des eigenen Staates riskiert, wird *Brinkmanship* genannt. Neben der erwähnten Kuba-Krise seien die französich-britische Faschoda-Krise 1889 und der arabisch-israelische Sechs-Tagekrieg 1967 genannt.

Das Gefangenendilemma *(Prisoner's Game)*

Von zwei Häftlingen, die getrennt voneinander inhaftiert eines gemeinsamen Raubes beschuldigt werden, kann derjenige mit Strafmilderung rechnen, der die Tat gesteht. Er versucht dann, seine Interessen einseitig gegenüber dem anderen durchzusetzen (in der Matrix DK). Natürlich hat diese Kombination auch für den Mitspieler den höchsten Präferenzwert. Bekennt jedoch keiner von beiden die Tat, im Vertrauen, daß der andere ebenfalls nicht gesteht (KK), erwartet beide nur eine verhältnismäßig geringe Gefängnisstrafe wegen kleinerer Delikte. Zwar ist sie ein wenig höher, als diejenige Strafe, mit der sie bei einem Geständnis zu rechnen hätten (daher

DK > KK), dafür könnten sich beide nach der Haft die Beute teilen. Da beiden Akteuren jedoch das Entscheidungsverhalten des jeweils anderen aufgrund der getrennten Haft verborgen bleibt, muß jeder damit rechnen, daß der andere ihn verrät. Derjenige, der nicht bekennt (K), würde dann in die am wenigsten präferierte Situation KD geraten: sein Partner käme in den Genuß der Strafmilderung, er selbst müßte die volle Strafe ableisten, obendrein wäre die Beute verloren. Daher dominiert in dieser Situation das gegenseitige Mißtrauen: beide versuchen, ihren Kopf durch Geständnisse zu retten. So ist zwar die Beute verloren, doch müssen beide ihre Strafe wegen des Bekenntnisses nicht voll abbüßen. Diese Präferenzwertung DD > KD unterscheidet das *Prisoner's Dilemma* vom *Chicken Game,* wo KD > DD galt. Als Beispiel für das Gefangenen-Dilemma wird die Berlin-Krise 1958–1961 angeführt.
Dies sind die groben Strukturen der mathematischen Spieltheorie. Doch die Spieltheorie erfaßt nicht nur Situationen, die durch Konfrontation gekennzeichnet sind. Möglich ist auch der Nachvollzug von Entscheidungen, die Staaten dazu bringen, miteinander zu kooperieren, oder eine Kooperation aufzukündigen.[6]

3.1.9. Metaphern

In der Literatur zu den internationalen Beziehungen werden häufig assoziative Bilder verwendet, die sowohl einen Zustand beschreiben helfen, als auch Prozesse durch Analogien klar machen sollen.
Arnold Wolfers vergleicht die Staatenwelt mit *Billard-Kugeln,* die nach innen unberührt bleiben, aber nach außen auf Vergrößerung der Macht gerichtet sind.[7] Als Vertreter dieser Anschauung können auch Hugo Grotius, Leopold von Ranke oder Hans Morgenthau genannt werden.
Die Vorstellung von einem Billardball ist auch den Analysen von David Singer und Melvin Small oder Karl W. Deutsch nicht fern, allerdings mit der wichtigen Modifikation, daß die Kugel im Innern aufgerissen ist und es neue Kugeln gibt (wie z. B. in Gestalt der internationalen Organisationen) und daß heute wesentlich mehr Kugeln existieren als früher. Das Bild der Billardkugel, die einmal angestoßen, andere Kugeln in Bewegung setzt, vermag, übertragen auf politische Prozesse, Kettenreaktionen bildlich zu beschreiben, die von einem Land ausgehen und in andere Länder überspringen. Das Bild der rollenden und Anstoß gebenden Billardkugel kann zur Beschreibung von dynamischen Prozessen wie denen von revolutionären oder evolutionären Prozessen benutzt werden. Die Analogie zu *Schneeball- oder band wagon-Effekten* meint bestimmte Wandlungsprozesse,

die in einem Staat ausgelöst werden und sich lawinenartig in anderen Staaten fortsetzen. John Burton benutzt das Bild eines *Spinnwebs,* um damit die Interdependenz von Akteuren und ihre Ausrichtung auf ein Zentrum zum Ausdruck zu bringen:[8] Staaten, internationale Organisationen, Wirtschaftsverbände haben ihren bestimmten Platz; viele Interaktionen finden zwischen diesen Akteuren statt; dabei stehen die Interessen des Einzelnen im Mittelpunkt, und nicht die des Kollektivs. Ernst-Otto Czempiel glaubt, daß die gegenwärtige Staatenwelt besser durch das Modell des dreidimensionalen, *asymmetrisch gebrochenen Gitters* beschrieben werden kann.[9] Dabei stellen die Knotenpunkte die Akteure dar und die Verbindungslinien die Handlungszusammenhänge. Die Asymmetrie soll die ungleiche Verteilung von Macht im internationalen System zum Ausdruck bringen; gebrochen müsse das Gitter deshalb sein, weil Handlungszusammenhänge nur teilweise existierten. Ian Clark benutzt die Bilder des *Konzerts* und des *Gleichgewichts,* um damit die verschiedenen Phasen der politischen Ordnungen seit dem Wiener Kongreß zu charakterisieren.[10] Das bipolare System des Kalten Krieges wurde als „Gleichgewicht des Schreckens“ bezeichnet, das Ende des kommunistischen Herrschaftssystems hat Fukuyama zur Aussage vom „Ende der Geschichte“ veranlaßt,[11] die durchaus mit dem Konzept des „stabilen Chaos“ aus der Chaos-Theorie erfaßt werden kann.

3.1.10. Historisch abstrahierende Vorstellungen über den Weltzustand

Zur Beschreibung von Weltzuständen sind folgende Modelle vorgeschlagen worden:

Nach Benjamin Cohen kann man unterscheiden zwischen
a) dem Herrschaftsmodell, dominiert von einer Ordnungs- oder imperialen Macht (unipolar, hierarchisch);
b) dem Gleichgewichtsmodell, ausbalanciert durch führende Mächte (bipolar oder multipolar);
c) dem supranationalen Ordnungsmodell, in dem internationale Organisationen die Rolle der Ordnungs- oder Weltfriedensmacht übernehmen.[12]

Hedley Bull unterscheidet zwischen dem
a) Modell der eingeschränkten Souveränität (Sovereignity-at-Bay Modell), d. h. dem Modell des liberalisierten Weltmarktes;
b) Dependenzmodell, in dem die Abhängigkeit peripherer Staaten von Metropolstaaten die asymmetrischen Beziehungen bestimmt;

c) Merkantilistischen Modell, d. h. dem Modell relativ geschlossener Volkswirtschaften.[13]

Robert McKinlay und Richard Little unterscheiden zwischen einem
a) liberalen
b) sozialistischen und
c) realistischen Modell[14] nach den Kriterien unterschiedlicher Ziele, struktureller Bedingungen und Wertsysteme (belief systems).

Ernst-Otto Czempiel unterscheidet zwischen der
a) Welt als geschichtlicher Einheit
b) Welt als Staatenwelt
c) Welt als Weltgesellschaft
d) Welt als Wachstumseinheit[15]

Zu a) Bei der Auffassung der *Welt als geschichtlicher Einheit* könne man folgende Vorstellungen finden:
aa) Die mittelalterliche Vorstellung geht aus von vorgegebenen Zielbestimmungen der christlichen Heilslehre als Vollendung der Schöpfung im Sinne einer christlichen Universalgesellschaft; die Weltordnung ist nach dieser Vorstellung von Christus gestiftet und durch den Gang der Geschichte eingelöst; sie ist den Weltkreis umfassend (urbi et orbi) angelegt.
ab) Nach Hegel ist Weltgeschichte die Selbstverwirklichung des Weltgeistes (Vernunft) in nationalen Entitäten, die in sukzessiver Folge prinzipiell alle Nationalstaaten umfassen können. Gerichtet ist der Geschichtsprozeß auf den Weltvernunftstaat.
ac) Die materialistische Umkehrung von Hegels idealistischer Vorstellung ist die marxistische Auffassung einer auf Klassen – nicht auf Nationalstaaten – basierenden Welteinheit. Die klassenlose kommunistische Gesellschaft wird als Endziel angenommen.

Zu b) Die Vorstellung der *Welt als Staatenwelt* impliziert nicht ein teleologisch spekulatives Modell, sondern bezieht sich auf Staaten, die miteinander geordnete rechtliche und politische Beziehungen knüpfen und zunehmend interdependent werden. Dabei können ganz unterschiedliche Beziehungsmuster entstehen, die es zu bestimmen gelte.

Zu c) Bei der Vorstellung der *Welt als Weltgesellschaft* ist ein umfassender gesellschaftlicher Zusammenhang gemeint, der nicht im Bild einer isolierten Kugel zu erfassen und in gewisser Weise ein Gegenstück zum traditionellen Modell der Staatenwelt sei. Dieser Vorstellung scheint der Autor zuzuneigen.
Die Frage wird dabei aufgeworfen, ob die Welt durch zunehmende Kommunikation zur Weltgesellschaft sich entwickelt. Der Transak-

tionstheoretiker Karl W. Deutsch meint, daß die Zunahme von Kommunikation sektoral und nicht aufeinander bezogen erfolge. Dagegen vertreten die Interdependenztheoretiker[16] die Auffassung, daß die Zunahme staatlicher und vor allem nicht-staatlicher Zusammenschlüsse und Verbindungen eine Weltinnenpolitik entstehen lasse.

Zu d) Die Vorstellung der *Welt als Wachstumsgesellschaft* bezieht sich auf nationale oder regionale Ökonomien, die entsprechend der liberalen Freihandelsdoktrin ein fortschreitend zunehmendes Interdependenzverhältnis bilden bzw. sieht entsprechend der Dependenztheorie eine immer größere Abhängigkeit der unterentwickelten von den entwickelten Ökonomien. Solche Vorstellungen sind auch in Kybernetische Modelle oder globale Weltmodelle eingegangen. Darin werden alternative Szenarien abgebildet und nach ökonometrischen Verfahren durchgerechnet.

Je nachdem, welche dieser Vorstellungen man als realistisch ansieht, gelangt man zu unterschiedlichen Klassifikationen. Die gegenwärtig existierende politische Welt kann, darin stimmen die verschiedenen Ansätze überein, durch hierarchische Herrschaftsstrukturen gekennzeichnet werden. Es gibt Großmächte oder Supermächte, es gibt in ihrer Peripherie (ihrem Einflußbereich) liegende Staaten mittlerer Größe, und es gibt Staaten, die zu beiden Supermächten in der Peripherie oder im Einflußbereich liegen. Während die fünfziger und sechziger Jahre von zwei Supermächten bestimmt worden waren, beginnt sich seither ein drei- oder mehrpoliges System auszubilden mit zahlreichen kleineren Untereinheiten. Die Hierarchisierung des internationalen Staatensystems wird je nach zugrunde gelegten Kriterien unterschiedlich konkretisiert. Nach Militär- und Wirtschaftsstärke kann man acht Rangstufen in der internationalen Machtordnung im ausgehenden 20. Jahrhundert unterscheiden:

1. Eine neoimperiale Supermacht, dominant seit dem Zerfall der UdSSR,
2. Mindestens sechs Atommächte (USA, Rußland, Frankreich, Großbritannien, China, Indien),
3. Wirtschaftliche Mittelmächte (Japan, Deutschland, Frankreich, Großbritannien, Italien, Kanada), die zusammengefaßt drei wirtschaftliche Pole (USA, Kanada – EG – Japan) ergeben,
4. Subimperien mit einer regionalen Führungsrolle (China, Brasilien, Mexiko, Iran, Ägypten, Argentinien, Indien, Vietnam und Indonesien, Algerien, Nigeria und Südafrika),
5. Rohstoffreiche Entwicklungsländer der OPEC, CIPEC u. a.

6. Kleinere und mittlere Industriestaaten (Newly Industrialized Countries, NIC) mit geringer bargaining-power außerhalb der EG,
7. Entwicklungsländer, die weder zu den rohstoffreichen noch zu den Ländern mit regionaler Führungsrolle zählen, aber auch nicht zu den ärmsten gerechnet werden, und schließlich
8. die ärmsten Entwicklungsländer.

Die Entwicklungsländer wiederum können nach ökonomischem und politischem Einfluß gewichtet werden: die OPEC-Staaten verfügten vor allem in den 70er Jahren über große Verhandlungsmacht; zu Schwerpunktländern mit regionaler Bedeutung zählen in den siebziger Jahren und z. T. bis heute in Afrika Algerien und Nigeria; im Vorderen und Mittleren Orient Ägypten, die Türkei, Saudi-Arabien, Israel, Iran, Irak; in Asien Pakistan, Indien, Südkorea, Indnesien, die Philippinen, Thailand und die VR-China; in Lateinamerika Mexiko, Brasilien, Argentinien, Kolumbien und Venezuela[17]; zu Wortführern der Dritten Welt zähl(t)en: Algerien, Ägypten, Thailand, Äthiopien, Guyana, Indien, Mexiko.[18]

3.2. Dynamische Prozesse und Prozeßmuster

Prozesse sind in der Zeit ablaufende Interaktionen zwischen politischen Akteuren unterschiedlicher politischer Gemeinschaften. Solche Abläufe werden häufig in Symbole oder assoziative Bilder wie das der Billardkugel, die andere anstößt, Schneebälle, die andere lawinenartig in Bewegung setzen, Trittbrettfahrer- oder Mitnehmereffekte (bandwagon) gekleidet. Aus der Chemie stammt das Bild der Kettenreaktion als ein aufeinanderfolgender, sich gegenseitig beeinflussender Prozeß. Politische Aktionssymbole sind z. B. „Bannerträger der Revolution" oder „Fackelträger der Freiheit".
Solche Metaphern bedürfen, übertragen auf politische Prozesse, der Umsetzung und Konkretisierung. Insbesondere müssen die wirkenden und bewirkenden Kräfte ausgemacht und die verstärkenden bzw. mäßigenden Elemente identifiziert werden. Historisch lassen sich folgende, sukzessiv ablaufende und sich gegenseitig beeinflussende Wellenbewegungen erkennen:
England erlebte im ausgehenden 17. Jahrhundert eine politische und industrielle Doppelrevolution, die 100 Jahre später in Frankreich (Französische Revolution) und 150 Jahre später (1830, 1848) auf andere europäische Länder überging. Man kann sagen, daß auch die russische Revolution von 1917 und die chinesische von 1949 in diese Reihe industrieller Revolutionen gehören und das vorläufige Ende sich

industrialisierender Staaten markiert. Zugrunde liegt diesen Revolutionen der Durchbruch zur Moderne, die sich mit der Ausbreitung des industriewirtschaftlichen Systems kundtut.

In früherer Zeit sind solche sich gegenseitig beeinflussenden Entwicklungen die Kolonialisierungen bzw. die Gegenbewegung der Entkolonialisierungen gewesen. Der Drang zur Eroberung überseeischer Gebiete ging zunächst von den führenden Weltseemächten Portugal und Spanien und den Niederlanden aus, dann folgten England und Frankreich; im Zeitalter des Imperialismus sind auch Italien, Deutschland, Belgien und die USA hinzugekommen. Die sich dann anschließenden Entkolonialisierungswellen bzw. spiegelbildlich dazu die Unabhängigkeitsbewegungen haben mit der Schwächung der ehemals führenden Mächte zu tun. Dieser Prozeß beginnt mit den Niederlagen von Portugal und Spanien durch das napoleonische Frankreich und der Unabhängigkeit der süd- und mittelamerikanischen Staaten; er setzt sich nach dem Ersten Weltkrieg fort mit dem Transfer deutschen Kolonialbesitzes an die Siegermächte des Krieges. Die Schwächung der europäischen Staaten Großbritannien, Frankreich, Belgien und der Niederlande durch den Zweiten Weltkrieg hat dann nach 1945 die letzte Unabhängigkeitswelle ausgelöst.

Nach dem Zweiten Weltkrieg hat die Sowjetunion die Sowjetisierung zahlreicher europäischer Staaten mittels manipulativer Praktiken z. T. gegen den Willen der Bevölkerung betrieben. Im Anschluß daran und als Reaktion darauf kommt es zu Bestrebungen, diese erzwungene Sowjetisierung rückgängig zu machen. Während die Sowjetisierungswelle weitgehend manipulativ von „oben", d. h. durch Umgestaltung des Regierungsapparats erfolgt, sind die Volksaufstände dagegen Bewegungen von unten gewesen, die innenpolitisch (wirtschaftliche und soziale Unzufriedenheit) und außenpolitisch (Auflehnung gegen die sowjetische Hegemonie) gleichermaßen inspiriert waren und sich – da synchron ablaufend – gegenseitig beeinflußt und verstärkt haben.

In den siebziger und achtziger Jahren waren Demokratisierungswellen zu beobachten in Südeuropa (Portugal, Spanien, Griechenland) und Südamerika (Argentinien, Uruguay, Brasilien), sowie in Ostasien (Philippinen, Südkorea).

In den achtziger Jahren gab es Demokratisierungswellen in den Ländern Osteuropas, beginnend in Danzig und sich fortsetzend in Moskau, Budapest, Leipzig und Ostberlin, Prag, Bukarest, Sofia etc. Diese Demokratisierungswelle war erst möglich geworden durch die Reformbestrebungen in der Zentralmacht Sowjetunion selbst (Perestroika, Glasnost) und dem damit verbundenen außenpolitischen Rückzug der Sowjetunion aus Ländern der südlichen (Afghanistan) und westlichen (Europa) Region.

Auch die eher innerstaatlichen Studentenrevolten in der Bundesrepublik, Frankreich und in den USA ab 1967 lassen einen solchen sukzessiv stattfindenden Prozeß erkennen, der auf ähnlichen Protestmustern aufgebaut war (Protest gegen den Vietnamkrieg, gegen die Ausbeutung der Dritten Welt sowie gegen die verkrusteten patriarchalischen Strukturen etc.).

Wie kommt es zu solchen sowohl synchron – jedoch phasenverschoben sattfindenden – als auch diachron, d. h. länderübergreifenden Kettenreaktionen oder Schneeballeffekten? Welche Faktoren und Triebkräfte waren dabei am Werke, welche innen- und außenpolitischen Verhältnisse maßgebend für solche Diffusionsprozesse?

Zunächst muß in den betreffenden bzw. betroffenen Staaten eine vergleichbare Situation vorhanden sein, sozusagen das Feld vorbereitet sein, damit bestimmte Bewegungen auf fruchtbaren Boden fallen. Eine solche Situation ist gegeben, wenn z. B. Regierungen glauben, aus der Eroberung anderer Gebiete Nutzen ziehen zu können und gegenüber anderen, mit ihnen rivalisierenden Staaten, einen Machtvorsprung erwerben wollen. Gemeinsame Lagen entstehen auch, wenn sich ein Bedürfnis nach Unabhängigkeit und Selbstbestimmung von Staaten oder gesellschaftlichen Gruppen ausbildet, das bei vergleichbaren nationalen Lagen zu ähnlichen Bewegungen führt. Bestimmte Werte wie Unabhängigkeit, Selbstbestimmung, Freiheit, Gleichheit etc. werden dominant und bestimmen das geistige Klima, den „Zeitgeist", länderübergreifend und werden als Vorbilder nachgeahmt. Kettenreaktionen werden also durch eine bestimmte prädisponierte Umwelt und daraus resultierenden ähnlichen Intentionen der Akteure – ob revolutionäre Volksgruppen oder reagierende reaktive Eliten – hervorgerufen und gesteigert, wenn im Wettbewerb oder gar im Wettlauf mit- bzw. gegeneinander durchgeführt.

Gleichzeitig aber muß auch eine Änderung im dominierenden Zentrum selbst erfolgen, d. h. die ehemals führenden Staaten oder gesellschaftlichen Schichten verlieren an Macht und Einfluß. Dies führt zu Änderungen im Zentrum-Peripherie-Verhältnis. Das durch den Rückzug zentraler Mächte verursachte Machtvakuum ermöglicht es den abhängig gehaltenen Gebieten, in das Machtvakuum vorzudringen. Mit anderen Worten, die gesellschaftlichen, ökonomischen oder politischen Verhältnisse in den Peripheriestaaten lassen einen Bedarf an Änderung aufkommen, der sich im Zuge des Rückzugs von Zentralstaaten realisieren kann. Die innerstaatlichen, in Revolution oder Studentenrevolte zum Ausdruck kommenden Veränderungsbedürfnisse, haben sicherlich andere Ursachen als die zwischenstaatlichen Veränderungsbewegungen zur Unabhängigkeit und Selbstbestimmung.

3.3. Modelle, Prognosen, Utopien, Simulationen

Modelle sind vereinfachte Bilder oder idealtypische Konstruktionen, die durch Betonung jeweils für wichtig gehaltener Merkmale eines Systems den Zustand der „Menschheit", des „Globus", der „Welt" oder welcher Realität auch immer beschreiben sollen. Wie eine Landkarte die Welt abbildet, so bilden Modelle bestimmte Aspekte der Realität ab. Die einzelnen Merkmale oder Variablen werden dabei als interdependent angenommen, was durch mathematische Gleichungssysteme ausgedrückt werden kann. Diese Gleichungssysteme beruhen auf angenommenen und als wahrscheinlich gehaltenen Hypothesen über den Zusammenhang von als relevant angesehenen Variablen (z. B. Bevölkerungsentwicklungen, Energieproduktionsentwicklungen, Ressourcenentwicklungen etc.). Man kann in den Sozialwissenschaften zwischen verschiedenen Generationen von globalen Modellen unterscheiden.[19] Die erste Generation von Weltmodellen beginnt mit Jay Forresters und Dennis Meadows „Grenzen des Wachstums" (1973). In diesem Modell wird von der Endlichkeit von Ressourcen ausgegangen und darauf bezogen müssen gegenwärtige Entwicklungstrends der Bevölkerung, der Industrialisierung, der Umweltverschmutzung, der Ernährung irgendwann einmal zum Stillstand kommen; die Grenzen des Wachstums werden innerhalb der nächsten hundert Jahre erreicht werden, wenn die gegenwärtigen Wachstumstrends anhalten.

Während die erste Generation von Modellen die Erde als globale Einheit sieht, werden in der zweiten Generation von Modellen von Tinbergen (RIO-Bericht von 1976), Meserovic und Pestel (Modell von 1974), von südamerikanischen Sozialwissenschaftlern (Bariloch-Modell von 1976) sowohl die einzelnen Variablen weiter differenziert als auch in verschiedene Regionen unterteilt.

Die dritte Generation von Weltmodellen wie z. B. das von Bruce Bremer und Karl W. Deutsch (Globus) schließlich nimmt Staaten als Basiseinheiten, rechnet mit dem Verhalten von Regierungen, sucht nach politischen Konsequenzen ökonomischer Entscheidungen und verknüpft Innen- und Außenpolitik.

Solche Modelle enthalten *Prognosen* über einen zukünftigen Weltenzustand. Im Gegensatz zu Utopien (s. u. S. 53) werden Prognosen aus bestimmten Ist- oder Ex post-Zuständen abgeleitet, d. h. berechnet. Eine Prognose ist damit eine mit wissenschaftlichen Methoden hergeleitete Vorhersage über zukünftige Entwicklungen, die von bestimmten Ausgangsannahmen (Prämissen) und das System bestimmenden Größen (Variablen) ausgeht und durch deren Verknüpfung einen zukünftigen Zustand meist mit Hilfe von Trendanalysen hochrechnet.

Die Kritik an dieser Art von Modellen bezieht sich vornehmlich auf die oft fehlende Realitätsnähe der Annahmen, die den Modellen zugrunde liegen, auf die Art der Verknüpfung der einzelnen Variablen, auf die einseitige Auswahl zentraler Variabler vornehmlich ökonomischer Provenienz, auf die unterstellte Einheitlichkeit globaler Handlungszusammenhänge, auf den formalen Charakter dieser Modelle und auf deterministisch angenommene Prozesse, die Substitutionen und Lerneffekte nicht berücksichtigen. In ihren Ergebnissen stimmen sie weitgehend überein mit schon zuvor bekannten Entwicklungen; die Modellrechnungen können also lediglich „exaktere" Beschreibungen von dem geben, was als diagnostische Befindlichkeit zuvor in die Modelle eingegeben worden ist.

Solche Modelle können prinzipiell dazu verwendet werden, zukünftige Entwicklungen zu prognostizieren. Das Eintreffen oder Nichteintreffen formulierter Prognosen hängt in den Sozialwissenschaften neben den Ceteris-paribus-Bedingungen, d. h. den konstant gehaltenen übrigen Faktoren, auch von der Reaktion des Sozialsystems auf solche Prognosen ab. Z. B. haben die Prognosen des Club of Rome über die Gefahr der Erschöpfung wichtiger Ressourcen dazu geführt, daß in erheblichem Ausmaß Energie hat eingespart werden können und alternative Quellen erforscht worden sind. Die zu Beginn der 70er Jahre aufgestellten Prognosen sind unter anderem als Folge davon nicht eingetroffen.

Weltmodelle im neueren sozialwissenschaftlichen Verständnis sind computergestützte formale Modelle, die die Verarbeitung einer großen Zahl mathematischer Systeme und die Berechnung alternativer Zustände ermöglichen. Rückkoppelungseffekte können in kybernetische Systeme eingebaut werden; dies sind selbstregulierende Systeme, die über das Gleichgewicht hinaus – das keine Relationen in der Zeit kennt – Veränderungen interner Systemvariablen als Folge von Veränderungen exogener Variablen berücksichtigen.

Im Prinzip weisen solche Modelle Strukturen von *Utopien* auf, denn sie arbeiten mit Projektionen gegenwärtiger Krisen-Befindlichkeit in die Zukunft hinein und zeichnen damit meist Negativbilder, um auf Gefahren aufmerksam zu machen. Auch Utopien zeichnen ein positives oder negatives Gegenbild zur Wirklichkeit, d. h. es sind rationalistische Konstruktionen, die – im Gegensatz zu Modellen – nicht induktiv durch Realanalyse gewonnen wurden, sondern von außen deduktiv gesetzt sind.[20] Sie sind damit eine interessante Variante von in die Zukunft gewendeten Projektionen, die mit Platon beginnend vor allem seit der frühen Neuzeit durch Morus, Campanella oder Bacon eine Welle zukünftiger Möglichkeitsentwürfe ausgelöst haben. Auf dem Prüfstand der Geschichte sind solche Visionen zukünftiger Gesellschaften im Positiven wie Negativen teilweise eingetroffen. Auch kann dies von weniger visionär angelegten Voraussagen literarischer Beschreibungen gesagt werden. Die relativ hohe Trefferquote hat damit zu tun, daß die jeweiligen Autoren eine bestimmte Zeitbefindlichkeit formuliert haben und damit im Grunde nicht anders vorgegangen sind als die Modellproduzenten, die jeweilige Problembereiche aufgegriffen und formuliert haben, so daß sie prognosefähig wurden. Der wichtige Unterschied liegt in den Mitteln und Methoden zur Herleitung künftiger Zustände. Einen Mittelweg zwischen Utopie und Pragmatismus gehen Pläne oder Entwürfe mit politischen Zielvorstellungen. Die Konzeption einer europäischen Staatengemeinschaft z. B., der „Vereinigten Staaten von Europa" oder der „Europäischen Union" enthält sowohl etwas Visionäres als auch etwas Pragmatisches, also eine Zielvorgabe, die meist in einem Stufenprozeß anvisiert wird.

Es erstaunt, wie hoch die Zahl von wissenschaftlichen Fehlprognosen in der jüngsten Vergangenheit gewesen ist. Weder sind die „Weltuntergangsprognosen" des Club of Rome mit der Ressourcenerschöpfung und dem Null-Wachstum eingetreten,[21] noch sind Kahn und Wieners Vorhersagen aus dem Jahre 1967 bezüglich dem schon 1985 zu erwartenden Untergang von Demokratien im Kampf mit dem Kommunismus eingetroffen.[22] Prognostische Fehlleistungen sind besonders zahlreich gewesen in den siebziger Jahren zu Hochschulfrequenzen, Klimaveränderungen, weltweitem Analphabetismus, zum Energieverbrauch, zu Machtpotentialveränderungen etc. Gründe dafür liegen in den zu einfachen Modellen, dem oft formal-statischen Charakter, den veralteten Indikatoren, der unangemessenen Gewichtung dieser Indikatoren usw.

Simultationen sind aus der Technik bekannte Verfahren, bestimmte Ereignisse in ihrem Ablauf nachzuvollziehen.[23] In der Politikwissenschaft sind Simulationen insbesondere bei Kriegen (Erster Weltkrieg), Arbeitskämpfen (Lohnverhandlungen) und zur Errechnung von Weltzuständen durchgeführt worden (siehe oben S. 52). Simuliert werden können historische Ereignisse wie sie anhand von Dokumenten tatsächlich abgelaufen sein mögen (simuliertes Rollenspiel) oder wie sie imaginär die Entscheidungssituation bestimmt haben mögen (fiktive Simulation). Es können also politische Rollen aus der Sicht der Einzelakteure nachvollzogen werden oder in der direkten Konfrontation zwischen den Akteuren nachgespielt werden. In diesem Falle gleicht die Simulation einem Theaterspiel, in jenem dem Verfahren des brain storming, das die tatsächlich bekannten und die den politischen Akteuren unbekannten Optionen auflistet.

Der heuristische und pädagogische Ertrag ist nicht gering und sollte vor allem im Lehrbetrieb nicht unterschätzt werden, denn Simulationen

- besitzen ein hohes Motivationspotential,
- zwingen zur Identifikation mit Entscheidungsträgern,
- zwingen zum Hineindenken in bestimmte Entscheidungssituationen,
- ermöglichen, Entscheidungen verstehend nachzuvollziehen,
- ermöglichen, Optionen sichtbar werden zu lassen und zwar solche, die tatsächlich zur Wahl gestanden haben und solche, die bewußt oder unbewußt vernachlässigt worden sind,
- ermöglichen damit, die Defizite von Entscheidungsverhalten sichtbar zu machen und auf mögliche Folgen hinzuweisen.

Kapitel 4: Akteure der internationalen Politik

In der internationalen Politik begegnen uns ganz unterschiedliche Organisationen und Akteure: staatliche (Regierungen, regionale politische Gemeinschaften, internationale Organisationen), private (transnationale Akteure, Multinationale Konzerne, internationale Gesellschaften oder Assoziationen) oder halbstaatliche (internationale Partei- oder Sportverbände, Kirchen), nationale, regionale und internationale oder fortschreitend vom Nationalstaatsverband zum internationalen System:

Graphik 4: Organisatorisch-politische Grundeinheitem, Loyalitätsebenen

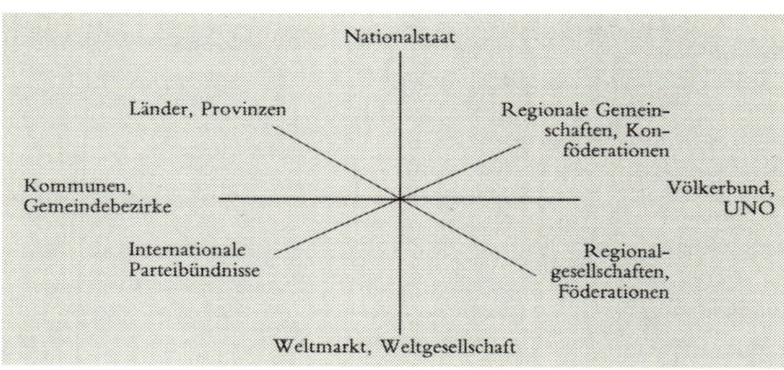

- Staaten (Supermächte, Großmächte, Mittelmächte, periphere Staaten etc.);
- Parteien, politische Gruppen und Bewegungen wie die Comintern, der Vietcong/FNL (Vietnam), die FLN (Algerien), SWAPO (Namibia); PLO (Palästina);
- Autonomiebewegungen (Südtiroler, Basken, Nordiren, Tibeter etc.);

- Gesellschaftliche Organisationen (internationale Arbeitgeber- und Arbeitnehmerorganisationen, internationale Fachverbände und Gesellschaften);
- Transnationale Organisationen, wie z. B. das Rote Kreuz, die Internationale Industrie- und Handelskammer, die FIFA, das IOC, der Weltkirchenrat; als transnationale Organisationen gelten auch die Multinationalen Konzerne;
- Internationale universale und regionale Organisationen wie UNO, Europarat, OECD, NATO, OAS, OAU, CECLA, AL, ASEAN, etc.;
- Regionale Gemeinschaften wie die MONTAN-UNION, die EG oder die Vereinigten Arabischen Emirate;
- Einzelakteure.

Auf den Achsen staatlich-gesellschaftlich und Groß-Kleineinheiten bzw. national-international lassen sich auf staatlicher Seite die Organisationsebenen Nationalstaat, Länder/Provinzen und Regionalorganisationen abtragen, denen auf gesellschaftlicher Seite die Organisationsebenen Weltmarkt/Weltgesellschaft, internationale Parteibündnisse und nicht-staatliche internationale oder regionale Gesellschaften oder Assoziationen gegenüberstehen. Zugleich bedeuten diese unterschiedlichen Organisationsebenen verschiedene Loyalitäten, denen sich die jeweiligen Individuen zugehörig fühlen, wobei selbstredend eine Person durchaus gleichzeitig verschiedenen Loyalitäten verpflichtet sein kann.
Diese staatlichen und gesellschaftlichen Organisationen werden von unterschiedlichen Akteuren vertreten, so im Nationalstaatsverband vor allem von Regierungen, verstanden im weiteren Sinne von government, also den Exekutivbereich umfassend; die nächst kleinere Einheit von staatlichen Akteuren sind dann in größeren Staaten die Landes- oder Provinzialregierungen und -verwaltungen; in einigen Staaten heißen diese staatlichen Zwischenorganisationen auch Nationalitäten. Die unterste staatliche Ebene kennt dann die Kommunalpolitiker.
Die internationale Staatengemeinschaft kennt internationale regionale oder universale Organisationen und deren Vertreter.
Als gesellschaftliche Akteure sind vor allem gesellschaftliche Gruppen und Verbände, transnationale Gesellschaften, internationale Fach-Gesellschaften, Autonomie- oder Freiheitsbewegungen sowie Kirchenvertreter zu nennen.
Wir werden in diesem Kapitel die wichtigsten organisatorischen und funktionalen Merkmale der jeweiligen Handlungseinheiten aufzeigen; in den nachfolgenden Kapiteln werden diese dann im historisch-politischen Kontext dargestellt.

4.1. Staaten

Die Diskussion des Konzepts „Staat" umfaßt die Diskussion des Begriffs Nationalismus, der historischen Entwicklung von staatlichen Gemeinschaften, der Verhältnisse von Staaten zueinander, der machtstaatlichen Grundlagen und des Messens nationalstaatlicher Macht; auch die historischen Konfigurationen Dominanz, Imperialismus, Kolonialismus, Neutralismus, Gleichgewicht, sowie Souveränität und außenpolitische Doktrinen gehören hierher (vgl. Kap. 5).

Als begriffliche historische Figur sind Staaten politisch oder rechtlich verfaßte Gemeinschaften mit oberster Regelungskompetenz bzw. -macht, d. h. die Regierenden besitzen das demokratisch legitimierte oder gewaltsam usurpierte Recht, für die Gemeinschaft verbindliche Entscheidungen zu treffen und diese bei Nichtbefolgen mit Sanktionsgewalt einzufordern. In den internationalen Beziehungen gibt es eine solche institutionalisierte oberste Herrschaftsgewalt nicht.

Der Begriff Staat, abgeleitet von status (Stand), ist in seiner heutigen Bedeutung im deutschen Sprachraum erst Ende des 17. Jahrhunderts durch den Kampf der Territorialfürsten gegen Papst und Kaiser entstanden und ist vor allem durch die drei Merkmale der Territorialität, der Bevölkerung („Volk") und der politischen Führung gekennzeichnet. Mit dem Westfälischen Frieden im Jahre 1648 begann die Epoche der klassischen Außenpolitik nach den Prinzipien der Territorialität und der Souveränität. Ziele dieser Politik waren

1. die Sicherung der territorialen Integrität;
2. der Schutz der Angehörigen der Staaten nach außen und
3. die Schaffung günstiger Bedingungen für Wirtschaft und Handel im Dienste des Fürsten.

Zur Erledigung dieser unter den fürstlichen Souveränitätsvorbehalt gestellten Aufgaben wurden nach innen hierarchisch-souveräne Alleinentscheidungsstrukturen entwickelt, die im Zuge der gewerbe- und industriegesellschaftlichen Entwicklung vielfach durchbrochen wurden. Im Bereich der auswärtigen Beziehungen haben sich nationale und transnationale Interdependenzen entwickelt und im Innern sind ausdifferenzierte gesellschaftliche Subsysteme entstanden[1], so daß in der behavioristischen Tradition der Staatsbegriff aufgelöst wurde im Begriff des politischen Systems; der Staatsbegriff war historisch auf den Absolutismus zugeschnitten, die Perspektive allzu sehr auf den obersten Souverän gerichtet. Die Entscheidungsfindung in der Außenpolitik ist insbesondere in demokratischen Staaten sehr viel komplexer (größere Zahl staatlicher und nicht-staatlicher Akteure) geworden. Dennoch sind im Bereich der auswärtigen und der internationalen Politik die Regierungen der Staaten die wichtigsten

Schaubild 3: Schematische Darstellung eines internationalen Systems

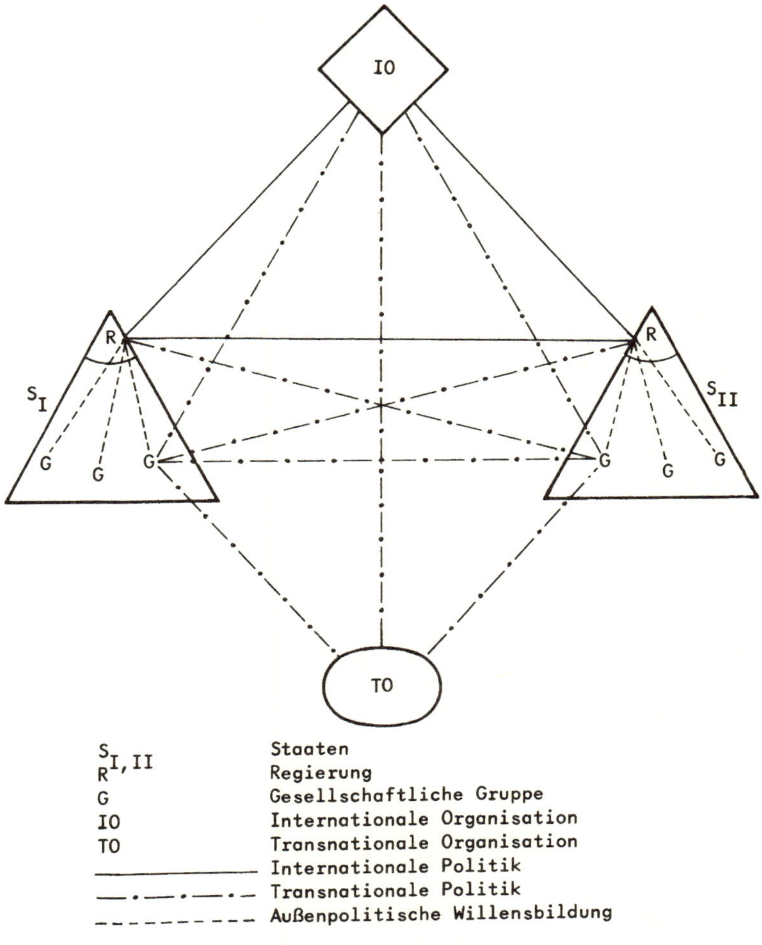

Nach: J. Hütter: Einführung in die internationale Politik. Stuttgart 1976, S. 15.

Akteure geblieben und dies vor allem in Krisenzeiten, in denen es zu „Entdifferenzierung“ (Gerhard Lehmbruch) und „Entscheidungszentralisierung“ kommt[2].

Es hängt von der Organisation des politischen Systems und dem außenpolitischen Fall ab, ob Regierungen, Eliten, Parteien oder öffentliche Medien zentrales Objekt der Analyse sind. Karl W.

Deutsch hat Ende der 50er Jahre über Elitenbefragungen den europäischen Integrationsprozeß einzuschätzen versucht. Daniel Frei hat Regierungsäußerungen in den USA und der UdSSR zum Untersuchungsgegenstand für die Einschätzung der Ost-West-Gegensätze (über „Bildanalysen") gewählt. Der Ansatz „industriell-militärischer Komplex" ist eine Variante der Elitenanalyse bzw. des Bürokratieansatzes. Parteien sind in Deutschland zentrale Meinungs- und Willensbildungsinstanzen. Die öffentliche Meinung, die Medien oder organisierte Bürgeraktionen dürften in der Spiegelaffäre im Jahre 1962 in der Bundesrepublik oder auch zur Zeit des Vietnamkrieges in den USA eine Rolle gespielt haben und mit zur Regierungsneubildung bzw. zur Beendigung des Vietnamkrieges beigetragen haben.

Transnationale Bedeutung haben auch Parteien (Sozialistische Internationale, Europäische Parteizusammenschlüsse), politische Befreiungs- und Autonomiebewegungen, die häufig vom Ausland aus operieren und international miteinander verbunden sind.

Fünf Gründe haben in unserem Jahrhundert die Dominanz des Staatsprinzips mit seinen Dimensionen Territorialität und Souveränität fragwürdig werden lassen.

Erstens haben die zunehmenden *wirtschaftlichen Verflechtungen* den „harten Kern" der Souveränität durchlässiger gemacht. Mit dem klassischen Staatsbegriff verbunden war auch die Vorstellung von wirtschaftlicher Autarkie (Merkantilismus, Physiokraten etc.). Der „Wohlstand der Nationen" (Adam Smith) wird nicht mehr nur mit Hilfe national geleiteter Ressourcen erzeugt, sondern in erheblichem Maße auch durch den Außenhandel (die Exportquote der Bundesrepublik lag 1990 bei 28,3%), also mittels transnationaler Beziehungen. Träger dieses Prozesses sind zunehmend transnationale Organisationen, wie multinationale Konzerne, deren wirtschaftliches Kalkül an nationalen Grenzen nicht halt macht und durch wirtschaftspolitische Instrumente der Staaten nur bedingt beeinflußt wird. Die Freihandelslehre als akzeptiertes Prinzip kapitalistischer Wirtschaft läßt staatlichen Dirigismus nur begrenzt zu.

Zweitens hat die Entwicklung von Nuklearwaffen mit großer Reichweite nach dem Zweiten Weltkrieg zu anderen Formen des Konfliktaustrags und zu neuen Allianzen und damit Souveränitätsverzichten geführt. Das System nuklearer Abschreckung hat das Monopol der Atomwaffenbesitzer festgeschrieben und *Sicherheit als kollektives Gut* hervorgebracht. Der zweite Golfkrieg hat auch ein „System kollektiver Dominanz" (Hondrich) gezeigt, das erstmals in der Nachkriegsgeschichte West und Ost, Süd und Nord miteinbezogen hat.

Drittens haben Auseinandersetzungen sich im Zeitalter des Kalten Krieges nicht mehr nur in und zwischen Nationalstaaten, sondern auch

Graphik 5: Problemfelder, Aufgaben, Wertverwirklichung

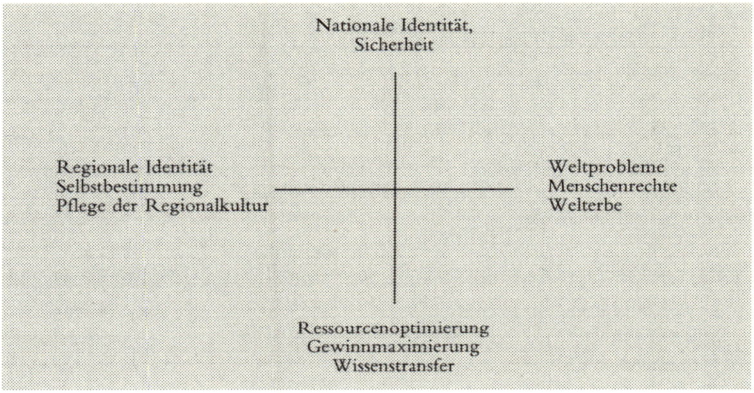

zwischen *ideologischen Blöcken* entzündet, in die viele Staaten einbezogen worden sind und nur noch die Rolle von Anhängern oder von Gegnern dieser Ideologien spielen konnten.

Viertens hat die regionale Vergemeinschaftung in Gestalt der Europäischen Gemeinschaft zu einem Transfer nationaler Souveränität an supranationale zwischenstaatliche Institutionen geführt, die der nationalen Entscheidung Kompetenzen entzogen haben.

Regionale Integrationsbildungen führen zur Aufgabe von nationalen Rechten und Zuständigkeiten. Die EG-Agrarpreise z. B. werden nicht mehr allein in den Hauptstädten der Mitgliedsländer festgelegt. Ähnlich verhält es sich auch in anderen Politikfeldern im Zuge der Vollendung des europäischen Binnenmarktes und im Übergang zu einer europäischen (Währungs-)Union.

Diese und ähnliche Entwicklungen haben John F. Kennedy von „einem Mythos der unberührbaren nationalen Souveränität" sprechen lassen. Henry Kissinger bezeichnete den Nationalstaat als „inadequate" und eine globale Gemeinschaft als „imperative".

Eine Variante regionaler Bezugsmuster finden wir in Form kooperativer Verbindungen zwischen minoritären Gruppen in unterschiedlichen Nationalstaatsverbänden. Die Zusammenarbeit zwischen den Kurden in der Türkei, dem Irak und dem Iran beispielsweise oder zwischen den Basken in Spanien und Frankreich bedroht die nationale Loyalität.

Fünftens sind die großen Fragen der internationalen Politik, wie Krieg und Frieden, Aufrüstung und Abrüstung, wie Entwicklung, Ernährung, Umwelt etc., wie zuvor schon die Fragen der internationalen Angleichung von Normen und Standards sowie die des wirtschaftlichen Warenaustauschs grenzübergreifend und erfordern ein Zusammenlegen

Übersicht 2: UN-Weltkonferenzen (chronologisch geordnet)

Thema	Jahr	Stadt
Umwelt des Menschen	1972	Stockholm
Seerecht	1973–82	Caracas, Genf und New York
Bevölkerung (1. Konf.)	1974	Bukarest
Ernährung	1974	Rom
Frauen und Entwicklung (1. Konf.)	1975	Mexico City
Beschäftigung	1976	Genf
Menschliches Siedlungswesen (HABITAT)	1976	Vancouver
Wasser	1977	Mar del Plata, Argentinien
Wüste	1977	Nairobi
Landwirtschaftliche Reform und ländliche Entwicklung	1979	Rom
Wissenschaft und Technologie im Dienste der Entwicklung	1979	Wien
Frauen (2. Konf.)	1980	Kopenhagen
Neue und erneuerungsfähige Energiequellen (UNERG)	1981	Nairobi
Unterentwicklung	1981	Paris
Erforschung und friedliche Entwicklung des Weltraums (UNISPACE)	1982	Wien
Altern	1982	Wien
Bevölkerung (2. Konf.)	1984	Mexico City
Frauen (3. Konf.)	1985	Nairobi
Drogen	1987	Wien
Abrüstung und Entwicklung	1987	New York
Kupfer	1989	Genf
Weltabrüstung	1989	Dagomys, UdSSR
Umwelt	1992	Rio de Janeiro

oder zumindest eine Koordination nationaler Akteure und Ressourcen. Diese *Weltprobleme* überwölben nationalstaatliche Interessen und zwingen zu Lösungen in koordinierten Aktionen (vgl. Themenkatalog von UN-Weltkonferenzen).

Man kann diese Problemfelder entsprechend unserer Achsenteilung staatlich-gesellschaftlich und national-international darstellen als Grund- und Zielwerte; auf der Achse staatlich-gesellschaftlich lassen sich vor allem nationale Identität, Sicherheit (militärisch, sozial), wirtschaftlicher Wohlstand sowie Ressourcenoptimierung, Gewinnmaximierung nennen; auf der Achse Klein-Großeinheiten liegen vor allem regionale Identität, Selbstbestimmung, Regionalkultur sowie Verpflichtungen gegenüber Weltproblemen, Menschenrechten oder dem Menschheitserbe etc. (vgl. Graphik 5).

In der internationalen Politik spielt aus historischen Gründen insbesondere der Übergang von nationaler Souveränität zu internationaler Kompetenz

Übersicht 3: Argumente für nationale und internationale Organisationsformen

Argumente für den Nationalstaat	Argumente für Internationalität
Der Nationalstaat – schafft rechtliche Souveränität – ermöglicht Sicherheit nach außen und nach innen – ermöglicht Überschaubarkeit – gibt Engagement für gemeinsame Sache – entfaltet Individualität von Völkern – Hilfe bei der Selbstidentifikation – schafft Zugehörigkeitsgefühl – gibt Verfügung über nationale Ressourcen für wirtschaftliches Wachstum und soziale Sicherheit – dokumentiert historisches Gewachsensein (gemeinsame Geschichte) – Vereint Gleichartigkeit (Sprache, Kultur, Sitte, Brauchtum, Rasse, Religion; objektiver Nationalbegriff) – realisiert Wille zur politischen Gemeinsamkeit (subjektiver Nationalbegriff) – grenzt gegen Andere(s) ab (Prinzip der Nichteinmischung) – vermindert regionale Ungleichgewichte, erhöht Chancengleichheit	Internationalität ermöglicht – Frieden – Lösung von „Weltproblemen" (Ernährung, Bevölkerung, Wirtschaftswachstum, Sicherheit etc.) – Pflege der Reichtümer der Erde, des „Erbes der Menschheit" (Kunst, Meeresreichtümer, Tierwelt etc.) – wirtschaftliche Vorteile (Arbeitsteilung, Produktivität, Vielfalt des Warenangebots, Preisvorteile durch Wettbewerb etc.) – technische Erleichterungen (Vereinheitlichung von Maßen, Gewichten, Zeiten), Abstimmung in den verschiedenen Bereichen der Kommunikation (Post, Bahn, Flug etc.) – humanitäre Erleichterungen (medizinische Hilfe, Kulturaustausch etc.) – Verminderung von Weltungleichgewichten (wirtschaftlich, wissenschaftlich-technologisch, sozial etc.) – Lösung extraterrestrischer Aufgaben (Weltraum, Atmosphäre etc.)

eine große Rolle. Dieser Übergang hat mit den je unterschiedlichen Aufgabenstellungen zu tun, die der Nationalstaatsverband einerseits und die internationale Staatengemeinschaft andererseits zu erfüllen haben. In Übersicht 3 sind die Argumente für diese und jene Organisationsform wiedergegeben.

Das Spektrum abgestufter Loyalitäten reicht somit von Lokal- oder Regionalbindungen über nationale Identitäten bis zum Bezug auf Weltmarktorientierungen nach ökonomischen Effizienzkriterien ohne regionale oder nationale Grenzen bis zum Internationalismus mit der Verpflichtung auf Weltprobleme.

Der Staat als Akteur hat jedoch seit den 60er Jahren eine Art Renaissance erlebt und dies wiederum aus fünf Gründen:

Erstens werden Ressourcen und deren Mobilisierung in deren Mehrzahl nach wie vor national organisiert, d. h. die *Verfügungsgewalt* liegt nach wie vor bei den Regierungen. Neben der Tendenz zur größeren Abhängigkeit gibt es Tendenzen zum Polyzentrismus und damit zur größeren Unabhängigkeit. Zentrale Probleme industrieller oder postindustrieller Gesellschaften (Wirtschaftswachstum, Beschäftigung, soziale Sicherheit, Rohstoffversorgung etc.) werden letztlich von nationalen Regierungen wahrgenommen.

Zweitens haben *Regionalismusbewegungen* in europäischen Ländern die nationalstaatliche Komponente verstärkt. Das „Zurück" zu ursprünglichen Kulturmustern hat nationalstaatliche Merkmale wie Sprache, Religion, Geschichte, etc. aufgegriffen und akzentuiert. Die Forderungen nach mehr Autonomie, mehr kultureller Selbständigkeit, mehr wirtschaftlicher Prosperität werden an den Zentralstaat gerichtet, sind mithin Güter, die nach wie vor von diesem verwaltet werden. Andererseits bergen Regionalismusbewegungen auch die Gefahr in sich, den Nationalstaatsverband zu sprengen, dann nämlich, wenn die Diskriminierung separatistische Tendenzen hervorbringt (vgl. Kap. 7).

Drittens wird die internationale Diplomatie durch Regierungen bestimmt, d. h. durch offiziell und de jure anerkannte Vertreter von Nationalstaaten. Das *Nationalstaatsprinzip* ist auch in der UNO-Charta und anderen internationalen und regionalen Organisationen als wichtiges Prinzip festgeschrieben. Auch supranationale Organisationen werden zur Darstellung nationaler Politik benutzt. Wenn ein Regierungschef oder Außenminister der Europäischen Gemeinschaft in eine außereuropäische Hauptstadt reist, kann er mit zuvor eingeholter Zustimmung der Europäischen Gemeinschaft sprechen und dies verleiht ihm ein größeres Gewicht bei anstehenden Verhandlungen. Insbesondere in Krisenzeiten bei äußerer und/oder innerer Bedrohung (Golfkrieg, Zerfall der UdSSR und von Jugoslawien) ist Regierungshandeln gefragt.

Viertens erfolgt die Wahrnehmung und das Verstehen bzw. Nichtverstehen von Angehörigen anderer Nationalität oft über *verfestigte Bilder (Images),* die sozusagen den Kitt bilden und die Orientierung erleichtern, aber auch zu Fehlperzeptionen führen können. Andere Bezugsgruppen lassen dies nur bedingt zu.

Fünftens vollziehen sich die *religiösen Bewegungen* der Neuzeit, wie vor allem die Islamisierung in verschiedenen arabischen Ländern im nationalstaatlichen Kontext und bringen selbst (oder gerade deshalb) Länder ähnlicher Religionszugehörigkeit gegeneinander auf (Iran–Irak). Die großen Panbewegungen wie Panislamismus und Panarabismus, wie zuvor schon Pangermanismus oder Panslawismus sind gescheitert, weil die nationalstaatlichen Interessen stärker waren.

Es bestehen somit Tendenzen zur Internationalisierung und Tendenzen zum Nationalstaat. Dieser bleibt wichtigster Akteur, solange keine beträchtlichen Ressourcen abgegeben werden. Die größere Nachfrage nach sozialer Wohlfahrt übt Druck auf die Regierungen aus. Die klassischen Güter Sicherheit und Macht sind nicht auf Gruppen aufteilbar. Es gibt nur eine Internationalisierung der Verhandlungsmuster. Trotz gegenläufiger Tendenzen, wie regionaler Zusammenschlüsse, nichtgouvernementaler Transaktionen (Multinationale Konzerne), zunehmender weltweiter Kooperationen, kollektiver Verhandlungsmuster und Prozessen von Regionalisierung (EG; Regionalorganisationen) ist es in der Nachkriegszeit zu einer Rückführung auf den nationalstaatlichen Bereich gekommen. Auch in der Zweiten und Dritten Welt reklamieren die Staaten nationale Souveränität. Die revolutionären Umwälzungen in Osteuropa in den 80er Jahren haben den Nationalstaatsverband gegenüber überlagernden Internationalismen (Sozialistischer Internationalismus) gestärkt. Einige Symptome für die Akzentuierung nationaler (Teil-)Einheiten sind die Regionalismusbewegungen (Devolution, Décentralisation), die „Charta der wirtschaftlichen Rechte und Pflichten der Staaten" (Dez. 1974 UN) und die Tatsache, daß die wirtschaftlichen Rezessionen mit nationalstaatlichen Instrumenten zu lösen versucht worden sind. Dieser Rückzug auf den Nationalstaat hat mit den geschilderten Domestifikationsprozessen (Hanrieder), wie der Erfüllung der Nachfrage nach Wohlfahrt (Nachfrage nach Bildung, Ausbildung, sozialer Sicherheit, besserer Umwelt) zu tun. Dennoch findet eine Internationalisierung der Außenpolitik statt – es gibt kaum ein Ressort, das nicht internationale Bezüge aufweisen würde – und Gruppen als Akteure sind wichtiger geworden.

Als Fazit kann das scheinbare Paradoxon gegenläufiger Prozesse der Erosion und der Kumulation staatlicher Handlungsfähigkeit zumindest teilweise aufgelöst werden, wenn man sie auf unterschiedliche Handlungssysteme bezieht: Integrationsprozesse erfordern kooperative Verhandlungssysteme und damit dezentrale Machtlagerungen; Konfrontation und Ausgrenzung erzwingen hierarchische Entscheidungsstrukturen und die Zentralisierung staatlicher Machtapparate.

In neuerer Zeit lassen sich fünf globale Entwicklungen bzw. Veränderungen von und innerhalb von Staaten ausmachen: die Zunahme der Zahl der Staaten mit davon ausgehenden Verlagerungstendenzen, die Demokratisierung und Parlamentarisierung in Teilen der Welt, das tendenzielle Wachstum des öffentlichen Sektors, die verfassungsrechtliche Universalisierung und die Bildung organisierter Parteien.

4.1.1. Die Zunahme der Zahl der Staaten im internationalen System

Die Ausstrahlung eines Staates ist nicht nur Funktion interner Faktoren, sondern hängt auch von dem Verhältnis der Staaten zueinander ab. Dabei spielt eine Rolle, wieviel Staaten es in der unmittelbaren Umgebung eines Staates gibt, mit wieviel Staaten ein bestimmter Staat Grenzen hat und in welchen Machtkonstellationen diese zueinander stehen.

Im Zuge des Auflösungsprozesses von Großstaaten bzw. im Zuge der Entkolonisierung sind in der Nachkriegszeit zahlreiche neue Staaten entstanden, was für die internationale Politik etwa eine Verdreifachung staatlicher Akteure bedeutet. So haben 1945 51 Staaten die UN gegründet, 1960 gehörten ihr 100 Staaten an, 1990 waren es 160 und 1993 184 Staatenmitglieder. Davon gehörten früher 71% der Dritten Welt an; 17% waren westliche Industriestaaten und 10% (z. T. ehemalige) sozialistische Staatshandelsländer. Insgesamt gibt es gegenwärtig etwa 195 souveräne Staaten auf der Erde. Diese gewaltige Zunahme einzelstaatlicher Akteure hat Folgen:

- Mit der Bildung neuer unabhängiger Nationalstaaten werden zwei Tendenzen sichtbar: einmal das Streben nach innen als *Selbstbehauptung* des Nationalstaats, d. h. nach sicheren Grenzen, nach freier Verfügung über das Territorium und die entsprechenden Ressourcen – wozu auch Teile des Meeres gehören – und zum andern das Streben von einigen Staaten nach außen als *Dominanz* in der Region oder weltweit.
- Die Zunahme der Zahl der Staaten erhöht zugleich das *Konfliktpotential,* wenn man davon ausgeht, daß jeder Staat beide Ziele anderen gegenüber verfolgt (vgl. Kapital 8.3.1., S. 226). Die Gesamtzahl der ermittelten Konfliktbeteiligungen betrug über die Jahre hinweg etwas über 1000 und hätte nach der Kombinatorikformel etwa das 10fache betragen müssen. Selbst wenn man realistischerweise unterstellt, daß zahlreiche Konfliktbeziehungen ausgeschlossen werden können, ist die Zahl der Konflikte nicht im gleichen Tempo gewachsen wie die Zahl der Staaten. Knapp 50 Staaten waren nach 1945 z. B. nie in einen internationalen Konflikt verwickelt.
- Eine weitere Folge der Zunahme der Zahl der Staaten war die Bildung von *Kollektivorganisationen,* zu denen sich einzelne Staaten in Gruppen zusammengeschlossen haben. In den UN-Organisationen unterscheidet man zwischen den A-, B-, C-, D-Staaten, d. h. zwischen den afro-asiatischen Staaten (A), den westlichen Industrieländern (B), den lateinamerikanischen Staaten (C), den Staatshan-

Tabelle 1: Das ökonomische Gewicht der Supermächte

Jahre	Anteil USA an Welt-BSP*	Anteil USA + UdSSR/GUS am Welt-BSP
1950	52%	60%
1960	33%	50%
1970	25%	40%
1980	23%	34%
1990	28%	36%

* Veränderungen sind vor allem auf Wechselkursschwankungen zurückzuführen.

Aus: Weltbank: Weltentwicklungsbericht 1992

delsländern (D) und der VR China als eigene Gruppe (E). Die Entwicklungsländer bilden somit die Staaten der Gruppen (A) und (C), die sich als politische Aktionsgruppe in der Gruppe 77 (mit heute mehr als 125 Staaten) zusammengeschlossen haben.

- Eine weitere Folge der zunehmenden Zahl nationalstaatlicher Akteure ist der *Rückgang des Gewichts der ehemals bzw. noch immer führenden Staaten*, z. B. betrug der Anteil der USA am Weltmarktprodukt 1990 nur noch 28% gegenüber 52% 1950 (vgl. Tab. 1).

4.1.2. Anteil demokratisch-parlamentarischer Staaten

Graphik 6: Politische Systeme im Weltmaßstab

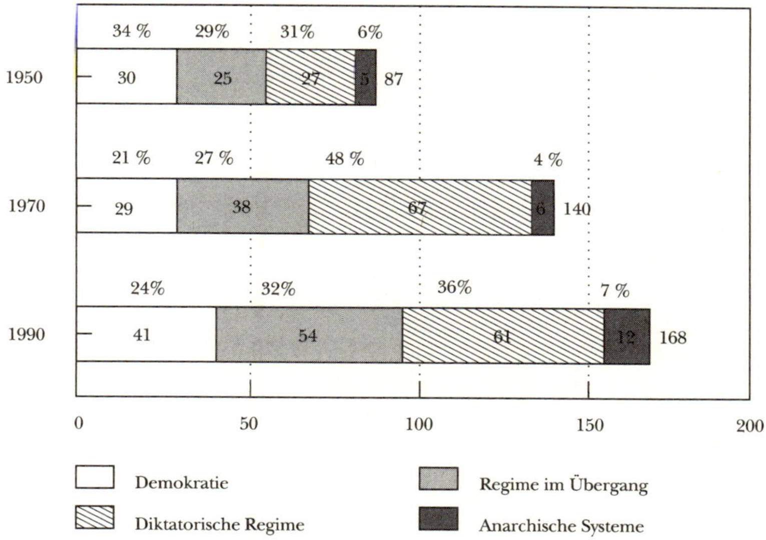

Nach: KOSIMO 1991

Die Zahl *demokratisch-parlamentarischer Regierungssysteme* ist aufs Ganze gesehen gering. Von den über 195 Staaten der Welt dürften kaum mehr als 50 diesem Typus zuzuordnen sein. In seiner Arbeit über „The Emergence of Democracy" hat Tatu Vanhanen errechnet, daß 1979 von 119 Staaten nur 35 das Kriterium „Demokratie" erfüllten. In Westeuropa, in Südamerika und in Asien sind in der Nachkriegszeit einige zuvor autoritär regierte Staaten zu demokratisch konstitutionellen Formen übergegangen (Portugal, Spanien, Griechenland; Brasilien, Argentinien, Uruguay; Philippinen, Südkorea, Osteuropa). Außerhalb der 24 OECD-Staaten entsprechen nur wenige dem Typ konstitutioneller Regierungsformen. Die Mehrzahl aller Staaten sind zentral organisierte Ein-Mann-Herrschaften (vgl. Graphik 6).

Diese Typologie politischer Systeme richtet sich neben einigen institutionellen Indikatoren wie die Existenz von Parteien, von Wahlrecht, von Regierungswechsel etc. nach der Art des Konfliktaustrags, wobei institutionelle und nicht-institutionelle Regeln der Auseinandersetzungen um Machtressourcen von Bedeutung sind.

Demokratien	=	Code 1
Regime im Übergang	=	Code 2 + 3 + 4
Diktatorische Regime	=	Code (4) + 5 + 6
Anarchische Systeme	=	Code 7

Code	Konfliktaustragungsregeln
1	Es gibt institutionalisierte und akzeptierte Regeln des Konfliktaustrags. Zur Kanalisierung von Konflikten gibt es institutionalisierte Opposition, Wahlen, Parlamente etc.; die Gesellschaft ist pluralistisch organisiert. Exemplarische Fälle: westliche Industriestaaten. *Modalitäten des Konfliktaustrags:* auf Seiten der *Regierung:* parlamentarische Gremien, Gerichtshöfe etc.; Auf Seiten der *Opposition:* legale Demonstrationen, Streiks etc.
2	Es gibt zwar institutionalisierte demokratisch-parlamentarische Konfliktregelungsmuster, diese werden aber von bestimmten Gruppierungen nicht eingehalten. Der staatliche Oberbau ist mit Eliten besetzt; der gesellschaftliche Unterbau findet darin keine oder kaum eine Entsprechung. Dies trifft meist für unabhängig gewordene Gebiete zu, die von der Kolonialmacht ein System übergestülpt bekommen oder ein solches angenommen haben. Oft wird das Regime durch einen Putsch geändert. Exemplarische Fälle: Algerien nach der Unabhängigkeit 1962, Zypern nach 1958/60, Uganda 1962–66, Obervolta/Burkina-Faso 1960–65.
3	Es gibt zwar Regeln des Konfliktaustrags; diese spiegeln aber nicht die zugrundeliegenden Machtstrukturen wider; der demokratischen Fassade entspricht eine mangelnde oder ganz und gar fehlende Legitimation der politischen Führung; der Rekurs auf Tradition begründet die sogenannten traditionalen Herrschaftsstrukturen, und das sind in den meisten Fällen Stammes-, Familien- oder Clanstrukturen. Oft liegt die Macht auch bei den Militärs. Dabei kann es durchaus sein, daß solche

Clans oder Gruppenmächte ganze Gebietsteile beherrschen. Die Zentralgewalt verliert entsprechend an Macht.
Exemplarische Fälle: Libanon 1958–75, Peru: ab 1980.

4 Ein vorher autoritäres oder fremdbestimmtes System etabliert sich; Aufbau neuer Konfliktaustragungsregeln; nationale Einheitsbewegung überdeckt Konflikte und führt vorübergehend zu hoher Legitimation.
Exemplarische Fälle: Nasser nach 1952, Tito 1945–80, Sukarno 1947–57.

5 Es gibt zwar eine Ordnungsmacht, diese ist aber meist diktatorisch (autoritär bis totalitär); Opposition wird unterdrückt, geht ins Exil oder leistet Widerstand; es gibt wenig oder keinen Rückhalt in der Bevölkerung, es kann Rivalität zwischen organisierten Eliten um die Macht geben. Dies ist der klassische Fall einer Militärherrschaft oder einer traditionellen absolutistischen Herrschaft (Machtkonflikte).
Exemplarische Fälle: Somoza, Duvalier, Franco.

6 Es gibt eine Ordnungsmacht, sie ist meist diktatorisch und geht gegen die Opposition gewaltsam vor. Diese organisiert sich und findet Rückhalt bei organisierten Gruppen und in der Bevölkerung. Die organisierte Opposition setzt dabei ideologische Mittel ein. Hierzu rechnen die zahlreichen Transformationen zu sozialistisch sich verstehenden Länder in Osteuropa und Asien (Systemkonflikt).
Exemplarische Fälle: Rhodesien 1965–72, Südafrika ab 1945, Osteuropäischer Realsozialismus, VR China ab 1949, Vietnam.

7 Fehlen einer legitimierten Ordnungsmacht, Kampf zwischen rivalisierenden Gruppierungen um zukünftige Ordnungsprinzipien, Unterstützung für die rivalisierenden Gruppierungen in der Bevölkerung. Eine akzeptierte Ordnungszentrale existiert nicht mehr, anarchische Tendenzen werden sichtbar. Bürgerkrieg breitet sich aus, Straßenkämpfe finden statt, die Revolution bricht aus.
Exemplarische Fälle: Libanon seit 1975, Äthiopien seit 1974, Angola seit 1974/75.

2 und 3 sind typische Übergangsregime, wobei die Entwicklung sowohl zur Demokratie als auch zur Diktatur möglich ist. Der wichtigste Unterschied zwischen 2 und 3 ist der, daß bei 2 der nationale Zusammenhalt nicht gefährdet ist, während bei 3 die nationale Einheit in Frage gestellt sein kann.

Die *Demokratisierung des Wahlrechts,* d. h. die Erweiterung des Wahlrechts zum allgemeinen, unmittelbaren, freien, gleichen und geheimen

Wahl- und Stimmrecht, und Einführung des allgemeinen Wahlrechts für Männer und Frauen, erfolgte in einigen Ländern z. T. vor mehr als hundert Jahren:

Frankreich:	1848 (1946 Frauenwahlrecht)
Deutschland:	1869/71 (1909 Frauenwahlrecht)
Belgien:	1893/(1919 Frauenwahlrecht)
Großbritannien:	1918 (1928 Frauenwahlrecht); nach ersten Ansätzen 1832, 1867, 1885/85

Als Folge dieser Erweiterung des Wahlrechts nimmt die Wahlbeteiligung zu: betrug sie in Deutschland 1890 noch 15,7% der Stimmen bezogen auf die Bevölkerung, so erreichte sie 1970 61,7%.

Die *Parlamentarisierung der Regierung,* d. h. die Verantwortlichkeit der Regierung vor dem Parlament, ist ein Vorgang, der in Deutschland zunächst mißlang (Verfassungskonflikt in Preußen, 1864), dann 1919 in die Verfassung der Weimarer Republik aufgenommen wurde. In anderen westlichen Ländern erfolgte die Parlamentarisierung schon früher:

Frankreich:	1814–30,
Belgien	1831
Großbritannien	1832–35,
Italien	1861
Deutschland	1919

4.1.3. Zunahme des öffentlichen Sektors

Die Umstrukturierungen der *wirtschaftlichen Sektoren,* sichtbar am Rückgang der landwirtschaftlichen Bevölkerung, sind zunächst von einer Zunahme des Sekundärsektors (Industrie, Gewerbe) und dann des Dienstleistungsbereichs begleitet. Damit verbunden ist die Zunahme der städtischen Bevölkerung. Mit der Reallohnsteigerung wird Arbeit teurer und daher tendenziell durch Kapital, das billiger geworden ist, ersetzt. Direkte gesellschaftliche Folge ist zunehmende Arbeitslosigkeit in westlichen Industriegesellschaften, die neben anderen sozialen Aufgaben zu steigenden Sozialleistungen des Staates geführt hat. Diese stellen in der Bundesrepublik heute den größten Anteil am Budget. Die Problematik knapper werdender Arbeitsplätze und die damit verbundenen sozialen Folgen werden die Regierungen der kommenden Jahrzehnte beschäftigen. Da dieses Problem gegenwärtig vornehmlich im nationalstaatlichen Bereich zu lösen versucht wird, die Problematik aber fast alle Industriestaaten betrifft bzw. betreffen wird, nimmt die Notwendigkeit von international abgestimmten Lösungen zu.

Tendenziell läßt sich eine Verlagerung verfügbarer Ressourcen auf den *öffentlichen Sektor* erkennen, d. h. die Regierungen verfügen zur

Tabelle 2: Entwicklung der Staatsausgaben in % BSP/BIP (1960–1992)

	1960	1965	1970	1975	1990	Steigerung 1960–80	1992
BRD	32,0	36,3	37,6	49,5	48,9	+ 14,9%	50,0
Frankreich	34,6	38,5	38,9	48,4	46,1	+ 11,6%	50,3
UK	32,6	36,4	39,3	46,4	44,8	+ 12,0%	41,3
Kanada	28,9	29,1	35,7	40,1	40,5	+ 11,8%	44,6 (89)
USA	27,8	28,0	32,2	34,7	33,7	+ 5,4%	36,1 (89)
OECD	28,5	30,1	32,6	38,2	39,4	+ 10,9%	

Nach: D. Heald: Public Expenditure. Its Defense and Reform (Martin Robertson). Oxford 1983, S. 30 f. und BMF: Finanzbericht 1993, S. 311.

politischen Gestaltung über mehr Mittel als je zuvor. Betrug z. B. die Staatsquote (das sind die Staatsausgaben in Relation zum volkswirtschaftlichen Sozialprodukt) bei der Gründung der Europäischen Wirtschaftsgemeinschaft 1957 im Durchschnitt der damaligen Mitgliedsländer weniger als 30%, so erreicht diese Maßgröße Anfang der 90er Jahre annähernd 50%.[3] Dieser Trend ist durch Verstaatlichung und Sozialisierung in der Zweiten und Dritten Welt verstärkt worden. Weil Wohlfahrts- und Individualrechtsforderungen gestellt werden, wächst die Nachfrage nach öffentlichen Gütern und damit der Grad der Politisierung. Innenpolitik wird zunehmend schwieriger. Politiker müssen also mehr Zeit für innenpolitische Probleme aufbringen, z. T. auf Kosten der Aufmerksamkeit für auswärtige Fragen (Domestifizierungsprozeß durch Wohlfahrtsforderungen). Die Staatsquote steigt (vgl. Tab. 2) nach dem Wagnerschen Gesetz: „mit dem Fortschritt der Kultur und des Volkswissens" nehmen die Staatstätigkeit und folglich auch die Staatsausgaben zu. Mit wachsendem Wohlstand steigen die Gemeinbedürfnisse (allgemeine Verwaltung, Schutz nach innen und außen, Kultur und Wohlfahrtswerke, Krisenanfälligkeit der Wirtschaft erfordert mehr staatliche Lenkung) „nach innerer gesetzmäßiger Entwicklung" zu Lasten der privaten Bedürfnisse.

4.1.4. Universalisierung des Verfassungsgedankens

Die *Universalisierung des Verfassungsgedankens* ist eine Entwicklung im innerstaatlichen, verfassungsrechtlichen Bereich, die sich erst im 19. Jahrhundert zu manifestieren begann und im 20. Jahrhundert zum Tragen kam, und war zunächst auf die westlichen Industriestaaten beschränkt. Mit der Universalisierung wirtschaftlicher, wissenschaftlich-technischer und sozialer Neuerungen dieser in vielem als Modellstaaten angesehenen Länder ist zu erwarten, daß auch die Demokratisierung politischer Systeme in anderen Teilen der Welt fortschreitet. Die Diffusion des Verfassungsgedankens spricht dafür: nach 1945 haben sich von 131 Staaten der Erde 109 neue demokratische oder autoritäre Verfassungen gegeben. Die 22 restlichen gehören zu den Ländern mit älteren Verfassungen.

Auch der Gedanke der Menschenrechte, in einem langen historischen Prozeß entstanden, ist universal geworden. Die Zeittafel führt folgende Stationen auf:

1215 Magna Charta
1679 Habeas-Corpus Akte
1787 Amerikanische Verfassung
1789 Erklärung der Menschen- und Bürgerrechte
1948 Allgemeine Erklärung der Menschenrechte (UN)
1953 Konvention des Europarates zum Schutze der Menschenrechte und Grundfreiheiten
1966 Internationaler Pakt über wirtschaftliche, soziale und kulturelle Rechte.[4]

4.1.5. Gründung organisierter Parteien

Die gegen Ende des 19. Jahrhunderts einsetzende *Gründung von organisierten Parteien* führte dazu, daß heute die meisten Regierungen mehr oder weniger auf organisierten Parteien beruhen. Auch die Parteien haben im 20. Jahrhundert internationale Organisationsformen gefunden, zuerst und vor allem die sozialistischen Parteien (siehe unten S. 73).

Diese Veränderungsprozesse hatten vielfältige Auswirkungen auch auf das Konfliktverhalten der Staaten, ohne daß allerdings ein eindeutiger genereller Trend zu erkennen wäre (vgl. Kap. 8). Im Innern von Staaten sind Regeln gefunden worden, Konflikte ohne den Einsatz von Gewaltmitteln zu lösen, im Äußeren bleiben die anerkannten Regulierungsinstrumente begrenzt.

4.2. Parteien

In der Bundesrepublik gibt es – einmalig in der Welt – Parteistiftungen, die internationale Aktivitäten entfalten.[5] Diese, von allen bundesrepublikanischen Parteien eingerichteten Stiftungen, erlauben den Parteien, als selbständige Akteure auch und vor allem im auswärtigen Bereich aufzutreten. Im europäischen Rahmen und bedingt durch die Wahlen zum Europaparlament haben sich Parteien ähnlicher politischer Ausrichtung zusammengeschlossen. Die wichtigsten Parteiföderationen des EG-Raums sind:

- der Bund der Sozialdemokratischen Parteien der EG (1974),
- die Europäische Demokratische Union (EDU),
- die Europäische Volkspartei (EVP, 1976),
- die Europäischen Liberalen Demokraten (ELD, 1976), früher FLIDPE (= Föderation der liberalen und demokratischen Parteien in der EG).

Bei nur geringer Kooperation stellen diese Parteizusammenschlüsse auf EG-Ebene kaum einen Faktor in der internationalen Politik dar. Es überwiegt die Konzentration auf das nationale Entscheidungssystem.

Schon im 19. Jahrhundert haben Parteien damit begonnen, internationale Zusammenschlüsse zu bilden:

- Internationale Arbeiterassoziation (1864)
  1. Sozialistische Internationale 1861–1872
  2. Sozialistische Internationale 1889–1914
  3. Sozialistische Internationale 1919–1943

Tabelle 3: Fraktionen im Europäischen Parlament
Das Spektrum von links nach rechts

Mitgliedstaat	Mandate	KdL	VEL	SOZ	Grüne	REG	LIB	FL	EVP-CP	SdED	ER
Dänemark	16	–	1	4	–	4	3	–	4	–	–
Deutschland	81*	–	–	31	6	1	5	3	32	–	3
Griechenland	24	3	1	9	–	–	–	–	10	1	–
Spanien	60	–	4	27	1	2	5	1	18	2	–
Frankreich	81	7	–	22	8	1	9	1	11	12	10
Irland	15	–	1	1	–	1	2	–	4	6	–
Italien	81	–	22	14	7	3	3	5	27	–	–
Luxemburg	6	–	–	2	–	–	1	–	3	–	–
Niederlande	25	–	–	8	2	–	4	1	10	–	–
Portugal	24	3	–	8	–	1	9	–	3	–	–
Großbritannien	81	–	–	46	–	1	–	1	33	–	–
Sitze insgesamt	518	13	29	180	27	15	45	12	162	21	14

* dazu 18 Beobachter aus den neuen Bundesländern — Stand: Juli 1992

Fraktionsabkürzungen und Fraktionsvorsitzende

KdL	Koalition der Linken	(= orthodoxe Kommunisten usw.)	René Piquet/F
VEL	Einheit der Europäischen Linken	(= Euro-Kommunist. u. Nahestehende)	Luigi Coljanni/I
SOZ	Sozialistische Fraktion	(= Sozialisten, Sozialdemokraten und Nahestehende)	Jean-Pierre Cot/F
GRÜNE	Fraktion der Grünen	(= überwiegend gem. Ökologisten)	Alexander Langer/I
REG	Regenbogenfraktion	(= Regionalisten und Ökologisten)	J. Vandemeulebrocke/B u. Birgit Bjornvig/DK
LIB	Liberale, demokratische und reformerische Fraktion		Valéry Gisc. d'Estaing/F
FL	ohne Fraktionsbindung; teils Rechtsextreme, teils unentschlossene Gemäßigte		(kein Vorsitzender)
EVP-CD	Fraktion der Europäischen Volkspartei (Christlich-Demokratische Fraktion)		Leo Tindemans/N
SdED	Sammlungsbewegung der Europäischen Demokraten (= vor allem Gaullisten)		Christ. de la Malène/F
ER	Technische Fraktion der Europäischen Rechten	(= Le-Pen-Anhäng. usw.)	Jean-Marie Le Pen/F

Aus: Fischer Weltalmanach 1993. Fischer TB Frankfurt/M. 1992, S. 725/726.

- Sozialistische Internationale 1951
- Kommunistische Internationale (Komintern)
- Weltunion Christlicher Demokraten (ab 1961 als Organisation)
- Liberale Weltunion (1947 gegr.)
- Zusammenschlüsse der EG (s. oben S. 73).

In einigen Ländern haben Parteien eine wichtige Rolle im Unabhängigkeitskampf gegen die frühere Kolonialmacht erlangt. Die FNL (Vietcong) in Vietnam, die Front de Libération National in Algerien, die South West African People's Organization in Namibia etc. haben den Unabhängigkeitskampf getragen, und einige davon sind später zu den wichtigsten Machtträgern im Land geworden.

4.3. Autonomiebewegungen

In zahlreichen Ländern der Erde kämpfen minoritäre Gruppierungen um mehr Autonomie- bzw. Selbstbestimmung; ihre Organisationen sprengen meist den Rahmen von Parteien oder staatlichen Verbänden; als selbständige Organisationen vertreten sie aber die Belange ethnischer, religiöser oder wirtschaftlicher Gruppen sowohl gegenüber dem nationalstaatlichen Verband als auch nach außen, wie z. B. die IRA in Nordirland, die ETA in Spanien, die Liberation Tigers of Tamil Eelam, LTTE in Sri Lanka, die verschiedenen Kurdenorganisationen in insgesamt 5 Staaten des Mittleren Ostens. Eine Gruppierung per se stellt die PLO (Palestinian Liberation Organization) dar, die sich nicht nur als Vertreter des palästinensischen Volkes sieht, sondern seit 1989 auch als Regierung eines palästinensichen Staates auftritt (vgl. auch Kap. 7.2.1., S. 207–210).

4.4. Gesellschaftliche Organisationen

Die wichtigsten gesellschaftlichen Gruppen wie Gewerkschaften, Arbeitgeberorganisationen oder Kirchen haben internationale Verbände gegründet. So

die Gewerkschaften:
- Internationaler Bund Freier Gewerkschaften
- Weltgewerkschaftsbund (kommunistisch)
- Weltverband der Arbeitnehmer (christlich);

die Arbeitgeber:
- Internationale Industrie- und Handelskammern;

die Kirchen:
Schon seit dem 4. Jahrhundert sind Kirchenzusammenschlüsse als INGO (International Non-governmental Organisations) nachweisbar

– Weltkirchenrat (World Council of Churches; Dachverband der protestantischen Kirchen);

die Sportverbände:

– z. B. die Fédération Internationale de Football Association, FIFA;

die Wissenschaft:
Wissenschaftliche Fachverbände, wie z. B. die International Political Science Association.

4.5. Transnationale Organisationen

Transnationale Organisationen sind private Vereinigungen, deren Mitglieder aus mindestens drei Ländern stammen und die durch gemeinsame Interessen zusammengehalten werden. Ihre Interessen versuchen sie vornehmlich bei nationalen Regierungen und Internationalen Organisationen durchzusetzen. Ähnlich wie die nationalen Verbände unterhalten sie Interessenvertretungen bei IGO, wie z. B. beim Wirtschafts- und Sozialrat der UNO, wo sie einen Konsultativ-Status nach Art. 71 der UN-Charta einnehmen.
Unter dem Sammelbegriff Non-Governmental Organization (NGO), also Nicht-staatlicher Organisationen, gibt es eine Vielzahl von Phänomenen: Konferenzen, Komitees, Räte, Genossenschaften, Institute, Föderationen, Verbände etc. Gewöhnlich unterscheidet man zwischen zwei Arten transnationaler Organisationen, nämlich zwischen den „International Non-Governmental Organizations (INGO)“ und den „Business International Non-Governmental Organizations (BINGO)“, d. s. transnationale Gesellschaften oder Multinationale Konzerne (MNK). NGOs sind transnational verflochten und versuchen über nationale Regierungen Einfluß zu nehmen. Dazu bedienen sie sich ihres Expertenwissens, der Mobilisierung der Öffentlichkeit, u. a. durch spektakuläre Aktionen, ihrer ökonomischen Stärke etc. Sie können als „Gewissen der Weltöffentlichkeit“ gelten, als „local agents of the world common good“ (Hedley Bull). Auf dem KSZE-Universitätsforum in Helsinki im Juli 1992 wurden drei Verhaltensrichtlinien für die NGOs gefordert: genügende, aber nicht zu große Nähe zu den Regierungen, effektive Zusammenarbeit untereinander und Beurteilung nicht nur nach Ihrer Einflußnahme auf Regierungen, sondern auch nach der Ermöglichung von Partizipation für den Bürger.

4.5.1. Zahl und Merkmale transnationaler Organisationen bzw. Internationaler Nicht-Governementaler Organisationen (INGO)

Als erste transnationale Organisation gilt der Rosenkranzorden aus dem Jahr 1694; es hat aber kirchliche Verbände schon seit dem 4. Jahrhundert gegeben. 1823 wird die Internationale Gesellschaft gegen die Sklaverei gegründet, 1864 die Internationale Arbeiterassoziation, 1864 das Rote Kreuz. Das Wachstum Nicht-Governementaler Organisationen geht im 19. Jahrhundert Hand in Hand mit der Zunahme des Handels und der Kommunikation im Zuge der Industrialisierung.

Tabelle 4: Zahl existierender internationaler Nicht-Governementaler Organisationen (kumulativ, abzüglich aufgelöster Organisationen)

Jahr	Zahl der INGOS
1850	5
1860	10
1870	25
1880	50
1890	90
1900	163
1910	355
1920	518
1930	813
1940	1038
1950	1390
1960	1255
1970	2173 (1972)
1980	4269 (1981)
1985	4676

Aus: Yearbook of International Organization 1989/90. München/New York/London/Paris

4.5.2. INGOs nach Geographie

Ihren Sitz haben die meisten INGOs in Europa und in den Vereinigten Staaten (vgl. Tab. 5, S. 78).

4.5.3. INGOs nach Tätigkeitsbereichen

Die transnationalen Organisationen lassen sich nach Tätigkeitsbereichen klassifizieren. Der Überblick zeigt, daß die Haupttätigkeitsgebiete das Gesundheitswesen, der Handel und die Industrie, die Wissenschaft sowie die Erziehung sind (vgl. Übersicht 4).

Übersicht 4: Nicht-staatliche Internationale Organisationen nach Tätigkeitsbereichen

Kategorie	1909	1954	1956	1958	1960	1962	1964	1966	1968	1970	1972	1976
Bibliographie, Dokumentation, Presse	19	29	26	33	34	41	54	58	69	63	72	77
Religion, Ethik	21	79	70	79	87	86	87	93	103	109	112	129
Sozialwissenschaften, humanistische Studien	10	38	57	55	57	57	67	80	90	95	104	133
Internationale Beziehungen	12	83	61	71	92	99	106	111	125	127	144	132
Politik	3	12	13	14	17	15	14	15	22	22	27	30
Gesetz, Verwaltung	13	31	28	30	37	42	45	48	54	54	58	45
Soziale Wohlfahrt	10	52	52	53	56	64	70	76	88	95	104	120
Berufe, Angestellte	2	56	67	67	73	76	78	93	105	112	119	132
Handelsgesellschaften	1	49	48	49	54	54	59	63	70	70	70	67
Wirtschaft, Finanzen	3	14	15	16	26	30	33	35	40	45	47	56
Handel, Industrie	5	116	123	134	163	160	168	211	233	239	251	273
Landwirtschaft	5	32	27	34	46	55	64	76	83	83	88	105
Tansport, Verkehr	5	28	40	43	57	57	63	72	76	82	89	93
Technologie	8	34	36	50	60	63	70	83	102	113	133	147
Wissenschaft	21	81	69	77	83	92	118	137	152	174	184	190
Gesundheit, Medizin	16	101	100	104	123	133	150	173	214	225	256	306
Erziehung, Jugend	10	54	56	62	68	71	83	91	105	106	116	134
Kunst, Literatur, Radio, Kino, TV	6	41	34	34	57	57	65	70	75	80	80	93
Sport, Erholung	6	67	51	55	65	72	76	90	93	99	110	119
Total	176	997	973	1060	1255	1324	1470	1675	1899	1993	2164	2381

Nach: Yearbook of International Organizations, 1978 (Brussels: Union of International Associations, 1978)

Tabelle 5: Zahl der Sekretariate von INGOs in ausgewählten Ländern

Frankreich	657
Großbritannien	508
Belgien	498
USA	350
Schweiz	302
Bundesrepublik	216
Niederlande	180
Italien	134
Dänemark	115
Schweden	99
Total	3059

Aus: Yearbook of International Organizations, 1981 (19). München/New York/London/ Paris

4.5.4. Multinationale Konzerne (MNK)

Als transnationale Organisationen gelten insbesondere die Multinationalen Konzerne; dies sind meist private Firmen (es gibt jedoch auch staatliche Firmen wie z. B. Renault in Frankreich), die in mehreren Ländern operieren, d. h. die ihren Sitz und damit ihr Entscheidungszentrum in einem Land haben (Muttergesellschaft) und in anderen Ländern ihre Niederlassungen (Tochtergesellschaften). Diese ausländischen Niederlassungen können Verkaufs-, Einkaufs- oder Produktionseinheiten sein. Mit ihren Operationen in verschiedenen Ländern nutzen sie Standortvorteile aus, d. h. sie nutzen Kostenunterschiede, Steuervorteile, Konzessionen etc., um damit Gewinne bzw. Umsätze zu maximieren und/oder das Produktionsprogramm zu diversifizieren.

MNK sind Unternehmen, deren Aktionen sich vor allem an Direktinvestitionen in anderen Ländern ausrichten. Sie sind meist hierarchisch strukturiert und zentral geleitet. Die Wirtschaftskraft, gemessen am Wert der jährlichen Produktion, liegt bei vielen Multis höher als die zahlreicher Länder. So ist z. B. der Produktionswert von GENERAL MOTORS größer als der von Österreich, der von EXXON größer als der von Belgien, Dänemark, Argentinien oder Indonesien; der von ROYAL DUTCH SHELL oder FORD MOTORS liegt höher als der von Thailand, Südafrika oder der Türkei; der Produktionswert von MOBIL OIL ist größer als das BSP von Saudi Arabien oder Griechenland; der von TEXACO ist größer als das BSP von Bulgarien; schließlich liegt der Produktionswert von BRITISH PETROLEUM höher als das Sozialprodukt von Taiwan etc. (siehe Übersicht 5, S. 80).

Die Zahl der MNK belief sich 1977 auf 10 373, davon besaß etwa ⅓ Tochtergesellschaften in Entwicklungsländern (3 502).[6]

Mit diesen multinationalen Aktivitäten haben die Konzerne das betrieben, was Marx und Engels im Kommunistischen Manifest von 1847 konstatiert haben: „Die Bourgeoisie hat durch die Exploitation des Weltmarkts die Produktion und die Konsumtion aller Länder kosmoplitisch gestaltet. Sie hat ... den nationalen Boden der Industrie unter den Füßen weggezogen. Die uralten nationalen Industrien ... werden verdrängt durch ... Industrien, die nicht mehr einheimische Rohstoffe, sondern den entlegensten Zonen angehörige Rohstoffe verarbeiten und deren Fabrikate nicht nur im Lande selbst, sondern in allen Weltteilen zugleich verbraucht werden."[7]

Die Darstellung der Aktivitäten der MNK und ihre Beurteilung muß aus der Sicht sowohl des Mutterlandes als auch der des Gastlandes vorgenommen werden. Vier Gesichtspunkte müssen dabei hervorgehoben werden:

- Aus der Sicht des Mutterlandes können MNK einerseits durch Ausnutzung von Standortvorteilen Gewinne realisieren, die sie wieder für Investitionen zur Verfügung haben. Andererseits entziehen sie mit ihren Investitionen im Ausland Produktivkapital, das im Inland nicht mehr zur Verfügung steht. Neue Arbeitsplätze können somit nicht geschaffen werden.

  Wie unterschiedlich sich die Auslandsaktivität auswirken kann, zeigt folgendes Beispiel. Wenn ein Deutscher Coca Cola trinkt oder ein Amerikaner deutsches Bier, trinken beide ein ausländisches Produkt, nur mit dem Unterschied, daß der Amerikaner dabei das US-Handelsdefizit vergrößert, der Deutsche hingegen zum Wachstum des inländischen Sozialproduktes beiträgt, da Coca Cola in Deutschland hergestellt wird, das Bier jedoch exportiert wird.

- MNK können auch einen negativen ökonomischen Einfluß auf das Gastland haben, dann nämlich, wenn Gewinne ins Mutterland zurücktransferiert und nicht im Gastland investiert werden (die transferierten Gewinne aus Entwicklungsländern liegen im allgemeinen und durchschnittlich höher als aus Industriestaaten; dennoch sind in den letzten Jahren mehr Betriebe von Ausländern in Industriestaaten gegründet worden als in Entwicklungsländern), wenn das Land wirtschaftlich und technologisch abhängig wird, wenn Verzerrungen im Lohnniveau entstehen, wenn es zur Bildung von Entwicklungsenklaven kommt, wenn nicht angepaßte Technologien entwickelt werden, wenn Zerstörung einheimischer Produktion stattfindet etc. Dieser Negativbilanz werden positive Momente entgegengehalten wie die von Wachstums- und Beschäftigungseffekten, von Lerneffekten, von organisatorischer Erneuerung etc.

Übersicht 5: Länder und Konzerne nach jährlichem Produktionswert (1990)

Rang	Land/Unternehmen	BSP/Umsatz (Mrd US$)
1	USA	5 445 825
2	Japan	3 140 948
3	BRD (alt)	1 411 346
4	UdSSR	–
5	Frankreich	1 099 750
6	Italien	970 619
7	Großbritannien	923 959
8	Kanada	542 774
9	Spanien	429 404
10	Volksrepublik China	415 884
11	Brasilien	402 778
12	Indien	294 816
13	Australien	290 552
14	Niederlande	258 804
15	Rep. Korea (Süd-Korea)	231 132
16	Schweiz	219 337
17	Mexiko	214 500
18	Schweden	202 498
19	GENERAL MOTORS (USA)	202 200
20	ROYAL DUTCH/SHELL	173 300
21	EXXON (USA)	171 100
22	Republik China (Taiwan)	170 000
23	FORD MOTOR (USA)	158 800
24	Belgien	154 688
25	Österreich	147 016
26	Iran	139 120
27	Finnland	129 823
28	Dänemark	113 515
29	IBM/USA	111 500
30	TOYOTA/Japan	104 200
31	Indonesien	101 151
32	IRI/Italien	99 200
33	BP/UK	96 200
34	MOBIL OIL (USA)	95 000
35	GENERAL ELECTRIC (USA)	94 300
36	Türkei	91 742
37	Südafrika	90 410
38	Saudi-Arabien	90 000
39	DAIMLER BENZ (BRD)	85 500
40	HITACHI (Japan)	81 900
41	Thailand	79 044
42	FIAT (Italien)	77 200
43	Argentinien	76 491
44	Jugoslawien	72 860
45	SAMSUNG (Süd-Korea)	72,700
46	PHILIPP MORRIS (USA)	71 600
47	MATSUSHITA (Japan)	70 300
48	VW (BRD)	68 100
49	ENI (Italien)	67 600
50	Hong Kong	66 666

Aus: Fischer Weltalmanach 1993, S. 845, 846, 930, 931. Fischer Taschenbuch, Frankfurt/M., 1992

– Politisch bedenklich ist die Aktivität von MNK, wenn sie sich unkontrolliert in die Politik des Gastlandes einmischen und die Regierung des Gastlandes in ihrem Sinne gefügig machen können.

In einigen spektakulären Fällen ist es in der Tat zu einer direkten Einmischung in die Politik des Gastlandes gekommen. ITT hat Anfang der 70er Jahre in Chile seine Interessen (an Chiltelco) dadurch zu sichern versucht, daß Gegner von Salvador Allende bezahlt wurden und außerdem Druck auf die US-Regierung ausgeübt wurde. Bestechung ist somit ein Mittel, eigene Interessen durchzusetzen. Als ein weiteres Beispiel sei die Bestechung japanischer Politiker durch Lockheed erwähnt. Diese Einzelfälle dürften aber nicht die Regel sein, denn die Firmen brauchen für ihre Operationen die Unterstützung der jeweiligen Regierungen, deren Interessen oft genug mit denen der MNKs zusammenfallen.

- Ein weiterer Vorwurf, der MNK gemacht wird, ist somit der, daß sie den Nationalstaat unterminieren durch
  - Auslagerung von Ressourcen und damit Entzug von Produktivvermögen (inkl. Steuerflucht);
  - monopolartige Preisbildung (Kartelle);
  - einseitige Interessendurchsetzung durch Nutzung eigener Wirtschaftskraft bei der Regierung des Gastlandes;
  - Umgehung von Handelsauflagen (z. B. Embargo) durch Nutzung ausländischer Töchter.

Internationale wie transnationale Organisationen werden in der Literatur als Indikatoren für Integration aufgeführt und daraus auf friedensstiftende und friedensstabilisierende Funktionen geschlossen. Je mehr integrative Verbindungen (gemessen an Kommunikationssträngen) ein nationaler Akteur auf staatlichen und nichtstaatlichen Ebenen besitzt, um so eher ist er für funktionale, nicht-territoriale Integration qualifiziert. Diese Aussage bedarf der Qualifizierung. Es hängt von der Art solcher Verbindungen ab, d. h. ob sie asymmetrisch oder symmetrisch sind. Zwischen den Ländern auf beiden Seiten der Ost-West-Auseinandersetzung gab es kaum transnationale Einrichtungen (wie z. B. die deutsch-polnische Schulbuchkommission), und in bezug auf den Nord-Süd-Konflikt sind die Beziehungen eher asymmetrisch, d. h. sie spiegeln die Norddominanz wider. Es muß also der Einwand gegen Transaktions- und Kommunikationsanalysen erhoben werden, daß die Transaktionen zu qualifizieren sind (Richtung) und daß die Frage nach Ursache und Wirkung gestellt werden muß.
Das Monopol als oberste Regelungsmacht wird den Regierungen somit durch die transnationalen Organisationen der multinationalen Konzerne und die supranationalen Organisationen (EG, UN etc.) streitig gemacht, wenn Entscheidungskompetenzen abgegeben werden.

4.6. Internationale Organisationen

Internationale Organisationen (IO) sind auf Verträgen beruhende Zusammenschlüsse von Staaten; sie besitzen eigene Organe und Kompetenzen, die das Zusammenwirken nach innen und außen (Kooperation, Interdependenz) regeln.
In der Literatur wird zwischen Internationalen Governementalen (IGO) und Internationalen Nicht-Governementalen Organisationen (INGO) unterschieden, wobei internationale governementale Organisationen für Staaten als Mitglieder vorbehalten sein sollen und transnationale Organisationen nicht-gouvernementale natürliche und juristische Personen aus verschiedenen Ländern (Staaten) sind.
Die Zahl der staatlichen wie der nicht-staatlichen internationalen Organisationen hat sich seit 1945 in etwa vervierfacht.

Tabelle 6: Internationale Governementale Organisationen (kumulativ, d. h. neugegründete minus aufgelöste Organisationen)

Jahr	Zahl IGOs
1850	1
1860	3
1870	9
1900	24
1910	33
1920	45
1930	68
1940	79
1950	145
1960	154
1970	242
1975	300
1981	337
1985	378
1988	309
1989	300

Nach: Yearbook of International Organizations 1988/89/90, Vol. 3, S. 1423

Als erste internationale Organisation gilt die Internationale Rheinkommission (1815) (Rheinschiffahrtskommission). 1856 wird die Internationale Kommission für die Donau gegründet, 1874 der Weltpostverein.
Die IGOs haben ihren Sitz vornehmlich in Ländern Europas und in den Vereinigten Staaten (vgl. Tab. 7, S. 84). Internationale Organisationen lassen sich typologisch auch nach Reichweite und Aufgaben einteilen (vgl. Matrix 3, S. 84).
Internationale Organisationen erfüllen vornehmlich vier Funktionen: Erstens läßt sich ganz allgemein sagen, daß internationale Organisationen

Schaubild 4: Zahl internationaler Organisationen

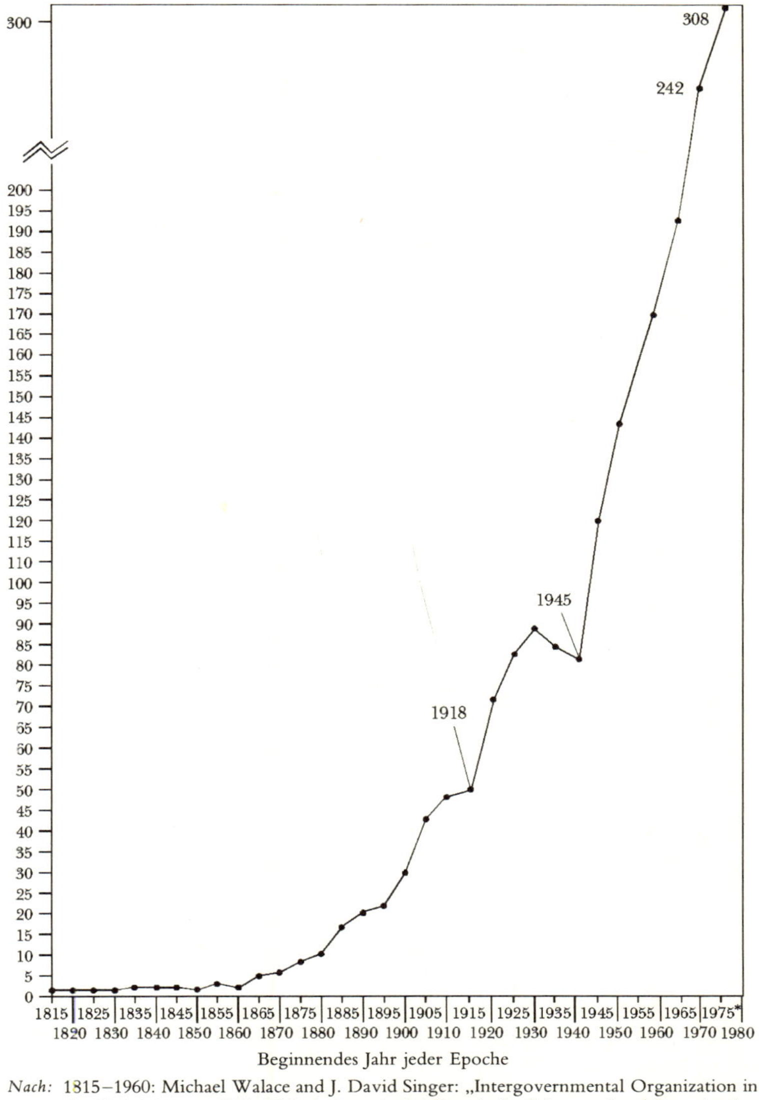

Nach: 1815–1960: Michael Walace and J. David Singer: „Intergovernmental Organization in the Global System, 1915–1964: A Quantitative Description", International Organization 24 (Spring 1970), 277; 1970 und 1976: Yearbook of International Organizations, 1978 (Brüssel: Union of International Associations, 1978)

* Daten sind hier 1976

Tabelle 7: Gastland für internationale Organisationen

Sitz der IGOs	Zahl der IGOs
Frankreich	645
Belgien	583
Großbritannien	442
USA	351
Schweiz	346
Niederlande	183
Bundesrepublik	172
Italien	134
Schweden	66

Aus: Annuaire des Organisations Internationales. Brüssel 1974, S. 37

Matrix 3: Klassifikation internationaler Organisationen

Mitgliedschaft nach geographischen Aspekten		*Aufgaben:* *Mehrere Aufgaben*	*Einfache Aufgaben*
	Global	*UN*	*WHO, ILO*
	Interregional, subregional, regional	*OAS, OAU, Liga der arabischen Staaten, ASEAN*	*EG, Nord. Rat, NATO, Intl. Olivenöl Rat, Intl. Nordpazifische Fischerei-Kommission*

Nach: E. R. Wittkopf: „A Statistical Classification of International Inter-Governmental Organizations." Arbeitspapier zum Annual Meeting of the International Studies Association, Dallas, Texas, 15.–18. März 1972

Funktionen der kollektiven Sicherheit, des koordinierten wirtschaftlichen Wachstums, wie überhaupt der abgestimmten Bewältigung nationaler und *übernationaler Probleme* erfüllen (vgl. Übersicht 3 und 6, S. 63 und 86). Durch ihre relative Autonomie erlangen sie ein Eigengewicht bei der Formulierung übernationaler Probleme.

Zweitens zwingen sie durch ihre Existenz den Staat, seine Interessen mit anderen Mitgliedsstaaten abzustimmen und angleichend zu *harmonisieren.* Dies ist abhängig von Strukturbedingungen, wie z. B. dem Grad der Polarisierung (z. B. hatte der Kalte Krieg kaum Einfluß auf die Handelsbeziehungen), der Macht- und Statushierarchie (je nach Plazierung eines Landes), den Verbindungen zwischen Zentral- und Regionalzentren, dem Grad transnationaler Interdependenz.

Drittens können sie als *außenpolitisches Instrument* von Staaten/Regierungen dienen; bei zuvor abgesprochener Politik kann eine Regierung bei Verhandlungen mit Dritten im Namen der Gemeinschaft sprechen und so größeres Gewicht erhalten.

Viertens sollen internationale Organisationen der *Friedenssicherung bzw. Kriegsverhütung* dienen. Indem sie nationalstaatlichen Egoismus

einbinden in kollektiven Utilitarismus, verstärken sie kooperative statt konfliktorische Verfahren.
Zur Bestimmung der Rolle der internationalen Organisationen gibt es fünf theoretische Positionen:

Politische Realisten und Dependenztheoretiker
Internationale Organisationen spielen in diesen beiden Denkschulen eine minimale Rolle. Sie sind vielmehr Instrument nationaler Politik, ein Reflex der Interessen der mächtigsten Staaten. Sie besitzen keine unabhängigen Ressourcen und keine eigene Autorität.

Pluralisten oder liberale Nationalisten
Zwar sind hierbei Nationalstaaten zentral, aber internationale Organisationen spielen eine wichtige Rolle bei der Strukturierung zwischenstaatlicher Beziehungen und bei deren Pazifizierung.

Globale Funktionalisten
Nationalstaaten sind nach deren Interpretation zu klein, um Fragen von Sicherheit und wirtschaftlicher Wohlfahrt zu lösen. Hier dienen internationale Organisationen als Vehikel zur Kooperation. Zentral ist die technische Funktion und die spezialisierte Organisation. Dies bedeutet eine Durchbrechung des Prinzips der nationalen Souveränität. In militärischen und diplomatischen Fragen bleibt jedoch der Nationalstaat zentral.

Neofunktionalisten
In der Dynamik technischer Selbstregulierung kommt nach neofunktionalistischer Sicht zum Regierungshandeln dasjenige von transnationalen Interessengruppen und internationalen Organisationen hinzu. Die Schwerpunkte werden zwar bei Regionalorganisationen gesehen, aber auch Globalorganisationen haben auf sozialen, ökonomischen und technischen Gebieten wichtige Funktionen. Internationale Organisationen spielen eine wichtige Rolle bei Veränderungen.

Globale Föderalisten
Einzelstaaten verlieren im föderalistischen Ansatz ihre Bedeutung als selbständige Einheiten. Nach föderalem Subsidiaritätsprinzip geben die Staaten ihre Zwangsgewalt und legislative Gewalt ab (Weltinnenpolitik). Internationale Organisationen werden selbst zu Staaten.
Eine minimale Rolle spielen somit die Internationalen Organisationen bei den Globalen Föderalisten und den Politischen Realisten; bei den Funktionalisten bleibt der Nationalstaat wichtig, bei den Neofunktionalisten überwiegt die Betonung des Übergangs zum Internationalismus. Im folgenden werden einige wichtige universale wie regionale Internationale Organisationen in Struktur und Handlung dargestellt.

Übersicht 6: Internationale Organisationen nach Hauptaufgabengebieten und Reichweite

Gebiete	Universal	Regional
Politik	UNO	KSZE Europarat Commonwealth EG, EPZ OAS Arabische Liga OAU ASEAN
Militär	UNO (Friedenstruppen, militärische Operationen)	NATO Warschauer Pakt (bis 1990) SEATO (bis 1977) CENTO KSZE WEU
Wirtschaft		
a) handelspolitisch	GATT UNCTAD	OEEC, OECD EG, EFTA, NAFTA, ALALC
b) währungspolitisch	IMF	EZU, EWA Europäisches Währungssystem, EG
c) finanz- und kreditpolitisch	BIRD AIDA	EG Inter-American Bank Banque Européene d'Investissement
d) Landwirtschaft	FAO	EG
Kultur, Wissenschaft	UNESCO	European Science Foundation ASA, ESA
Soziales	ILO Wirtschafts- und Sozialrat (UNO)	Europäischer Sozialfonds
Menschenrechte	UNO (IGH)	Europarat, KSZE

4.6.1 Die Vereinten Nationen (UNO)

Die weltweit wichtigste und umfassendste IO ist die Organisation der Vereinten Nationen (United Nations Organization, UNO).

Gründung: Die Unterzeichnung der „Charta der Vereinten Nationen" fand am 26. 6. 1945 in San Francisco/USA zum Abschluß der Gründungskonferenz von 50 Staaten statt. Die am 24. Oktober 1945 in Kraft getretene Charta ist viermal zu Fragen der Mitgliedschaft und der Stimmenverhältnisse im Sicherheitsrat und im Wirtschafts- und Sozialrat geändert worden. Daneben haben sich Differenzen zwischen den Normen der Charta und der praktizierten Politik ergeben: weitgehend obsolet geworden ist die Rolle des Treuhandrats, da z. Z. nur noch ein Treuhandgebiet von ursprünglich elf übrig geblieben ist; der Einsatz von Blauhelmen ist explizit nicht in der Charta vorgesehen, und die Uniting-for-Peace-Resolution gibt der Generalversammlung in einer Krisensituation und bei einer Blockade des Sicherheitsrats die Möglichkeit, Kollektivmaßnahmen vorzuschlagen.

Mitglieder der UN: Aufnahme aller „friedliebenden" Staaten erfolgt nach Empfehlung des Sicherheitsrates und Beschluß der Generalversammlung. Die Ablehnung eines Aufnahmeantrages ist durch Veto eines Ständigen Mitglieds des Sicherheitsrats möglich. Am Ende des Jahres 1993 umfaßt die UNO 184 Staaten, praktisch alle Staaten der Welt mit Ausnahme von Kiribati, Nauru, Palau, Schweiz, Taiwan (Nationalchina), Tonga, Tuvalu und Vatikanstadt. Über ⅔ sind Länder der Dritten Welt.

Ziele: die Ziele der VN werden in der Präambel und in Art. 1 der Charta formuliert. Darin werden genannt:

(1) Die Erhaltung und gegebenenfalls die Wiederherstellung des „Weltfriedens und der internationalen Sicherheit";
(2) die Entwicklung „freundschaftlicher", auf der Grundlage der „Gleichberechtigung und Selbstbestimmung" beruhender „Beziehungen zwischen den Nationen";
(3) die Herbeiführung einer internationalen Zusammenarbeit „. . . um internationale Probleme wirtschaftlicher, sozialer, kultureller und humanitärer Art zu lösen" und die Förderung und Festigung der „Menschenrechte und Grundfreiheiten" für alle Menschen „ohne Unterschied der Rasse, des Geschlechts, der Sprache oder der Religion";
(4) „ein Mittelpunkt zu sein" für die Verwirklichung dieser Ziele.
In das Ziel der Friedenserhaltung investiert die UNO etwa 30% ihrer Aktivitäten; 70% entfallen auf die Bereiche Wirtschaft, Soziales, Umwelt etc.

Zur Realisierung dieser Ziele ist die UNO mit Organen und Sonderorganisationen ausgestattet (siehe Graphik 7).

Die wichtigsten Organe der Friedenssicherung sind der Sicherheitsrat, die Generalversammlung und das Generalsekretariat.

Der Sicherheitsrat besteht aus 5 ständigen, mit Vetorecht ausgestatteten Mitgliedern (USA, Rußland, Großbritannien, Frankreich, VR China) sowie aus 10 für 2 Jahre von der Generalversammlung mit ⅔ Mehrheit gewählten nicht-ständigen Mitgliedern. Für Beschlüsse ist neben der Zustimmung der Ständigen Mitglieder eine Mehrheit von 9 Stimmen erforderlich.[8]

Instrumente: Nach Kap. VII der UN-Charta ist die Aufstellung von Kampftruppen möglich, was aber bisher weder in Korea noch im Kongo oder im Irak erfolgte, sondern vom Sicherheitsrat an nationale Verbände delegiert wurde. Blauhelme, die nicht explizit in der Charta genannt werden, gehören zu den „friedenserhaltenden" und „friedensschaffenden Maßnahmen". Blauhelme sind gegenwärtig (1993) in 12 Einsatzgebieten (Israel–Syrien, Ägypten, Libanon seit 1948, Indien–Pakistan seit 1949, Zypern seit 1964, Israel–Syrien/Golan seit 1974, Südlibanon seit 1978, El Salvador seit 1991, Westsahara seit 1991, Angola seit 1991, Irak–Kuwait seit 1991, Kambodscha seit 1992, Kroatien/Sarajevo seit 1992, Somalia seit 1992) aufgestellt.

Graphik 7: Die Vereinten Nationen

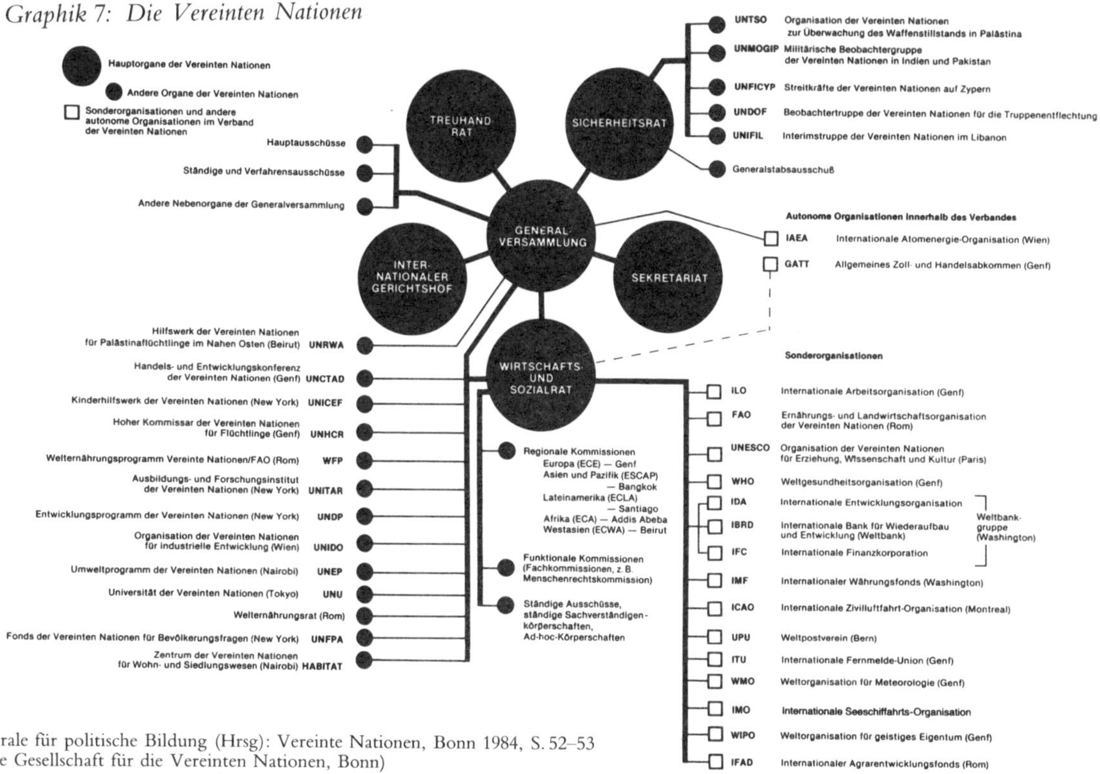

Aus: Bundeszentrale für politische Bildung (Hrsg): Vereinte Nationen, Bonn 1984, S. 52–53
(*Quelle:* Deutsche Gesellschaft für die Vereinten Nationen, Bonn)

Übersicht 7: Die UN-Mitglieder mit Beitrittsjahr (Stand Juli 1993)

Afghanistan	1946
Ägypten	1945
Albanien	1955
Algerien	1962
Andorra	1993
Angola	1976
Antigua u. Barbuda	1981
Äquatorial-Guinea	1968
Argentinien	1945
Armenien	1992
Aserbaidschan	1992
Äthiopien	1945
Australien	1945
Bahamas	1973
Bahrain	1971
Bangladesch	1974
Barbados	1966
Belgien	1945
Belize	1981
Benin	1960
Bhutan	1971
Bjelorußland	1945
Bolivien	1945
Bosnien-Herzegowina	1992
Botswana	1966
Brunei-Darussalam	1984
Brasilien	1945
Bulgarien	1955
Burkina Faso	1960
Burundi	1962
Chile	1945
China (Volksrep.)	1945
Costa Rica	1945
Côte d'Ivoire	1960
Dänemark	1945
Deutschland	1973
Dominica	1978
Domikan. Rep.	1945
Dschibuti	1977
Ecuador	1945
El Salvador	1945
Eritrea	1993
Estland	1991
Fidschi	1970
Finnland	1955
Frankreich	1945
Gabun	1960
Gambia	1965
Georgien	1992
Ghana	1957
Grenada	1974
Griechenland	1945
Großbritannien/UK	1945
Guatemala	1945
Guinea	1958
Guinea-Bissau	1974
Guyana	1966
Haïti	1945
Honduras	1945
Indien	1945
Indonesien	1950
Irak	1945
Iran	1945
Irland	1955
Island	1946
Israel	1949
Italien	1955
Jamaika	1962
Japan	1956
Jemen	1947
Jordanien	1955
Jugoslawien	1945
Kamerun	1960
Kambodscha	1955
Kanada	1945
Kapverden	1975
Kasachstan	1992
Katar	1971
Kenia	1963
Kirgisien	1992
Kolumbien	1945
Komoren	1975
Kongo	1960
Korea, DVR	1991
Korea, Republik	1991
Kroatien	1992
Kuba	1945
Kuwait	1963
Laos	1955
Lesotho	1966
Lettland	1991
Libanon	1945
Liberia	1945
Libyen	1955
Liechtenstein	1990
Litauen	1991
Luxemburg	1945
Madagaskar	1960
Makedonien	1993
Malawi	1964
Malaysia	1957
Malediven	1965
Mali	1960
Malta	1964
Marokko	1956
Marschallinseln	1991
Mauretanien	1961
Mauritius	1968
Mexiko	1945
Mikronesien, Föd. Staaten von	1991
Moldawien	1992
Monaco	1993
Mongolei, VR	1961
Mosambik	1975
Myanmar (Birma)	1948
Namibia	1990
Nepal	1955
Neuseeland	1945
Nicaragua	1945
Niederlande	1945
Niger	1960
Nigeria	1960
Norwegen	1945
Oman	1971
Österreich	1955
Pakistan	1947
Panama	1945
Papua-Neuguinea	1975
Paraguay	1945
Peru	1945
Philippinen	1945
Polen	1945
Portugal	1955
Ruanda	1962
Rumänien	1955
Rußland	1945, 1992
St. Christ. u. Nevis	1983
St. Vinc. u. Grenad.	1980
Salomonen	1978
Sambia	1964
Santa Lucia	1979
San Marino	1992
Sao Tomé u. Principe	1975
Saudi-Arabien	1945
Schweden	1946
Senegal	1960
Seschellen	1976
Sierra Leone	1961
Simbabwe	1980
Singapur	1965
Slowakei	1993
Slowenien	1992
Somalia	1960
Spanien	1955
Sri Lanka	1955
Südafrika (RSA)	1945
Sudan	1956
Suriname	1975
Swasiland	1968
Syrien	1945
Tansania	1961
Taschikistan	1992
Thailand	1946
Togo	1960
Trinidad u. Tobago	1962
Tschad	1960
Tschechei	1993
Tunesien	1956
Türkei	1945
Turkmenien	1992
Uganda	1962
Ukraine	1945
Ungarn	1955
Uruguay	1945
Usbekistan	1992
Vanuatu	1981
Venezuela	1945
Ver. Arab. Emirate	1971
Vereinigte Staaten von Amerika/USA	1945
Vietnam	1977
Westsamoa	1976
Zaire	1960
Zentralafrikan. Rep.	1960
Zypern	1960

Die Friedensaufgaben sind gewaltig: seit 1945 sind ca. 20 Mio Menschen in mehr als 100 größeren Konflikten ums Leben gekommen; 17 Mio Flüchtlinge und 20 Mio Vertriebene sind gezählt worden und massenhafte Wanderbewegungen haben aus politischer Unterdrückung, wirtschaftlicher Not und sozialer Ungerechtigkeit stattgefunden. In seiner „Agenda für den Frieden" (Juli 1992) schlägt der Generalsekretär vier Maßnahmen vor: vorbeugende Diplomatie, friedensschaffende Maßnahmen, Friedenssicherung und Friedenskonsolidierung. Für solche Aktivitäten stehen der UNO gegenwärtig jährlich 8,3 Mrd $ zur Verfügung gegenüber 1000 Mrd $, die weltweit für Militärzwecke ausgegeben werden.

4.7. Regionale Organisationen

Als selbständige Akteure treten in der internationalen Politik regional integrierte oder lose verbundene Staatengemeinschaften bzw. -assoziationen in Erscheinung. Durch Abgabe von nationalen Souveränitätsrechten der Mitgliedsstaaten erhält eine Gemeinschaft ein Eigengewicht, das ihr erlaubt, Dritten gegenüber als relativ selbständiger Akteur aufzutreten. Als im Integrationsprozeß fortgeschrittendste Regionalgemeinschaft kann die EG und die für die Außenvertretung wichtige Europäische Politische Zusammenarbeit (EPZ) genannt werden; die EG wird daher unter dem Thema Integration abgehandelt (vgl. Kap. 7.1.2.).

Einen geringeren Grad an Integration weisen in Europa der Europarat, die transatlantische Organisation OECD oder die NATO, in Afrika die Organization of African Union (OAU), in der amerikanischen bzw. lateinamerikanischen Region die Organization of American States (OAS) bzw. CECLA, im asiatischen Raum die Association of South East Asian Nations (ASEAN), im arabischen Raum die Arabische Liga (AL) und die zahlreichen Zusammenschluß-Versuche arabischer Staaten wie z. B. Ägypten mit Syrien oder Libyen oder die Föderation der Arabischen Emirate auf; im skandinavischen Raum gibt es den Nordischen Rat mit skandinavischen Staaten und Island. Losere Formen der Integration sind z. B. die KSZE oder das GATT. Diese werden daher im Kap. 8 Konflikt und Kooperation abgehandelt.

4.7.1. Der Europarat

Der Europarat (ER) ist die erste umfassende europäische Organisation der Nachkriegszeit, die die politische und wirtschaftliche Einigung zum Ausdruck bringen sollte. Nach Art. 1,1 seiner Satzung hat er die

Aufgabe, „eine engere Verbindung zwischen seinen Mitgliedern zum Schutze und zur Förderung der Ideale und Grundsätze, die ihr gemeinsames Erbe bilden, herzustellen und ihren wirtschaftlichen und sozialen Fortschritt zu fördern." Damit ist ein sehr weiter Aufgabenbereich angesprochen, der außer dem militärischen vieles enthält, was später von anderen europäischen Organisationen (EGKS, OECD/OEEC, EWG/EG, KSZE) übernommen wurde.

Der ER ist am 5. Mai 1949 in London von den Brüsseler Paktstaaten Frankreich, Großbritannien, Belgien, Holland, Luxemburg sowie von Italien, Irland, Schweden, Norwegen und Dänemark gegründet worden und besteht aus dem Ministerkomitee, einer Beratenden Versammlung mit 210 Abgeordneten und einem weisungsgebundenen Generalsekretär. Mit seinen 27 Mitgliedern und ca. 500 Mio Bürgern (Herbst 1992) ist der ER die älteste und größte rein europäische internationale Organisation, die mit Polen, Ungarn, Bulgarien und der früheren ČSFR vier osteuropäische Staaten zu Mitgliedern und acht weiteren (Albanien, Estland, Lettland, Litauen, Rumänien, Rußland, Slowenien, Kroatien) Gaststatus eingeräumt hat. Ihre schwach ausgebildete Organisationsstruktur läßt sie als intergouvernementale Organisation bestimmen.

Zu den wichtigen Arbeitsergebnissen des ERs gehören vor allem Konventionen: die Europäische Konvention zum Schutz der Menschenrechte und Grundfreiheiten (1950), die Kulturkonvention (1954), die Europäische Sozialcharta (1961) sowie die Antifolterkonvention (1987) und die Charta zum Schutz der Regional- und Minderheitssprachen (1992).[9]

4.7.2. Die OECD

Die Organisation für die Wirtschaftliche Zusammenarbeit und Entwicklung (Organization for Economic Cooperation and Development, OECD) ist die transatlantische Nachfolgeorganisation für Europäische Wirtschaftliche Zusammenarbeit (Organization for European Economic Cooperation, OEEC), die im Zusammenhang mit dem Marshallplan auf US-amerikanische Initiative im Jahr 1948 gegründet wurde. Ihre Aufgaben bestanden in der Koordination des Wiederaufbaus in Westeuropa unter Nutzung der US-amerikanischen Wirtschaftshilfe und in der Liberalisierung des Handels- und Währungsverkehrs. Als die OEEC diese Ziele Ende der 50er Jahre erreicht hatte und neue Aufgaben – wie die Koordination der westlichen Entwicklungshilfe und die wirtschaftspolitische Zusammenarbeit zwischen den Industrieländern – entstanden waren, wurde die OEEC im Jahre 1960 durch die OECD abgelöst.

Neben den westeuropäischen Industrieländern sind auch Kanada, die USA, Japan, Australien und Neuseeland Mitglieder der OECD. Gemäß Artikel 1 und 2 ihrer Konvention verfolgt die OECD folgende Ziele:

1. Förderung der wirtschaftlichen Entwicklung ihrer Mitglieder.
2. Hilfe bei der wirtschaftlichen Entwicklung der Entwicklungsländer.
3. Unterstützung der Ausweitung des Welthandels.

Oberstes Organ der OECD mit Sitz in Paris ist der Rat, in welchem jedes Mitgliedsland vertreten ist. Entscheidungen werden einstimmig gefällt, wobei durch eine Stimmenthaltung die entsprechende Entscheidung nicht blockiert wird, sondern lediglich auf das sich enthaltende Mitglied keine Anwendung findet.
Die wichtigsten der z. Z. 30 Ausschüsse sind der Wirtschaftspolitische Ausschuß und der Ausschuß für Entwicklungshilfe.
Mit einer Vielzahl von internationalen Organisationen – wie der EG, der EFTA, dem Europarat und UN-Unterorganisationen – arbeitet die OECD zusammen.[10]

4.7.3. Die Nordatlantische Verteidigungsgemeinschaft (North Atlantic Treaty Organization, NATO)

Vorläufer der transatlantischen Verteidigungsgemeinschaft NATO war der Vertrag von Dünkirchen, den Großbritannien und Frankreich im März 1947 abschlossen. Darin verpflichteten sich die beiden Allianzpartner, sich gegenseitig bei allen Maßnahmen zu unterstützen, die im Falle einer neuerlichen deutschen Aggressionspolitik nötig werden könnten.
Die kommunistischen Machtergreifungen in Osteuropa, der sowjetische Druck auf Persien und die Türkei sowie die Berlin-Blockade 1948/49 führten dazu, daß sich die Westmächte zunehmend von der UdSSR bedroht fühlten. Im März 1948 vereinbarten Frankreich, Großbritannien, Belgien, Luxemburg und die Niederlande den „Pakt zur kollektiven Verteidigung und zur wirtschaftlichen, sozialen und kulturellen Zusammenarbeit“ (Brüsseler Pakt). Der eine automatische Beistandspflicht festlegende Artikel 4 des Paktes lautet: „Wenn eine der hohen vertragsschließenden Parteien das Ziel eines bewaffneten Angriffs in Europa werden sollte, so werden die anderen hohen vertragsschließenden Parteien der angegriffenen Partei in Übereinstimmung mit den Klauseln des Artikels 51 der UNO alle in ihrer Macht stehende Hilfe gewähren.“ Wiederum ein Jahr später, im April 1949, unterzeichneten die fünf Mitgliedstaaten des Brüsseler Paktes und Norwe-

Schaubild 5: *Der zivile und militärische Aufbau der NATO*

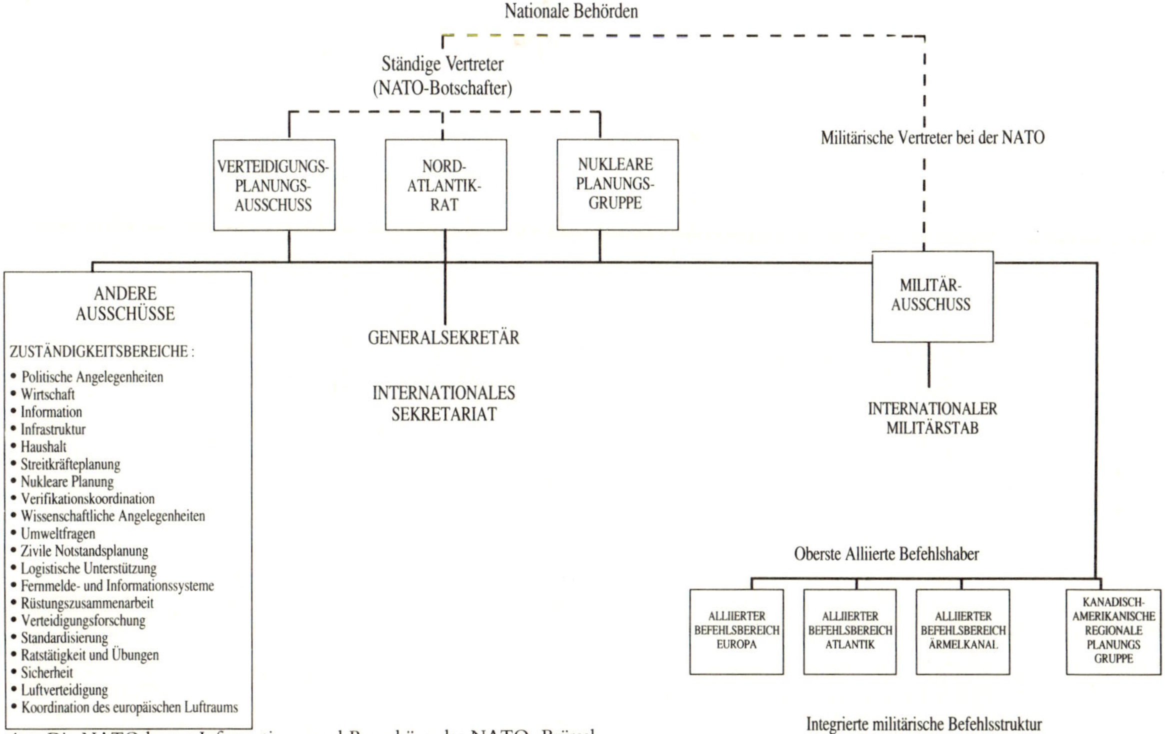

Aus: Die NATO heute. Informations- und Pressebüro der NATO, Brüssel

gen, Dänemark, Island, Portugal, Belgien sowie die USA und Kanada den NATO-Vertrag. Im Jahr 1952 traten Griechenland und die Türkei der NATO bei und 1955 wurde die Bundesrepublik Deutschland NATO-Mitglied, wobei sie gleichzeitig die Souveränität erhielt. Als 16. Mitglied kam im Jahr 1982 Spanien hinzu. Seit der deutschen Vereinigung im Oktober 1990 erstreckt sich die Verteidigungsgarantie der NATO auch auf das Gebiet der ehemaligen DDR. Den Kernpunkt des NATO-Vertrages stellt Artikel 5 dar: Ein bewaffneter Angriff gegen einen der Vertragspartner in Europa oder Nordamerika wird als Angriff gegen alle Mitglieder gesehen. Im Gegensatz zum Brüsseler Pakt enthält der NATO-Vertrag jedoch keine automatische militärische Beistandspflicht. Jedem Mitgliedstaat bleibt freigestellt, unverzüglich und im Zusammenwirken mit den anderen NATO-Mitgliedern die Maßnahmen, einschließlich der Anwendung von Waffengewalt, zu treffen, die er für erforderlich erachtet. Der NATO-Vertrag sieht gemäß seiner Präambel und Artikel 2 neben der militärischen auch die politische, soziale, wirtschaftliche und kulturelle Zusammenarbeit vor und setzt sich die Verteidigung der „Freiheit", der Demokratie und des Rechts zum Ziel. Sämtliche Mitglieder anerkennen somit das Prinzip der „westlichen Demokratie", obwohl sie zum Zeitpunkt des Beitritts in einigen Mitgliedsländern wie Griechenland und Portugal nicht praktiziert und in der Türkei seit 1981 nicht verwirklicht wurde.
Die NATO ist eine Internationale Organisation, deren Mitglieder keine Souveränitätsrechte an das Bündnis abgegeben haben. Sie gliedert sich in eine politische und eine militärische Organisation. Während der politischen Organisation sämtliche 16 Mitgliedstaaten angehören, sind der militärischen Organisation Frankreich, Spanien und Island nicht angeschlossen. Island unterhält keine eigenen Streitkräfte, stellt der NATO aber den Stützpunkt Keflavik zur Verfügung.
Ein großes Strukturproblem der NATO besteht in der heterogenen Mitgliedschaft. Neben der Supermacht USA, den beiden westeuropäischen Nuklearmächten Großbritannien und Frankreich und der konventionellen Großmacht Bundesrepublik Deutschland gibt es kleinere Bündnispartner mit einem besonderen Status. So lehnen es Norwegen und Dänemark ab, zu Friedenszeiten auf ihrem Territorium Nuklearwaffen oder fremde Truppen zu stationieren.
Ein weiteres Problem stellt die Frage der Mitbestimmung über den Einsatz von Nuklearwaffen dar. Dritter Problembereich der NATO ist die unterschiedliche Perzeption mehrerer internationaler Entwicklungen durch die Vertragsparteien. Insbesondere die Einschätzung der Sowjetunion bzw. Rußlands und der Verbündeten, das Verhalten gegenüber der Dritten Welt und in bezug auf die Weltwirtschaft waren bzw. sind zwischen den USA und ihren europäischen

Partnern umstritten. Zudem schränken permanent diskutierte Fragen wie die nach der gerechten Lastenverteilung zwischen den Mitgliedern und der griechisch-türkische Konflikt die Handlungsfähigkeit des Bündnisses ein.

Im Laufe ihrer Geschichte veränderte die NATO mehrmals ihre Strategie: In der ersten Zeit ihres Bestehens galt für die NATO die Strategie der massiven Vergeltung, die vom Vorhandensein eines strategisch unverwundbaren Nuklearpotentials der NATO – insbesondere der USA – ausging.

Nachdem der Warschauer Pakt in der strategischen Waffenentwicklung einen annähernden Gleichstand erreicht hatte, verabschiedete die NATO im Jahre 1967 die Strategie der flexible response (flexiblen Antwort). Danach stützt sich die Verteidigung der NATO auf die Triade der konventionellen, taktisch-nuklearen und strategisch-nuklearen Potentiale.

Seit Beginn der 80er Jahre befindet sich die NATO-Strategie in einer zunehmenden Glaubwürdigkeitskrise, da zum einen die Nuklearwaffen in vielen westeuropäischen Gesellschaften immer weniger akzeptiert werden, zum anderen die Konsensfähigkeit der NATO-Strategie in immer mehr Mitgliedsländern einem Erosionsprozeß unterliegt und zum dritten seit der Auflösung des Warschauer Paktes und dem Zerfall der Sowjetunion im Jahre 1991 der gemeinsame Feind nicht mehr existiert.

Ausgelöst wurden diese Entwicklungen durch den NATO-Doppelbeschluß von 1979 und durch den Amtsantritt von Michail Gorbatschow im Jahre 1985. Im Dezember 1987 einigten sich Gorbatschow und der damalige US-Präsident Ronald Reagan auf den INF-Vertrag, der die Beseitigung sämtlicher Mittelstreckenraketen vorsieht.

Auf ihrer im November 1991 in Rom abgehaltenen Gipfelkonferenz verabschiedeten die NATO-Mitgliedstaaten ein neues militärstrategisches Konzept. Darin heißt es u. a., daß die NATO sich nicht als Gegner irgendeines Landes betrachte und den früheren Mitgliedern des aufgelösten Warschauer Paktes eine Kooperation anbiete. Unter dem Namen „Nordatlantischer Kooperationsrat" trat das von der NATO vorgeschlagene Gremium im März 1992 erstmals zusammen.[11]

4.7.4. Afrikanische Regionalorganisationen am Beispiel der Organisation für Afrikanische Einheit (OAU)

Die Organisation für Afrikanische Einheit (Organization of African Unity, OAU) wurde nach vergeblichen Anläufen in Accra 1958 und Adis Abeba 1960 schließlich 1963 in Addis Abeba von 30 unabhängigen Staaten gegründet. Die Gründung stellt einen Kompromiß zwischen

militanten panafrikanischen Kräften, deren Exponenten wie Kwame Nkrumah (Ghana) und Sekou Touré (Guinea) sich in der sogenannten Casablanca-Gruppe organisiert hatten, und den gemäßigten Kräften um die sogenannte Brazzaville-Monrovia-Gruppe dar. Die heute (1993) mit 52 Mitgliedern stärkste Regionalorganisation (nur Marokko und Südafrika sind nicht Mitglied, dafür aber die von der POLISARIO vertretene Demokratische Arabische Republik Sahara DARS) ist die zur Institution gewordene Idee des Panafrikanismus.
Ihre Gipfeltreffen finden mindestens einmal im Jahr statt; dabei werden mit Zweidrittel-Mehrheit Grundsatzbeschlüsse gefaßt und ein Präsident gewählt; ein Ministerrat bereitet die Gipfelkonferenz vor, ein Generalsekretariat koordiniert die Aktivitäten zwischen den Konferenzen. Die Gründungscharta führt folgende Ziele auf:

1. Förderung der Einheit und Solidarität zwischen den afrikanischen Staaten
2. Koordination und Festigung ihrer Zusammenarbeit zur Verbesserung der Lebensverhältnisse für die Völker Afrikas
3. Verteidigung ihrer territorialen Integrität und Unabhängigkeit
4. Ausrottung aller Formen des Kolonialismus in Afrika
5. Förderung der internationalen Zusammenarbeit auf der Grundlage der UN-Charta und der Erklärung der Menschenrechte.

Art. III der OAU-Charta spricht sich für die Nichteinmischung in innere Angelegenheiten von Staaten aus.
Im Gegensatz zu anderen Regionalorganisationen, wie der Organisation Amerikanischer Staaten (OAS) und der Arabischen Liga, ist die OAU ein Instrument der Konfliktregelung ohne Disziplinarmaßnahmen, nur ein Koordinator afrikanischer Politik, aber kein Verteidigungsbündnis. Instrumente dieser Organisation sind u.a. ideologische, diplomatische und materielle (Waffen) Unterstützung, Bereitstellung von militärischen Anlagen, Verhandlungen mit imperialistischen Staaten.
Die Einheit dieser Staatenorganisation ist in ihrer Geschichte wiederholt in Frage gestellt worden: Bis zum Jahre 1980 haben 17 der 50 Staaten einem oder mehreren OAU-Mitgliedern die diplomatischen Beziehungen aufgekündigt, bei 17 der 21 interregionalen Konflikte zwischen 1963 und 1978 hat die OAU zu vermitteln und zu schlichten versucht. Die Grundsätze der Nichteinmischung und der Anerkennung bestehender Grenzen sind immer wieder verletzt worden.
Die politische Rolle der OAU in der Weltpolitik ist vor allem dadurch zu kennzeichnen, daß sie mehr als andere Weltregionen die Aufmerksamkeit der Weltöffentlichkeit auf Rassismus, Kolonialismus und Unterentwicklung gelenkt hat.

Auf den Einfluß der OAU sind förmliche Änderungen der UN-Charta (Erhöhung der Mitgliederzahlen im Sicherheitsrat von 11 auf 15 und im Wirtschafts- und Sozialrat von 18 auf 54 sowie in anderen Unterorganen) zurückzuführen; auch war sie bei Beschlüssen für die Neue Welt-Wirtschafts-Ordnung (NWWO) maßgeblich beteiligt, so auf der 4. Gipfelkonferenz der NAC in Algier 1973 und während der 6. und 7. SVG der UN in den Jahren 1974 und 1975.
Auf den Konferenzen der NAC (3., 4., 5. Gipfelkonferenz) brachten Mitglieder der OAU afrikanische Fragen ein, die dann mit viel Zeit- und Energieaufwand diskutiert wurden.

4.7.5. Die Organisation der Amerikanischen Staaten (OAS – Organization of American States)

Die Organisation der Amerikanischen Staaten (OAS) wurde am 30. 4. 1948 auf der Konferenz von Bogotá durch 21 Staaten Lateinamerikas und die USA gegründet. Durch den Beitritt der zwischenzeitlich unabhängig gewordenen karibischen Inselstaaten und Surinams ist die Mitgliederzahl inzwischen auf 34 angestiegen. Belize und Kanada gehören der OAS bisher nicht an, Kanada jedoch hat seit 1972 Beobachterstatus. Kuba wurde im Gefolge der Kubakrise 1962 aus der OAS ausgeschlossen.
Die OAS ist die älteste Regionalorganisation. Ihre Institutionalisierung geht bis in die Jahre 1889/90 zurück, als die USA die sog. Erste Internationale Konferenz der Amerikanischen Staaten ins Leben riefen. Triebkraft der US-amerikanischen Initiative zur Einberufung dieser Konferenz war nicht die Idee der historischen Einheit und Zusammengehörigkeit aller amerikanischen Staaten, sondern das Interesse an der Erschließung von Absatzmärkten, der Sicherung (wirtschafts)strategischer Durchgangsgebiete sowie der Eindämmung des europäischen Einflusses in der westlichen Hemisphäre. Obwohl die Konferenz zu Beginn ganz unter dem Einfluß Washingtons stand, waren es erstaunlicherweise die Lateinamerikaner, die am Ende des Zweiten Weltkrieges die Initiative zum organisatorischen Ausbau des sog. Interamerikanischen Systems ergriffen. Dies ist u. a. darauf zurückzuführen, daß die lateinamerikanischen Staaten hofften, dadurch zum einen die Errungenschaft der Politik der „guten Nachbarschaft" Roosevelts (Interventionsverbot) festschreiben zu können, zum anderen die eigenen wirtschaftlichen Interessen gegenüber den USA besser zur Geltung bringen und einer Einmischung einzelner Ständiger Mitglieder im UN-Sicherheitsrat in Lateinamerika entgegenwirken zu können.
Die Aufgabenstellung des OAS ist in ihrer Charta und im Interamerikanischen Beistandspakt von 1947 (Rio-Pakt) festgehalten.

Demnach ist die OAS ein Bündnis zur Abwehr von Einmischungen außeramerikanischer Staaten in „inneramerikanische" Angelegenheiten und System kollektiver Sicherheit zur Kriegsverhütung, Konflikteindämmung sowie (anders als die NATO) zur friedlichen Streitbeilegung unter den Mitgliedstaaten selbst. Ferner stellt sie eine Institution der allgemeinen Entwicklungszusammenarbeit dar, die als Dach für eine Reihe von Spezialorganisationen fungiert, wie z. B. die Panamerikanische Gesundheitsorganisation, das Interamerikanische Statistische Institut und das Interamerikanische Kinderinstitut.

Das in der OAS-Charta verankerte Interventionsverbot hat jedoch direkte oder indirekte Eingriffe der USA in Lateinamerika mit militärischen, wirtschaftlichen oder politischen Mitteln nicht verhindern können. Vielmehr diente die OAS zuweilen als Instrument zur Legalisierung solcher Eingriffe (z. B. 1954 in Guatemala, 1965 in der Dominikanischen Republik).

Andererseits konnte die OAS in verschiedener Weise und in verschiedenen Gebieten einflußnehmend wirken. Politisch-militärischer Einfluß war es vor allem bei der Beilegung des „Fußballkrieges" zwischen Honduras und El Salvador, als sie ihre Funktion als kollektives Sicherheitssystem unter Beweis stellen konnte. In den gesellschaftlichen Auseinandersetzungen der 70er Jahre nahm die OAS insofern demokratiefördernden Einfluß, als sie über die Interamerikanische Menschenrechtskommission zur öffentlichen Kritik an Menschenrechtsverletzungen beitrug und 1979 auf dem 17. Konsultativtreffen der Außenminister zur sofortigen Ablösung des Somoza-Regimes in Nicaragua aufrief. Der Einfluß der OAS auf wirtschaftlichem Gebiet ist gering, ja von vornherein hinter den lateinamerikanischen Erwartungen zurückgeblieben: Zwar war die OAS an der Gründung der Interamerikanischen Entwicklungsbank (BID – Banco Interamericano de Desarollo) beteiligt und im Rahmen der OAS wurde zu Beginn der 60er Jahre die sog. Allianz für den Fortschritt (AfF) als Zehnjahres-Programm zur Überwindung von Unterentwicklung in Lateinamerika gebildet. Dennoch spielt die OAS für die wirtschaftliche und soziale Entwicklung Lateinamerikas (wie für die Entwicklungshilfe insgesamt) nur eine marginale Rolle. Vor allem ist es den Lateinamerikanern nicht gelungen, über die OAS die USA zu größeren handels- und kreditpolitischen Konzessionen zu bewegen.

So ist die OAS u. a. wegen ihrer extrem ungleichgewichtigen Mitgliedschaft eine recht krisengeschüttelte Organisation. Obwohl sie oft totgesagt worden ist, hat sie dennoch interamerikanische Auseinandersetzungen wie den Falkland-/Malvinas-Konflikt von 1982 überlebt. Die verstärkte Teilnahme der lateinamerikanischen Staaten an der Bewegung der Blockfreien, aber auch die abnehmende wirtschaftliche Bedeutung der USA für Lateinamerika haben die Sonderbeziehungen zwischen den „beiden Amerika" stark relativiert; dies schließt jedoch eine Fortexistenz der OAS nicht aus.[12]

4.7.6. Die Sonderkommission für Lateinamerikanische Koordinierung (Comisión Especial de Coordinaciòn Latino-Americana (CECLA))

Sie wurde 1963 als Sonderinstitution der OAS gegründet. Die Gründung ging u. a. auf die Initiative des brasilianischen Präsidenten Jaõa Goulart zurück und erhielt einen zu den USA distanzierten Einschlag. In der Charta von Alta Gracia (1964), Ergebnis ihres ersten Treffens, wurde erstmals die Position der Lateinamerikaner im Hinblick auf eine NWWO formuliert. Die Charta von Tequendama (1967) und der Konsens von Lima (1971) spezifizierten und erweiterten ihren Standpunkt zu ökonomischen, politischen und kulturellen Fragen. Die Position zu den US-lateinamerikanischen Beziehungen wurde im Konsens von Viña del Mar 1969 formuliert.

4.7.7. Arabische Regionalorganisationen am Beispiel: Arabische Liga (AL)

Die Jami'at al-Duwal al Arabiya (Liga der Arabischen Staaten – AL) wurde am 22. 4. 1945 als loser Zusammenschluß der 7 damals unabhängigen Staaten Ägypten, Irak, Jemen, Libanon, Saudi-Arabien, Syrien und Transjordanien (heute Jordanien) gegründet. Heute hat die AL folgende 21 (bis zur Vereinigung von Nord- und Südjemen im Mai 1990 22) Mitglieder: Ägypten, Algerien, Bahrain, Djibuti, Irak, Jemen, Jordanien, Kuwait, Libanon, Libyen, Marokko, Mauretanien, Oman, Palästina/PLO, Qatar, Saudi-Arabien, Somalia, Sudan, Syrien, Tunesien und die VAE.
Die Ziele der AL sind gemäß ihrer Gründungscharta:

1. Förderung der politischen, wirtschaftlichen und kulturellen Zusammenarbeit zwischen den arabischen Staaten;
2. Wahrung der Unabhängigkeit und Souveränität der arabischen Länder;
3. Anerkennung Palästinas als unabhängiger Staat;
4. Wahrung der arabischen Interessen, insbesondere gegenüber den (damaligen) Kolonialmächten;
5. Schlichtung und Verhütung von Streitfällen.

Oberstes Beschlußorgan ist die Gipfelkonferenz, die aus den Staatsoberhäuptern der Mitgliedstaaten gebildet wird. Daneben existieren

die Außenministerkonferenz (Ausschuß der Außenminister) und der Ligarat (Rat der ständigen Vertreter der Mitglieder; 1991 von Tunis nach Kairo verlegt) sowie der Generalsekretär, der seit dem 15. 5. 1991 durch Ismat Abd-al Majid (Ägypten) repräsentiert wird. Ferner bestehen ständige Ausschüsse (insg. 16), u. a. für Politik, Wirtschaft, Kultur, Soziales, Rechtswesen, Information sowie ca. 20 unabhängige Unterorganisationen.
Auf der 8. Gipfelkonferenz in Fes/Marokko am 8. Nov. 1982 wird als Friedensplan für den Nahen Osten die Charta von Fes verabschiedet, die im wesentlichen inhaltsgleich mit dem Fahd-Plan der Konferenz von Fes (1981) ist. Während des iranisch-irakischen Krieges (1980–1988) bekundete die AL Solidarität mit dem Irak. Durch die Verurteilung der israelischen Besetzung Südlibanons nahm sie gleichzeitig eine Vermittlerrolle im Libanon-Konflikt ein, indem sie einen Friedensplan u. a. über die politische Gleichberechtigung der Muslime im Libanon und den Abzug der syrischen Truppen innerhalb von 2 Jahren forderte.
Das Jahr 1990 brachte Turbulenzen in die Organisation der AL. Zum einen war es die Einwanderung sowjetischer Juden nach Israel und deren Ansiedlung in den besetzten Gebieten, die auf dem Sondergipfel in Bagdad/Irak (28.–30. Mai) mit Ausnahme von Syrien und dem Libanon einhellig verurteilt wurde. Zum anderen führte der Einmarsch irakischer Truppen in Kuwait im August 1990 zu einer Spaltung der arabischen Welt. Auf dem Sondergipfel in Kairo (10. 8. 1990), der ohne Tunesien stattfand, konnte keine Einigung gefunden werden. In einer Entschließung verurteilt die AL mit 12 gegen 2 Stimmen (Irak, Libyen, PLO) und 5 Enthaltungen (Algerien, Jemen, Jordanien, Mauretanien und Sudan) den irakischen Einmarsch, fordert den Rückzug und beschließt eine Friedenstruppe zum Schutz Saudi-Arabiens sowie der übrigen Golf-Anrainer.[13]

4.7.8. Asiatische Regionalorganisationen am Beispiel ASEAN

Die Association of South-East Asean Nations (ASEAN) beginnt sich von einer regionalen Wirtschaftsgemeinschaft der südostasiatischen Staaten Malaysia, Singapur, Indonesien, Philippinen, Thailand und Brunei zu einer politischen Gemeinschaft zu entwickeln. Die Organisation wurde 1967 in Bangkok gegründet. Die ASEAN Deklaration (1967) der Außenminister formuliert erstmals den „asiatischen" Standpunkt zu ökonomischen Fragen. Ein solcher Standpunkt wurde allerdings auch vom asiatischen Teil der Gruppe 77 (Bangkok Declaration 1967, 1971) sowie von „Developing Countries" (DC) in Asien (Declaration on Industrialization in Asia and the Pacific 1974) zum Ausdruck gebracht.

Im Gründungsdokument wurden als Aufgaben festgeschrieben: wirtschaftlicher und sozialer Fortschritt, Frieden und Stabilität, Zusammenarbeit im Erziehungsbereich, in Landwirtschaft, Industrie, Handel, Kommunikation, Forschung sowie mit anderen Organisationen. Die ASEAN-Staaten treffen sich jährlich einmal auf Außenministerebene, seit 1992 alle drei Jahre auf der Ebene der Staats- und Regierungschefs; sie besitzen einen ständigen Ausschuß und ständige Komitees und seit 1976 ein ständiges Sekretariat mit einem auf 2 Jahre gewählten Generalsekretär in Djakarta, das Koordinierungsfunktionen hat. Auf dem 4. Gipfeltreffen in Singapur 1992 wurde eine Freihandelszone beschlossen. Politisch spielt die „Declaration of ASEAN Concord" eine wichtige Rolle, die die ASEAN-Länder auf eine „Zone der Freiheit, des Friedens und der Neutralität" festlegte.[14]

4.8. Einzelne Akteure

Schließlich muß noch danach gefragt werden, wer die individuellen Akteure in der internationalen Politik sind, wer Strukturen verändert oder bewahrt hat. Auch die nationalen wie internationalen Organisationen werden letztlich von Politikern geführt, deren Einfluß kraft Eigengewicht von Persönlichkeit und Amt politische Richtungen bestimmen kann, wobei die Verbindung von Amt und Person über das sozialwissenschaftliche Konzept der Rolle vermittelt wird. Politische Akteure sind zwar einerseits an vielfältige Zwänge gebunden: „Die Menschen machen ihre eigene Geschichte, aber sie machen sie nicht aus freien Stücken, nicht unter selbstgewählten, sondern unter unmittelbar vorgefundenen, gegebenen und überlieferten Umständen", sagt Karl Marx im Achtzehnten Brumaire des Louis Bonaparte. Dennoch gilt auch, was Hegel in seiner Geschichtsphilosophie verkündet: „Die welthistorischen Individuen sind es, die den Menschen erst gesagt haben, was sie wollen" und: „Das Tätige ist immer individuell."
Die Nachkriegsgeschichte kennt unterschiedliche politische Akteure: Es gibt *Veränderer und Bewahrer,* Beweger und Bremser, Revolutionäre und Reaktionäre, Reformer und Konservatoren. Vor allem die Geschichte junger, neu unabhängig gewordener Staaten zeigt den *Typus des Staatsgründers* und den des *Revolutionärs.* Meist waren es Kämpfer für die Unabhängigkeit, die nach deren Erlangung als Staatsgründer in die Geschichte eingegangen sind; Sukarno in Indonesien, Haile Selassie in Äthiopien, Jomo Kenyatta in Kenia, Nehru in Indien, Sékou Touré in Guinea, Kaunda in Sambia, Ben Bella in Algerien, Tito in Jugoslawien usw. repräsentieren den Typus

des Unabhängigkeitskämpfers, die zu Symbolen der nationalen Einheit wurden.

Daneben findet sich – und manchmal in der gleichen Person – der Typus des Revolutionärs, der mit einem meist sozialistischen und nationalistischen Programm versucht hat, die Gesellschaft umzugestalten: Mao in China, Kim Il Sung in Korea, Nasser in Ägypten, Fidel Castro in Kuba, Ho Chi Minh in Vietnam, Nyerere in Tansania, Ghaddhafi in Libyen, Ortega in Nicaragua usw. (vgl. Übersicht 8).

Übersicht 8: Das politische Profil der Wortführer in den Ländern der Dritten Welt (Stand 1980)

Land	Politischer Führer	Politisches Programm, Ideologie, Konzept	Ökonomisches Entwicklungsstadium	Konferenzen
		Führende Länder in der Vergangenheit		
Ägypten	Nasser	Arabischer Sozialismus, Nasserismus	MSAC, LIC	NAC II, Entwicklungsländerkonferenz
Äthiopien	Haile Selassi	Negus negesti	MSAC, LLDC	Gründung der OAU
Brasilien	Goulart	Populismus	NIC	Gründung der CECLA
Chile	Allende	Chilenischer Weg zum Sozialismus	(NIC)	UNCTAD III
Guyana	Burnham	Kooperative Republik, Selbsthilfe	MSAC	Commonwealth-Konferenz 1975
Indonesien	Sukarno	Pancasila	OPEC	1. Asiatisch-afrikanische Konferenz
Peru	radikale Militärs	Dritter Weg		UNIDO II
Sambia	Kaunda	partizipierende Demokratie		NAC III
		Zeitweilig führende Länder		
Argentinien	Peron	nationaler Syndikalismus, Populismus	NIC	TCDC-Konferenz UNDP-Konferenz
Philippinen	Marcos	„New Society“	(NIC)	UNCTAD V
Venezuela	Betancourt	Acción Democratica	(NIC) OPEC	G 77, G 24
		Führende Länder 1980		
Algerien	Ben Bella Boumedienne	Zentrum der Dritten Welt, islam. Republik	(NIC) OPEC	NAC IV, G 77, zu UNIDO II, G 77 zu UNCTAD II
Indien	Nehru Indira Gandhi	gewaltloser Widerstand, Blockfreiheit	MSAC, LIC	UNCTAD II, UNIDO III, NAC Außenminister

Land	Politischer Führer	Politisches Programm, Ideologie, Konzept	Ökonomisches Entwicklungsstadium	Konferenzen
Kenia	Jomo Kenyatta	Mau-Mau Befreiungsbewegung	MSAC, LIC	UNCTAD IV, UN-Wüstenkonferenz, UN-Energiekonferenz
Kuba	Fidel Castro, Che Guevara	sozialistische Revolution, revolutionäre Strategie		NAC IV, G 77 zu UNIDO III
Mexiko	Escheverria Portillo	Partido-Revolucionario Institucional	NIC	Deklaration von Cocoyoc, UN-Frauenkonferenz, Wirtschaftsschau
Sri Lanka	Sirimavo Bandaranaike	Sri Lanka Freedom Party (sozialistisch)	MSAC, LIC	NAC
Tansania	Julius Nyerere	Ujamaa-Sozialismus Mwalimu (Lehrer)	MSAC, LLDC	UNCTAD V, Vorbereitungskonferenz für NAC III und UNCSID

NAC = Non-Aligned Countries (Blockfreie Staaten)
UNCTAD = United Nations Conference on Trade and Development
UNIDO = United Nations Industrial Development Organization
OAU = Organization of African Union (Organisation afrikanischer Staaten)
G 77 = Gruppe 77
G 24 = Gruppe 24
UNDP = United Nations Development Program
TCDC = Technical Cooperation between Developing Countries
CECLA = Concilio para Economico Coordinacion de America Latina (Koordinierende Wirtschaftskommission für Lateinamerika)
LLDC = Least Developed Countries (am geringsten entwickelte Länder)
LIC = Low-Income-Countries (Länder mit niedrigem Einkommen)
MSAC = Most Serious Affected Countries
NIC = Newly Industrializing Countries
OPEC = Organization of Petroleum Exporting Countries

Auch *Reformatoren* haben in der neueren Zeit gesellschaftliche Veränderungen bewirkt, wie z. B. John F. Kennedy in den USA oder Michail Gorbatschow in der Sowjetunion. Eher im Hintergrund wirkend haben mäßigend oder vermittelnd eingewirkt die Generalsekretäre der Vereinten Nationen Dag Hammarskjöld, Sith U Thant und Pérez de Cuéllar, aber auch einzelne nationale Politiker wie z. B. Olaf Palme oder Henry Kissinger.
Historische Subjekte, die Veränderungen bewirkt haben oder sich Veränderungen entgegengestellt haben, lassen sich nicht immer auf einzelne politische Führer reduzieren; auch von organisierten Gruppen wie z. B. der Gewerkschaft Solidarnosc in Polen, oder sich protestierend versammelnden Bürgern wie in der DDR oder in Rumänien oder demonstrierenden Studenten wie in den Vereinigten Staaten, Frankreich, der Bundesrepublik, Südkorea oder China bzw. den Müttern verschollener Oppositioneller in Argentinien sind politische Entwicklungen initiiert worden.

Kapitel 5: Der Staat als wichtigster Akteur: Historische Konzepte und Erscheinungsformen

Die menschliche Geschichte ist seit der überlieferten Zeit Staatengeschichte.[1] Die Neuzeit kennt den Nationalstaat als den wichtigsten Akteur. Es ist mithin sinnvoll, die mit dem Konzept des Nationalstaats verbundenen Merkmale und Dimensionen eingehender zu untersuchen. Im folgenden werden die historisch gewachsenen Begriffe und Konzepte der Nation, des Nationalinteresses, der Souveränität, der außenpolitischen Doktrinen, der Machtpolitik, des Gleichgewichts, der Neutralität, des Kolonialismus und Imperalismus sowie der nationalen Macht und deren Grundlagen Bevölkerung, Territorium, Wissenschaft, Technologie, Wirtschaft und Militär diskutiert.

5.1. Der Begriff der Nation bzw. des Nationalismus

Im 16. Kapitel zu den „Considerations on Representative Government" bestimmt John Stuart Mill eine Nation folgendermaßen: die Mitglieder der politischen Gemeinschaft seien zunächst durch „gegenseitige Sympathien" miteinander verbunden und würden aufgrund dieses „Gefühls" eher miteinander als mit anderen kooperieren. Dieses „Gefühl der nationalen Zusammengehörigkeit" könne sich auf unterschiedliche, sich gegenseitig verstärkende, aber nicht notwendigerweise ausschließliche Ursachen gründen: gleiche Rasse und Abstammung, Gemeinsamkeit der Sprache und Religion, aber auch der geographischen Grenzen. Am stärksten wirke jedoch eine gemeinsame politische Vergangenheit, der Besitz einer gemeinsamen nationalen Geschichte als einer Erinnerung an „kollektive Gefühle des Stolzes und der Scham, der Freude und des Leides."[2]

In dieser Begriffsbestimmung sind zwei Elemente enthalten, die für den Nationalstaatsgedanken des europäischen Kontinents wichtig geworden sind, nämlich die objektive oder „deutsche" Auffassung, wie sie sich im Zuge des 19. Jahrhunderts als Wirkung der Romantik (Herder: „Volksgeist"), aber auch im Kontrast zur französischen

Auffassung (Renan: „plébiscite de tous les jours") entwickelt hat. Eine Nation ist danach vor allem durch gemeinsame Sprache, durch gemeinsames Brauchtum, durch gleiche Sitten etc. geprägt (Kulturnation), während die subjektive oder „französische" Auffassung sie als eine politische Willensgemeinschaft ansieht, also das in den Vordergrund stellt, was Mill als das gemeinsame Gefühl, das zur Kooperation fähig macht, gemeint haben könnte. Diese Bestimmung der Nation als Willens- bzw. als Kulturgemeinschaft ließ Deutsche wie Franzosen Elsaß-Lothringen jeweils für sich reklamieren.

Es kann davon ausgegangen werden, daß der Gesichtspunkt der politischen Willensgemeinschaft derjenige ist, der sich im Völkerrecht durchgesetzt hat, auch wenn die Berufung auf objektive Gemeinsamkeiten gerade bei den neu sich bildenden Staaten nach der Auflösung kommunistischer Herrschaft immer wieder zur Legitimation diente.

Vor diesem Hintergrund ist auch die „deutsche Frage" zu sehen: das Beharren der Adenauer-Regierungen auf „freien Wahlen" in der sowjetischen Zone (DDR) und die Betonung des „Selbstbestimmungsrechtes der Völker" der darauffolgenden Regierungen hat den neuzeitlichen Nationenbegriff im Auge und impliziert, daß die Bürger der politischen Willensgemeinschaft sich frei und nach den Regeln moderner Wahlprozeduren und -bedingungen zu dieser Gemeinschaft bekennen können. Nach westlicher Auffassung waren diese Bedingungen in der DDR nicht gegeben, und damit war die Legitimation des sozialistischen deutschen Staates fraglich.

Brandts Formel von den zwei deutschen Staaten, die durch die Klammer einer deutschen Nation zusammengehalten werden, wurde nicht durch Willensbekundungen legitimiert, sondern beruht auf der gemeinsamen Geschichte, auf dem „kollektiven Gefühl des Stolzes und der Scham", wie es Mill bezeichnet hat. Die Frage ist nur, wie weit zurück in die Vergangenheit eine solche Gemeinschaft verfolgt werden kann, inwiefern es möglich ist, über den unmittelbaren Horizont gemeinsamer Erlebnisse von Generationen hinauszugehen, und wie stark das zum Tragen kommt, was Mill die gemeinsamen geographischen Grenzen genannt hat, d. h. inwieweit die territorialen Gegebenheiten der Vergangenheit zur Legitimation vorgebracht werden können oder sollen. Israel verfolgt seine „nationale" Geschichte bekanntlich bis in die Zeit der Judäer zurück, und die Verfassungen der Länder Bayerns und Bremens betonen in ihren Präambeln ihre „tausendjährige Geschichte" (Bayern) bzw. ihre „jahrhundertealte Tradition" (Bremen), der – so der Grundgedanke – eine zwölfjährige Unterbrechung durch die Nazi-Herrschaft nichts anhaben konnte.

Dieses wie das letzte Jahrhundert kennt nationalistische Wellen in Deutschland ebenso wie in anderen europäischen Staaten. Es scheint kennzeichnend für den deutschen Nationalismusbegriff zu sein, daß er weder territorial noch sozial eine konstante Identität aufweisen kann. Das Bismarck-Reich schon schloß 9,5 Mio Deutsche (1910) in Österreich aus, die Weimarer Republik war bekanntlich durch die territoriale Beschneidung des „Diktats von Versailles" belastet, das zu einer „Welle von rechts" (Ernst Troeltsch) zugunsten der Deutschen Volkspartei, der Deutschnationalen Volkspartei und später (etwa ab 1930) der NSDAP führte.

Diese Bestimmung des historischen Begriffs des Nationalstaats ist im Zeitalter großräumiger Politik zumindest ergänzungsbedürftig. Die Nachkriegsentwicklung in der Bundesrepublik Deutschland war offen gegenüber internationalen Gegebenheiten und Entwicklungen. Art. 24 (1) des Grundgesetzes sagt: „Der Bund kann durch Gesetz Hoheitsrechte auf zwischenstaatliche Einrichtungen übertragen", und das Grundgesetz wie auch die Landesverfassungen übernehmen völkerrechtliche Bestimmungen als dem nationalen Recht übergeordnete Grundsätze. In Ausführungen solcher Grundsätze ist es in einigen Bereichen zur Abgabe nationalstaatlicher Regulierungskompetenz gekommen.

Zur historischen Bestimmung des deutschen Nationalstaatsbegriffs ist ferner von Bedeutung, daß dem Bismarck-Reich als Ausdruck des politischen Willens nationale Bewegungen vorausgegangen sind und somit einen Prozeß kennzeichnen, der nicht allein durch Elitenübereinkunft (Seine Majestät der König von Preußen, Seine Majestät der König von Sachsen . . . schließen einen ewigen Bund . . .", Reichsverfassung von 1871) von oben geleitet, sondern ebenso durch vorgängige gesellschaftliche Bewegungen herbeigeführt wurde. Die deutschen Einigungsbewegungen nehmen ihren Ausgang während der napoleonischen Kriege und lassen in verschiedenen Bereichen (Kultur, Sport, Wissenschaft, Handel etc.) Forderungen nach einer „Vereinigung aller Kräfte" entstehen, die nach Rückschlägen (Karlsbader Beschlüsse 1819/20, Restauration und Reaktion nach 1848/49) erst nach 1871 in den ersten neuzeitlichen deutschen Nationalstaat einmünden. Der Zusammenbruch der DDR und die Vereinigung der beiden deutschen Staaten 1989/90 ist schließlich von demokratischen Basisbewegungen bzw. von volksparteilicher Willensbildung ausgegangen.

Die Schaffung nationaler Einheitsstaaten zeigt historisch eine gewisse, von kulturstaatlicher Homogenität abweichende Beliebigkeit, ja machtstaatliche Zufälligkeit: die Bildung absolutistischer Staaten nach monarchistischem Prinzip mit jeweiliger Änderung des religiösen Bekenntnisses (cuius regio, eius religio), die Schaffung zahlreicher kleinerer Staaten durch den Reichsdeputationshauptschluß 1803 im Sinne französischer Machtpolitik oder die willkürliche Bildung einiger Bundesländer nach 1945 (wie Rheinland-Pfalz, Nordrhein-Westfalen, Niedersachsen oder die Vorgängerstaaten von Baden-Württemberg) belegen diese These.

Bei aller durch Regierungshandeln zustande gekommenen historischen Beliebigkeit, ja Zufälligkeit ist die Nation dennoch nicht nur eine „vorgestellte politische Gemeinschaft" (Benedict Anderson) oder „gedachte Ordnung" (Rainer Lepsius), sondern eine historisch erfahrene, durch „Gegenstände der Phantasie" (G. W. F. Hegel) und über gefühlsmäßige Bindung zusammengehaltene Gemeinschaft; solche affektiven Bindungen können dabei von ethnischer Abstammung (Volksnation), kulturellen Gemeinsamkeiten (Kulturnation), gemeinsamem sozio-ökonomischem Status (Klassennation) oder staatsbürgerlichen Rechten (Staatsbürgernation) abgeleitet werden. Bei den neu aufflammenden Nationalismen der 90er Jahre des 20. Jahrhunderts haben neben historischen Erfahrungen die Ethnien und die kulturellen Gemeinsamkeiten am ehesten mobilisierend einheitsstiftend gewirkt; die Klassenlage als das die Nationalstaaten transzendierende Konzept konnte durch die sozialistischen Alternativgesellschaften nicht realisiert werden und sind nach deren Auflösung weitgehend obsolet geworden.

Fassen wir zusammen: als Legitimation für den Nationalstaat wurden in der Neuzeit genannt: das Gottesgnadentum, die Dauer von Territorialbesitz, die Homogenität von Kultur, Religion, Sprache, die Geschichtlichkeit der Gemeinschaft, gesellschaftspolitische Ordnungsprinzipien sowie die Willensäußerungen, zu einem bestimmten Gemeinwesen gehören zu wollen.

Mit dem Begriff der Nation verbunden ist der Begriff des *Nationalismus bzw. der Nationalität.* Während der Nationalismus in Europa zu Beginn des 19. Jahrhunderts als Vehikel nationaler Einigung und Unabhängigkeit diente und diese Rolle auch im Dekolonisierungsprozeß außerhalb Europas spielte, erlangte er Ende des 19. und im 20. Jahrhundert in Europa eine übersteigerte Form des Selbstverständnisses von Nation, er überhöhte sozusagen den Patriotismus negativ. Der Begriff der Nationalität als Bezeichnung für die Angehörigkeit zu einem Staat kommt in zwei Formen vor: einmal zur Kennzeichnung der Mitglieder nationalstaatlicher Einheiten und zum anderen zur Kennzeichnung von subnationalen Gemeinschaften, die sich als „Nationalitäten" verstehen wie z. B. die 15 „Nationalitäten" der ehemaligen Sowjetunion oder die „Volksrepubliken" des vormaligen Jugoslawiens. Nationalismusbewegungen können sich also auf die Bildung größerer oder kleinerer staatlicher Einheiten beziehen oder wie im Falle des arabischen Nationalismus die staatlichen Organisationsformen zu transzendieren versuchen. Der Wille zur Gemeinsamkeit muß, um zur Nation zu werden, politisch artikuliert und organisiert werden: „Wenn ein bedeutender Teil der Angehörigen eines Volkes nach politischer Macht für seine Gruppe strebt, können wir es als Nationalität bezeichnen. Wenn solche Macht erlangt worden ist, bezeichnen wir es als Nation."[3] Nicht jede ethnische oder religiöse Gruppe ist eine Nationalität und schon gar keine Staatsnation (Hegel). Zur Erfüllung staatlich obrigkeitlicher Aufgaben gehört ein Mindeststandard an Ressourcen, der bei kleineren Volksgruppen nicht gegeben ist. Die Abgrenzung zwischen ethnischer Gruppe und Nationalität ist aber fließend.

Die Konzepte Nation, Nationalismus, Nationalität stehen für Identität und Selbstbestimmung. Sie dürfen aber nicht gleichgesetzt werden mit demokratischer Ordnung. Bei Einigungs- und Teilungsprozessen bleibt die Frage der inneren Ordnung zunächst offen; in den meisten Fällen sind sie von autokratischen oder diktatorischen Regimes getragen worden. Im Prozeß der deutschen Vereinigung 1989/1990 sind erstmals in der deutschen Geschichte nationale Einigung und Demokratie zusammengefallen.

5.2. Ziele in der internationalen Politik. Das Nationalinteresse

Wenn festgestellt wurde, daß der Nationalstaat Hauptakteur in den internationalen Beziehungen ist (vgl. Kap. 4.1.), so muß gefragt werden, welche Ziele und Interessen er verfolgt und wie diese verbunden sind mit den Interessen anderer Staaten.

Entsprechend unserer Vierfeldermatrix, die durch die Achsen staatlich–nichtstaatlich und national–international bestimmt ist, ergeben sich für die jeweiligen Akteure folgende Zielkonstellationen (vgl. Graphik 8): Die Regierung des Nationalstaats ist vor allem den Zielen Sicherheit, nationale Integrität und Wohlstand verpflichtet; internationale universale oder regionale Organisationen formulieren in ihren Statuten neben den jeweiligen Sachaufgaben das Ziel der Friedenssicherung, transnationale Organisationen sehen in der Erfüllung der jeweiligen Sachaufgaben ihre raison d'être; Gewinnmaximierung und Strategien, die dazu führen, kennzeichnen die internationalen Konzerne. Schließlich verfolgen innenpolitisch bedeutsame Gruppierungen wie die Freiheits- oder Autonomiebewegungen Selbstbestimmungsrechte.

Graphik 8: Ziele in der internationalen Politik

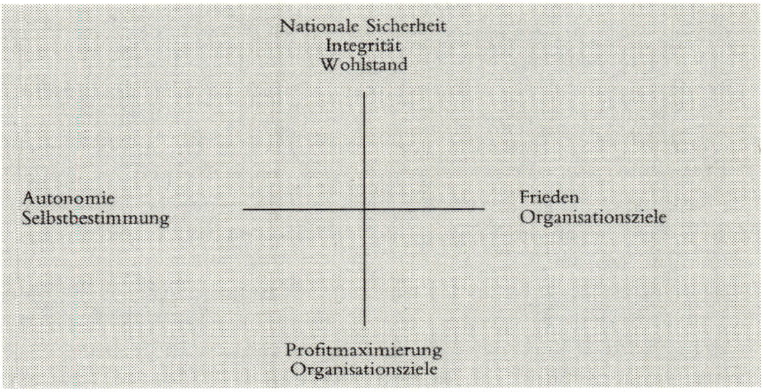

Diese Ziele und Aufgaben, formuliert von den jeweiligen Akteuren, können in idealisierte Vorstellungen von Weltzuständen einmünden, die grob vereinfacht durch folgende Zielkonstellationen beschrieben werden können: zu ihrer je individuellen Zielverwirklichung dient den Regierungen ein geordnetes Staatengefüge, das je nachdem hierarchisch gegliedert oder als Ensemble gleichberechtigter Staaten vorstellbar ist; es wäre denkbar, daß die Verschmelzung von Staaten eines Tages zu einem Weltstaat führt; das Ideal nichtstaatlicher transnationaler Akteure ist eine transparente und offene Weltgesellschaft, die wirtschaftlich entweder dem Typ des Freihandelssystems sich nähert oder protektionistische Züge aufweist; schließlich könnte eine Welt der Regionen dem Ideal selbstbestimmter regionalistischer Bewegungen entsprechen.

Für den Nationalstaat gilt im allgemeinen das Konzept des Nationalinteresses als Formel für die verschiedenen Aspirationen, die im Innern und Äußeren von Staaten vorhanden sind und die darin gebündelt werden. Nach William Wallace besteht das Nationalinteresse aus einem „set of stable, relatively unchanging foreign policy goals, recognisable and identifiable alike to the enlightened statesman and the rational observer."[4] Ein objektives, ein für allemal vorgegebenes nationales Interesse gäbe es aber nicht. Denn dies würde einen Konsens voraussetzen über die Natur und Priorität von Werten, die solche Ziele zum Ausdruck bringen. Die von der realistischen Schule genannten dauerhaften Ziele sind zumeist so weit und allgemein gefaßt, daß sie verschieden interpretiert werden können (Leerformeln). Die Voraussetzung sowohl rationalen Verhaltens der Entscheidungsträger als auch

die der Rationalität auf der Seite der Betrachter sei nicht haltbar. Hans Morgenthau wurde ferner die historische Belastung vorgeworfen, die mit seinem Begriff des nationalstaatlichen Machtinteresses verbunden ist. Dem Morgenthauschen Konzept liegt auch ein deterministisches Element zugrunde, das aus seinem einseitigen potentialanalytischen Ansatz resultiert. Die politische Praxis zeigt, daß Zielprioritäten als Ergebnis der Konfrontation von Gruppeninteressen erst hergestellt werden, also nicht automatisch aus vorgegebenen Strukturen folgen. Die Diskussion darüber ist auch in bezug auf die politische Theorie von Max Weber, der in die Traditon der realistischen Schule einzuordnen ist, geführt worden.
Einige Autoren wie James Rosenau und Raymond Aron haben aus diesen Gründen (Unbestimmtheit, Wandelbarkeit, Mangel an Rationalität) das Konzept des nationalen Interesses aufgegeben.
Läßt sich nun mit Hilfe des Begriffs des nationalen Interesses bzw. der Konzepte, die unter diesem Begriff laufen, eine Theorie der Außenpolitik entwerfen, wie es die Autoren sicherlich beabsichtigt haben?
Diese Frage wurde von einigen Autoren verneint, da die Voraussetzungen, an die die Konzepte geknüpft sind, in der Realität nicht existieren.

Zunächst, so sagen die Kritiker, gibt es kein über die Zeit konstantes außenpolitisches Ziel, wie es etwa aus der geopolitischen Lage oder der nationalen Mentalität – um nur zwei der bekanntesten Theorien zu nennen – ableitbar wäre. Das britische nationale Interesse in der Ära des Commonwealth of Nations war sicherlich ein anderes als das der kontinental-europäischen Annäherung seit den 60er Jahren dieses Jahrhunderts. Die deutsche Politik des Ausgleiches zwischen Ost und West in der Mitte der 20er Jahre ist sicherlich ein anderes nationales Ziel als die nationalsozialistische Expansionspolitik oder die Politik der West- bzw. Ostintegration der Nachkriegszeit.
Die Wandelbarkeit nationaler Ziele kann z. B. an der Einstellungsänderung der westdeutschen Bevölkerung zur Frage der deutschen Ostgrenze abgelesen werden. 1972 meinte die Mehrheit (61%) der westdeutschen Bevölkerung, man solle sich mit der Oder-Neiße-Linie als deutsch-polnischer Grenze abfinden, nur etwa 20 Jahre zuvor, nämlich 1950, waren noch 80% der gegenteiligen Meinung gewesen. Trotz dieser Einwände ist – so scheint mir – das Konzept des Nationalinteresses zu retten, dann nämlich, wenn es zeitlich und räumlich gestreckt bzw. eingeengt wird. Die Wandelbarkeit der deutschen Außenpolitik stellt sich nämlich in größerer zeitlicher Perspektive als ein Grundmuster mit historischen Vorbildern dar. Die Alternativen zur Westintegrationspolitik nach 1949 haben Vorbilder in den zwanziger Jahren bzw. schon im 19. Jahrhundert. Klaus

Hildenbrand und Andreas Hillgruber sehen Hitlers Eroberungspolitik gegen Osten z. T. und mit wichtigen Abstrichen (Rassenradikalität) in der Kontinuität der Außenpolitik der Bismarckschen Nachfolger. Es zeigt sich also, daß zwei sehr verschiedene Grundmuster deutscher Politik im Ablauf von knapp einem Jahrhundert wiederholt aufgetreten sind, aber für eine bestimmte Zeit Geltung beanspruchen konnten. Wir definieren deshalb das Nationalinteresse als durch Ziele gekennzeichnet, die von der politischen Führung eines Landes oder/und einer breiteren Öffentlichkeit als verbindlich angesehen und über eine bestimmte Zeit konstant gehalten werden.[5]
Der zeitliche Horizont bleibt in dieser Definition bewußt unbestimmt, die politischen Ziele müssen aber über eine gewisse Zeit vom Konsens wichtiger oder breiter Gruppen getragen sein, was nicht ausschließt, daß im Ablauf der Zeit Ziele geändert werden. Die Meinungsänderung der deutschen Bevölkerung bezüglich der Ostgrenze bzw. der Wiedervereinigung, die außenpolitische Wende der jeweiligen Opposition im Bundesag in Richtung auf den Regierungskurs zeigt den Wandel in der Kontinuität. Das Grundkonzept für Kontinuität liegt in den als „objektive Faktoren“ zu bezeichnenden Gegebenheiten der geopolitischen, physischen und durch Geschichte und Tradition geprägten Umwelt.

5.3 Außenpolitische Doktrinen

Eng mit dem Nationalinteresse verknüpft sind die meist von Großmächten formulierten richtungweisenden Grundsätze ihrer Außenpolitik, die für einen längeren Zeitraum ihren Wirkungskreis festlegen.[6] Auch bei kleineren Staaten gibt es Grundsätze ihrer Außenpolitik, die jedoch auf Grund ihrer begrenzten Wirkung auf das Umfeld nicht als Doktrinen bezeichnet werden, auch wenn sie eine ähnliche Funktion erfüllen. Als Bezeichnungen für die eine bestimmte Zeit konstanten Grundsätze der Außenpolitik eines Landes sind zahlreiche Begriffe gebräuchlich wie Maximen, Axiome, Lehrsätze, Programme, Leitlinien, politische Richtlinien, regulative Prinzipien, Konzepte, Theorien, Deklarationen, Philosophien, Orientierungen usw.[7] Vertraut sind außenpolitische Doktrinen, die mit dem Namen bekannter Politiker verbunden sind wie die Truman-, Breschnew- oder die Hallsteindoktrin. Die Frage stellt sich, welche Rolle und Funktion solche Grundsätze – auch Doktrinen genannt – in der Außenpolitik von Staaten spielen und wieweit sie helfen, außenpolitisches Handeln zu verstehen?

5.3.1. Zwölf Merkmale von Doktrinen

Was genau ist eine politische Doktrin? Wir wollen zur Beantwortung dieser Frage schrittweise vorgehen, indem wir bestimmte Merkmale angeben, die für außenpolitische Doktrinen kennzeichnend sind.

(1) Außenpolitische Doktrinen sind die *Antwort auf bestimmte situativ gegebene Krisen oder neue oder neu wahrgenommene weltpolitische Lagen,* die eine Änderung der Politik notwendig machen, andere strategische Optionen erfordern; sie können durch bestimmte Ereignisse ausgelöst werden und präventiv auf zu erwartende reagieren. Es ist also zu unterscheiden zwischen entfernterer internationaler Großwetterlage, unmittelbarer und spezifischer Situation, in der sich ein Land befindet, und dem Anlaß, der zur Formulierung einer Doktrin führt. Die Monroe-Doktrin aus dem Jahre 1823, die Amerika für die Amerikaner reklamiert, ist die Replik auf die europäische Kolonialpolitik zu Beginn des 19. Jahrhunderts und das Trachten der USA, Amerika (Nord- und Mittelamerika) von europäischer Intervention frei und der eigenen zugänglich zu machen. Die Open Door Policy, die das Freihandelsprinzip für alle am Handel mit China interessierten Mächten fordert, ist die Antwort auf das imperialistische Vorgehen europäischer Mächte in China und die Herausforderung für die USA, die sich in einer Reihe von Krisen in ihren Beziehungen zu China, Großbritannien und Japan äußert. Alle amerikanischen und sowjetischen Doktrinen, die in der Phase des Kalten Krieges entworfen worden sind, haben den ideologischen Antagonismus der Supermächte zum Gegenstand und beziehen sich auf neu aufzubauende oder existierende internationale Konstellationen. Die Truman-Doktrin der kommunistischen Eingrenzung reagiert auf begrenzte Konflikte, nämlich auf den griechischen Bürgerkrieg mit auswärtiger Intervention und auf die geostrategischen Interessen der Sowjetunion in der Türkei. Shdanows Zwei-Lager-Theorie, die die führende Rolle der Sowjetunion im Kampf gegen das „imperialistische" Lager reklamiert, ist die direkte sowjetische Antwort auf die amerikanische Herausforderung und Furcht vor der damit verbundenen Ausweitung des Kapitalismus in Europa unter US-amerikanischer Hegemonie. Die Hallstein-Doktrin, die das Alleinvertretungsrecht für die Bundesrepublik beansprucht, reagiert auf zu erwartende diplomatische Anerkennungen der DDR durch andere Staaten nach Aufnahme diplomatischer Beziehungen zur Sowjetunion 1955. Die Eisenhower-Doktrin der Zurückdrängung des Kommunismus reagiert zunächst auf die Krisensituation im Nahen Osten (Suez-Krise 1956), dann auf den sowjetischen Einmarsch in Ungarn und Polen (1956), die Carter-Doktrin auf den sowjetischen Einmarsch in Afghanistan und die Geiselnahme im Iran; die Doktrin

der Blockfreiheit ist die Reaktion auf die Bildung zweier Blöcke und fällt historisch mit der Phase der Entkolonisierung zusammen. Ein Sonderfall der Entstehung ist sicherlich mit der Johnson-Doktrin gegeben; Johnson hat sich als „Phantom“ mit der vorgegebenen Beschädigung des Zerstörers Maddox den Anlaß selbst geschaffen.
Die Änderung einer internationalen Konstellation, auf die bezogen eine Doktrin formuliert worden ist, führt entweder zur Aufgabe oder zur Änderung der Doktrin. So sind mit Beendigung des Kalten Kriegs oder des Vietnamkriegs oder mit dem Erreichen der deutschen Einheit entsprechende Doktrinen obsolet geworden.
(2) Doktrinen sind von *bestimmten Politikern* an einem *bestimmten Ort* abgegeben worden und haben einen angebbaren *Adressaten*.
Der Name von Doktrinen ist meist nicht zum Zeitpunkt ihrer Abgabe geprägt worden und bezieht sich nicht immer auf den eigentlichen Urheber. Die Monroe-Doktrin wurde erst dreißig Jahre später so genannt. Die Hallstein-Doktrin scheint weder von dem damaligen Staatssekretär im Auswärtigen Amt selbst konzipiert worden zu sein (vieles spricht vielmehr für den Leiter der Planungsabteilung im AA Wilhelm Grewe), noch wurde sie je „doktrinär“ verstanden.
Die meisten Doktrinen sind aber zu einem nachvollziehbaren Zeitpunkt in einem einsehbaren Dokument festgehalten; im amerikanischen Kontext waren dies meist Botschaften an den Kongreß oder Pressekonferenzen. Oft sind es auch mehrere Dokumente, die erst eine bestimmte Doktrin ergeben, wie z. B. die Nixon-Doktrin bzw. die Nixon-Kissinger-Doktrin, die in mindestens drei Reden über den Zeitraum zwischen 1969 und 1972 festgehalten ist und die Hilfe der USA für asiatische Länder in Aussicht stellt. Die Hallstein-Doktrin wurde in einer Parlamentsrede Adenauers mitgeteilt, ist aber in einem Inerview von Grewe verdeutlicht worden und richtet sich an alle am internationalen Verkehr beteiligte Rechtssubjekte. Ähnlich allgemein gehalten sind die Adressaten der amerikanischen Doktrinen von Truman bis Reagan, die sich warnend an die Regierungen kommunistischer Staaten richten und unterstützend alle davon bedrohten. Entsprechend seitenverkehrt warnen die sowjetischen Doktrinen von Stalin bis Breschnew die Regierungen kapitalistischer bzw. imperialistischer Staaten und unterstützen die sozialistischen. Die Blockfreie Bewegung richtet sich mit Handlungsvorgaben an die Mitglieder bzw. potentiellen Mitglieder und grenzt diese gegenüber den Supermächten ab. Die chinesischen Doktrinen sahen ihren Hauptgegner in den imperialistischen bzw. sozialimperialistischen Supermächten und werben um die Staaten der Dritten Welt. Auch wenn häufig konkrete Gebiete („Amerika den Amerikanern“, die „Golfregion“, die „sozialistischen Länder“) genannt werden, bleibt also in den meisten

Fällen der Adressat unbestimmt (die „Freie Welt", „Staaten, die die DDR anerkennen", Regierungen kommunistischer oder kapitalistischer Staaten, die Super- oder Hegemonialmächte etc.).

(3) Entsprechend der Analogie zu wissenschaftlichen Paradigmen kommt es auch in der Politik zur *Kumulation außenpolitischer Grundsätze,* sei es durch Aufnahme landeseigener Prinzipien und „Fortschreibung" politischer Traditionen, sei es durch Übernahme von Prinzipien von anderen Doktrinen. Man kann sagen, daß die außenpolitischen Doktrinen der amerikanischen Präsidenten nach dem Zweiten Weltkrieg eine Tradition fortsetzen, die von Monroe oder Truman begründet worden ist. Eisenhower beruft sich auf Truman, Johnson auf Truman und Eisenhower, die Dominotheorie wird nach Eisenhower von Kennedy und Johnson beschworen etc. Auch die von Chruschtschow 1956 propagierte und 1959 formulierte Doktrin der Friedlichen Koexistenz geht auf das frühe Sowjetrußland (Lenin, Stalin), Indien und die VR China (5 Prinzipien der Friedlichen Koexistenz im Vertrag zwischen beiden Ländern 1954) zurück. Die chinesische Drei-Welten-Theorie ist eine modifizierte Weiterführung der sowjetischen Zwei-Welten- bzw. Lager-Theorie, die sogar in der polarisierenden Vereinfachung zwischen „ausgebeutet, unterdrückt" (Dritte Welt) und „ausbeutend, unterjochend" (Erste und Zweite Welt) das dichotome Strukturmuster übernommen hat.

Der Rückgriff auf Traditionen wird auch dokumentiert in Verweisen auf schon bekannte Prinzipien oder Elemente politischer Doktrinen. Prinzipien der Blockfreiheit und der Friedlichen Koexistenz wie Verzicht auf Gewalt, territoriale Integrität, nationale Unabhängigkeit, Nichteinmischung sind beispielsweise in der UN-Charta verankert. Hier handelt es sich um einen Komplex von Prinzipien, die auch von anderen Staaten oder Staatengemeinschaften getragen werden.

Schließlich können Doktrinen nicht unabhängig voneinander gesehen werden. Eine Doktrin reagiert auf eine andere. Trumans containment kommt nach Stalins Zwei-Welten, Shdanows Zwei Lager nach Trumans Antikommunismus-Konzept, die Blockfreien nehmen die friedliche Koexistenzthese auf, die Dominotheorie Eisenhowers/Dulles' wird später von Breschnew ähnlich formuliert usw. In der Zeit des Kalten Kriegs finden sich fast alle Prinzipien spiegelverkehrt auf der jeweils anderen Seite wieder.

(4) Außenpolitische Doktrinen sind *einseitig ausgesprochene Erklärungen,* adressiert an auswärtige Regierungen, meist an einen Gegner oder potentiellen Feind, und formulieren ein bestimmtes *nationales Interesse,* das jenseits der eigenen nationalen Staatsgrenze liegt und für eine bestimmte Zeit und z. T. für mehrere Generationen konstant bleibt. Dies ist der Unterschied zu völkerrechtlichen Abmachungen, die im

gegenseitigen Interesse abgeschlossen werden. „Vitale" oder „legitime" Interessen gilt es zu verteidigen oder zu fordern. Nach außen und an einen bestimmten Adressaten gerichtete Botschaften werden transportiert; solche nationalen Interessen können sich beziehen auf bestimmte *Werte* („Freiheit, Gleichheit, Brüderlichkeit", „Demokratie", „westliche Wertegemeinschaft", „Freie Welt", „Prosperität", „sozialistische Bruderstaaten" etc.), *Territorien* („Freiheit der Meere", „Lebensraum", arabisch-islamische Welt etc.) oder *politische Grundsätze* („Open Door", „Nichtanerkennung" etc.). Doktrinen sind in diesem Sinne von Großmächten festgelegte grobe Ordnungskategorien des internationalen Systems und stehen in der Denktradition nationaler Machtpolitik. Nicht jedes Nationalinteresse ist eine Doktrin, doch jede Doktrin formuliert ein Nationalinteresse.

Aus diesem ersten Definitionsversuch geht hervor, daß außenpolitische Doktrinen meist an Großmachtansprüche gebunden sind, also auf einem gewissen Machtpotential beruhen müssen. Kleinere Staaten besitzen solche Machtpotentiale nicht, auch wenn sie zum Selbsterhalt nationale Interessen formulieren müssen (z. B. Neutralität). Man spricht in diesem Zusammenhang dann eher von Prinzipien oder von politischer Linie (z. B. Paasikivi-Kekkonen-Linie der finnischen Außenpolitik). Im Unterschied zu außenpolitischen Doktrinen großer Mächte reichen die Interessen kleinerer Staaten nicht weit über deren Territorium hinaus. Eine interessante Variante dieser Überlegungen bildet die bundesdeutsche Hallstein-Doktrin. Zwar war die Bundesrepublik Mitte der fünfziger Jahre keine Großmacht, doch ist es gelungen, die Unterstützung der Westmächte zu erhalten; auch im Verhältnis zur DDR konnte sie ein bedeutend größeres Potential in die Waagschale werfen und damit für eine Zeitspanne von etwa 25 Jahren die gewünschte Wirkung auf Drittstaaten ausüben.

(5) Außenpolitische Doktrinen formulieren *Einflußzonen,* die über die Nationalstaatsgrenzen hinausreichen und von einem anderen respektiert werden sollen; sie stecken sozusagen gegenüber einem rivalisierenden Gegenüber ein bestimmtes Revier ab, das von diesem nicht betreten oder zumindest respektiert werden soll. Eine solche territoriale Abgrenzungsstrategie zwischen Eigenem und Fremdem, zwischen Feindbild und Gruppenidentität scheint Ausdruck einer anthropologischen und sozialpsychologischen Konstante zu sein, die, sicherlich mit Realitätsbezug, aber apodiktisch von Carl Schmitt als Kern des Politischen erkannt worden ist. Dabei ist dieses Prinzip in der internationalen Politik nicht nur territorial gedacht worden, sondern erstreckt sich, wie ausgeführt, unter Berufung auf höhere und moralisch bessere Werte auch auf geistige Räume. Im Hinblick auf das auszugrenzende Territorium erstrecken sich Doktrinen damit nicht

nur auf ein eng begrenztes Ziel, auf nur einen Staat, sondern beziehen sich auf eine Region oder erheben gar universalen Anspruch. Präsident Monroe bezieht sich explizit auf die „amerikanischen Kontinente", die Stimson-Doktrin von 1899 auf China als „sphere of influence" bzw. „sphere of interest", Präsident Polk auf den „Nordamerikanischen Kontinent", Präsident Roosevelt 1905 explizit auf Santo Domingo, Truman bezieht sich explizit auf Griechenland und die Türkei, Eisenhower auf den Mittleren Orient, Johnson in seiner Lateinamerikarede auf die Dominikanische Republik, Präsident Carter reklamiert die Golfregion als zum amerikanischen Einflußbereich gehörig; gemeinsam war allen, in den verschiedenen Regionen der Welt die europäische Vorherrschaft zu brechen bzw. die kommunistische Expansion zu verhindern bzw. zurückzudrängen. Shdanow und Stalin teilen den Globus in zwei Welten bzw. Lager ein, wobei das jeweils eigene nicht vom andern in Anspruch genommen werden soll. Bei allen Friktionen an den Nahtstellen der Einflußsphären wurden die Einflußbereiche des jeweils anderen im großen und ganzen auch respektiert; weder sind die USA in Osteuropa einmarschiert noch die SU in Westeuropa, dem Nahen und Mittleren Osten oder in Mittelamerika.

(6) Doktrinen sind in *strategischer Absicht* formuliert, sind auf einen angestrebten zukünftigen *außenpolitischen Zustand* hin angelegt, sind Mitteilungen darüber an auswärtige Regierungen. Da Doktrinen aus einem krisenhaften Zustand hervorgehen, versuchen sie häufig, einen Neubeginn zu formulieren, in der Absicht, eine Neuorientierung einzuleiten, mit einem neuen Elan Politik betreiben zu wollen. Als konzeptionelle Denkfiguren mit größerer Reichweite bedeuten sie in der Außenpolitik so etwas wie ein Paradigma in den Wissenschaften. Da solche Absichtserklärungen gegen einen oder mehrere Rivalen gerichtet sind, bleibt es nicht aus, daß solche Erklärungen von diesen verurteilt werden. Die Sowjetunion und China haben z. B. Eisenhowers Eingrenzungs- bzw. Zurückdrängungspolitik scharf verurteilt. Oft ist in den Absichten auch ein missionarischer Anspruch enthalten, der sich auf die jeweils besseren Prinzipien beruft. Die Drei-Welten-Theorie der VR China erklärt China zur Vormacht in der Dritten Welt, die sich in Opposition zur Ersten Welt (= beide Supermächte) und zur Zweiten Welt (= wirtschaftlich entwickelte Staaten außerhalb der Supermächte) sieht. Die Breschnew-Doktrin will das sozialistische Lager retten und die Vormachtrolle der Sowjetunion darin sichern, die Carter-Doktrin die Golf-Region unter die Kontrolle der USA stellen etc.

(7) Wir haben gesagt, daß außenpolitische Doktrinen eine Absicht nach außen formulieren. Ebenso wichtig ist aber oft auch die *innenpolitische Absicht,* die mit einer nach außen gerichteten Hand-

lungsanweisung verbunden wurde. Innen- und Außenpolitik sind in vielfältiger Weise miteinander verbunden. Das innenpolitische Pendant zu Trumans und Eisenhowers Antikommunismus-Doktrinen war der McCarthyismus der Verfolgung links Gesinnter. Der bundesrepublikanische Alleinvertretungsanspruch der Hallstein-Doktrin findet die innenpolitische Entsprechung in der Kontinuitätstheorie der legitimen Nachfolge des Dritten Reichs.

Die strategische Absicht kann sich in mehrfacher Weise auf die Innenpolitik beziehen. Sie kann

sich *erstens* auf die einheimische öffentliche Unterstützung richten und um innenpolitischen Konsens werben; Harry S. Truman wollte mit seiner Doktrin u. a. seinen innenpolitischen Präsidentschaftsrivalen Thomas Dewey treffen ebenso wie Johnson seinen Rivalen Goldwater;

zweitens auf rivalisierende Gruppen im Innern von Staaten zielen mit der Absicht, der eigenen Gruppe zum Sieg zu verhelfen; die Truman- und die Nixon-Doktrin waren gegen isolationistische Tendenzen in der öffentlichen Meinung gerichtet; die Drei-Welten-Theorie sollte rivalisierende Gruppen innerhalb der Kommunistischen Partei Chinas zusammenführen;

drittens der Ministerialbürokratie Handlungsanleitungen an die Hand geben wie im Falle amerikanischer Doktrinen der Nachkriegszeit;

viertens dazu dienen, größere Vollmachten zu erhalten, wie dies bei Präsident Johnson mit der Golf of Tonkin-Resolution geschah oder nur eine Bevollmächtigung, wie dies Nixon mit der Zustimmung zu einer „neuen Partnerschaft zwischen Exekutive und Legislative" erhielt und damit kostspielige außenpolitische Aktionen finanzieren konnte. Die Mobilisierung von Ressourcen zur Finanzierung des Kalten Kriegs wurde u. a. mit Hilfe von Doktrinen möglich und hat zur Hochrüstung auf beiden Seiten beigetragen;

fünftens als Ablenkung von innenpolitischen Schwierigkeiten, als Substitut für Innenpolitik dienen. So hatte Shdanows Rede auf dem Gründungskongreß des Kommunistischen Informationsbüros (Kominform) 1948 das Ziel, durch Reideologisierung das „sozialistische Lager" zusammenzufügen und die kommunistischen Parteien auf die Linie der KPdSU zu bringen. Die Zwei-Lager-Theorie rechtfertigte dann die Säuberung von sogenannten Abweichlern. Auch die Prinzipien der Blockfreien dienten dazu, die Mitglieder zu einem bestimmten Verhalten gegenüber den Supermächten zu veranlassen;

sechstens schließlich soll in den meisten Fällen außenpolitisches Handeln nach innen gerechtfertigt und legitimiert werden. Dazu kann ein verfassungsmäßig gegebener Grundkonsens genutzt werden; die Hallstein-Doktrin kann sich auf den Verfassungsauftrag zur Wiedervereinigung berufen ebenso wie der Antihegemonismus der Drei-Welten-Theorie Chinas auf die chinesischen Verfassungen von 1975 und 1978.

(8) Die *Rechtfertigung* für den politischen Anspruch, der mit einer Doktrin erhoben wird, geschieht unter Hinweis auf

a) ein *besseres politisches System* (Demokratie versus Monarchie, „order" versus „disorder", Westliche Demokratie versus Kommunismus, Sozialismus versus Imperialismus, Freie Völker versus versklavte Völker etc.);

b) *höhere Werte* wie Freiheit, Friede, Sicherheit, Souveränität von Staaten, territoriale Integrität, Unabhängigkeit von imperialistischen Blöcken, Antihegemonismus (chinesische Drei-Welten-Theorie, Blockfreiheit), Menschenrechte, Gerechtigkeit, die Aufrechterhaltung eines Freiheit und Unabhängigkeit verbürgenden Gleichgewichtssystems;

c) die *Sicherung vitaler Interessen* wie z. B. Zugang zur Versorgung mit sensiblen wirtschaftlichen Gütern, die Rettung der Leben von Landsleuten;

d) *moralische Prinzipien* wie Menschenrechte, „moral balance of the world" (Kissinger), „moral consensus" zugunsten „kreativer" gegenüber „destruktiver" Politik (Kissinger), Schutzmacht der Schwächeren etc. Mit missionarischem Eifer wird eine „new world order", ein „grand design" (Nixon/Kissinger), eine „area of peace", eine „Neue Ära des Friedens" (Nixon) ausgerufen. In diesem Sinne ist doktrinengeleitete Politik Idealpolitik, indem sie sich nämlich an moralischen Kategorien und Idealen orientiert. Schließlich berufen sich Doktrinenproduzenten schlicht auf

e) *politische Prinzipien* und Erfahrungen wie Nichteinmischung, Verzicht auf Gewaltmittel oder die Furcht vor unliebsamen Folgen; die Dominotheorie fürchtet eine Kettenreaktion unliebsamer Ereignisse, nämlich dann, wenn ein Dominostein der „Freien Welt" umfällt und kommunistisch wird, folgen andere nach oder: wenn ein Glied des sozialistischen Weltsystems schwach wird, dann werden es auch andere.[8]

Als Legitimation wird somit immer das eigene Verständnis von „gerechter Sache" in den Vordergrund gestellt und die Sache des Gegners als ungerecht, unmoralisch, bedrohlich etc. bezeichnet.

(9) Um medienwirksam und mobilisierungsfähig zu werden, bedürfen politische Absichten offenbar einer entsprechenden leicht erkennbaren und unverwechselbaren Verpackung, griffiger Formulierungen etc. *Schlagwortartige Reduktionen* sind dabei ebenso üblich wie die Etikettierung mit dem Namen eines Präsidenten oder eines hochgestellten politischen Beamten. Es kommt nicht von ungefähr, daß insbesondere in den medienbewußten Demokratien des Westens Präsidenten sich mit der Aura einer Doktrin, der höheren Weihe sozusagen umgeben haben,

denn griffige, einfache Konzepte verleihen möglicherweise einen Platz in den Geschichtsbüchern und erzwingen größere Wirksamkeit.
Alle Doktrinen arbeiten mit Bedrohungs-, ja z. T. auch mit Verschwörungsvorstellungen. Die kommunistische Gefahr auf der einen, die imperialistische auf der anderen waren Vokabeln, die die Doktrinen in Ost und West füllten. Truman sprach von alternativen Lebensweisen, Eisenhower von den „power-hungry Communists", der Manipulation „by international communism", von der sogar Australien und Neuseeland bedroht waren, von einer „international conspiracy"; Kennedy unterschied in seiner Rede unter Bezugnahme auf die Schweinebuchtinvasion zwischen „kubanischen Patrioten" auf der einen und dem „kubanischen Diktator" auf der anderen Seite; Johnson sprach mit Bezug auf die Golf von Tonkin-Situation von einem „serious threat", Carter in bezug auf die sowjetische Afghanistaninvasion vom „most serious threat to international peace" und „act of military aggression", und in bezug auf die iranische Geiselnahme von einem „act of international terrorism". Auf kommunistischer Seite unterschied Shdanow zwischen „imperialistischen" und „antiimperialistischen" Staaten. Breshnew sprach von „konterrevolutionären Kräften", von „Kräften des Militarismus, der Aggression und der Revanche", Gromyko von den „Umtrieben des Imperialismus".
Geläufig war im Zeitalter des Kalten Kriegs eine Polarisierung in „friedlich-aggressiv", „freiheitlich-totalitär", „imperalistisch-antiimperialistisch". Durch die Geschichte hindurch läßt sich diese Polarisierung verfolgen: „Cartaginem esse delendam", „no entangling alliances", „support of free people who are resisting subjugation" sind Schlagworte oder griffige Formeln, die Furcht zum Ausdruck bringen oder eine solche erzeugen wollen: die vor Karthago, die vor auswärtiger Intervention, die vor sowjetischer Expansion, vor imperialistischer Bedrohung etc. Alle Doktrinen der Supermächte enthalten eine Reduktion auf vereinfachende Weltbilder, die zwischen gut und böse Schwarz-Weiß-Bilder malen. In diesem Sinne ist die von Doktrinen geleitete Politik Idealpolitik, indem sie die komplexe Realität auf nur wenige polare Merkmale reduziert.
(10) Ein weiteres Charakteristikum von Doktrinen ist, daß der abstrahierende Allgemeinheitscharakter von Doktrinen ein bestimmtes Maß an Auslegung und auf die Mittel bezogen Flexibilität ermöglicht. Angesprochen sind dabei der *Interpretationsspielraum* und die *Mittelwahl*. Als handlungsleitende Maxime mit einem bestimmten Maß an Abstraktheit kann sie „doktrinär" behandelt werden oder sie kann – in den meisten Fällen – flexibel eingesetzt werden. Modifikationen in der inhaltlichen Ausfüllung und ein breites Spektrum der Instrumente

geben Doktrinen im allgemeinen einen anpassungsfähigen Charakter. Eine unspezifische Aggression kann mit entsprechend unspezifischen Mitteln beantwortet werden, die von diplomatischen, wirtschaftspolitischen bis zur Androhung oder dem Gebrauch von Gewaltmitteln reichen können. Die Monroe-Doktrin ermöglichte die Abwehr gegen auswärtige wie die Rechtfertigung eigener Interventionen und dies durch Modifikationen im Laufe ihrer Geschichte. Sie begann als Doktrin der Nichteinmischung, dann wurde sie unter Roosevelt 1904 zur ratio der US-Intervention; sie wurde unter Roosevelt in den dreißiger und vierziger Jahren zu einer multilateralen Strategie kollektiver Sicherheit und schließlich mit Beginn des Kalten Kriegs zu einer antikommunistischen Strategie. Die Johnson-Doktrinen wurden mit einem nicht bestimmten Katalog von Maßnahmen versehen: „all necessary steps", „necessary measures". Die Hallstein-Doktrin wurde mit einem flexiblen Katalog unterschiedlicher Reaktionen auf die Anerkennung des DDR-Regimes unterhalb der Schwelle diplomatischen Abbruchs versehen und in der letzten Phase vor Aufgabe auch so flexibel gehandhabt („Kambodschieren"). Aus dem Alleinvertretungsanspruch wurde ein Alleinsprecheranspruch.

In der Art der Herrschaftsabsichten können sehr verschiedene Mittel gewählt werden. Z. B. geht es den Mächten, die das Gleichgewicht in einer bestimmten Region aufrechterhalten wollen, nicht darum, ein nationales Interesse in bezug auf ein bestimmtes zu kontrollierendes Gebiet zu verfolgen, sondern darum, das eigene Gewicht in die Waagschale des jeweils Schwächeren zu legen, damit das regionale Gleichgewicht gewahrt bleibt[9]; diese Art der Interessensverfolgung ist defensiv angelegt und reagiert nur auf bestimmte Herausforderer, die die Übermacht anstreben.

Oft werden Doktrinen auch an ganz bestimmte Instrumente gebunden. So gibt es Doktrinen, die nicht mit militärischen Mitteln verfolgt werden können oder sollen wie z. B. die Hallstein-Doktrin oder die Friedliche Koexistenz, wohingegen andere ausdrücklich militärische Mittel vorsehen wie z. B. die Truman-Doktrin oder die Breschnew-Doktrin.

Doktrinen können instrumental eingesetzt werden, sind aber nicht identisch mit politischen Instrumenten. So war z. B. die Hallstein-Doktrin ein Instrument der Deutschlandpolitik; die Doktrin der Blockfreien bediente sich der Mittel Abrüstung, Unterstützung nationaler Befreiungsbewegungen etc., bedurfte somit zur Ausführung bestimmter Instrumente. Die Exekution der Carter-Doktrin gegenüber der Sowjetunion erfolgte mit wirtschaftlichen (Streichung zugesagter Weizenlieferungen, teilweiser Technologiestop) und sportpolitischen Mitteln (Absage der Teilnahme an den Olympischen Spielen).

(11) *Das „Doktrinäre“* an Doktrinen, also die dogmatische Anwendung von Doktrinen, führt dazu, daß die vereinfachende Reduktion auf nur wenige Optionen Alternativen verengt und nur bestimmte politische Handlungsweisen zum Zuge kommen läßt. Der Ost-West-Gegensatz zwischen den „Lagern“ der Supermächte *reduzierte* z. B. den *außenpolitischen Handlungsspielraum* im Deutschland der Nachkriegszeit auf nur zwei Optionen, nämlich die der West- und die der Ostintegration, die beide deutsche Staaten vollzogen haben. Die durchaus vorhandenen Zwischenkonzepte konnten nicht realisiert werden. Ähnlich wurde die Hallstein-Doktrin in ihrer Spätphase zu einer Selbstbindung. Der Handlungsspielraum arabischer Staaten in bezug auf Unabhängigkeit und Beendigung des kolonialen Status wurde durch die Eisenhower-Doktrin erheblich eingeschränkt, wie überhaupt der Kalte Krieg die Optionen peripherer Staaten eingeschränkt hat; nur in einigen Fällen ist es gelungen, die ideologische Rivalität zwischen den Supermächten zum eigenen Vorteil einzusetzen; Nasser hatte durch das Ausspielen der sowjetischen bzw. der DDR-deutschen Karte Handlungsspielraum und damit relative Unabhängigkeit gewonnen.

Die Reduktion auf außenpolitische Handlungsalternativen vergröbert die Wirklichkeit und läßt Zwischenpositionen und differenzierende Analysen nicht zum Zuge kommen. Dies führt zumeist zu einem Dissens zwischen Politik und Wissenschaft: die politischen Vereinfachungen kontrastieren mit wissenschaftlicher Differenzierung.
Wird eine Doktrin doktrinär eingesetzt, dann führt sie zur Selbstbindung des Akteurs, zur Veringerung des Handlungsspielraums. In nicht unbeträchtlichem Maße wurden bundesdeutsche Politiker erpreßbar durch dritte Staaten, und dies hat nicht unbeträchtliche Entwicklungsgelder gekostet.
(12) Außenpolitische Doktrinen müssen schließlich *abgegrenzt* werden von anderen handlungsanleitenden Konzepten wie Militärdoktrinen, Ideologien oder wissenschaftlichen Theorien, auch wenn Doktrinen oft unter solchen Etiketten auftreten.
Strategische Militärdoktrinen wie z. B. die Abschreckungsdoktrin der massiven Vergeltung, die Doktrin der „flexible response“ etc. betreffen nur den militärischen Bereich, formulieren aber nicht ein gesamtgesellschaftliches nationales Interesse, auch wenn sie mit außenpolitischen Doktrinen direkt verbunden sind; so ist z. B. die Militärdoktrin der massiven Vergeltung der militärische Ausdruck für die Doktrin des containment, des roll back oder der Dominotheorie.
Ideologien wie „Sozialismus“ sind Rechtfertigungssysteme, die Handeln anleiten, aber nicht die politische Konkretisierung erfahren wie Doktrinen. Großideologien können den groben Rahmen für Doktrinen

abgeben, sogar die inhaltliche Ausfüllung ermöglichen und zur Rechtfertigung dienen, sie sind aber nicht mit Ideologien identisch. Die „Zwei-Welten-Lehre" von Stalin z. B. folgt zwar dem marxistischen Antagonismuskonzept und ist somit wissenschaftlich (im Sinne des Marxismus) und ideologisch (im Sinne marxistischen Sozialismus) abgesichert, wurde aber mit der Absicht des Aufbaus einer sozialistischen Staatengemeinschaft unter sowjetischer Führung erstellt.
Von *wissenschaftlichen Theorien* schließlich unterscheiden sich Doktrinen dadurch, daß sie absichtsgeleitet und handlungsorientiert, d.h. zielgerichtet sind, während wissenschaftliche Theorien Aussagen über existierende Wirklichkeiten sind und nicht einen nicht existierenden zukünftigen Soll-Zustand formulieren. Auch unterscheiden sich Doktrinen von wissenschaftlichen Orientierungskonzepten dadurch, daß der Politiker offenbar zum Zwecke politischer Mobilisierung mögliche oder tatsächlich existierende Wirklichkeiten absichtlich oder unabsichtlich reduziert auf meist polare Gegensätze, während der Wissenschaftler bei aller analytischen Abstrahierung eher die differenzierende Vielfalt im Auge hat. Die Nähe zu wissenschaftlichen Theorien entsteht dadurch, daß Doktrinen Weltzustände strukturieren, die aber nicht als empirisch nachvollziehbare Zustandsbeschreibungen zu verstehen sind, sondern einen solchen Zustand erst herbeiführen wollen. Die Zwei-Lager-„Theorie" der Sowjets will eine sozialistische Staatengemeinschaft herbeiführen, oder die Drei-Welten-„Theorie" der Chinesen will eine antihegemoniale Gruppierung ins Leben rufen. Doktrinen sind also politisch-strategische Konzepte, die einen zukünftigen Zustand beschreiben, wie er sich aus den Interessenlagen der jeweiligen Länder zu einem bestimmten Zeitpunkt ergeben hat; sie sind aber nicht mit empirisch überprüfbaren Theorien gleichzusetzen. Die Nähe zu bestimmten empirischen Zuständen könnte es rechtfertigen, Doktrinen auch als Lageanalyse mit strategischer Absicht zu bezeichnen.

5.3.2. Definition außenpolitischer Doktrinen

Wir sind nun in der Lage, außenpolitische Doktrinen zu definieren, d.h. mit ihren Merkmalen zu beschreiben. Als politische Doktrinen bezeichnen wir handlungsanleitende und für eine gewisse Zeit gültige politische Grundsätze, die vom Urheber einseitig (in der Regel einer Großmacht) aus gegebenem Anlaß mit der Absicht formuliert worden sind, ein nationales Interesse nach Einflußnahme jenseits der eigenen Grenzen einem Adressaten gegenüber (in der Regel gegenüber einer rivalisierenden Großmacht oder auch gegenüber innenpolitischen Gruppierungen) mitzuteilen und gegebenenfalls dafür politisch oder/und militärisch zu kämpfen. Doktrinen formulieren einen abgrenzbaren

territorialen oder politischen Herrschaftsanspruch gegenüber einem rivalisierenden Dritten und zielen auf einen Soll-Zustand. Als Mobilisierungsinstrumente werden oft vereinfachende polarisierende Schlagworte benutzt, die die jeweils besseren Prinzipien für sich reklamieren. In ihrer abstrahierenden Form ermöglichen sie Interpretationsspielraum und Flexibilität in der Mittelwahl.
Doktrinen erweisen sich damit in der praktischen Durchführung alles andere als doktrinär, denn außenpolitisches Handeln muß sich flexibel auf Konstellationen des internationalen Systems einstellen, will eine Doktrin nicht handlungshemmend, ja handlungshindernd sein.
Der Begriff „Doktrin", der auf etwas Dogmatisches anspielt, ist irreführend, insofern als Handlungsmaximen immer meist dann revidiert worden sind, wenn sie mit der Realität nicht mehr in Einklang zu bringen waren. Zum Gefangenen einer Doktrin ließen sich Politiker nur in Ausnahmefällen machen. Es ist jedoch vorgekommen, daß Doktrinen bei rigider Anwendung durchaus eine Barriere darstellten, so daß der Urheber zum Gefangenen der eigenen Vorgabe wurde, wie dies z. B. streckenweise mit der Hallstein- oder der Carter-Doktrin der Fall war. So wurde der ideologische Teil sozialistischer außenpolitischer Grundsätze oft genug zum Hemmschuh, Realität zu erkennen, oder die Hallstein-Doktrin war in ihrer Endphase mit hohen Kosten verbunden. Auch die Monroe-Doktrin wird als Hindernis für eine realitäts-adäquate Lateinamerikapolitik betrachtet. Die meisten Doktrinen wurden jedoch flexibel gehandhabt oder ließen Handlungsspielraum außerhalb der beanspruchten Einflußsphären zu wie z. B. in Ländern der Dritten Welt, die von den verschiedenen mit dem Kalten Krieg in Verbindung stehenden Doktrinen nicht oder nur partiell tangiert wurden.

5.3.3. Zur Typologie von Doktrinen

Nach territorialer Reichweite, intendierter geographischer Lagerung und je nach Adressaten lassen sich außenpolitische Doktrinen abgrenzen.

Man kann zwischen *ausweitenden und bewahrenden* Doktrinen unterscheiden. In der Aufbauphase machtpolitischer Positionen haben richtungsweisende Grundsätze expansiven, in der Auflösungsphase reaktiven Charakter. Die US-amerikanischen Doktrinen von Monroe, Roosevelt, Stimson, Eisenhower, Johnson (Südostasien) oder Carter, die chinesische Drei-Welten-Theorie, aber auch die sowjetische Zwei-Lager-Theorie sind expansiv angelegt, versuchen einen Besitzstand zu erobern oder/und zu festigen. Bewahrenden Charakter haben die verschiedenen Gleichgewichtsstrategien, die Kennedy-, Johnson- (Lateinamerika) oder die Nixon-Doktrin; auch die Breschnew-Doktrin ist diesem Typ zuzurechnen.

Ob expansiv oder reaktiv hängt von der jeweiligen Stellung des Doktrinenproduzenten im internationalen Staatensystem ab. Dabei sind vier Phasen zu unterscheiden: eine sich zunächst gegen äußere Einflüsse abgrenzende *erste Phase* wie z. B. die „No entangling Alliance"-Doktrin von George Washington und das Prinzip der Nichteinmischung von Monroe, das Prinzip der Nichteinmischung und des Antiimperialismus der Blockfreien Bewegung, die Abgrenzung der Interessen der Dritten von den beiden Ersten Welten in der chinesischen Außenpolitik, der Antiimperialismus und Antizionismus von Saddam Hussein etc., eine zweite *Phase des Aufstiegs,* in der selbstredend expansive Ziele formuliert werden („Platz an der Sonne", „Open Door Policy", „Politik der Freien Hand" etc.), eine *auf Erhalt des Erreichten gerichtete dritte Phase* („Aufrechterhaltung des Gleichgewichts", Prinzip der „begrenzten Souveränität", die „Saturiertheit des Reichs" etc.) und schließlich eine *absteigende vierte politische Phase,* in der Konzessionen gemacht werden („East of Suez" etc.). Man kann somit an der Art der Formulierung erkennen, in welchem Stadium der Entwicklung seiner internationalen Position sich ein Staat befindet.

Außenpolitische Doktrinen von Großmächten sind in Zeiten außenpolitischer Dominanz *zentralistisch,* in Zeiten von Schwäche *dezentral* formuliert. Die Sowjetunion hat in Zeiten tatsächlicher oder nur beabsichtigter Stärke den „Proletarischen Internationalismus" der kommunistischen Bewegung hervorgehoben, in Zeiten relativer Schwäche die „verschiedenen (nationalen) Wege zum Sozialismus". Die Zwei-Welten-Theorie Stalins und die Zwei-Lager-Theorie Shdanows sind Ausdruck einer zentralistischen Doktrin, während die Friedliche Koexistenz Chruschtchows und die „Neue Politik" des Disengagements Gorbatschows die Eigenverantwortung anderer sozialistischer Staaten stärken. Breschnews Doktrin eingeschränkter Souveränität war Ausdruck des Bestrebens, die größere Selbständigkeit anderer sozialistischer Staaten einzugrenzen und das Moskauer Zentrum zu stärken. Auch die amerikanischen Doktrinen zeigen dieses Muster: die Politik der Stärke bringt eine politische Linie zum Ausdruck, die die Verantwortung des Washingtoner Zentrums betont, während in der Zeit relativer Schwäche die Verantwortung für die Durchsetzung der antikommunistischen Politik auch bei den verbündeten Staaten liegen soll. Die Nixon-Doktrin als Antwort auf das Vietnam-Debakel spricht von einem „neuen Regionalismus" in einer multipolar gewordenen Welt. Das „burden sharing" Bushs bringt die Verteilung

der Lasten zwischen der Washingtoner Zentrale und ihren Verbündeten und der Verantwortung auch peripherer Gesellschaften zum Ausdruck.
Doktrinen lassen sich auch danach unterscheiden, ob sie von einem Staat, also *unilateral* oder von einer Staatengemeinschaft, also *multilateral* formuliert worden sind. Alle eben genannten Doktrinen wurden von einem Staat formuliert, während die „Doktrin der Blockfreiheit" von einer Staatengemeinschaft ausgeht. Bestimmte Doktrinen können zwar von einer Großmacht formuliert, dann aber von anderen übernommen worden sein, wie z. B. die Doktrin der Friedlichen Koexistenz, die ursprünglich von Lenin formuliert wurde, dann aber zu einem bestimmten Zeitpunkt und für eine bestimmte Zeit zu einem Leitmotiv fast aller sozialistischen Staaten geworden ist. Dieser Typologie entsprechend werden dann die jeweils beanspruchten Einflußzonen von einer Großmacht reklamiert oder münden in einen globalen Anspruch auf Einfluß.

5.3.4. Zur Realisierung von Doktrinen

Die *Lebensdauer* von Doktrinen ist sehr unterschiedlich und hängt von den Umständen ab, für die sie formuliert worden sind. Die Flexibilität von Doktrinen verleiht diesen eine längere Lebensdauer. Doktrinen müssen per definitionem von längerer Dauer sein, denn sie formulieren ein nationales Interesse, das aufgrund konstanter Faktoren wie z. B. der Geopolitik auf der Zeitachse nach vorn und hinten gelagert ist. Es kann sein, daß Doktrinen erst auf ihre historische Stunde warten müssen: die Monroe-Doktrin aus dem Jahre 1823 ist zunächst in Vergessenheit geraten, bis sie beim Eingreifen Napoleons III. in Mexiko wieder aufgegriffen wurde; erstmals wurde der Terminus „Doktrin" in einer Debatte 1853 benutzt; formell durchgesetzt hat sich die Doktrin erst Mitte der 1890er Jahre und ist in modifizierter Form bis auf den heutigen Tag noch nicht begraben (vgl. Reagans „Monroeismus" in bezug auf Nicaragua oder El Salvador). Explizit wurde die Hallstein-Doktrin aus dem Jahre 1955 mit Abschluß des Moskauer Vertrages 1970 aufgegeben, ebenso die Breschnew-Doktrin aus dem Jahre 1968 durch Gorbatschow 1987. Die Truman-Doktrin aus dem Jahre 1947 dürfte mit der Beendigung des Kalten Krieges 1989 erledigt sein; die erste Johnson-Doktrin wurde sogar mit einem Terminende versehen: „this resolution shall expire when the President shall determine that the peace and security of the area is reasonably assured;" die Entscheidung darüber blieb also der subjektiven Einschätzung des Präsidenten vorbehalten und damit auslegungsfähig. Mit Beendigung des Vietnamkriegs für die USA (1973) ist sie obsolet geworden. Die

Drei-Welten-Theorie hatte eine Lebensdauer von nur 7 Jahren (1974–1981), die Doktrin der Friedlichen Koexistenz bestimmte über 30 Jahre die sowjetische Außenpolitik, die Blockfreiheit existiert nunmehr über 35 Jahre.

Die Lebensdauer kann somit bestimmt werden als Resultat des Grades der Übereinstimmung zwischen der idealisierten Welt der Doktrin und der realen Welt der Geschichte. Wird die Diskrepanz zu groß, dann muß die Doktrin geändert werden, und ein neuer, gegebenenfalls geänderter Lebenszyklus wird möglich.

Doktrinen haben in den meisten Fällen für eine bestimmte Zeit *Erfolg* gebracht, sind aber auch *an der Realität gescheitert.* Erfolg und Mißerfolg müssen an den angestrebten Zielen gemessen und über einen längeren Zeitraum beurteilt werden. Die amerikanischen Doktrinen zur Eingrenzung des Kommunismus im Nahen, Mittleren und Fernen Osten sowie in Lateinamerika haben zumindest in der westlichen Hemisphäre nicht zur weiteren Ausdehnung des Kommunismus geführt, konnten aber die kommunistische Machtübernahme in Ländern Asiens und in Kuba nicht verhindern. Johnson hat das Ziel der Beendigung des Vietnam-Krieges selbst nicht erreicht, und Carter ist es zu seiner Regierungszeit nicht gelungen, die Sowjetunion aus Afghanistan zu vertreiben und die amerikanischen Geiseln im Iran zu befreien; dies gelang erst unter Reagan. Stalins und Shdanows Doktrinen haben sich in der Phase des Aufbaus von „Volksdemokratien" als wirksam erwiesen, konnten aber den Marshallplan nicht zum Scheitern bringen und die ideologische Spaltung in kommunistische Lager (Titoismus, Maoismus) nicht verhindern. Die Hallstein-Doktrin war bis zum Ende der 60er Jahre ein wirksames Mittel zur Verhinderung der DDR-Anerkennung. Nur acht Dritte-Welt-Staaten haben bis Ende 1969 die DDR anerkannt. Die Drei-Welten-Theorie der Chinesen postulierte einen Antagonismus zwischen den USA und Westeuropa, der nicht eingetreten ist; auch die chinesische Vormachtrolle in der Dritten Welt konnte nicht realisiert werden. Die Zwei-Lager-Theorie und die Breschnew-Doktrin haben nur jeweils für kürzere Zeitspannen gegolten und wurden von der Sowjetunion selbst aufgegeben; ebenso verhält es sich in der Spätphase mit der Hallstein-Doktrin. Die Doktrin der Friedlichen Koexistenz hat das beabsichtigte Ziel der Sicherung der sozialistischen Staatengemeinschaft nur etwa 30 Jahre erreicht, konnte aber die Auflösung nicht verhindern. Die Blockfreie Bewegung schließlich hat die Unabhängigkeit und Entkolonisierung, die Abschaffung der Apartheid erlebt, konnte aber eine „area of peace" zwischen ihren Mitgliedsländern nicht schaffen; die Auflösung der Blöcke und die Abrüstungsbemühungen

Übersicht 9: Wichtige außenpolitische Doktrinen

Name der Doktrin	Zeitraum der Gültigkeit	Bezug zu Regionen (Einflußbereiche)
No Entangling Alliance	1780–	Vereinigte Staaten
Europäisches Gleichgewicht	1815–	Europa
Monroe-Doktrin/Fortsetzung: Polk (1845), Roosevelt (1901)	1823–	Amerika (Nord-, Süd-, Zentralamerika, speziell: Santo Domingo)
Platz an der Sonne	1898–1918	Europa
Lebensraumphilosophie Hitlers	1923–1945	Osteuropa
Politik der „Offenen Tür"/ Stimson-Doktrin 1932	1899–1949	China
Stalins „Zwei-Welten-Doktrin"	1946–1956	USA und Westeuropa, SU und Osteuropa
Truman-Doktrin des containment	1947–1989	Griechenland, Türkei u. „Freie Welt"
Shdanow-Doktrin der „Zwei Lager"	1947–1956	„Imperialistisches Lager" (USA, GB, Fr., Bel., Niederl., Türkei, Griechld.) „Antiimperialistische Lager" (SU, Osteuropa, Indonesien, Vietnam)
Eisenhower-Doktrin roll-back, Domino-Theorie	1957–1989	Mittlerer Osten, Südost-Asien, Staaten, die sich vom Kommunismus bedroht fühlen
Hallstein-Doktrin	1955–71	Dritte Staaten, die diplomatische Beziehungen zur DDR aufnehmen
Nasserismus, arabische Führung	1950–	„Arabische Nationen"
Blockfreiheit, Ungebundenheit	1955–	Außerhalb der Großmächte (Asien, Afrika, Lateinamerika)
Kennedy-Doktrin	1961–1989	Kuba
Johnson-Doktrin I, Ermächtigungsresolution	1964–73	Vietnam, Südostasien
Johnson-Doktrin II	1965–	Dominikanische Republik, vom Kommunismus bedrohte Staaten Lateinamerikas
Breschnew-Doktrin der eingeschränkten Souveränität	1968–87	Sozialistische Staaten
Nixon-Doktrin	1969–	Asiatische Staaten, von außen bedroht
Chinas Drei-Welten-Theorie	1974–81	EntwicklungsländerAsiens, Afrikas und Lateinamerikas
Chomeinismus	1979–	Muslime gegen USA und Israel
Carter-Doktrin	1980–1989	Persischer Golf
Husseinismus	1990–	Irak, Arabisch-Islamische Welt gegen USA und Israel

der Supermächte dürften nicht primär ihr Verdienst sein, und die Äquidistanz zu den Supermächten konnte von ihren Mitgliedern nicht eingehalten werden.

Doktrinen sind, dies hat die Analyse gezeigt, zwischen Ideal- und Realpolitik angesiedelt. Sie sind einerseits Idealpolitik in einem doppelten Sinne: sie idealisieren absichtlich die komplexe Realität und haben damit eine perspektivische Verzerrung, und sie idealisieren auf der Grundlage missionarischer Rechtfertigung, erheben einen moralischen Anspruch zur Handlungsmaxime. Andererseits stehen sie in der Tradition nationalstaatlicher Realpolitik, transportieren somit machtpolitische Interessen von Staaten oder Staatengruppen. In der Applikation überwiegt das Pragmatische gegenüber dem Dogmatischen.

5.4. Souveränität

Mit Ausbildung des Nationalstaates geht einher die Vorstellung von der souveränen Verfügung des Fürsten über Territorien und Bevölkerungen. Die *absolutistische Souveränität* wurde, legitimiert durch das Gottesgnadentum, zum ersten Mal und grundsätzlich neu formuliert von Jean Bodin (1530–1596), der in seinen „Six livres de la République" ausführte: „La souveraineté et la puissance absolue et perpétuelle d'une République". Nach Bodin sind Bestandteile der Kompetenzen der obersten fürstlichen Gewalt:

- Gesetze zu machen und aufzuheben,
- Entscheidung über Krieg und Frieden zu treffen: „So ist das Recht, Krieg zu erklären oder Frieden zu schließen, eines der wichtigsten Hoheitsrechte. . ."
- das Recht der letzten Instanz zu besitzen,
- das Ernennungs- und Ablehnungsrecht von Beamten,
- das Besteuerungsrecht,
- das Begnadigungsrecht,
- das Münzrecht, die Festsetzung des Geldwertes,
- das Recht auf Treueeid der Untertanen und Vasallen.[10]

Mit der Französischen Revolution beginnt ein anderer Souveränitätsbegriff Fuß zu fassen, nämlich der auf dem „Willen des Volkes" beruhende Begriff der *Volkssouveränität,* vorgedacht von Jean-Jacques Rousseau (1712–1778); nicht mehr der souveräne Fürst ist Träger, sondern das Volk. Schon im 17. Jahrhundert hat Johann Althusius (1557–1638) die *majestas,* also die oberste Staatsgewalt, beim Volk angesiedelt. Das Prinzip der Volkssouveränität wurde zur Waffe der Revolution: Die Restaurationspolitiker Fürst Metternich und Friedrich Gentz sahen in der Volkssouveränität die Wurzel des revolutionären Übels (Innenaspekt) und der Störung des europäischen Gleichgewichts (Außenaspekt). Das Souveränitätsprinzip kennt also *zwei verschiedene politische Träger:*

– als Volkssouveränität Emanzipationswaffe gegen absolute Herrschaft und für die Unabhängigkeit junger Nationen bzw. sich von Vorherrschaft lösen wollender Staaten;
– als Herrschaftsinstrument Stabilisierung des Status quo (monarchistische Souveränität).

Ein dritter Souveränitätsbegriff wird von Hegel, Ranke und Giercke eingeführt, die von der *Staatssouveränität* sprechen. Der Staat wird als Verband definiert, das Volk in ihm erhält repräsentative Vertreterorgane.

Eine weitere Unterscheidung bezieht sich auf den Unterschied zwischen innerer und äußerer Souveränität. Die innere Souveränität meint die oberste Entscheidungsinstanz nach innen, die äußere Souveränität meint die Entscheidungsfreiheit nach außen oder mit einem Wort von Carl Schmitt formuliert: „Frei, zu bestimmen, wer sein Freund und wer sein Feind . . . ist.“[11]
Heute legt die vielfältige Durchbrechung des Souveränitätsprinzips sowohl nach innen als auch nach außen nahe, den Begriff der Souveränität für eine sozialwissenschaftliche Analyse zu ersetzen durch den Begriff der Unabhängigkeit bzw. durch den des Handlungsspielraums oder der Handlungskompetenz, ggf. auch durch den Begriff der Autonomie.
Nach innen sind im demokratischen Verfassungsstaat die Kompetenzen auf verschiedene Staatsorgane verteilt, das Volk partizipiert in organisierter und nicht organisierter Weise am politischen Meinungs- und Willensbildungsprozeß. Die Volks- oder Abgeordnetensouveränität, in vielen Verfassungen formuliert, ist eine Fiktion. Darüber hinaus kann der eher juristische Begriff der Souveränität nicht operationalisiert und somit empirischer Forschung zugeführt werden. Die Souveränität nach außen wird durch zahlreiche Gegebenheiten durchbrochen, nämlich durch

– internationale Wirtschaftsverflechtungen: „Economically, the modernization, automatisation and increasing productivity of modern industrial methods demand wider markets, impaired by those economic symbols of national sovereignty, customs, import quotas, subsidies and the like.“[12]
– zwischenstaatliche Integration, die wie im Falle der Bundesrepublik eine Abgabe an Regelungskompetenz bedeutet (vgl. GG Art. 24,1);
– Souveränitätsforderungen junger Staaten, die den Aktionsradius der bisher führenden Mächte einschränken;
– das UN-Prinzip der „sovereign equality of all its members“ (Charta Art. 2,1), wonach die tatsächliche Stärke einzelner Staaten eingeebnet worden ist;

- den Grundsatz der Nichteinmischung in die inneren Angelegenheiten von Staaten, was einem Schutz nationaler Regierungsbefugnis gleichkommt;
- den Völkerrechtsgrundsatz, wie er in Art. 1,a der KSZE-Schlußakte festgelegt ist: „Die Teilnehmerstaaten werden gegenseitig ihre souveräne Gleichheit und Individualität sowie alle ihrer Souveränität innewohnenden und von ihr umschlossenen Rechte achten. . .“
- kollektive Sicherheitsbündnisse, die die nationale Sicherheit einem Kollektivorgan übertragen und – wie im Falle des Warschauer Paktes – ein Eingeifen auswärtiger Streitkräfte legitimieren sollen;
- die Durchlässigkeit einzelstaatlicher Grenzen z. B. bei Inspektionen, die international verabredet worden sind (KSZE, INF-Vertrag, Friedenstruppen der UNO) etc.;
- die internationale Kriegsächtung (Briand-Kellog-Pakt 1928): das *ius ad bellum* wird durch Verbot von Angriffskriegen eingeschränkt.

Diese vielfältigen Einschränkungen haben Autoren von einer „anachronistischen Souveränität“ (Czempiel) sprechen lassen.
Im gegenwärtigen Völkerrecht scheint ein Grundsatz an Boden zu gewinnen, nämlich, daß bei eklatanten Verletzungen von Menschenrechten die Völkergemeinschaft das Recht zur Intervention hat. Menschenrechte sollen also Souveränitätsrechte überlagern können.
Das Konzept der Unabhängigkeit bzw. Abhängigkeit oder das des Handlungsspielraums erleichtert den Zugang zur Bestimmung dessen, was mit Souveränität gemeint ist, denn ein Souveränitätsstatus sagt noch nicht viel aus über die tatsächlich vorhandene Regelungskompetenz. Z. B. war die Bundesepublik Deutschland 1955 formal souverän geworden; dennoch bestanden aufgrund des Besatzungsstatuts Eingriffsrechte für die Westalliierten im Falle eines inneren Notstands, bis 1968 die Ablösung durch die Notstandsgesetze erfolgte, ebenso Vorbehaltsrechte in bezug auf Berlin. Die Konzepte der Abhängigkeit, des Handlungsspielraums oder der Autonomie ermöglichen eher, die tatsächliche Verfügungsgewalt von nationalen Regierungen zu bestimmen oder gar meßbar zu machen.
Mit nationalem Handlungsspielraum ist die Entscheidungs- und Handlungsautonomie gemeint, als „Fähigkeit zur erfolgreichen Erledigung spezifischer Funktionen.“[13] Als autonom werden Systeme bezeichnet, „deren Reaktionen selbst bei gründlicher Kenntnis der Beschaffenheit ihrer äußeren Umgebung nicht voraussagbar (sind), die ferner über einen einheitlichen und stabilen Entscheidungsapparat im Innern verfügen, und die schließlich . . . in ihrem Entscheidungsverhalten äußeren, die Integrität dieses Prozesses störenden Eingriffen nicht unterliegen.“[14]

5.5. Machtpolitik versus Idealpolitik

Auch der Begriff der Machtpolitik ist mit der Entstehung von Nationalstaaten verbunden und somit auf sie bezogen. Der erste Theoretiker, der Macht als zentrale politische Kategorie in die Politikwissenschaft eingeführt hat, war bekanntlich Niccolo Machiavelli, der Macht als selbständiges Ziel und Mittel von absolutistischen Staaten herausgestellt hat. Er entwickelte bekanntlich eine neue Ethik der Politik, die sich von der christlichen Überlieferung abhob. Ein weiterer Vertreter in der Tradition der Machtpolitik bzw. der realistischen Schule war Thomas Hobbes, der konstatierte: Den Menschen sei ein „ständiges und rastloses Streben nach Macht, das erst mit dem Tode ende, zu eigen.“[15] Hans Morgenthau bestimmte internationale Politik als „Kampf um die Macht. Wo immer die letzten Ziele der internationalen Politik liegen mögen, das unmittelbare Ziel ist stets die Macht.“[16]

Auf diesen drei Autoren und in der Tradition ihres Denkens beruht das, was als realistische Schule bezeichnet wird und verschiedene Modifikationen im neorealistischen Ansatz gefunden hat (vgl. Kap. 1). Ihr Denken kann folgendermaßen gekennzeichnet werden:

1. Politik wird von objektiven Gesetzen beherrscht. Grundkategorie ist der im Sinne von Macht verstandene Begriff des Interesses eines Staates.
2. Grundeinheit des politischen Handelns sind Nationalstaaten, Hauptakteure sind ihre Regierungen.
3. Realistisch ist eine Politik, wenn sie das Grundaxiom „Streben nach Macht“ ins Kalkül einbezieht.
4. Politische Moral bedeutet Berücksichtigung der politischen Folgen eines anscheinend moralisch vertretbaren Vorgehens (Verantwortungsethik).
5. Die Rechtfertigung politischen Handelns durch sittliche oder göttliche Gesetze etwa in dem Glauben, Gott immer auf seiner Seite zu haben oder göttlichem Urteil unterworfen zu sein, wird abgelehnt.
6. Politik hat Eigengesetzlichkeiten wie Ökonomie, Rechtswissenschaft oder Moral. Der Ökonom fragt: Wie wirkt diese Politik auf den Wohlstand der Gesellschaft oder auf einzelne Gruppen. Der Moralist: Steht diese Politik im Einklang mit den sittlichen Grundsätzen. Der politische Realist: Welche Wirkung hat diese Politik auf die Macht des Staates?[17]

Historisch ist Machtpolitik mit dem Absolutismus verbunden gewesen und wurde auch im Zeitalter des Imperialismus des 19. Jahrhunderts betrieben; verstanden hat man darunter die Durchsetzung von Zielen mit Mitteln physischer Stärke. Mit „Blut und Eisen“ hat Bismarck nach eigener Aussage den deutschen Nationalstaat gezimmert und nicht mit „Resolutionen und Mehrheitsstimmen".

Als moralisch-politisch angelegtes Gegenkonzept hat der Idealismus in der Tradition naturrechtlichen, aufklärerischen und liberal-ökonomischen Denkens folgende Prinzipien aufgestellt:

1. Es gibt eine universelle Moralvorstellung;
2. Ihr unterliegt ein optimistischer Glaube an die Harmonisierung staatlicher Interessen;
3. Das nationale Interesse müsse durch universale Prinzipien ersetzt und in Internationalen Organisationen aufgefangen werden;
4. Die internationale Politik müsse popularisiert werden, d. h. die Diplomatie der Regierungen müsse zu einer Diplomatie der Völker werden.[18]

Der politische Idealismus verkörpert einen visionär-utopischen Politikzugang, indem er auf einen wünschenswerten Soll-, nicht auf den existierenden Ist-Zustand gerichtet ist. Diese Grundmuster hat schon Platon formuliert: „Wir forschen nach dem Wesen der absoluten Gerechtigkeit und nach den Eigenschaften des völlig Gerechten, um dadurch zu einem Ideal zu gelangen . . . Und ist unsere Theorie etwa eine schlechte Theorie, weil wir nicht beweisen können, daß eine Gemeinschaft möglich ist, die auf die beschriebene Weise geordnet ist?"[19]

Die Anschauungen des politischen Idealimus sind nach dem Ersten Weltkrieg insbesondere vom amerikanischen Präsidenten Woodrow Wilson vertreten worden, der mit seinen 14 Punkten eine „neue Politik" forderte, gegründet auf den Prinzipien der Öffentlichkeit internationaler Vereinbarungen, der nationalen Selbstbestimmung und Unabhängigkeit, der Freiheit des Handels und der Meere, der Beschränkung von Rüstung; und als Garant dieser Prinzipien forderte er die Gründung des Völkerbundes.

Historisch gesehen ist der politische Idealismus – wie er mit dem Völkerbund zu realisieren versucht wurde – spätstens mit dem Beginn des Zweiten Weltkriegs gescheitert und nach dem Zweiten Weltkrieg durch die Vereinten Nationen wieder aufgenommen worden. Gegen Ende des 20. Jahrhunderts manifestiert sich diese Denktradition im „Liberalismus", im „neuen Institutionalismus", in „internationalen Regimen" oder in Integrationssystemen à la Europäischer Gemeinschaft. In der praktischen Politik ist die „westliche Welt" gegenwärtig stärker von dieser Tradition geprägt als die ehemalige „Zweite Welt" oder die heutige „Dritte Welt".

Macht- und Idealpolitik sind Ausdruck der beiden Paradigmen in den internationalen Beziehungen (vgl. Kap. 1). Doch während die wissenschaftliche Debatte vor allem um die Frage kreist, welche der beiden Richtungen die Wirklichkeit besser erklärt bzw. verstehen läßt, unterliegt der politischen Praxis ein bestimmtes Handlungsverständnis. Man kann sagen, daß die Realistische Schule in der Einschätzung der Rolle und Bedeutung nationalstaatlicher Politik insbesondere in Krisenzeiten näher an der Wirklichkeit liegt, während Positionen des Idealismus bzw. Liberalismus die Weiterentwicklung des Völkerrechts, die Rolle und Funktion internationaler Organisationen und Vergemeinschaftungen besser in den Griff bekommen.

5.6. Gleichgewicht der Macht, Kräftegleichgewicht, Balance of power

Der Begriff des Machtgleichgewichts wird nach Inis Claude in drei Bedeutungen gebraucht: Er beschreibt einmal einen Zustand der Machtverteilung (Situationsbegriff); er benennt zum andern eine Politik, die auf einen solchen Zustand ausgerichtet ist (Politikbegriff); und er kennzeichnet ein Modell oder System, eine bestimmte Konstellation des internationalen Staatensystems (Systembegriff).[20]
Historisch ist der Gedanke des Gleichgewichts nicht als friedensstiftendes Konzept entwickelt worden, sondern entspringt dem Eigeninteresse jeweiliger Staaten; so schon bei dem britischen Außenminister und Verantwortlichen für den Frieden von Utrecht (1713), Lord Bolingbroke, dessen Konzept des „balance of power" zum Ziel hatte, Frankreich von den flandrischen und holländischen Häfen fern zu halten, die für den britischen Export lebenswichtig waren.
Eine solche Konstellation – dies der Grundgedanke – verhindert, daß Macht- bzw. Expansionsstreben nicht als Null-Summenspiel endet. Hegel hat diesen Gedanken schon vor dem Wiener Kongreß formuliert: „Es hat sich ein System des europäischen Gleichgewichts gebildet, d. h. ein System, vermöge dessen gewöhnlich alle Mächte Europens an einem Krieg ein Interesse nehmen und jede Macht die Früchte auch des glücklichsten Kriegs entweder allein oder auch (nur im) Verhältnis mit ihren errungenen Vorteilen zu ernten gehindert wird."[21] Dieser Zustand des In-Schach-Haltens bedeutet jedoch keineswegs Friede, sondern in der Terminologie von Clausewitz nur „Stillstand". Wenn keiner der Kontrahenten „einen günstigen Zeitpunkt des Handelns" (d. h. des Losschlagens) sieht, kommt es zum Gleichgewicht, nicht zum „Stillstand" (= Friede). Gleichgewicht bedeutet bei Clausewitz den Wegfall eines „positiven Motivs", d. h. Wegfall des Willens, nichts voneinander zu wollen. „Wir sehen also, daß der Begriff des Gleichgewichts den Stillstand nicht erklären kann, sondern, daß es

doch wieder auf das Abwarten eines günstigeren Augenblicks hinausläuft."[22]

Die Assoziation Gleichgewicht gleich Friede unterstellt drei Bedingungen:

1. Das System verhindert das Aufkommen einer dominierenden Macht, die andere beherrschen will;
2. es schützt unabhängige Staaten vor Unterwerfung durch andere;
3. es ermöglicht die Einrichtung überregionaler Organisationen.

Die Metapher von Gleichgewichtssituationen, die Analogie zu Gesetzen der Mechanik ist eine gute Annäherung an Zustandsbeschreibungen: rivalisierende Mächte halten sich gegenseitig in Schach, d. h. im Gleichgewicht, wobei die Akteure an Zahl und Organisation variieren können bzw. müssen.

War das nachnapoleonische Europa durch fünf rivalisierende Mächte gekennzeichnet, so verdichten sich diese Konstellationen europäischer Bündnissysteme vor dem Ersten und Zweiten Weltkrieg. Die Balance wurde im Zeitalter des Kalten Kriegs durch die Rivalität der Supermächte bestimmt mit ihren jeweiligen europäischen Bundesgenossen.

Störungen des Gleichgewichtszustandes treten auf, wenn eine unterprivilegierte Macht auftaucht und einen „Platz an der Sonne" fordert. Das System reagiert ähnlich wie in der Mechanik bei Manipulation einer physikalischen Größe: nach einem Zustand der Turbulenz wird wieder ein neues Gleichgewicht gesucht bei Austausch der Hauptakteure.

Als wichtige historische Beispiele dienen die Ansprüche Deutschlands nach 1871, zum „Konzert der Großmächte" gerechnet zu werden oder die der UdSSR nach 1945, als ebenbürtige Großmacht neben den USA anerkannt zu werden.

Nach Hans Morgenthau geht der Gleichgewichtsgedanke „eine notwendige und unentrinnbare Beziehung zwischen Machtpolitik und Balance of power-Politik" ein. Es sei kein „eisernes Naturgesetz", sondern „Regeln der Klugheit" oder Symbol für die kluge Einschätzung von Macht in den internationalen Beziehungen. Ein System des Mächtegleichgewichts hat die Funktion, das zur Anarchie neigende Machtstreben der Staaten auszubalancieren.[23]

Dieser positiven Bestimmung des Machtgleichgewichts als machtbegrenzend und friedensstiftend steht die negative Formulierung von „Schaukelpolitik" gegenüber; und Schaukelpolitik meint Unberechenbarkeit, Wankelmütigkeit usw. Bismarcks Spiel mit vielen Bällen oder Stresemanns Politik zwischen West und Ost ließ aus der Sicht ihrer Kritiker solche Formulierungen aufkommen.

Die Geschichte des Gleichgewichtsgedankens innerhalb des internationalen Staatensystems geht bis in die Antike zurück und bedeutet im einzelnen:

Im *antiken Griechenland* führte die Balance zwischen Athen und Sparta zur Rivalität zwischen beiden und setzte sie der Bedrohung von außen, nämlich durch Persien aus. Das Rivalitätsdenken, das dem Gleichgewichtsgedanken unterliegt, hat wohl als erster Thukydides formuliert: „Den letzten und wahren Grund, von dem man freilich am wenigsten sprach, sehe ich im Machtzuwachs der Athener, der den Spartanern Furcht einflößte und sie zum Krieg zwang."[24]
Im *Italien um 1500* sei, so Machiavelli, die Konstellation zwischen Mailand, Florenz, dem Vatikan, Venedig und Neapel „auf eine gewisse Weise balanciert." Die Interventionen durch Frankreich und Spanien, die z. T. von Mitgliedern des Gleichgewichtssystems veranlaßt wurden, waren zugleich zum Schutz und zur Unterstützung für Vorherrschaft durchgeführt worden.
Der Gleichgewichtsgedanke wurde erstmals schlüssig formuliert im 16. Jahrhundert durch Francesco Guicciardini in seinem Buch „Storia d'Italia" (1537–1540): „Gegen diesen Übermächtigen (Venedig) verbünden sich die Nächstmächtigen und suchen so einen Zustand des Gleichgewichts, das heißt des Friedens herbeizuführen."[25]
Die *französische Gleichgewichtspolitik im 16. und 17. Jahrhundert* ist in dem Bestreben zu finden, gegen die habsburgische, spanisch-österreichische Umklammerung Gegengewichte im Bunde mit deutschen Fürsten, Schweden, oder der Türkei aufzubauen. Als ab dem Westfälischen Frieden von 1648 diese Gefahr gebannt war, ging Frankreich zu expansiver Politik über; aus einem Bedrohten wird ein Bedrohender (Napoleon).
Die *österreichische Gleichgewichtspolitik unter Metternich* war ab 1815 innen- wie außenpolitisch auf den Status quo ausgerichtet; das Ziel war im Innern eine monarchisch bestimmte allgemeine Rechtsgemeinschaft und nach außen ein Staatenbund (Heilige Allianz). Die europäische Pentarchie mit Österreich, Preußen, England, Frankreich und Rußland war eine Kollektivhegemonie. Das Gleichgewichtsprinzip wurde um eine gesellschaftspolitisch konservative Dimension erweitert; mit Hilfe eines außenpolitischen Prinzips soll die Verteidigung des gesellschaftlichen Status quo angestrebt werden; die revolutionären Prozesse jenseits der österreichischen Staatsgrenze wurden als Störung des Gleichgewichts aufgefaßt und unterdrückt.
Die theoretische Rechtfertigung von Interventionen findet sich bei Friedrich Gentz (1806). Er definiert das politische Gleichgewicht so: Gleichgewicht sei durch „diejenige Verfassung nebeneinander bestehender und mehr oder weniger miteinander verbundener Staaten" gegeben, „vermöge deren keiner unter ihnen die Unabhängigkeit oder die wesentlichen Rechte eines anderen ohne wirksamen Widerstand von irgendeiner Seite und folglich ohne Gefahr für sich selbst,

beschädigen kann."[26] Und der Berater Metternichs fügt hinzu: „Die wahre Theorie des politischen Gleichgewichts ist ganz aus Ideen der Mäßigung, der wechselseitigen Beschränkung, der Genügsamkeit, der Haltung zusammengesetzt; sie deutet durchaus auf die Herrschaft des gebildeten Verstandes über die rohe Gewalt, die Kabinettsklugheit über die militärische hin."

Großbritanniens Balance of power Politik vom 17. bis ins 20. Jahrhundert hinein wurde durch dessen Insellage und die außereuropäischen Kolonialambitionen bestimmt. Das europäische Gleichgewicht war neben dem Schutz der nationalen Unabhängigkeit auch Voraussetzung und Folge von Rivalität um Kolonien vor allem im Zeitalter des Imperialismus (vgl. unten S. 145/146).

Die Gleichgewichtspolitik erforderte ein Eintreten Englands auf der Seite des jeweils Schwächeren, so im Spanischen Erbfolgekrieg 1701–1714, so in den Koalitions-Kriegen 1792–1802 gegen die französische Expansionspolitik, 1854 im Britisch-Französischen Bündnis gegen die russische Expansion (Krim-Krieg, 1853–1856) oder im Ersten Weltkrieg als Entente-Macht gegen die Mittelmächte oder in der Anti-Hitler-Koalition im Zweiten Weltkrieg.

Das System des Gleichgewichts im Zeichen des *Kalten Kriegs* („Gleichgewicht des Schreckens", „friedliche Koexistenz"), dieses auf der Rivalität zwischen zwei Supermächten beruhende System der Abschreckung, verhalf nach Ansicht von Vertretern der realistischen Schule (Gaddis, Waltz, Mearsheimer) eine direkte Konfrontation zu verhindern, ja einen „langen Frieden" zu sichern; allerdings wurden unter diesem System gewaltsame Konflikte in die Peripherie geleitet (Korea, Vietnam) bzw. Versuche unternommen, dieses Gleichgewichtssystem zu verändern (Berlin, Kuba, Dritte Welt) und die Rüstungsspirale nach oben zu drehen.

Beim Ost-West-Konflikt handelt es sich um eine andere Art des Gleichgewichts als die, die im klassischen Zeitalter existierte. Die Blöcke waren ideologisch zementiert, abgegrenzt und nicht durch variable Allianzen veränderbar. Dies wäre theoretisch nur durch Öffnung des bipolaren Systems zwischen den USA und der UdSSR durch Einbeziehung Chinas bzw. der EG möglich gewesen. Japan könnte der fünfte Pfeiler einer neuen Pentarchie (USA, Rußland, China, EG-Europa, Japan) sein, wie sie das 19. Jahrhundert bestimmt hat. Allerdings wurde die UdSSR durch Dekomposition und die Auflösung des Warschauer Paktes geschwächt und China hat durch innenpolitische Krisen und die Diskriminierung der sozialistisch-kommunistischen Ideologie eine ebenbürtige Position nicht einnehmen können.

Die *Regeln im Verhalten* von Akteuren in Gleichgewichtssystemen haben Morton A. Kaplan und Bruce Bueno de Mesquita formuliert.

Nach Kaplan gelten sieben Akteursregeln:

1. Die Akteure des Gleichgewichtssystems versuchen, ihr Potential zu vergrößern; doch sie verhandeln lieber, als daß sie kämpfen.
2. Sie kämpfen eher, als eine Gelegenheit zur Vergrößerung ihres Potentials ungenützt vorübergehen zu lassen.
3. Sie beenden lieber den Kampf, als einen für das System wichtigen Akteur völlig auszuschalten.
4. Sie treten Akteuren entgegen, die in der Lage sind, eine übermächtige Position im System zu erlangen.
5. Sie halten solche Akteure nieder, die es unternehmen, das ganze System zu organisieren (supra-national organizational principles).
6. Sie erlauben besiegten Akteuren die Rückkehr ins System.
7. Alle Akteure sind prinzipiell als Partner akzeptabel (Politik der freien Hand).[27]

Das Funktionieren des Gleichgewichtssystems ist nach Bruce Bueno de Mesquita an folgende Voraussetzungen gebunden:

(1) Prämisse 1: Allianzen sind (müssen) vergänglich und veränderbar (sein).

(2) Prämisse 2: Allianzen sind (dürfen) nicht primär ideologisch fundiert (sein).

(3) Folge 1: Die Souveränität kleinerer Staaten ist durch das Machtstreben eines jeden Staates im System gesichert.

(4) Folge 2: Systeme mit gleicher Machtverteilung (zwischen Allianzen und Staaten) haben eine geringere Kriegsneigung.

Wenn also (1) und (2) gilt, dann gilt auch (3) und (4).[28]

Als weitere Voraussetzungen müssen genannt werden:

- Die Akteure müssen sich an die Spielregeln halten und entsprechende Positionen (Allianzen) einnehmen.
- Die Akteure müssen Durchsetzungsvermögen zeigen und Usurpatoren klein halten oder aufnehmen können.
- Das Gleichgewichtssystem funktioniert nur in einer offenen Welt, d. h. in einer Welt mit Freiraum, der ein Ableiten von Konflikten in die Peripherie erlaubt.

Als Kritik des Gleichgewichtsansatzes können folgende fünf Punkte erwähnt werden:

- Als Prinzip ist der Gleichgewichtsansatz auch ein alter Verfassungsgedanke, nämlich durch Balancierung der Gewalten mittels institutioneller Maßnahme Machtmißbrauch zu verhindern. Doch schon im Innern von Staaten ist dieses Prinzip durchbrochen worden z. B. durch „Gleichschaltung“ im Zuge zentralistischer Volksdemokratien oder durch Herrschaftsansprüche einer Macht wie im Hitler-Deutschland; das Prinzip der Gegenkräfte hat nicht funktioniert, um einen „Herausforderer“ in Schach zu halten (Appeacementpolitik).

- Das System birgt die Gefahr in sich, Nationalismen zu verstärken; damit ist das europäische Rivalitätssystem gemeint, das zur militärischen Rivalität ausartete (Erster Weltkrieg). Der Nationalstaat wird überbetont.
- Auch Gleichgewichtspolitik ist interessengesteuert; als defensive Politik wird sie von Staaten praktiziert, die sich bedroht fühlen; durchbrochen wird sie auch von denjenigen, die sich benachteiligt fühlen. Der Zweck war nämlich die Sicherung der Kollektivhegemonie bestimmter Staaten bei Anschluß anderer.
  Die Gleichgewichtspolitik schließt den „gerechten Krieg" nicht aus, wenn ein solcher das Gleichgewicht sichert[29]. Hieronymus Grundling stellt 1716 die Frage: „ob wegen der anwachsenden Macht der Nachbarn man den Degen entblößen könne".[30] Ein Gleichgewichtssystem kann somit auch als Kriegs-Verhinderungsstrategie definiert werden.
- Außerhalb des Gleichgewichts der Großmächte (Konzert der Großmächte) hat es militärische Konfrontationen um Freiräume (Kolonien) und kleinere Staaten (Italien, Niederlande, Rumänien, Serbien) gegeben; damit sollte Rivalitätspotential in die Peripherie verlagert werden; dies gilt auch für das „Gleichgewichtssystem" der bipolaren Rivalität zwischen USA und UdSSR im Kalten Krieg.
- Das Gleichgewichtssystem setzt in gewissen Grenzen einen Pluralismus der Ideologien, Werte, etc. voraus; dieser kann durch Totalansprüche außer Kraft gesetzt werden.

5.7. Neutralität

Neutralitätspolitik bringt, ganz allgemein formuliert, ein Nichtbeteiligungsverhalten eines Staates an Konflikten anderer zum Ausdruck. In gewisser Weise steht Neutralität im Gegensatz zur Machtpolitik, denn es wird nicht versucht, mit machtstaatlichen Mitteln Außenwirkungen zu erzeugen. Ein Staat kann als neutral bezeichnet werden, wenn er sich unparteiisch im Streit anderer verhält und vor allem, reduziert auf den Kern bzw. die Minimaldefinition, sich nicht an einem Krieg anderer Staaten beteiligt. Neutralisierung bedeutet demgegenüber erzwungene Neutralität. Neutralismus wird meist synonym mit Blockfreiheit verwendet, d. h. nicht in ein Blockbündnis eingebunden. Wichtig für den Status der Neutralität ist sowohl die Absicht eines Staates, neutral zu sein, als auch – und oft noch wichtiger – die Anerkennung dieses Status durch andere.

Als eigenständiges völkerrechtliches Instrumentarium ist der Neutralitätsbegriff im 19. Jahrhundert entwickelt und im 20. Jahrhundert zum ersten Mal im Haager Abkommen vom 18. Oktober 1907 kodifiziert worden; danach wird Neutralität definiert als Rechtsstatus der Nichtteilnahme eines Staates an bewaffneten Konflikten anderer Staaten oder Bürgerkriegsparteien.
Zu den Pflichten neutraler Staaten gehören also im Kriegsfall die Enthaltungspflicht und weiter die Verhinderungspflicht, die Duldungspflicht und die Unparteilichkeitspflicht. In Friedenszeiten treten die Verbote der Aggression, der Schließung militärischer Bündnisse, der Stützpunkte sowie das Rüstungsgebot hinzu.
Ebenfalls im Haager Abkommen kodifiziert ist das Neutralitätsrecht mit

- dem Anspruch auf Unverletzlichkeit des Gebiets,
- dem Recht, Flüchtlingen Asyl zu gewähren,
- der Nicht-Verpflichtung, private Aus- oder Durchfuhr von Kriegsmaterial zu unterbinden,
- der Nicht-Verpflichtung, die Pressefreiheit mit Rücksicht auf eine Kriegspartei einzuschränken und
- der Nichtgewährung besonderen Schutzes für Angehörige des neutralen Landes im Gebiet der Kriegführenden.

Man kann verschiedene Neutralitätsarten unterscheiden:

- gelegentliche oder einfache Neutralität, also nur punktuell in bezug auf bestimmte Staaten ausgesprochene Enthaltsamkeit (z. B. Neutralitätsabkommen der USA 1937 mit Japan und europäischen Staaten oder der Neutralitätserklärung des Iran im zweiten Golfkrieg),
- dauernde oder immerwährende Neutralität (z. B. Schweiz),
- wohlwollende Neutralität (z. B. Verhandlungen über ein Neutralitätsabkommen zwischen Deutschland und Großbritannien 1912),
- permanente aktive und nicht bewaffnete Neutralität (z. B. Costa Rica 1983),
- ideologische Neutralität,
- bewaffnete Neutralität.

Neutrale Staaten oder sich selbst als neutral erklärende Staaten sind in der Geschichte wiederholt militärisch überfallen worden (Schweiz in den napoleonischen Kriegen, Belgien im Ersten und Zweiten Weltkrieg). Deshalb setzt Neutralität meist eine aktive Neutralitätspolitik voraus, d. h. der Status der Neutralität muß ständig politisch und auch militärisch abgesichert werden, damit er auch von anderen anerkannt wird. Dies geschieht durch

- die Unterhaltung eines eigenen Heeres und durch Waffen,
- Neutralitätspolitik, z. B. Politik der „guten Dienste",
- Friedenspolitik (Entspannungspolitik/Peace keeping actions),
- die Beherbergung internationaler Organisationen,
- die Ausrichtung internationaler Verhandlungen/Kongresse etc.,
- Humanitäres Engagement (z. B. Rotes Kreuz in der Dritten Welt),
- Vermittlungstätigkeit (z. B. Kreisky im Nahen Osten),
- Stimmverhalten in der UNO.

Der Neutralitätsstatus kann ferner
- durch Bündnisse mit andern neutralen Staaten,
- durch die Gastgeberrolle für internationale Organisationen,
- durch wirtschaftliche Verflechtungen

gesichert werden.

Im folgenden sollen historische Beispiele das Konzept der Neutralität konkretisieren.
Die *Neutralitätspolitik der Schweiz* existiert de facto seit dem 16. Jahrhundert und ist verbrieft in der Wiener Kongreßakte von 1815, in der die „Integrität der 19 Kantone" festgeschrieben ist, ohne daß die Schweiz dies selbst verfassungsmäßig kodifiziert hätte. Die „dauernde Neutralität" bedeutet jedoch alles andere als Selbstisolierung oder Autarkie. Vielmehr ist die Schweiz wirtschaftlich in die Weltwirtschaft integriert – der Anteil des Außenhandels betrug 1980 62,9% am BSP – und ist Mitglied einiger UN-Organisationen (allerdings nicht der UN selbst) sowie des „Zehner Klubs" (Finanzen). Ein Gleichklang der Wirtschaftspolitik mit westlichen Industriestaaten (z. B. weitgehende Übernahme der Embargopolitik Cocom gegen Osteuropa und die SU 1983) ist festzustellen und auch im Militärischen (Unterstützung des NATO-Nachrüstungsbeschlusses) und Politischen (Unterstützung vertrauensbildender Maßnahmen im Rahmen der KSZE Konferenzen) liegt die Schweiz daher in der Nähe zu westlichen Staaten. Allerdings hielten die Schweizer im Volksvotum vom März 1986 einen UN-Beitritt für nicht vereinbar mit dem Neutralitätsstatus, obwohl die Schweiz Mitglied des Völkerbundes war.
Die Schweizer Neutralität (früherer Begriff: „Stillesitzer") ist ein Erbe der Vergangenheit, d. h. sie ist gewachsenes Recht, während z. B. die österreichische Neutralität von der Gnade der Siegermächte abhing, auch wenn die schweizerische Neutralität von Siegermächten (1815) der napoleonischen Kriege konzidiert worden ist.
Als das zweitälteste Land ist *Schweden* seit 1814 neutral und dies bedeuet heute: „Non-participation in alliances in peacetime with a view to neutrality in war"[31]. Es ist Mitglied im Nordischen Rat (mit Island,

Norwegen, Dänemark, Finnland) und arbeitet in internationalen Organisationen (UNO, GATT, EFTA) mit.
Schwedens Streitkräfte betragen im Kriegsfall 850 000 Mann bei einer Bevölkerung von 8,3 Mio.
Schweden hat in mehreren Konfliktfällen seine Vermittlung angeboten (z. B. im Golf-Krieg), konnte aber wenig erreichen. Dies zeigt die Grenzen der Neutralitätspolitik: Das Land hat zu wenig Macht, ist zu schwach, um aktiv etwas bewirken zu können. Zusammen mit anderen neutralen Staaten konnte Schweden allerdings im KSZE-Prozeß eine wichtige vermittelnde Rolle spielen. Das Aufnahmegesuch in die EG ist schwedischen Politikern nicht leicht gefallen.
Die Grundlage der „immerwährenden" *österreichischen Neutralität* sind die Moskauer Erklärung vom 30. 10. 1943, das Moskauer Memorandum vom 15. 4. 1955 sowie vor allem der Staatsvertrag vom 15. 5. 1955 und das darauf fußende Neutralitätsgesetz vom 26. 10. 1955.
Die Anerkennung der Neutralität vor allem von seiten der Sowjetunion erfolgte im Tausch für Einheit und Souveränität. Der Neutralitätsstatus entsprach der Ansicht wichtiger österreichischer Politiker der unmittelbaren Nachkriegszeit.
In der Moskauer Erklärung von 1943 wird von seiten der USA, SU, GB die Besetzung Österreichs durch deutsche Truppen 1938 für „null und nichtig" erklärt und der Wunsch zur Wiederherstellung eines freien und unabhängigen Österreich zum Ausdruck gebracht.
Im Moskauer Memorandum von 1955 anerkennt die SU die Neutralität Österreichs und gibt die Garantie für Unversehrtheit des österreichischen Staatsgebiets.
Nach dem Staatsvertrag 1955 wird Österreich „als ein souveräner, unabhängiger und demokratischer Staat wiederhergestellt" und das Verbot jeglicher politischer und wirtschaftlicher Vereinigung mit Deutschland ausgesprochen. Der Staatsvertrag hat Verfassungsrang. Der Nationalrat (Parlament) bekräftigt am 7. 6. 1955 aus freien Stücken die „immerwährende Neutralität" Österreichs und das Neutralitätsgesetz vom 26. 10. 1955 schreibt fest, daß „in aller Zukunft Österreich keinen militärischen Bündnissen beitreten (wird)."
Dies wird von allen Staaten, mit denen Österreich diplomatische Beziehungen unterhält, anerkannt, somit ist der Neutralitätsstatus durch völkerrechtliche Verträge entstanden und anerkannt worden. Im Unterschied zur Schweiz ist Österreich gleich nach seiner Unabhängigkeit 1955 – nach einem ersten Gesuch 1947 – den Vereinten Nationen als Mitgliedsland beigetreten. Das Beitrittsgesuch zur

Europäischen Gemeinschaft ist in Österreich umstritten, auch wenn es sich nicht um den Beitritt zu einem militärischen Bündnis handelt und die restriktive Auslegung von seiten der Sowjetunion durch die neue Politik Gorbatschows und seines Nachfolgers aufgegeben und damit ein wichtiges Hindernis beseitigt worden ist.

Finnland hat sich am 6. 12. 1917 einseitig für unabhängig und neutral erklärt, eine Erklärung, die 1937 wiederholt abgegeben wurde. Diese einseitige Erklärung wurde aber nicht anerkannt, was auch im Hitler-Stalin-Pakt von 1939 zum Ausdruck kommt, wonach Finnland der Interessensphäre der Sowjetunion zuzurechnen sei. Die finnische Neutralität wird als asymmetrische bewaffnete Neutralität bezeichnet, weil nach dem Konsultativabkommen vom 6. 4. 1948 mit der Sowjetunion Finnland keine Allianzen mit Gegnern der SU, vor allem mit Deutschland, eingehen darf und „außerhalb der Interessensphären der Großmächte" bleiben muß. Sowohl in der Präambel der finnischen Verfassung wird auf den neutralen Status hingewiesen als auch explizit in einem Landesgesetz von 1963. International wird die finnische Neutralität zum ersten Mal 1956 von Chruschtschow auf dem 20. Parteitag der KPdSU erwähnt. Die Verpflichtungen zur Konsultation aus dem Vertrag von 1948 wurden von der SU benutzt, um in den Krisen von 1958 (Nachtfrostkrise) und 1961 (Notenkrise) Einfluß auf die finnische Innenpolitik auszuüben. Der 1955 erfolgte Übergang von der passiven zur aktiven Neutralität wird dokumentiert in den Mitgliedschaften in internationalen Organisationen (Nordischer Rat, UNO, Europarat, OECD etc.) und vor allem in der aktiv-initiierenden Rolle im Zuge der KSZE-Konferenz in Helsinki 1975. Wie die Schweiz und Österreich versucht Finnland seinen neutralen Status zu festigen, in dem es internationale Tagungen und Organisationen ausrichtet. Die besondere Rücksichtnahme gegenüber der SU zeigt sich darin, daß Finnland 1968 die Invasion in die Tschechoslowakei nicht verurteilt und diplomatische Beziehungen zu den beiden deutschen Staaten erst aufgenommen hat, als diese den Grundlagenvertrag abgeschlossen hatten. Der finnisch-sowjetische Vertrag von 1948 wurde aufgelöst und am 20. Januar 1992 durch einen neuen gleichberechtigteren Vertrag ersetzt.

Die *Irische Republik,* seit 1919 unabhängig, hat sich 1938 vor dem Zweiten Weltkrieg als neutral erklärt und auch so verhalten. 1987 hat das irische Gericht den Beitritt zur Einheitlichen Europäischen Akte für unvereinbar mit der irischen Neutralität erklärt; das daraufhin stattfindende Referendum ergab jedoch eine 70%ige Mehrheit für die EG-Mitgliedschaft.

Costa Rica hat 1983 die „permanente aktive und nicht bewaffnete Neutralität" erklärt und hat in den folgenden Jahren eine aktiv schlichtende Rolle in Zentralamerika gespielt. Der Plan des Präsidenten Oscar Arias (Arias-Plan) sieht eine Neutralisierung und Entmilitarisierung der zentralamerikanischen Region vor. Nicht ganz geklärt ist der nicht bewaffnete Status der Polizeitruppen, die u. U. auch militärisch eingesetzt werden können.

Neutral bezeichnen sich auch Länder wie Liechtenstein (seit 1866), Kambodscha (seit 1957), Laos (seit 1962), Malta (seit 1980). Diese Neutralitätserklärungen wurden ebenso wie die von Belgien (1831–1914) und Luxemburg (1876–1914) von auswärtigen Mächten nicht immer geachtet.

Die Multinationale Neutralität und Äquidistanz der Blockfreien wurde auf der Kairoer Vorbereitungskonferenz zur ersten Gipfelkonferenz der Blockfreien in Belgrad 1961 formuliert; als blockfrei sollen danach diejenigen Länder gelten,

1. die eine unabhängige Politik betreiben, die auf friedliche Koexistenz und Blockfreiheit beruht oder eine Neigung zur Begünstigung einer solchen Politik zeigen;
2. die nationale Unabhängigkeitsbewegungen unterstützen;
3. die kein Mitglied multilateraler Militärbündnisse sind, die im Zusammenhang mit Streitigkeiten von Großmächten abgeschlossen wurden;
4. die, falls sie Militärstützpunkte duldeten, diese Zugeständnisse außerhalb von Streitigkeiten mit Großmächten gemacht haben;
5. die, falls sie ein Mitglied eines bilateralen oder regionalen Verteidigungsbündnisses sind, dies nicht in Verbindung mit Streitigkeiten von Großmächten geworden waren.[32]

Diese multilaterale Neutralität enthält das wichtige Merkmal der militärischen Ungebundenheit bezogen allerdings auf die existierenden westlichen und östlichen Verteidigungsbündnisse. Diese Kollektiv-Neutralität sagt nichts aus über das Verhalten der einzelnen Mitgliedstaaten, das den Prinzipien der Neutralität nicht entspricht.

Zum *Profil neutraler Staaten* lassen sich folgende Gemeinsamkeiten angeben:

Neutrale Staaten

- sind meist kleinere Staaten, die deshalb nicht aggressiv wirken, aber auch leichte Beute anderer Staaten werden können,
- liegen geographisch meist zwischen Blöcken und/oder Großmächten und sind z. T. Mitglied der Blockfreien; aber nicht alle Nicht-Block-Mitglieder sind neutral,
- haben einen relativ hohen Außenhandelsanteil,
- besitzen relativ große nationale Streitkräfte bezogen auf Bevölkerung und Fläche (Ausnahmen vgl. Tab. 8),

- sind regional, insbesondere wirtschaftlich verflochten,
- unterstützen Abrüstungsbemühungen,
- sind oft Sitz internationaler Organisationen oder sind Gastgeberland internationaler Konferenzen (Genf, Wien, Stockholm).
- haben überdurchschnittlich häufig an Friedensmissionen der UN teilgenommen.
- gehören keiner Militärallianz an.

Tabelle 8: Militärisches Profil neutraler Staaten im Vergleich mit ausgewählten nicht-neutralen Staaten

Land	Fläche in 1000 km	Bev. in Mio	Bestand Streitkr. in 1000	Streitkr. in % Bev. (1989)	Militärausgaben in % BIP (1990)	Militärausgaben in % (Zentralreg) (1959)
Schweiz	41	6,4	621	10,5	1,6	15,1 (72)
Schweden	450	8,3	656	9,0	2,4	6,5
Österreich	84	7,5	870	2,3	1,0	2,7
Finnland	337	4,8	700	14,5	1,8	5,1
Costa Rica	51	2,7			0,5	1,7
Kambodscha	181	7,9			. . .	. . .
Irland	70	3,5			1.3	2,8
USA	9363	230,0	2241	0,9	5,6	24,6
BRD	249	61,7	503	0,9	2,8	8,7
Fr	547	53,9	554	0,9	3,6	6,1
GB	244	56,0	318	0,6	3,9	12,5
SU	22402	270,0	3705	1,4	. . .	. . .
Israel	21	4,5	500	12,5	8,4	26,1

Nach: Military Balance 1982/83; Wehrtechnik; Knauers Weltspiegel 1983; und D. S. Lutz/A. Große-Jütte (Hrsg.): Neutralität – Eine Alternative? Baden-Baden 1982, S. 23; SIPRI Yearbook 1992: (für 1990), S. 264; Weltentwicklungsbericht 1991, S. 266/267.

5.8. Kolonialismus

Der Kolonialismus der Neuzeit hat mit nationalstaatlicher Expansion zu tun ebenso wie der gegenläufige Prozeß der Entkolonisierung mit der Bildung neuer unabhängiger Nationalstaaten verbunden ist. Ursprünglich bedeutete Kolonialismus die Besiedelung und Erschließung von Gebieten, so im Mittelmeerraum und an den Küsten des Schwarzen Meeres durch die Griechen und die Römer bei Aufrechterhaltung der kulturellen und politischen Verbindungen zum Mutterland.
Koloniale Eroberungen der Neuzeit sind dadurch gekennzeichnet, daß eine dominierende Macht ein peripheres Land in Besitz nahm und ökonomisch und politisch beherrschte. Die Inbesitznahme von Ländern in Amerika, Afrika und Asien vollzog sich meist ohne größeren Widerstand seitens der Bewohner des peripheren Landes wohl aber unter Ausmerzung einheimischer Bevölkerungen und ist auch in der

ersten Phase der Kolonialisierung ohne gewaltsame Rivalität mit anderen Kolonialmächten ausgeführt worden. Den Kolonialismus kennzeichnet ein asymmetrisches Verhältnis zwischen einer Zentralmacht und einem peripheren Land.

5.9. Imperialismus

Im Zeitalter des Imperialismus wird dann die Rivalität zwischen den Zentralmächten neben dem asymmetrischen Verhältnis von mächtig und ohnmächtig zum bestimmenden Konfliktmuster.
Der Begriff taucht zur Zeit Napleons auf und meint zunächst den Expansionsdrang eines Herrschers. Hobson bezieht in seinem „Imperalism" (1902) den Begriff auch auf die innerstaatliche und zwischenstaatliche Struktur, eine Sicht, die ebenso die Hilferdingsche und die Leninsche Imperialismustheorie kennzeichnet.[33] Der Imperialismus sei das höchste Stadium des Kapitalismus, habe also mit der Struktur der ökonomischen Determinante „Kapitalismus" zu tun. Die Phase des Hochimperialismus gegen Ende des 19. Jahrhunderts ist gekennzeichnet durch den Expansionsdrang von Regierungen/Staaten oder nicht-staatlichen Akteuren wie Kolonialgesellschaften, gerichtet auf ein peripheres Land; im Unterschied zum Kolonialismus wird jedoch dieser Expansionsdrang in sehr viel stärkerem Maße in Konkurrenz, oder besser in Rivalität mit anderen imperialen Mächten durchgeführt. Dieser Gesichtspunkt wird z.B. in der Imperialismusdefinition von Johan Galtung vernachlässigt. Vielmehr stellt er in den Mittelpunkt die Beziehung zwischen einer Nation im Zentrum und einer Nation in der Peripherie, die über einen Brückenkopf miteinander verbunden sind, der damit die Durchsetzung von Interessen der Zentralmacht gewährleistet.[34] Das wichtige Rivalitätsverhältnis zwischen Zentralnationen bleibt dabei ausgespart. Imperialismus ist nämlich auch „extremer Nationalismus", eine ins Aggressive gesteigerte Machtrivalität zwischen imperialen Mächten um periphere Freiräume. Nach Hans-Ulrich Wehler ist Imperialismus (a) sowohl direkte, formelle, koloniale Gebietsherrschaft als auch die indirekte, informelle Herrschaft entwickelter Industriestaaten über die weniger entwickelten Regionen der Erde. Dieser Imperialismus entsprang (b) bestimmten sozialökonomischen und politischen Prozessen in den Metropolstaaten."[35] Die Motive für imperialistische Politik sind vielfältig; ökonomische, machtstaatliche, zivilisatorische, religiöse, rassische Gründe können genannt werden für die Beherrschung

unmündig gehaltener Völkerschaften im zugespitzten Rivalitätsverhältnis zwischen dominierenden Industrie- und Handelsstaaten. Das Zeitalter des Imperialismus scheint gegenwärtig zu Ende zu gehen. Der Verzicht der Sowjetunion unter Gorbatschow auf Fortsetzung der Hochrüstungspolitik seiner Vorgänger, der Zerfall der SU und das Akzeptieren von Selbstbestimmungsrechten früherer sozialistischer Staaten entzieht imperialistischer Politik die Basis; ebenso zeigen die USA Zeichen der Abkehr vom Rüstungswettlauf; Vietnam hat den USA ebenso die Grenzen imperialer Politik gezeigt wie Afghanistan der Sowjetunion.

5.10. Nationalstaatliche Macht (das Machtpotential)

Seit der Entwicklung des Staates bzw. Nationalstaats zum wichtigsten Akteur in den internationalen Beziehungen sind in politischer Theorie und Praxis immer wieder Versuche unternommen worden, die Macht des Nationalstaates einzuschätzen oder gar zu berechnen. Während die Einschätzung politischer Stärke schon immer zum Handwerk von Politikern gehörte, sind Versuche zur Messung nationalstaatlicher Macht relativ neuen Datums.

Die Versuche, nationalstaatliche Macht einzuschätzen, beginnen mit der Identifikation ihrer Grundlagen. Machiavelli stellte die Frage, ob es besser wäre für einen Staat, Gold oder Waffen zu besitzen. Es wundert nicht sehr, daß er sich für Waffen entschied, denn – so seine Überlegung – mit Waffen könne man Gold von denen holen, die keine Waffen besäßen. Andererseits brauche man Menschen und Geld, um ein brauchbares Heer aufstellen zu können. Denn „die wichtigsten Grundlagen, die alle Staaten haben müssen, . . . sind gute Gesetze und ein gutes Heer. Da es aber keine guten Gesetze geben kann, wo ein gutes Heer fehlt . . . will ich nur vom Heerwesen sprechen“.[36] Militär geht also bei Machiavelli vor Gold; doch der Umkehrsatz hat ebenso Geltung: wer Geld hat, kann sich Waffen kaufen oder mit Otto von Bismarck: „Wer die Hand auf dem Beutel hat, hat die Macht.“

Militärische Stärke und wirtschaftliche Kraft werden bis auf unsere Tage als die wichtigsten Grundlagen nationaler Macht angesehen. Die Macht Österreichs, so philosophiert Friedrich der Große in seinem Testament von 1752, beruhe darauf, „sein Heer zu reorganisieren, seine Finanzen zu ordnen. . ., ferner sich durch Bündnisse zu stärken.“[37] Clausewitz sieht ebenfalls in der militärischen Stärke – definiert als Produkt aus der „Größe der vorhandenen Mittel (Streitkräfte, Land, Bevölkerung) und Bundesgenossen“ einerseits und der „Stärke der

Übersicht 10: Indikatoren nationalstaatlicher Macht nach Autoren

	Morgenthau (1948)	Organski (1959)	German (1960)	Fucks (1965)	Dechmann (1972)	Singer, Small (1972)	Buchan (1974)	Cox, Jacobson (1974)	Cline (1977)
Bevölkerung	x	x	x	x	x	x	x	x	x
Wirtschaftsstärke	Industrie-Kapazität	Wirt.Ent-wicklungsstand	x	Stahl u. Energie-produktion	BSP Pro-Kopf-Eink.	Energiever-brauch, Eisen- u. Stahlprod.	BSP	BSP BSP/Kopf	Produktion
Militärische Stärke	Militärische Bereitschaft	–	x	–	Militär-ausgaben	Militär-ausgaben Streitkräfte	Streitkräfte, Nuklearstrat. Systeme	Nukleare Schlagkraft	x
Land/Fläche	–	–	x	–	–	–	–	–	x
Geographische Lage	x	Fläche, Klima Topographie	–	–	–	–	–	–	–
Natürliche Ressourcen	Nahrungs-mittel/ Rohstoffe	x	–	–	–	–	–	–	–
Nationale Moral	x National-charakter	x	–	–	–	–	–	–	–
Pol. Verfassung	Qualität von Diplomatie u. Regierung	x	–	–	–	–	–	–	–
Urbanisierung	–	–	–	–	–	x	–	–	–
Bildung	–	–	–	–	Verschulung Studenten-Anteil	–	–	–	–
Prestige	–	–	–	–	–	–	–	x	–

Willenskraft" andererseits – das Mittel zur Durchsetzung eines Willens".[38] An dieser Einschätzung hat sich bis auf unsere Zeit nichts wesentlich geändert. Die Verfügung über ökonomische und militärische Ressourcen sind nach wie vor die entscheidenden Indikatoren für nationalstaatliche Macht (vgl. Übersicht 10).

Nationalstaatliche Macht ist jedoch nicht nur eine absolute Besitzgröße, sagt Hobbes, sondern besitzt einen Vergleichswert. „Wenn alle Menschen sie (ein bestimmtes Gut wie Ruhm, Ehre oder – so kann man analog hinzufügen – Macht) haben, so hat keiner sie, da ihr Wesen in der Vergleichung und dem Vorzuge vor anderen liegt".[39] Erst relative Macht ist Macht. Neben einem absoluten Potential (Besitzgröße) und einem Vergleichswert (Relationsgröße) hat Macht eine dritte Ausstattung: sie ist eine Beziehungsgröße, d. h. Macht kann nur in sozialen Beziehungen ausgeübt werden. Macht heißt, sich durchsetzen zu können" sagt Homer in der Odysse und bei Locke heißt es: „Power are relations, not agents" und Montesquieu sagt: „Alle Größe, alle Stärke und alle Macht ist relativ. Man muß sich sehr hüten, die wirkliche Größe zu steigern, nicht die relative Größe zu vermindern."[40] Nicht nur die Einschätzung nationaler Macht hängt von anderen Staaten ab, sondern auch ihre Durchsetzung.

In neuerer Zeit sind zahlreiche Versuche unternommen worden, nationalstaatliche Macht sowohl als Besitz- als auch als Beziehungsgröße zu berechnen. Dabei treten Probleme auf, die ganz allgemein Probleme der empirischen Sozialforschung sind. Sie können in drei Stufen dargestellt werden:

In einem ersten Schritt geht es um die *theoretische Konstruktion* eines nationalstaatlichen Machtkonzeptes, das in seinen Grundlagen zunächst den allgemeinen Machtbegriff aufgreift wie er im Anschluß an die englischen Klassiker (Hobbes, Locke) von Max Weber, Robert Dahl, James March u. a. diskutiert worden ist. Dahl hat fünf Dimensionen des Machtbegriffs hervorgehoben:

1. Worauf beruht Macht (Machtgrundlagen)?
2. Mit welchen Mitteln werden Machtressourcen mobilisiert, politisch eingesetzt (Machtmittel)?
3. Ein Wieviel an Macht muß eingesetzt werden, um die Wahrscheinlichkeit zu erhöhen, einen anderen zu einer gewünschten Handlung zu bringen (Machtfülle)? Es geht also um die Frage der Dosierung im Einsatz bestimmter Mittel in bestimmten Bereichen.
4. In welchem Bereich politischer Aktionen kann einem anderen gegenüber ein bestimmtes Interesse durchgesetzt oder erzwungen werden (Machtbereich)? Wo handelt jemand auf Geheiß eines anderen?
5. Wie groß ist die Menge von Individuen, über die ein bestimmter Machtträger Macht hat (Machtwirkung)?

Im Bereich der internationalen Beziehungen sind dabei auch regionale Einwirkungen angesprochen. Je nach Ausstattung und Einsatz können Wirkungen auf regional begrenztem Gebiet erzeugt werden (sog. Subimperien) oder der Staat, der die relativ größte Machtausstattung hat, vermag globale Herrschaft auszuüben (wie z. B. United Kingdom im 19., die USA im 20. Jahrhundert).
Welche dieser Merkmale des Begriffs Macht soll man als Definitionsgrundlage für einen quantitativen Begriff verwenden? Im allgemeinen werden die Machtgrundlagen und die Mittel ihres Einsatzes als entscheidende Merkmale hervorgehoben, wohl auch deshalb, weil entsprechende Indikatoren leichter meßbar sind. Mit der Wahl dieser Aspekte des Machtbegriffs ist jedoch noch nichts über die Macht als Beziehungs- bzw. Relationsgröße ausgesagt, sondern nur einiges über den Besitz- oder Potentialaspekt. Dahl bevorzugt daher, die drei letztgenannten Aspekte als Definitionsgrundlage zu wählen und entscheidet sich für die Machtfülle als den, den Machtbegriff am ehesten zu erfassenden Gesichtspunkt. Die „Machtfülle (= Macht) von A über a in Hinsicht auf die Handlung x bei Anwendung der Mittel W ist gleich der Wahrscheinlichkeit, mit der a die Handlung x (mit Hilfe der Mittel w) tut, wenn A die Mittel W anwendet, minus der Wahrscheinlichkeit, mit der a die Handlung x ausführt, wenn A die Mittel W nicht anwendet.“[41] Mit dieser Konzeption als Differenz zwischen zwei Handlungswahrscheinlichkeiten hat Dahl die Wirkung bestimmter Mittel in sozialen bzw. politischen Beziehungen im Auge und nicht nur den Besitz an Machtmitteln.

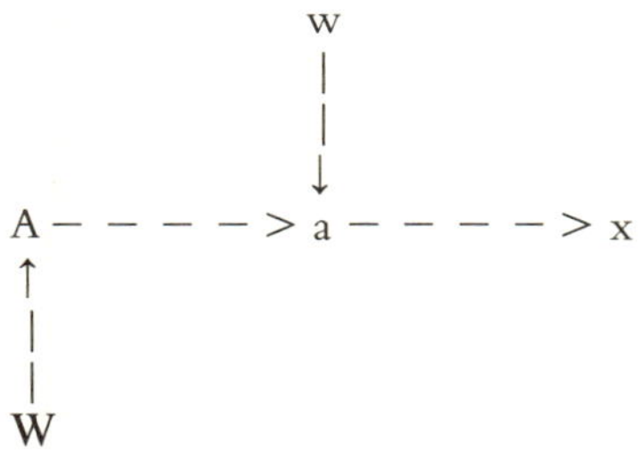

Neuere Versuche gehen in ähnliche Richtung, wenn sie den Machtbegriff als Ursache-Wirkungs-Verhältnis sehen. „Macht ist die Verursachung bestimmter Handlung durch bestimmte Präferenzen“.[42] Macht soll an Handlungsergebnissen gemessen werden, und zwar genauer an denen, die kausal durch bestimmte Präferenzen ausgelöst worden sind. „Power-over-others is identified with the causal impact of one actor's preference on another actor's behavior“, wird somit zum entscheidenden Merkmal. Aufgrund der Schwierigkeit, geeignete Indikatoren vor

Matrix 4: Sechs-Felder-Matrix der Macht

Grad des Zwangs und der Legitimität		Art und Nutzung von Ressourcen: Ressourcenart, Mittel und Quelle (Machtgrundlagen	Art und Nutzung von Ressourcen: Art der Macht- und Einflußgewinnung (Instrumente)	
	Zwang, geringe Legitimation	Physische oder militärische Stärke	Gebrauch von physischer Stärke (Coercive Power), Drohung mit Sanktionen	Macht ↑
	Strukturelle Gewalt oder Zwang, geringe oder einseitige Legitimation	Verfügung über knappe Ressourcen, Eigentum, Land, Wirtschaftsstärke	Einsatz von Verhandlungsmacht durch Vereinigung, Monopolisierung in asymmetrische Beziehungen; z. B. Sanktionen (Ökonomische Macht)	
	Konsensual, hohe Legitimität	Überzeugungsfähigkeit: Charisma, Massenappell, Demagogie	Konsensuale Macht: Verführung und Täuschung	
		Überzeugungsfähigkeit: Brauchtum, Gesetz, gemeinsame Interessenlage, Autorität	Konsensuale Macht: Angebot von Gewinnen, Überredung, Überzeugung (Consensual Power)	↓ Einfluß

Nach: Frank R. Pfetsch: Indikatoren zur Messung internationaler Macht. In: Bellers/Woyke (Hrsg.): Analyse internationaler Beziehungen. UTB/Leske Opladen 1985, S. 55

allem für den Wirkungsaspekt zu bilden und zu operationalisieren, konzentriert sich die Forschung auf den Potential- und Instrumentalaspekt des Machtkonzepts.

Macht ist die Fähigkeit, andere (Personen, Gruppen, Institutionen) zu einem gewünschten Verhalten (Handlungen, Entscheidungen, Meinungen) zu veranlassen, wobei diese Fähigkeit auf materiellen und immateriellen Ressourcen beruhen kann. Das Verhalten des anderen kann bei Widerstreben durch aktuellen physischen Zwang oder durch strukturelle Gewalt erzeugt werden. Ein beabsichtigtes Verhalten kann aber auch durch Überzeugung oder Überredung zustande kommen. In jedem Fall basiert der Machtbegriff auf einem materiellen oder immateriellen Gut, einer Ressource, die der Machtträger besitzt, nicht notwendigerweise aber der Adressat. Diese Ressource kann in ein Beziehungsverhältnis eingebracht, also in Einfluß umgesetzt werden. Die Sechsfelder-Matrix zeigt in ihrer vertikalen Lagerung von oben nach unten auch den Grad an Legitimation (erzwungen – freiwillig) an und gibt in derselben Richtung den gleitenden Übergang vom Macht- zum Einflußbegriff wieder. Je erzwungener Verhalten ist, um so illegitimer – weil auf Gewaltverhältnissen beruhend – sind die Machtverhältnisse; je freiwilliger Anweisungen befolgt werden, umso legitimer ist das Beziehungsverhältnis. Je mehr konsensuale Überzeugung und Zustimmung auf beiden Seiten vorhanden ist, umso eher sprechen wir von Einflußverhältnissen, je mehr physische oder strukturelle Gewalt vorherrschen von Machtverhältnissen (vgl. Matrix 4).
In den internationalen Beziehungen besitzen die jeweiligen Akteure unterschiedliche Machtressourcen, die sich nutzen und einsetzen lassen (vgl. Graphik 9). So bedienen sich Führer autonomer Bestrebungen regionaler oder „nationaler" Kulturmuster sowie Selbstbestimmungsbestrebungen; Regierungen verfügen über Macht, basierend u. a. auf den materiellen Potentialgrößen und den immateriellen Ressourcen Nationalismus, Patriotismus oder nationale Solidarität, transnationale Akteure über Kapital und internationale Akteure über Menschheitsverpflichtungen, Friedenssehnsucht etc.
Macht- und Einflußbeziehungen können nicht immer voneinander getrennt werden. Einfluß, z. B. diplomatischer Einfluß bei Vermittlergeschäften, ist nur möglich, wenn ein bestimmtes Machtpolster im Hintergrund vorhanden ist.
Damit ist der zweite Schritt hin zur Messung national-staatlicher Macht erreicht, nämlich das Auffinden geeigneter *Indikatoren,* die die jeweiligen Machtkonzepte in Zahlen faßbar repräsentieren sollen. Ein Indikator ist somit eine Maßgröße, die ein bestimmtes Phänomen wie Macht bzw. beobachtbare Eigenschaften eines mehrdimensionalen Machtkonzeptes messen soll. Für wesentlich gehaltene Aspekte eines theoretischen Machtkonzepts sollen mit einem „empirischen Äquivalent"[43] erfaßt werden. Indikatoren dienen der Wissenschaft als Erkenntnis-, der Politik als Handlungsinstrument.

Graphik 9: Steuerungsressourcen, Triebkräfte

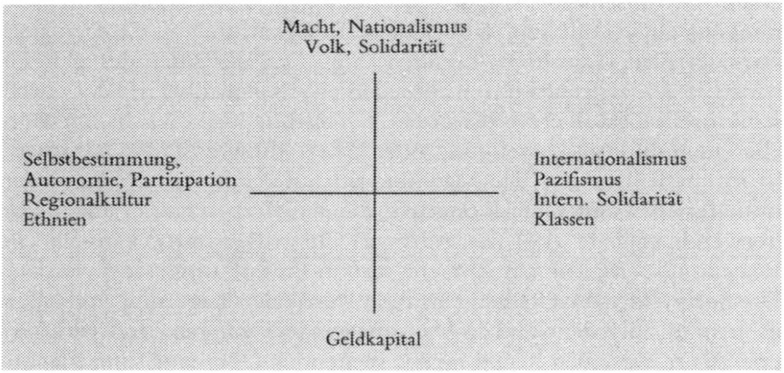

Das methodische Problem der Indikatorforschung ist mit der Frage verbunden, ob ein Indikator auch das mißt, was er messen will. Welche Gültigkeit also hat ein Indikator?

Als Indikator für die Einschätzung einer Macht- oder Prestigeposition könnte z. B. die Gastgeberrolle für wichtige Konferenzen genommen werden. So wird z. B. die Vermittlerrolle bei internationalen Konflikten von einer angesehenen Schlichtungsmacht übernommen und im eigenen Land organisiert (Berlin 1884/85: Kongokonferenz, Taschkent 1966: indisch-pakistanischer Konflikt, Camp David 1979: israelisch-arabischer Konflikt etc.). Auch der Auftrag, eine wichtige Konferenz im Nord-Süd-Dialog (Unctad, Unido, UN-Weltkonferenzen, Konferenzen der Blockfreien etc.) auszugestalten, ist die Anerkennung einer hervorgehobenen Position des Gastlandes.[44]

Den Relationsaspekt des Machtbegriffs greift z. B. Cline (1977) auf, der eine Formel zur Ermittlung der perzipierten Macht von Staaten entwickelt hat. Die Potentialgrößen Bevölkerung, Landfläche, Produktion und militärische Machtmittel werden vom Forscher subjektiv gewichtet, addiert und mit einem Faktor multipliziert, der aus der Einschätzung der strategischen Absicht und des Willens seiner Durchsetzung berechnet wird. Diese „Perzeptionsformel" hat jedoch keine befriedigenden Resultate erbracht.[45] Die Versuche, geeignete Indikatoren für die Wirkung von Macht in sozialen Beziehungen zu konstruieren, sind bisher nicht sehr überzeugend. Zwar haben insbesondere die Community-power-Studien bzw. organisationssoziologische Arbeiten in Teilbereichen einige Erfolge aufzuweisen. Eine generell gültige Methode hat die Wirkungsforschung bisher jedoch nicht vorlegen können.

Aus diesen und anderen Gründen ist den Input-Faktoren Machtressourcen und -mittel Vorrang gegeben worden vor den Output-Faktoren der Machtwirkung. Diese Feststellung gilt auch für andere Bereiche der Indikatorenforschung (Sozialindikatoren, Wissenschaftsindikatoren etc.).
In seiner 1948 erschienenen Arbeit „Politics Among Nations" führt Hans Morgenthau neun Faktoren auf, die nationalstaatliche Macht bestimmen (vgl. Übersicht 10, S. 147): neben geographischen, ökonomischen, militärischen, demographischen Faktoren werden auch politische genannt wie politische Verfassung[46], nationale Moral, Güte der Diplomatie etc., die erst eine Umsetzung materieller Faktoren ermöglichen. Der Autor macht zwar keine weiteren Angaben, wie man diese Faktoren näher bestimmen kann, doch weist er auf häufig auftretende Fehler und Schwierigkeiten hin: nationalstaatliche Macht könne nur im Verhältnis zu anderen Staaten eingeschätzt werden, obwohl sie dynamischem Wandel unterliegt. Schließlich wurde häufig nur einem Faktor Bedeutung beigemessen und andere vernachlässigt. Damit sind wichtige Schwierigkeiten der Bestimmung nationaler Macht genannt: die Auswahl bestimmer Größen, die nationalstaatliche Macht „anzeigen" (Indikatoren), die Verknüpfung mehrerer Faktoren und deren Wandel in der Zeit, sowie deren Gewichtung. Das hier zu erörternde Problem der Messung wurde von Morgenthau als noch nicht lösbar bezeichnet.
Die am häufigsten hervorgehobenen Indikatoren des nationalstaatlichen Machtbegriffs sind mit unterschiedlicher Qualifizierung Bevölkerung, Wirtschaftsstärke und militärische Stärke (vgl. Tab. 10, S. 164). Außerdem nennen einige Autoren die Größe des Landes, seine geographische Lage und seine natürlichen Ressourcen. Neben diesen materiellen Indikatoren werden auch genannt die nationale geistige und politische Verfassung, das Prestige, das ein Land genießt sowie die Entwicklungsindikatoren Schulbildung, Urbanisierung und wirtschaftlicher Entwicklungsstand. Die Verfügung über eine bestimmte Machtressource wurde damit zu dem Indikator des Machtbegriffs gemacht.
Man kann auf insgesamt acht mögliche Machtgrundlagen kommen:

1. Geistige und emotionale Grundlagen wie religiöser Glaube, Zuneigung, Erfahrung, Geschicklichkeit, Wissen, nationale Moral, Ideologie, Charisma;
2. Legale Grundlagen wie Amtsautorität, Kompetenzen, politische Verfassung;
3. Organisation, Kommunikationsfähigkeit, Informationen;
4. Bevölkerung, Arbeitskräfte, menschliches Potential;
5. Rohstoffe, natürliche Ressourcen;
6. Wirtschaftsstärke, Industrialisierung, Stahl- oder Energieproduktion, Handel, Urbanisierung;

7. Größe des Landes, geographische Lage;
8. Militärische Mittel (Soldaten, Waffen).

Diese Machtgrundlagen lassen sich entweder durch eigene Anstrengungen oder durch Vereinigung mit anderen (Bündnisse) erweitern. Man kann dann von einer Vereinigungsprämie sprechen.

Neben den Machtressourcen sind auch die Instrumente von Bedeutung, die zur Geltendmachung anderen gegenüber eingesetzt werden können: Manipulation, Überredung, Garantie für Belohnung, Androhung einer Bestrafung, Durchführung von Sanktionen sowie Anwendung nackter Gewalt.[47]

Die politischen, militärischen, wirtschaftlichen Mittel können mehr oder weniger geschickt eingesetzt werden, um andere zu einem gewünschten Verhalten zu veranlassen, sind aber sicher gekoppelt an vorhandene Machtpotentiale und deren Einschätzung. Das Verhältnis zwischen Machtgrundlagen und den Mitteln ihrer Mobilisierung sind komplex. Es ist keinesfalls so, daß derjenige, der die meisten Ressourcen und die besten Mittel besitzt, diese auch nach seinen Wünschen wirksam werden lassen kann. Die Macht, einen Mann zu Boden zu schlagen, ist nicht dazu verwendbar, ihm das Klavierspielen oder die Mathematik beizubringen. Es scheint hinsichtlich der Wirkung das ökonomische Ertragsgesetz zu gelten, wonach ein Mehr an Machtmitteln eine abnehmende Wirkung erzeugen kann. Dies ließe sich am Beispiel der Überdosierung mit wirtschaftlichen Sanktionsmitteln oder der Überausstattung mit Sicherheitsapparaten oder Nuklearwaffen veranschaulichen. Eine große Wirtschafts- und Nuklearmacht ist trotz allem erpreßbar oder militärisch schlagbar. Karl W. Deutsch hat von der kybernetischen Lerntheorie ausgehend auf die Folgen der Überdosierung von Macht hingewiesen: wenn die Leistungen (output) gegenüber der Empfänglichkeit (input) zu stark überwiegen, ist ein System nicht mehr lernfähig, d. h. es nimmt keine Informationen mehr auf und eben dies führt zu seinem Untergang (pathologisches Lernen). Wer zu mächtig wird, hört nicht mehr zu und hat damit kein intelligentes Steuerungssystem mehr, kann nicht mehr reagieren auf Umweltforderungen.

Der dritte Schritt in der Bestimmung nationalstaatlicher Macht ist der der Überführung der gewählten Indikatoren in Operationen zur Messung *(Operationalisierung)*. So kann z. B. der Begriff Reichtum durch die Maßgrößen Pro-Kopf-Einkommen oder durch das Bruttosozialprodukt ausgedrückt werden. Militärische Stärke kann durch die Meßgrößen staatliche Militärausgaben, Personen unter Waffen, Zahl nuklearer Sprengköpfe etc. bestimmt werden. Doch wie genau messen diese Größen den angegebenen Sachverhalt? Die Schwierigkeiten der Ermittlung genauer Angaben zu militärischer oder wirtschaftlicher Stärke sind – insbesondere wenn es um Vergleichbarkeit geht – oft genug hervorgehoben worden. Ganz allgemein kann man darüber hinaus feststellen, daß bei der Überführung von Indikatoren in meßbare Größen häufig den der Quantifizierung zugänglichen Bestimmungsgrößen (wie wirtschaftliche und militärische Stärkeziffern) der Vorzug gegeben wird vor nur schwer meßbaren Größen wie z. B. Ideologie, Wille, nationale Moral oder Nationaleigenschaften, historische Erfahrung etc.

Bei einer Vielzahl von Indikatoren, die Macht anzeigen sollen, stellt sich die Frage, welche davon wichtiger sind als andere und in welchem Verhältnis sie zueinander stehen. Dieses Problem der Gewichtung kann dadurch gelöst werden, daß die weniger wichtigen Faktoren vernachlässigt und nur bestimmte hervorgehoben werden oder es wird als Maßgröße eine Kombination von verschiedenen Größen gewählt und mathematisch zu einem kombinierten Index verbunden.

Wie technisch das Problem der Gewichtung gelöst worden ist, soll anhand einiger Beispiele gezeigt werden. Dabei soll lediglich auf die Forschungstechnik, nicht auf den Inhalt geachtet werden.

Clifford German hat die Macht von Staaten durch die vier Indikatoren nationale Wirtschaftskraft, Größe des Landes, Bevölkerung und militärische Stärke ausgedrückt.[48]

Diese vier Indikatoren wurden in Maßgrößen überführt und dadurch gewichtet, daß die jeweiligen absoluten Größen durch zusätzliche Merkmale modifiziert worden sind. Mathematisch geschieht dies durch Hinzufügung oder Abzug einer bestimmten Größe. Am Beispiel Größe des Landes wurde das nationale Territorium durch Quadratkilometer gemessen. Diese Zahl wurde durch 5, 10 oder 20 geteilt, um so die Dichte der Besiedlung zu erfassen. Die Fläche der USA oder der UdSSR wurde durch 20, die Chinas durch 10 und die der Bundesrepublik durch 5 dividiert. Eine weitere Korrektur der so erhaltenen Zahl wurde angebracht, um die Dichte des Kommunikationsnetzes zu berücksichtigen. Abzüge erhielten für wenig erschlossen gehaltene Länder wie z. B. die Sowjetunion oder China, deren Maßzahlen durch drei geteilt wurden, während die der USA oder die der Bundesrepublik konstant gehalten wurden. Diese Korrekturen werden somit durch zusätzliche Informationen wie Bevölkerungsdichte bzw. Dichte des Verkehrsnetzes (ausgebaute Schienenstrecke pro Fläche) gewonnen und entsprechend der Rangfolge der Dichteziffern diskontiert (Teilung durch 3, durch 2 oder durch ⅔). Entsprechend wird mit den anderen drei Indikatoren verfahren. Die Addition der so gewonnenen vier Ziffern ermöglicht die Einordnung in eine Rangfolge entsprechend der Höhe der Ziffern. Als Rangfolge ergab sich für das Jahr 1958: USA, UdSSR, U.K., China, Bundesrepublik, Kanada, Japan, Frankreich etc.

Anhand eines anderen Beispiels soll die Ermittlung einer Machtformel demonstriert werden, die die Berechnung auch zukünftiger Machtkonstellationen ermöglichen soll.
Wilhelm Fucks hat 1965 die Macht eines Staates als Produkt aus Produktion (Stahl, Energie) und der Kubikwurzel aus der Bevölkerung bestimmt.[49]

$$M = P \times \sqrt[3]{B}$$

P = Produktion
B = Bevölkerung

Mit der Kubikwurzel soll angezeigt sein, daß die Bevölkerung geringer gewichtet wurde als die Produktion. Neben der sehr elementaren Überlegung, daß Macht durch Menschen und Sachen bestimmt wird, spielt die Annahme eine Rolle, daß reine Bevölkerungszahlen nicht ausschlaggebend sein können. Um wieviel geringer dieser Faktor bewertet werden soll, wird durch alternative Rechnungen und deren Vergleich mit der Realität gewonnen. Während die Berechnung der Formel für ein bestimmtes Jahr in der Vergangenheit ohne weiteres möglich ist, muß die Realität von Machtverhältnissen zum gleichen Zeitpunkt subjektiv eingeschätzt werden. Fucks gelangt für 1963/64 in etwa zur gleichen Rangfolge wie German: USA, UdSSR, China, Bundesrepublik, Frankreich etc. Dieses Ergebnis ist sicherlich nicht überraschend, zeigt es doch ähnliche subjektive Einschätzungen. Methodisch bedeutet Aufstellung einer in der Vergangenheit bewährten mathematischen Formel die Möglichkeit zu Prognosen für die Zukunft.
Beide dargestellten Berechnungen beziehen sich ausschließlich auf nationale Potentialgrößen, formulieren all das, was als nationale Machtgrundlagen im Sinne einer Besitzgröße zu veranschlagen wäre. Die Einseitigkeit dieses Vorgehens liegt auf der Hand: ökonomische Stärke ist noch nicht politische oder auch militärische, die Konzentration auf materielle Größen vernachlässigt die Wirkung, die von nichtmateriellen Faktoren ausgehen kann. Schon die klassischen Theorien der Macht haben auf den relationalen Aspekt der Macht hingewiesen. In postmodernen Politiktheorien ist bezogen auf postindustrielle Gesellschaften von einer weiteren „Verflüssigung" der Macht in sozialen Beziehungen die Rede, d. h. Macht hat ihren Sitz in vielen privaten und öffentlichen Institutionen, die netzförmig miteinander verbunden und materiell nicht festzumachen sind.[50]
Keinerlei Angaben werden im Potentialansatz auch gemacht über Verhältnisse zu anderen Staaten und deren Einschätzung der Machtpo-

tentiale. Nationale Macht ist nicht nur eine Funktion von Zustandsgrößen, sondern auch von Vergangenheitserfahrung, die nur schwer quantitativer Messung zugänglich sind. Als Kritik am Machtstaatskonzept überhaupt ist hervorzuheben, daß die Bedeutung eines Staates bzw. eines Volkes nicht nur aus ökonomischer, militärischer oder politischer Stärke resultiert, sondern, daß auch kulturelle, wissenschaftliche oder sportliche Leistungen sowie positive Eigenschaften wie Verläßlichkeit, Fleiß, Kreativität etc. durchaus zur Reputation und zum Prestige eines Landes beitragen können. Daß politische Wirkung auch von weniger starken Staaten ausgehen kann, zeigt z. B. der Nord-Süd-Dialog, der auf der Seite des Südens eindeutig von politischer Programmatik und Ideologie, von religiösem Fundamentalismus und charismatischen Führern bestimmt ist[51] und nicht von der Wirkung machtstaatlicher Potentiale lebt. Auch ein armes und militärisch schwaches Land kann zum Wortführer des Südens werden. Umsetzungsmöglichkeiten bzw. -fähigkeiten (politischer Wille, Energie) sind im Potentialansatz kaum angesprochen.

Schließlich kann darauf hingewiesen werden, daß die Ansammlung von Machtpotentialen in einem Staat nicht per se verwerflich ist, dann nämlich, wenn davon pazifizierende Wirkungen ausgehen. Dominanz schlägt außerdem nicht notwendigerweise nur zugunsten eines Hegemons aus. Überlegenheit kann schwächen, die Last der Verantwortung ist groß – ebenso wie die Möglichkeiten der Anfeindungen. Im Schatten akzeptierter Dominanz können schwächere Staaten durchaus Vorteile hinsichtlich der Entwicklung ihrer wirtschaftlichen, sozialen und kulturellen Systeme erlangen. Unterlegenheit kann eine Quelle schöpferischer Kraft sein.

Bleibt als Fazit: die Indikatorenforschung hat sich bisher zu einseitig auf den Potential- und Instrumentalaspekt des nationalen Machtkonzepts konzentriert. Einschätzungen und politische Auswirkungen im internationalen System sind vernachlässigt worden oder haben keine befriedigende Behandlung gefunden.

5.11. Die Faktoren nationalstaatlicher Macht im einzelnen

5.11.1. Bevölkerung

Alle Autoren, die das nationalstaatliche Potential zu berechnen versuchten, haben als Indikator die Bevölkerung hervorgehoben, und zwar kann sie als absolute Zahl in die Berechnung eingehen oder –

Schaubild 6: Die Kurve der Bevölkerungszunahme

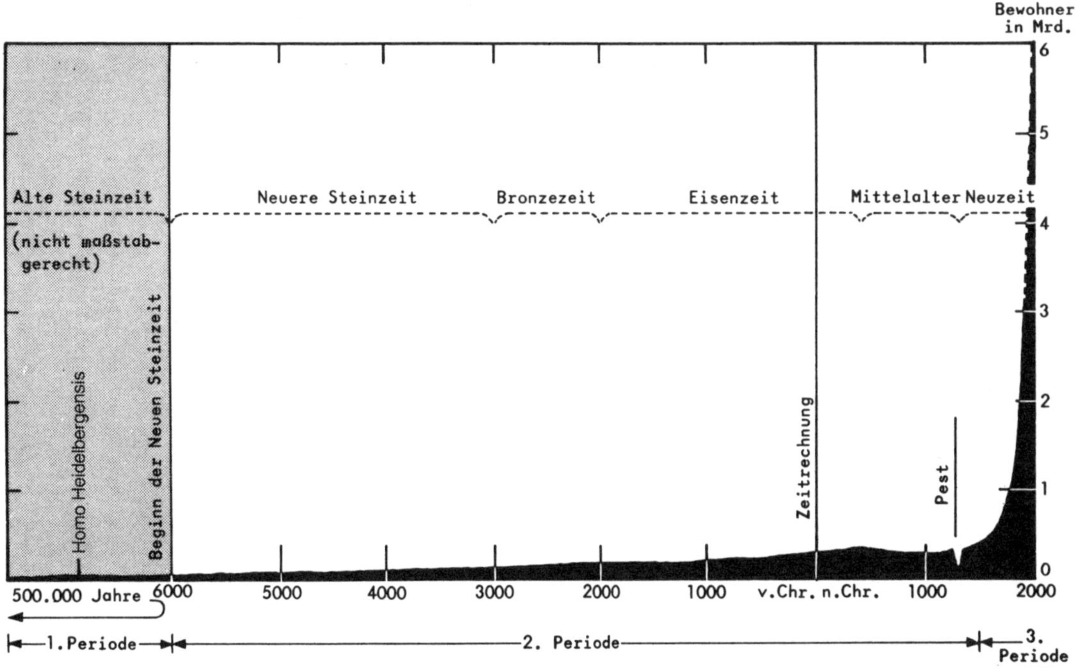

Nach: E. Krippendorff, Internationales System als Geschichte. Frankfurt 1975, S. 21. Campus Verlag, Frankfurt/New York.

was meist der Fall ist – als Relationsgröße, d. h. bezogen auf die Staatsfläche (Bevölkerungsdichte) oder es wird der absoluten Bevölkerungszahl ein geringeres Gewicht gegeben. Es ist plausibel, daß Menschen erforderlich sind, um eine Armee auszustatten, um wirtschaftlichen Reichtum zu erzeugen, um Fortschritte in Wissenschaft und Technik zu erzielen etc. Insofern muß der absoluten Größe und den qualifizierenden Eigenschaften der Bevölkerung in Staaten eine wichtige Bedeutung in der Machtanalyse zukommen.
Seit dem 19. Jahrhundert erlebt die Welt eine explosionsartige Bevölkerungsentwicklung nie gekannten Ausmaßes. Das Bevölkerungswachstum entwickelt sich entsprechend einer Exponentialkurve (vgl. Schaubild 6), eine Beobachtung, die der Bevölkerungswissenschaftler Thomas Malthus als erster formuliert hat. Er stellte fest und behauptete, daß die Bevölkerung in Form einer geometrischen Reihe wächst (d. h. die Bevölkerung wächst pro Zeiteinheit von 1 auf 2, von 2 auf 4, von 4 auf 8 etc.), während die Nahrungsmittelproduktion nur arithmetisch zunimmt (d. h. ein Wachstum von 1 auf 2, von 2 auf 3, von 3 auf 4). „I think, I may fairly make two postulata. First, that food is necessary to the existence of man. Secondly, that the passion between the sexes is necessary and will remain nearly in the present state. Assuming, then, my postulata as granted, I say, that the power of population is indefinitely greater than the power of the earth to produce subsistence for man. Population, where unchecked, increases in geometric ratio. Subsistence only increases in an arithmetrical ratio."[52]
In neuerer Zeit hat der Bevölkerungswissenschaftler Frank Notestein[53] eine Erklärung für diese demographische Entwicklung in Form der „Theorie des demographischen Übergangs" angeboten.
Die Theorie formuliert drei Stufen der Entwicklung:

1. Stufe: In prämodernen Gesellschaften bestimmen hohe Geburts- und Sterberaten die Bevölkerungsentwicklung; die Bevölkerung wächst nur langsam, wenn überhaupt.
2. Stufe: Die Verbesserung der Lebensbedingungen durch Nahrungsmittelproduktion und im Gesundheitswesen läßt die Sterberate sinken und die Geburtenrate steigen; als Resultate davon wächst die Bevölkerung mit hohen Raten.
3. Stufe: Der Wunsch nach großen Familien geht auf Grund wirtschaftlicher und sozialer Errungenschaften zurück, ebenso wie die Kindersterblichkeit; die Geburtenraten und die Sterbeziffern stabilisieren sich auf niedrigerem Niveau als in der ersten Stufe.

Die politischen Folgen dieser, im 19. Jahrhundert bewußt gewordenen Entwicklung, waren Reaktionen, die in elitentheoretischen Ansätzen formuliert worden sind. Das Thema Masse bzw. Massengesellschaft taucht in diesem Zeitalter auf; gegenüber dieser Entwicklung zur Masse versucht sich eine Elite abzuheben. Die Argumente bzw. die Beurteilung der Massenpsychologie hat Peter R. Hofstätter in die folgende Schlußkette gekleidet.

1. Es gibt heute in Europa dreimal so viel Menschen wie zu irgendeiner Zeit zwischen 600 und 1800, d. h. das Europa um 1900 ist stark überbevölkert.
2. Die Kulturwerte wurden zum überwiegenden Teil vor dem Jahre 1800 geschaffen, d. h. das heutige Europa ist wenig schöpferisch.
3. Der Kulturverfall ist eine Folge der Vermassung.[54]

Wie sieht die heutige Reaktion auf die Bevölkerungsexplosion in der Dritten Welt aus?
Zur Bewältigung sind zwei Strategien in der Diskussion: Die eine zielt zentral auf Bevölkerungskontrolle (Geburtenkontrolle, Ein-Kind-Ehe, Empfängnisverhütungsmittel, Familienplanung usw.), die andere Richtung sieht vor allem in der wirtschaftlichen und sozialen Lage der betroffenen Bevölkerung Ansätze zur Eindämmung des Bevölkerungswachstums, d. h. die Strategie zielt auf Verbesserung der Erziehung, Verbesserung der Ernährung, Verbesserung der ökonomischen Situation im allgemeinen. In den beiden Weltbevölkerungskonferenzen von Bukarest 1974 und Mexiko 1984 wurden Aktionsprogramme entworfen, die beide Richtungen mit ihrer Programmatik enthalten. Die Vereinten Nationen haben einen Bevölkerungsfonds (UNFPA) eingerichtet.
Ein Vergleich der bevölkerungsreichsten Länder China und Indien zeigt, daß bevölkerungseindämmende Maßnahmen Erfolg haben können. In der VR China ist das Bevölkerungswachstum drastisch zurückgegangen, in Indien hält das Bevölkerungswachstum nach wie vor mit relativ hohen Raten an. Die Erfolge in der Volksrepublik China sind vor allem mit drastischen Kontrollmaßnahmen erfolgt, während in Indien die Familienplanungsprogramme eine ähnliche Reduzierung des Bevölkerungswachstums nicht erkennen lassen.
Im Hinblick auf die Bedeutung der Bevölkerung in ihrer Funktion innerhalb der internationalen Politik spielen drei geschichtliche Ereignisse eine wichtige Rolle, nämlich erstens der Bevölkerungstransfer durch die *Völkerwanderungen* bzw. -umsiedlungen der vor- und nachchristlichen Zeit. Diese Völkerwanderungen haben die heutige Bevölkerungsstruktur in den Ländern Europas bzw. Ostasiens nachhaltig bestimmt. Allgemein wird davon ausgegangen, daß die eurasische Bevölkerung in Zentralasien ihren Ursprung hat und von dort sowohl Westeuropa als auch Ostasien bevölkert worden ist.

Schaubild 7: Bevölkerungsentwicklung bis zum Jahre 2000

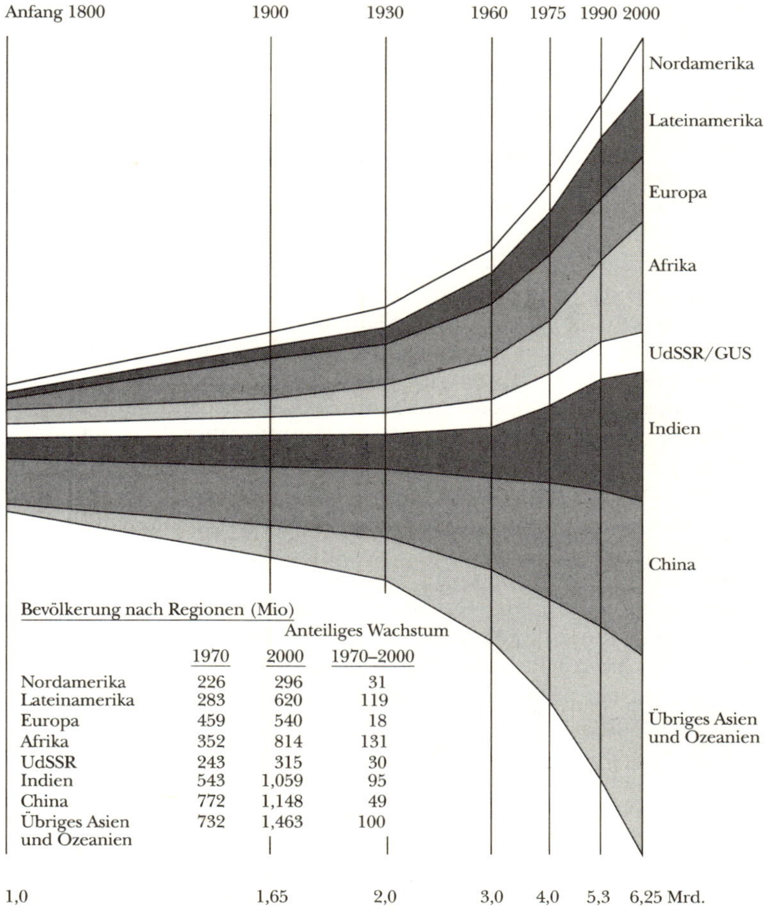

Bevölkerung nach Regionen (Mio)

	1970	2000	Anteiliges Wachstum 1970–2000
Nordamerika	226	296	31
Lateinamerika	283	620	119
Europa	459	540	18
Afrika	352	814	131
UdSSR	243	315	30
Indien	543	1,059	95
China	772	1,148	49
Übriges Asien und Ozeanien	732	1,463	100

Nach: US Department of State: World Population: The Silent Explosion – Part I, Bulletin 78 (Okt. 1978). Basiert auf Daten der UN.

Zweitens haben in der Neuzeit die seit dem 16. Jahrhundert einsetzenden Bevölkerungsbewegungen durch *Kolonialisierung* neue Gesellschaften entstehen lassen und in den bestehenden zu veränderten Zusammensetzungen in der Bevölkerungsstruktur geführt. Dabei hat das alte Europa die Ethnien der neuen Welt bestimmt; so durch Auswanderung aus Ländern Nordeuropas bzw. aus Teilen Südeuropas nach Nordamerika, während der südliche Teil der Neuen Welt, also Südamerika, hauptsächlich von südeuropäischen Ländern bevölkert, bzw. kolonisiert worden ist. Die nordeuropäische Bevölkerung hat ferner vor allem Australien und Neuseeland kolonisiert. Bevölkerungsbewegungen sind auch von Japan bzw. China in Richtung Nord- und Südamerika bzw. nach Südostasien erfolgt.
Schließlich muß drittens auf die auf politische, wirtschaftliche oder militärische Ursachen zurückzuführenden Bevölkerungstransfers verwiesen werden. Als 1951 das Uno-Hochkommissariat für Flüchtlinge mit Sitz in Genf gegründet wurde, gab es 2 Mio politisch Verfolgte. 1991 wurden 17 Mio gezählt, so allein in Asien 7,4 Mio und in Afrika 6,0 Mio. Diese Bevölkerungsbewegungen, die auch aus *Not und durch Vertreibung* stattfinden bzw. gefunden haben, führten zu heterogen zusammengesetzten Bevölkerungen in einzelnen Ländern.
Berechnungen haben ergeben, daß nur etwa 9% aller Staaten ethnisch homogen sind und folglich die bei weitem größte Mehrheit der Staaten, nämlich 91%, ethnisch gemischt sind.[55] In vielen Fällen haben diese den Grundstein für ethnische oder Nationalitätenkonflikte gelegt.
Diese Migrationsbewegungen finden u.a. ihren Niederschlag in bestimmten politischen Verhaltensweisen. So z.B. drückt sich die Gaudillo-Kultur in Südamerika in der häufigen Zahl von Putschen bzw. Putschversuchen aus; das Aussitzen von Debatten bis zum Konsens ist ein Merkmal des asiatischen und afrikanischen Kulturraums; die Organisation von Konflikten in Parteien kennzeichnet eher die säkularisierte Kultur des Westens. Es lassen sich somit bestimmte Kulturmuster bei Konfliktverhalten beobachten, die bei ähnlicher Bevölkerungsstruktur vergleichbar sind.

5.11.2. Territorium

Die Ressource „Land“ gehört zu den ersten ursprünglichen Gütern, auf die sich Besitz- und Habgier gerichtet haben und um die sich Stämme und Staaten gestritten haben. Auseinandersetzungen um Territorien gehören zu den klassischen Konflikten. Das Streben nach Besitz von Land oder Meeresfläche bedeutet politisch eine Vergröße-

rung von Herrschaft. Der Drang, ein bestimmtes Land zu besitzen, hängt neben dem nationalen Prestige von Faktoren wie Fruchtbarkeit, Klima, Reichtum an Bodenschätzen, geostrategische Lage, d.h. militärische Bedeutung für Dritte etc. ab, die ein Land erst begehrlich erscheinen lassen. Insbesondere ist der Reichtum an Rohstoffen oder allgemein an ökonomisch bedeutsamen Gütern ein wichtiger Beweggrund für territoriale Eroberungen. Die Geschichte von Staaten ist zugleich eine Geschichte ihrer ökonomischen Bedeutung, die neben Rohstoffen auch auf anderen Faktoren beruhen kann (z. B. Industrialisierungsgrad, qualifizierte Arbeitskräfte).
Die Geographie entscheidet mit über die Bedrohung von außen: Mittellagen sind bedrohter als periphere Regionen, Staaten mit vielen angrenzenden Nachbarstaaten zeigen ein höheres Konfliktpotential als Staaten ohne Grenzen, Insellagen sind sicherer als zentralkontinentale Lagen; sie entscheidet aber auch über die Reichweite von Beherrschbarkeit: die Militärmacht von Staaten nimmt im allgemeinen mit der Entfernung ab.[56] Die Theorie der Einflußbereiche von Modesto Seara Vázquez lautet in seiner Kernaussage: „Das Risiko, das jeder Machtpolstaat gewillt ist, einzugehen, verhält sich umgekehrt zur Distanz des Konfliktpunktes zum Zentrum des Machtpols."[57]
Raum wird somit zum Konfliktfaktor; Luft, Meer und Land werden zur Interessensphäre erklärt (z.B. in politischen Doktrinen) und bleiben keine geographisch neutralen Größen. Sogenannte „mental maps" grenzen Räume nach Interessensphären ab. Räume werden auch nach der Reichweite militärischer Mittel ausgemessen und zur nationalen Interessensphäre erklärt.
Nach der territorialen Eroberung und Besiedelung außerhalb Europas liegender Gebiete (Kolonialismus, Imperialismus) sind in neuerer Zeit die Meere wichtiger geworden, und zwar nicht nur als Schiffahrtswege oder wegen des Fischreichtums, sondern auch wegen der mineralischen Vorkommen. Entsprechend der in der Zeit sich verändernden Bedeutung ökonomischer Ressourcen hat sich auch das Seerecht verändert: Wurde noch um die Mitte des ersten Jahrtausends n. C. das Meer zum *res omnium communis* (Sache, die allen gehört) erklärt und die Meeresressourcen zur *res nullius* (Sache, die niemanden gehört) und noch 1609 von Hugo Grotius zum öffentlichen Gemeinbesitz aller *(mare liberum)*, so ändert sich diese Einschätzung in neuerer Zeit durch die Fortschritte der Tiefseetechnik und dem Interesse an der Ausbeutung der Meeresrohstoffe. Zwar erklärt die UN-Meeresbodenkonferenz, die ab 1958 tagte, den Meeresboden zum „gemeinsamen Gut der Menschheit", doch die 1982 verabschiedete, jedoch noch nicht in Kraft getretene Seerechtskonvention teilt das Meer in verschiedene Zonen auf: das Hoheitsgewässer von 12 Seemeilen gehört zur Souveränität

Tabelle 9: Prognosen der Bevölkerungszahlen zum Zeitpunkt ihrer Stabilisierung in ausgewählten Ländern

Land	Bevölkerung 1986 Millionen	Jährliche Wachstumsrate Prozent	Stabile Bevölkerungsgröße Millionen	Veränderung ab 1986 Prozent
Länder langsamen Wachstums				
China	1050	1,0	1571	+ 50
Sowjetunion/GUS	280	0,9	377	+ 35
USA	241	0,7	289	+ 20
Japan	121	0,7	128	+ 6
Großbritannien	56	0,2	59	+ 5
BR Deutschland	61	− 0,2	52	− 15
Länder schnellen Wachstums				
Kenia	20	4,2	111	+ 455
Nigeria	105	3,0	532	+ 406
Äthiopien	42	2,1	204	+ 386
Iran	47	2,9	166	+ 253
Pakistan	102	2,8	330	+ 223
Bangladesch	104	2,7	310	+ 198
Ägypten	46	2,6	126	+ 174
Mexiko	82	2,6	199	+ 143
Türkei	48	2,5	109	+ 127
Indonesien	168	2,1	368	+ 119
Indien	785	2,3	1700	+ 116
Brasilien	143	2,3	298	+ 108

Nach: World Bank: World Development Report 1985. New York. Oxford University Press 1985.
Aus: Zur Lage der Welt 1987/88, S. 18.

Tabelle 10: Länder, die den demographischen Übergang geschafft haben (1986)

Land	Bruttogeburtenrate (pro 1000 Einwohner)	Bruttosterberate (pro 1000 Einwohner)	Jährliche Zu- oder Abnahme[1] (Prozent)	Bevölkerung (Millionen)
Österreich	11	12	− 0,1	7,6
Belgien	12	11	+ 0,1	9,9
Dänemark	11	11	0,0	5,1
DDR	14	14	0,0	16,7
Griechenland	12	10	+ 0,2	10,0
Ungarn	12	13	− 0,1	10,6
Italien	10	10	0,0	57,2
Luxemburg	11	11	0,0	0,4
Norwegen	13	11	+ 0,2	4,2
Schweden	12	11	+ 0,1	8,4
Großbritannien	13	13	0,0	56,6
Bundesrepublik Deutschland	10	11	− 0,1	60,7
Gesamt				247,4

[1] Ohne Einwanderung.

Nach: Schätzungen des Worldwatch Instituts auf der Grundlage von United Nations: Monthly Bulletin of Statistics. New York, monatlich.
Aus: Zur Lage der Welt 1987/88, S. 296.

Schaubild 8: Ergebnisse der Seerechtskonferenz

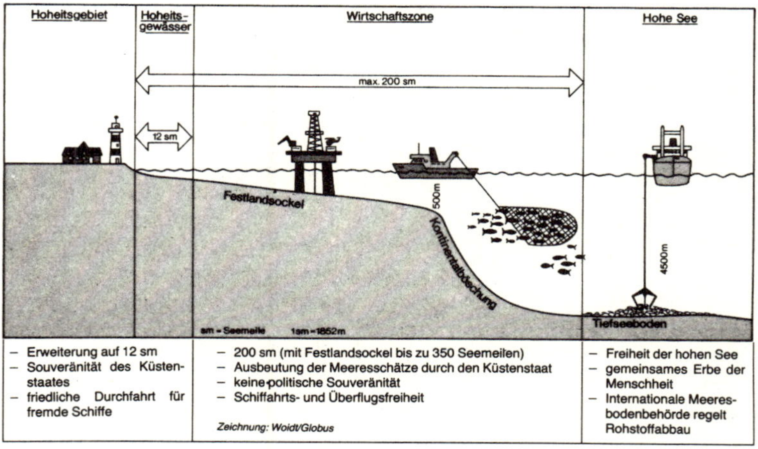

Aus: Politik und Unterricht, 1985, Heft 1. Neckar-Verlag, Villingen-Schwenningen.

des Küstenstaates, eine Wirtschaftszone von 200 Seemeilen bleibt dem Küstenstaat zur Ausbeutung vorbehalten und erst danach beginnt die „Freiheit" der Hohen See, das „gemeinsame Erbe der Menschheit" und der Bereich, der von der internationalen Meeresbodenbehörde für den Rohstoffabbau geregelt wird (vgl. Schaubild 8). Diese allmähliche, über einen Zeitraum von Jahrzehnten verlaufende Ausdehnung der Hoheitsgewässer von 3 auf 12 Seemeilen und die der Wirtschaftszonen auf 200 Seemeilen, hat bei sich überlappenden Seegebieten in allen Kontinenten der Erde zu zahlreichen Konflikten zwischen Nachbarstaaten geführt.

5.11.3. Potentialgrößen Wirtschaft, Technik und Wissenschaft

Das Wirtschaftspotential geht in unterschiedlicher Weise in machtstaatliche Berechnungen ein: meist wird der Entwicklungsstand – ausgedrückt im BSP oder BSP/Kopf – als Indikator für Wirtschaftsstärke genommen oder es werden wirtschaftliche Teilbereiche ausgewählt wie z. B. die Industriekapazität, die Energie-, Eisen- oder Stahlproduktion. Die Wirtschaftskraft eines Landes wird in der ökonomischen Wachstumstheorie bestimmt durch die drei Faktoren Kapital, Arbeit und Wissen (geistiges Kapital). Von Bedeutung sind aber auch zumindest potentiell das Vorkommen von Rohstoffen,

Naturschätzen, Klima etc., Quellen von Reichtum, die allerdings erst nach systematischer Bearbeitung ökonomische Bedeutung gewinnen. Wie hat sich das Industriestaatensystem entwickelt und wer waren oder sind die führenden Industrienationen?

Die Ausbreitung des kapitalistischen Industriestaatensystems über die Welt ist ein Phänomen, das die Staatenbeziehungen nachhaltig bestimmt hat.

War zunächst der Handelskapitalismus im Zuge der Kolonisierung durch Länder wie Spanien, Portugal, Holland, Großbritannien oder Frankreich, also durch die europäischen Seemächte, verbreitet worden, so hat der westliche Industriestaatstypus, der aus der Sicht Dritter auch die sozialistischen Organisationsformen einbezieht, Modellcharakter auch für die Dritte Welt erhalten. Die Ausbreitung dieses Wirtschaftssystems war gebunden an bestimmte technologische Entwicklungen, die erst sowohl die Entwicklung des Wirtschaftssystems als auch seine Ausbreitung möglich machten. Genannt werden können in diesem Zusammenhang die technologischen Entwicklungen des Kompasses für die Navigation, der optischen Geräte für Fernrohre, die Verbesserungen im Schiffsbau, die Entwicklung von Weltkarten, kurz die Erkenntnisse, die die neueren Naturwissenschaften seit Newton und Kepler kennzeichnen und zur Eroberung fremder Erdteile verwendet werden konnten.

Die Entstehung des Industriestaatensystems in Europa und dessen Verbreitung in der Welt hat zur ungleichen Verteilung wirtschaftlicher Güter geführt und politisch Dominanzstrukturen ausgebildet. Die ungleiche Verteilung hat sich zunächst in den 70iger Jahren zugunsten der Entwicklungsländer herausgebildet, die Diskrepanz in der ungleichen Verteilung ist aber in den 80iger Jahren wieder größer geworden (vgl. Tab. 11).

Die ungleiche Verteilung von Reichtum bzw. Ressourcen hat in neuerer Zeit politisch zum Nord-Süd-Dialog bzw. zum Nord-Süd-Konflikt sich organisiert, dokumentiert in den Organisationsformen der Industriestaaten, wie der OECD oder den jährlichen Treffen der sieben wichtigsten westlichen Industriestaaten seit 1975 (Wirtschaftsgipfel der G-7) und denen der Entwicklungsländer in Form von Ländergruppen in internationalen Konferenzen wie der UNCTAD oder UNIDO, sowie der Gruppe 77. Die Wahrnehmung dieser strukturellen Unterschiede erfolgte in den sechziger Jahren, nachdem zuvor bzw. auch danach die Perzeption sehr beschränkt blieb.[58]

Die unterschiedlichen wirtschaftlichen Entwicklungen werden in der theoretischen Verarbeitung von zwei Richtungen repräsentiert. Während die eine Richtung (Modernisierungstheorien) die endogenen Faktoren der

Tabelle 11: Indikatoren ungleicher Verteilung zwischen Industrienationen (IN), Entwicklungsländern (EL) und Staatshandelsländern (SHL)

	1973	in %	1980	in %	1990	in %
Bruttosozialprodukt (Mrd. US$)						
Welt	4186	100,0	10300	100,0	19140	100,0
IN	3340	79,8	7914	76,8	15668	79,0
EL	841	20,2	2387	23,2	3472	21,0
Welthandel (Mrd. US$)						
Welt	577,7	100,0	1993,6	100,0	3460,0	100,0
IN	403,7	69,0	1256,5	63,0	2245,9	65,6
EL	174,0	31,0	737,1	37,0	1214,1	34,4
Militärausgaben (Mrd. US$)						
	1978					
Welt	854,3	100,0	899,4	100,0	1032,4	100,0
IN	356,5	41,7	389,2	43,3	523,8	50,7
EL	181,0	21,1	180,1	20,0	150,0	14,5
SHL	316,8	37,1	330,1	36,7	358,6	34,8
Ausgaben für Forschung und Entwicklung (Mrd. US$)						
Welt	62,7	100,0	221,0	100,0	452,6	100,0
IN	60,7	97,7	208,4	94,3	434,3	95,9
EL	1,4	2,9	12,6	5,7	18,3	4,1
Buchproduktion (Titel)						
	1970					
Welt	521000	100,0	726500	100,0	842000	100,0
IN	451000	86,6	582000	80,9	600000	71,3
EL	77000	13,4	144500	19,9	242000	28,7

Nach: Weltentwicklungsbericht 1992; UNESCO Statistical Yearbook 1984, 1989, 1992; UN World Economic Survey 1991; UN Statistical Yearbook 1987.

jeweiligen Länder in den Vordergrund stellt, akzentuiert die andere Richtung (Dependenztheorie) die externen Abhängigkeitsbeziehungen. Dieser wirtschaftliche Entwicklungsprozeß war begleitet worden von einem Prozeß des Aufbaus und der Ausweitung einer wissenschaftlich-technologischen Zivilisation, die in sukzessiver Folge ihre Zentren in Italien bis Mitte des 17. Jahrhunderts, dann in England im 17. Jahrhundert, in Frankreich Ende 18. beginnendes 19. Jahrhundert, in Deutschland 19. und beginnendes 20. Jahrhundert, und heute vornehmlich in den USA hat. Die polnischen Soziologen und Sozialphilosophen Ossowski/Ossowska (1936) haben vier Merkmale der wissenschaftlichen Kultur hervorgehoben:[59]

Universalität: Die wissenschaftliche Kultur ist die erste weltumfassende Kultur in der Geschichte der Menschheit;

Beherrschbarkeit: Mit Hilfe wissenschaftlich-technischer Apparate kann die Umgebung des Menschen bewußt beherrschbar gemacht werden;
Fortschritt: Grundlegend für das wissenschaftliche Weltbild sind die Begriffe Veränderung, Entwicklung, Fortschritt;
Totalität: Die dadurch hervorgerufenen Veränderungen sind in ihren Auswirkungen und in ihrer Reichweite umfassender als sie es waren beim Übergang von vorwissenschaftlichen Kulturen.
Ein weiteres Merkmal kommt hinzu, nämlich das der
Rationalität: Die Ablösung vorgegebener oder als vorgegeben angenommener Glaubenssätze durch Beobachtung und Nachprüfbarkeit.
Die szientifische Erschließung der Welt hat nach Umsetzung in die Produktion zu dem Typus kapitalistischer Industriegesellschaft geführt, der andere Kulturgesellschaften zu überlagern beginnt.
Es gab Versuche, weltgeschichtliche Abläufe nach bestimmten Technologien oder Produkten zu bezeichnen. Die Windmühle bestimme die Feudalgesellschaft, die Dampfmaschine die kapitalistische Gesellschaft, meinte Karl Marx im Kommunistischen Manifest. Eine Zeitlang war vom Atomzeitalter (Zeitschrift gleichen Namens 60er und 70er Jahre, Atomium Symbol der Weltausstellung in Brüssel 1958) die Rede; in Weiterführung kulturgeschichtlicher Einteilungen nach Stein-, Bronze- und Eisenzeit wurde vom Plastikzeitalter gesprochen; auch vom Zeitalter der Raumfahrt oder vom Computerzeitalter war und ist die Rede; technologieübergreifend wird von der industriellen und darauffolgend von der kybernetischen Revolution oder Informationsrevolution gesprochen.
All diese Versuche, Epochenabschnitte nach technischen oder technologischen Veränderungen zu konzeptionalisieren, können als gescheitert betrachtet werden, weil sie eben jeweils technische aber nicht auch gleichzeitig gesellschaftliche, politische oder wirtschaftliche Veränderungen miteinbeziehen, die zweifellos damit verbunden sind oder waren.
Gesamtgesellschaftliche Theorien, die die wissenschaftlich-technische Entwicklung integrieren, sind die Theorie der wissenschaftlich-technischen Revolution (Richta) und die Theorie der postindustriellen Gesellschaft (Bell), bzw. der Risikogesellschaft (Beck), diese aus der Perspektive kapitalistischer Gesellschaft, jene aus der Perspektive des damals existierenden realen Sozialismus geschrieben. Diese Theorien belegen die grundlegende (infrastrukturelle) Bedeutung wissenschaftlich-technischer Entwicklungen, die in ihrer Prägekraft in Konkurrenz treten mit ökonomischen oder gar militärisch-politischen Verhältnissen. Solche Theorien versuchen sichtbare Tendenzen zu prognostizieren: Abbau körperlicher Arbeit, Zunahme von Umfang und Bedeutung von Wissen, Einfluß der Intellektuellen als Träger dieser Prozesse etc.

Heute verbinden viele eher düstere Perspektiven mit moderner Technologie, wie nukleare Katastrophen, Verdatung der Gesellschaft, Kollaps der Umwelt etc.
Technologische Entwicklungen (also auch kriegstechnologische Entwicklungen) zeigen nach Zahl und Umsetzungsgeschwindigkeit von Erkenntnissen in industrielle Fertigung exponentielle[60] Zuwächse, was an den Beispielen der Erkenntniszuwächse bei der Entdeckung chemischer Elemente und den Innovationsgeschwindigkeiten nachgewiesen werden kann. Betrug die durchschnittliche Dauer von der Invention zur Vermarktung industrieller Produkte 1850 82 Jahre, 1900 32 Jahre, 1950 15 Jahre, so beträgt sie heute ca. 1–2 Jahre. Wir haben es insbesondere im Bereich von Forschung und Technologie mit explosionsartigen Entwicklungen zu tun, die eine Art Schwindelgefühl in der Zeiterfahrung aufkommen lassen. Irgendwann kommt es dann innerhalb desgleichen Systems zur Stagnation. Das Wachstum kann an Grenzen stoßen, sei es durch Ressourcenerschöpfung (Club of Rome), sei es durch andere dem Wachstum inhärente Bedingungen. Die Pessimisten sprechen dann von der Katastrophen- oder Risikogesellschaft oder gar dem Auslöschen des Lebens auf dem Planet Erde. Die Optimisten gehen von der technischen, aber auch politischen und sozialen Bewältigung der Folgeprobleme aus.

5.11.4. Militärische Stärke

Militärische Kapazität ist eine weitere zentrale nationale Potentialgröße. Sie kann ausgedrückt werden in Mannschaftsstärken, Nuklearwaffen, Militärausgaben etc. Parallel zur industriestaatlichen Technologiepolitik hat sich die militärische Technologie entwickelt. Technologische Neuerungen haben oft genug und in der Geschichte in ausschlaggebendem Maße das Ergebnis kriegerischer Auseinandersetzungen bestimmt. Hierzu einige Zitate:

Bismarck (1894):
„Es ist weniger die friedliche Gesinnung aller Regierungen, die den Frieden bisher erhält, als die wissenschaftliche Leistungsfähigkeit der Chemiker in der Erfindung neuer Pulversorten und deshalb für die Leiter eines kriegslustigen Staates unter Umständen entscheidende Erwägung, daß sie es nicht für erfolgreich halten, loszuschlagen, wenn ihre Heere nicht im Besitze der neuesten Erfindungen sind. Es klingt fast wie Satire, ist es aber nicht, daß der Chemiker bisher die Schwerter in der Scheide hält und durch seine Erfindungen über Krieg und Frieden entscheidet."[61]

Virchow (1871):
„Gegenwärtig ist selbst in Frankreich nicht bloß die Redensart von dem Schulmeister von Königgrätz cursiv geworden, sondern man hat sich auch daran gewöhnt zu denken, daß die deutschen Schulen und Universitäten einen Einfluß auf den Gang des letzten Krieges gehabt haben, und daß die deutsche Wissenschaft, indem sie eine so große Zahl von Ingenieuren, Fabrikanten, Producenten der verschiedensten Dinge heranbildete, eine entscheidende Einwirkung auf die Kriegsführung ausgeübt habe."[62]
Engels (1887):
„Und endlich ist kein andrer Krieg für Preußen-Deutschland mehr möglich, als ein Weltkrieg, und zwar ein Weltkrieg von einer bisher nie geahnten Ausdehnung und Heftigkeit... Das ist die Aussicht, wenn das auf die Spitze getriebene System der gegenseitigen Überbietung in Kriegsrüstungen endlich seine unvermeidlichen Früchte trägt."
Heute haben die Vernichtungswaffen totale Ausmaße erreicht: die Größe der Zerstörung, die Treffsicherheit von Raketen, die Vernichtungspotentiale sind enorm gestiegen. Auch die Zahl der Staaten, die in Besitz von Nuklearwaffen sind, hat zugenommen: 1945 besaßen nur die USA einsatzfähige Atomwaffen, 1950 kam die Sowjetunion hinzu und in den fünfziger Jahren England und Frankreich, in den sechziger und siebziger Jahren China und Indien. Die Frage stellt sich: Welchen Sinn, vor allem welchen politischen Sinn macht die gewaltige Überproduktion von Atomraketen, wo doch ein Bruchteil des Zerstörungspotentials genügen würde, um jedes Land der Erde zu zerstören.
Die Entwicklung der Nuklearwaffen hat in der Ära des Kalten Krieges auf westlicher Seite zu Militärstrategien bzw. -doktrinen geführt, die man in vier Phasen beschreiben kann:

1. 1945–1953: Drohung mit atomarer Vergeltung
Von 1945 bis 1950 existierte ein Kernwaffenmonopol der US-Amerikaner; die Kernwaffen bildeten das Rückgrat der Abschreckung beim Abbau des Militärpersonals nach 1945. Im NATO-Bündnis kam es ab Januar 1950 zu einer Art Arbeitsteilung: die USA unterhielten strategische Luftstreitkräfte, Großbritannien und Frankreich taktische Luftwaffe und die anderen konventionelle Bodenstreitkräfte.

2. 1954–1960: Massive Vergeltung
Als Stütze dienten die Atomwaffen mit beweglicher strategischer Reserve. Der sogenannte „New Look" machte den Unterhalt von großen Streitkräften überflüssig; das nukleare Potential wurde ausgebaut, und die Stationierung von atomaren Sprengköpfen in europäischen Staaten der NATO betrieben.

3. 1961–1968: Abgestufte Vergeltung (Flexible Response)
Nach dem Versagen der massiven Vergeltung in Korea und Vietnam wurde die Doktrin der abgestuften Vergeltung mit konventionellen und Nuklearwaffen mit dem Kern Counter-force-Strategie entwickelt: Abschreckung gegenüber auch begrenzten nuklearen oder konventionellen Angriffen, dann bei Versagen zunächst flexible unklare Reaktionen, also begrenzter Nuklearkrieg. Nach Erstschlagkapazität[63] Entwicklung der Zweitschlagkapazität.[64]

4. Ab 1969: Konzept der realistischen Abschreckung
Beide Seiten halten an der overkill capacity und an der beiderseitigen Zweitschlagkapazität (Mutual Assured Destruction, MAD) fest. Dieser Doktrin liegt die Überlegung zugrunde, daß ein Krieg durch gegenseitig gesicherte Zerstörung verhindert werden kann. Ein weiterer wichtiger Gesichtspunkt der realistischen Abschreckung ist die Regionalisierung: die USA bleiben Hauptträger der Abschrekkung, die jedoch mit den nuklearen Bündnispartnern geteilt wird. Mit SDI (Strategic Defense Initiative) sollte es zur Ausweitung in den Weltraum kommen: Atomsprengköpfe sollen in der Luft und im Weltraum vernichtet werden, bevor sie das eigene Territorium treffen.
Mit dem Ende des Kalten Krieges hat sich die Situation radikal verändert. An die Stelle der Union der Sozialistischen Sowjetrepubliken (UdSSR) ist die Gemeinschaft Unabhängiger Staaten (GUS) getreten, die Republik Rußland nimmt als Atomwaffen besitzende Macht den Sitz im UN-Sicherheitsrat ein. An die Stelle der Ost-West-Rivalität ist zumindest vorerst ein kooperatives Verhältnis getreten.

Zeittafel Militärtechnologie bzw. -strategie

1945 Erster Einsatz von Atombomben
1949 Atomwaffenversuche der UdSSR
1952 Erste Wasserstoffbombe der USA
1952 Großbritannien besitzt Atombombe
1953 Erste Wasserstoffbombe der UdSSR
1954 Erstes US-Atom-U-Boot
1957 Erste britische Wasserstoffbombe
1957 Entwicklung von Interkontinentalraketen mit Atomsprengköpfen
1957 Erster sowjetischer Erdsatellit Sputnik
1960 Zündung der französischen Atombombe
1961 Erster bemannter Raumflug der UdSSR

1964 Erste chinesische Atombombe
1965 Entwicklung der Zweitschlagkapazität

Zeittafel der Abkommen über Rüstungsbeschränkungen

1959 Antarktis-Vertrag (friedliche Nutzung der Antarktis)
1963 Atomtestabkommen
1968 Vertrag über die Nichtweitergabe von Atombomben
1972 SALT I (Strategic Arms Limitation Talks, Rüstungskontrolle USA–UdSSR)
1972 ABM (Anti-Ballistic Missiles)
1987 INF-Vertrag (Intermediate Nuclear Forces; Mittel- und Langstreckenraketen-Reduzierung)
1990 CFE-Vertrag (Conference on Conventional Forces in Europe)
1990 Agreement on Chemical Weapons (Zerstörung und Produktionsverbot chemischer Waffen)
1993 SALT II (Abbau strategischer Waffen um etwa ⅔ bis 2003)

Die These wird vertreten, daß die direkte Konfrontation zwischen den Supermächten durch das Abschreckungssystem, d. h. also durch den Besitz gegenseitiger Zerstörungskapazitäten, vermieden werden konnte. Ein Beleg für diese Aussage kann solange nicht erbracht werden bis nicht geklärt ist, daß nicht auch andere Faktoren (z. B. die Erschöpfung nach Kriegen) eine Rolle gespielt haben. Im übrigen sind die Folgekosten der nuklearen Aufrüstung erheblich.
Wenn Rüstung die Ausrüstung der Militärs mit Waffen für den Einsatz im Krieg bedeutet, dann ist folglich Rüstung das Mittel eines Mittels.
Das zu beherrschende oder zu verteidigende Gebiet (Territorium, Bevölkerung etc.) ist nicht notwendigerweise das Nationalterritorium, sondern erstreckt sich entsprechend außenpolitischer Doktrinen auf die jeweiligen Einflußzonen. Umfang und Höhe der Rüstung eines Staates ist dann Funktion seiner politischen Absichten.
Die politischen Absichten können offensiver (Beherrschung) oder defensiver (Bedrohung) Natur sein. In beiden Fällen sind die Rüstungsanstrengungen hoch (gemessen an absolutem oder relativem Anteil BSP, Anteil Budget, Pro-Kopf-Bevölkerung).
Abkommen über Rüstungskontrolle (Atomtestabkommen 1963, Vertrag über die Nichtweiterverbreitung 1968, SALT I und II etc.) schrieben nur den jeweiligen Ist-Zustand der Rüstung fest. Verpflichtungen erstrecken sich nicht auf Eingriffe in diesen Zustand, sondern nur auf künftige Entwicklungen der gegebenen Militärtechnologie. Mit dem INF-Vertrag ist erstmals ein Abkommen zustande gekom-

Tabelle 12: Verteidigungsausgaben und Bruttosozialprodukt in Entwicklungsländern

BSP/Kopf in US $ 1983	Verteidigungsausgaben in Prozent der Gesamtausgaben unter 5%		5–10%		10,1–15%		15,1–20%		über 20%	
unter 400	Sri Lanka	1,4	Mali	8,4	Kenia	13,2	Obervolta	17,1	Indien	20,2
			Nepal	5,4			Birma	19,0	Pakistan	33,5
			Malawi	7,7			Uganda	19,8		
			Togo	7,1						
			Ghana	6,2						
			Sudan	9,2						
401–1500	Papua-Neuguinea	3,9	Senegal	9,1	Liberia	13,5	Indonesien	13,9	Jemen,	
	Peru	2,9	Bolivien	7,4	Ägypten	12,7	Simbabwe	17,3	Arab. Rep.	35,5
			Dominik.		El Salvador	11,9	Marokko	16,5	Thailand	20,6
			Republik	9,8	Philippinen	13,6				
					Tunesien	10,6				
					Paraguay	12,5				
					Ecuador	10,7				
1501–6000	Brasilien	4,3	Venezuela	5,8	Malaysia	15,1			Jordanien	24,8
	Mexiko	1,6			Chile	11,5			Syrien	37,7
					Argentinien	11,0			Korea (Süd)	31,3
					Uruguay	13,6			Israel	30,3
über 6000			Kuwait	10,9					Oman	49,4
			(Vergleich:						VAE	36,4
			Bundesrepublik						(Vergleich:	
			Deutschland	9,1					USA 23,1)	

Nach: Zusammengestellt nach Weltbank. Weltentwicklungsbericht 1985, Washington 1985.

Tabelle 13: Militärausgaben in % Bruttosozialprodukt nach Regionen

Regionen	1977	1982	1987
Afrika	4,7	4,9	4,3
East Asia	2,7	2,5	2,1
Europe (NATO)	3,5	3,6	3,5
Europe (Warsaw Pact)	11,0	11,1	10,8
Europe (other)	2,3	2,4	2,2
Latin America	2,0	2,6	2,0
Middle East	13,7	13,5	11,0
North America	4,8	5,9	6,2
Oceania	2,2	2,4	2,5
South Asia	3,6	3,6	4,1

Aus: U.S. Arms Control and Disarmament Agency, World Military Expenditures and Arms Transfers 1988 (Washington: U.S. Government Printing Office, 1989), S. 28–30.

men, das eine echte Reduzierung der vorhandenen Potentiale vorgesehen hat. Inzwischen scheinen sich die beiden Supermächte über den rapide abnehmenden Grenznutzen der Überrüstung im klaren zu sein. Dies kann nur ein erster Schritt sein zu weiteren Abkommen, denn die vorgesehene Reduzierung beträgt nur einen geringen Teil des atomaren Potentials. Die Rüstungsproblematik bezieht sich inzwischen auch und vor allem auf Länder des südlichen Globus bzw. der Dritten Welt. Hochrüstungsländer mit über 25% Rüstungsanteilen am Staatshaushalt liegen in den Krisenregionen des Vorderen und Mittleren Orients sowie im Fernen Osten (vgl. Tab. 12).
Wie muß militärische Rüstung beurteilt werden und welche Rolle spielt sie im Handlungskalkül von Politikern?

- Rüstung ist im Machtkalkül von Politikern zunächst eine Potentialgröße; bei tatsächlich vorhandenem oder nur so eingeschätztem unterschiedlichem Rüstungsstand kann sie einen ohnehin vorhandenen Konflikt intensivieren. Die Steigerung des Rüstungspotentials (Rüstungswettlauf) wirkt als Verstärker von Konflikten mit kriegerischen Mitteln. „Increases in arms levels appear to be the key factors in transforming the structural tensions of the international system, including those of status inconsistency, into a tendency toward belligerency.“[65]
- Die Veränderung von Rüstungspotentialen durch Steigerung der Rüstungsausgaben des einen Rivalen führt zu ähnlichen Veränderungen beim anderen Rivalen, d.h. Rüstungssteigerung ist die Ursache für Rüstungssteigerung. Die vermittelnde Größe ist die politische Einschätzung der Mittel.
- Rüstung kann als Indikator für Rivalität genommen werden, denn – so Clausewitz – Rüstung heißt, nicht Frieden schließen zu wollen.

> Und er fährt fort: Bleiben beide Seiten hochgerüstet, so warten sie einen günstigen Zeitpunkt des Handelns ab. Dieses Handeln muß zwischen Mächten mit nuklearer Hochrüstung nicht den Einsatz aller verfügbarer militärischer Mittel bedeuten (und hat es bisher nicht bedeutet), sondern das Suchen nach Vorteilen sowohl im Rüstungsbereich als auch auf anderen Gebieten (Wirtschaft, Technologie, Vereinnahmung von schwächeren Ländern etc.).

Zur Rüstungsdynamik gibt es zwei Erklärungsthesen: die eine besagt, daß Rüstung das Ergebnis der Wechselwirkung zwischen der Rüstungspolitik der Konfliktparteien sei (Außenpolitikthese); die andere besagt, daß Rüstung das Ergebnis bürokratischer und ökonomischer Interessen sei (Innenpolitikthese). Nach M. D. Wallace[66] führten Konflikte zwischen Großmächten, die im Rüstungswettlauf verbunden waren, in der Regel zum Krieg. P. F. Diehl[67] kommt mit der gleichen Konfliktliste zum gegenteiligen Ergebnis. Es mache keinen Unterschied, ob ein Konflikt mit einem Rüstungswettlauf verbunden ist oder nicht.
Es kann somit gesagt werden, daß die Gleichung „Rüstung ist gleichbedeutend mit Krieg“ nicht aufrechterhalten werden kann, auch wenn selbstredend Rüstung das Mittel gewaltsamer Durchsetzung von Interessen ist. Rüstung kann als Folge von Bedrohung ebenso zur Selbstverteidigung eingesetzt werden, wie sie zur aggressiven Selbstbehauptung verwendet werden kann.
Der Sonderfall des Aufbaus von overkill capacities hat jedoch nichts mit krankhafter deformierter Psyche zu tun (wie es ehrbare Psychologen schließen), sondern entspringt dem rationalen Kalkül von Vor- und Nachteil: nicht auf die absolute Höhe kommt es im strategischen Kalkül an, sondern auf die relative (vgl. oben, S. 146f.).

Kapitel 6: Instrumente in der internationalen Politik

Zur Verwirklichung ihrer im vorigen Kapitel genannten Ziele und Aufgaben bedienen sich die jeweiligen staatlichen und nicht-staatlichen Akteure unterschiedlicher Instrumente. Zusätzlich zu den jedem Einzelstaat zur Verfügung stehenden außenpolitischen Instrumenten sind in den internationalen Beziehungen diejenigen von zentraler Bedeutung, die von oder für Kollektive wichtig sind, also mehr als zwei Staaten engagieren.

Während die einzelstaatlichen Instrumente hauptsächlich diejenigen der Diplomatie, der Information und Propaganda, der Wirtschaftspolitik, insbesondere der Außenwirtschafts- und Außenfinanzpolitik, des Militärs, der Geheimdienste (Untergrund, Spionage), der Parteien und Verbände und schließlich der informellen Aktivitäten sind,[1] während also diese Macht- und Verhandlungsinstrumente vor allem in den bilateralen Beziehungen zwischen zwei Staaten eingesetzt werden, treten in der internationalen Politik Instrumente hinzu, die auf die Verhaltensweisen des internationalen Systems als Kollektiv wirken;

Graphik 10: Akteursbezogene Mittel

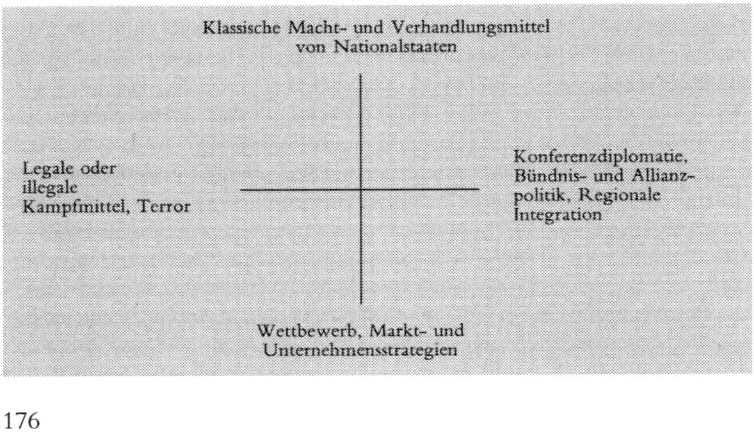

hierbei ist vor allem von Bedeutung die Konferenzdiplomatie und die Kooperation in regionalen und universalen wirtschaftlichen, militärischen und politischen Zusammenschlüssen (EG, UNCTAD, UNIDO, NATO, WP etc.).
Im nichtstaatlichen Bereich werden von transnationalen Akteuren vor allem Wettbewerbs- bzw. Markt- und Unternehmensstrategien eingesetzt, während Autonomie-, nationale Freiheits- und sezessionistische Bewegungen Kampfmittel wie Demonstrationen, Forderung nach Referendum, Verhandlungsangebote, Terror etc. zur Verwirklichung ihrer Ziele einsetzen (vgl. Graphik 10).
Die Trennung von Mitteln und Zielen ist nicht immer einfach vorzunehmen, denn Instrumente können selbst wieder Ziele sein und Ziele instrumental eingesetzt werden. Z. B. wurde die Europäische Integration mit dem Ziel der Friedenssicherung, der Wohlstandsmehrung etc. vorangetrieben, sie diente aber auch gleichzeitig als Mittel, Europa mehr Gewicht in der Weltpolitik zu geben oder die Vereinigung Deutschlands zu ermöglichen.

6.1. Außenpolitische Instrumente, klassische Macht- und Verhandlungsmittel

Bei der Verfolgung ihrer Interessen gegenüber der Außenwelt können Instrumente in den bilateralen und multilateralen Beziehungen nach verschiedenen Gesichtspunkten eingeteilt werden. Instrumente können unterschieden werden nach denjenigen Beteiligten, die eine Forderung anderen gegenüber durchsetzen möchten und hierbei kommen Mittel zum Einsatz, die eher *konfliktverstärkend* wirken, weil sie auf ein bestimmtes Ziel gerichtet sind, das andere möglicherweise nicht ohne weiteres zuzugestehen bereit sind. Als Reaktion darauf werden von den jeweiligen Betroffenen Mittel eingesetzt, die im Allgemeinen darauf gerichtet sind, den *Konflikt zu dämpfen* bzw. das Gut, auf das die Forderung gerichtet ist, zu verteidigen.
Zu unterscheiden ist zwischen Mitteln, die in zwischenstaatlichen Beziehungen eingesetzt werden und solchen, die bei innerstaatlichen Konflikten zum Einsatz kommen.
Eine weitere Unterscheidung bezieht sich auf die Mittel, die von den *Konflikt-Beteiligten* selbst eingesetzt werden und denjenigen Mitteln, die ein *Vermittler* einsetzt, der um die Beilegung eines Konfliktes bemüht ist.

Die Mittelwahl bezieht sich also auf folgende Fragestellungen:

1. Welche Mittel hat der Initiator verwendet, um bestimmte Ziele oder Güter zu erreichen und welche der Betroffene, um das betreffende Gut zu verteidigen?
2. Welche Instrumente hat ein Vermittler eingesetzt, um eine Lösung oder ein bestimmtes Ergebnis zu erzielen?
3. Mit welchem Nachdruck sind solche Instrumente eingesetzt worden: sind freie Vereinbarungen zwischen den Konfliktparteien zustande gekommen, ist Druck ausgeübt oder sind Drohungen ausgesprochen worden, oder sind schließlich militärische Mittel eingesetzt worden?

Die folgende Übersicht listet Instrumente nach Sachbereichen und konfliktverstärkenden und konfliktmäßigenden Wirkungen auf.

Übersicht 11: Zwischenstaatliche Instrumente

Instrumente	Konfliktmäßigend, positiver Einsatz (+)	Konfliktverstärkend, negativer Einsatz (−)
Diplomatie (bilateral)	a) Aufnahme diplomatischer Beziehungen b) Entsendung eines Sonderberaters c) Besuch von Regierungschefs d) Verhandlungen e) Einschalten eines Vermittlers f) Diplomatische Kanäle	a) Rückberufung eines Botschafters b) Suspendierung der Beziehungen c) Abbruch diplomatischer Beziehungen d) Protestnoten e) Absage eines Besuches f) Abbruch von Verhandlungen g) Nichtbeachtung h) Aufkündigung von politischen Verträgen i) Ausweisung fremder Staatsbürger
Diplomatie (multilateral)	a) Organisation einer Konferenz b) Einschalten einer internationalen Organisation als Vermittler oder Schlichter c) Resolution zugunsten eines Staates d) Schlichtung, Vermittlung, Untersuchung durch Dritte (außer internationalen Organisationen) e) Gipfeltreffen, internationale Konferenzen	a) Boykott einer Konferenz oder internationalen Veranstaltung b) Resolution gegen einen Staat c) Unterstützung von oppositionellen Exilantengruppen d) Nichtbeachtung
Information, Propaganda	a) Gezielter Einsatz von Propagandamitteln zur positiven Beeinflussung	a) Gezielte Desinformation

Instrumente	*Konfliktmäßigend, positiver Einsatz (+)*	*Konfliktverstärkend,* negativer Einsatz (−)
Wirtschaftspolitische Mittel	a) Einräumung von Handelspräferenzen (z. B. Meistbegünstigung) b) Vergabe von Krediten c) Vergabe von Wirtschaftshilfe d) Einrichtung von Stabilisierungsfonds e) Abschluß von Handelsabkommen f) Siedlungspolitik	a) Kontingentierung, Zölle b) Embargo (Exportverbot in ein anderes Land) c) Besteuerung von Importen d) Subvention von Exporten e) Verstaatlichung f) Administrative Auflagen für Importe g) Reparationsforderungen h) Bestechung i) Aufkündigung von Handelsabkommen oder Entwicklungs- und Wirtschaftshilfe k) Grenzschließung l) Siedlungspolitik
Militärische Instrumente	a) Entsenden von Militärberatern b) Waffenlieferungen c) Entsendung von „Friedenstruppen" d) Truppenrückzug	a) Entsendung von Truppen und/oder Kriegsschiffen b) Truppenkonzentrationen c) Mobilisierung d) Alarmbereitschaft e) Manöver f) Vereinzelte Militäraktionen (Intervention) g) Einmarsch von Truppen (Besetzung) h) Blockade i) Aufkündigung von Militärhilfe k) Terroranschläge l) Einsatz militärischer Mittel in vollem Umfang
Geheimdienste	a) Beschaffung von Informationen	a) Einsatz zum Sturz der Regierung
Informelle Instrumente	a) Unterstützung von kirchlichen Aktivitäten	
Bündnisse, Allianzen	a) Bündnisabkommen, Beitritt zu Allianzen (wirtschaftlich, militärisch, kulturell, etc.)	a) Austritt aus Bündnis
Juristische Mittel	a) Abschluß von Verträgen	a) Einforderung vertraglicher Abmachungen b) Berufung auf Völkerrecht
Regionale/universale Integration	a) Gründung von oder Beitritt zu internationalen Organisationen b) Veranstaltung einer internationalen Konferenz (Gastgeber) c) Unterstützung von Organisationen	a) Austritt aus Organisationen b) Absage von Teilnahme c) Aufkündigung der Unterstützung

6.2. Legale und illegale Kampfmittel von innerstaatlichen Gruppierungen

Auch innerstaatliche Mittel des Konfliktaustrags sind in bilateralen oder multilateralen Beziehungen von Bedeutung, insofern als zahlreiche innenpolitische Konflikte sowohl Auswirkungen nach außen haben als auch von außen unterstützt werden.
Folgende innerstaatliche Mittel sind gebräuchlich:

Übersicht 12: Innerstaatliche Instrumente

Konfliktmäßigend	Konfliktstärkend
a) Gesprächsbereitschaft mit Opposition	a) Demonstration, Streik (für und gegen Regierung)
b) Aufhebung des Ausnahmezustandes	b) Aufmärsche, Terroranschläge
c) Amnestie, Freilassung	c) Bestechung
d) Anerkennung der Opposition	d) Ideologische Mobilisierung, Populismus, charismatische Führung
e) Abtritt der Regierung, Regierungswechsel	e) Zensur, Verbote
f) Erfüllung von Forderungen	f) Unorganisierter Widerstand, Straßenschlachten
g) Siedlungspolitik	g) Polizeieinsatz, Festnahme
	h) Ausrufung des Ausnahmezustandes, Ausrufung des Kriegsrechts, Aufhebung der Verfassung
	i) Verbannung, Exil, Ausweisung
	k) Putsch, Palastrevolte, Privatkriege
	l) Liquidierung, Gegencoup
	m) Waffengewalt, Einsatz militärischer Mittel
	n) Organisierter Widerstand, Rebellion
	o) Erhebung regimegefährdender Forderungen
	p) Boykottaktionen
	q) gewaltfreier Widerstand
	r) Umsiedlung, Verteibung, Aushungern,
	s) Wahlmanipulation

6.3. Markt- und Unternehmensstrategien

Die transnationalen wie vor allem die Multinationalen Konzerne (MNK) haben Instrumente entwickelt, die der Ressourcenoptimierung bzw. der Profitmaximierung dienen und den Nationalstaat transzendieren. Die Schaffung eines Netzes von Bezugsquellen, Zulieferbetrieben und Absatzmärkten, von miteinander verflochtenen unternehmerischen Großeinheiten mit arbeitsteiliger Fertigung, eigenen Finanzierungssystemen, Know-how-Entwicklungen etc. macht die MNK zu transnationalen Aktionseinheiten par excellence. Im allgemeinen überwiegt kooperatives Verhalten gegenüber der jeweiligen Regierung, auch wenn in einzelnen Fällen nicht zulässige Mittel wie vor allem Bestechung bekannt geworden sind.

6.4. Instrumente internationaler Organisationen oder Mittel, die in Kollektivorganisationen eingesetzt werden (Konferenz-, Bündnis- und Allianzpolitik)

Zu den Instrumenten internationaler Organisationen rechnen wir sowohl die Mittel, die Organisationen als eigenständige Akteure einsetzen, als auch Mittel, die die einzelstaatlichen Akteure in internationlen Organisationen zur Wirkung bringen. Hierbei ist das breite Spektrum außenpolitischer Instrumente angesprochen (vgl. 6.1.).

6.4.1. Konferenzdiplomatie

Für die neuere Zeit kennzeichnend sind internationale Konferenzen mit großen Teilnehmerzahlen, die nicht wie früher zu Friedens- oder Allianzbeschlüssen zusammengetreten sind, sondern bestimmte Politik-Materien gemeinsam zu regeln haben (Weltkonferenzen zum Bevölkerungswachstum, zu Energie, zu wirtschaftlicher Entwicklung, zur Ernährung etc.). Zwar hat es auch schon im 19. Jahrhundert Konferenzen zur Abstimmung meist technischer Materien gegeben (z. B. zur Abstimmung von Fahrplänen, Harmonisierung von Maßen und Gewichten etc.); diese hatten aber nicht die globale Reichweite und die Breite der Themen betroffen. Die Diskussion um die Vergabe bestimmter Konferenzen ist daher selbst ein diplomatischer Akt, der politische Aussagen beinhaltet.
Wir unterscheiden zwischen fünf Arten von Konferenzen: Friedenskonferenzen, Konferenzen mit dem Charakter von Drohpolitik, Konferenzen zum Abschluß von Verteidigungsbündnissen, Schlichter- oder Mittlerkonferenzen sowie Programmkonferenzen.
Das besondere Augenmerk gilt dabei der Wahl des Konferenzortes bzw. des Gastgeberlandes als einem wichtigen Politikum.[2] Die Entscheidungen darüber können als ein wichtiger Indikator für die herrschenden Machtverhältnisse und für strategische Überlegungen dienen.

6.4.1.1. Friedenskonferenzen

Diese Konferenzen finden nach oder noch während militärischer Auseinandersetzungen statt und haben den Zweck, seitens der am Konflikt beteiligten Staaten oder häufiger seitens der Sieger oder der Siegermächte einen neuen Status quo zu formulieren. Ihr Gegenstand sind meist die Bestrafung des besiegten Staates durch territoriale Neugliederungen und die Verteilung anderer Beuteobjekte. Der Westfälische Friede von 1648, die Beschlüsse des Wiener Kongresses von 1815, der Versailler Vertrag von 1919 oder das Potsdamer Abkommen von 1945 sind Beispiele für diese Art von Konferenzen. Sie wurden entweder in einer Stadt der Siegermacht abgehalten, um das neue Machtzentrum zu demonstrieren (Wien, Paris/Versailles) oder in einer Stadt des besiegten Gegners, um die neue Autorität herauszustellen (Münster/Osnabrück, Potsdam).

Wird ein Ort in einem neutralen oder dritten Land oder auf See für den Abschluß eines Friedensvertrages gewählt, wie zum Beispiel Genf: Vietnam, Paris: Kambodscha, Genf: Afghanistan etc., so soll damit zum Ausdruck gebracht werden, daß keiner der beiden ehemaligen Kontrahenten als Gewinner oder Verlierer eingestuft werden will, also weder Canossa-Gang noch Diktatfriede betrieben werden soll. Neutralität des Konferenzortes heißt, nicht Sieger und Besiegte verhandeln, Parteilichkeit in der Wahl des Konferenzorts heißt, Sieger und Besiegte stehen sich gegenüber.

6.4.1.2. Drohpolitik-Konferenzen

Diese Konferenzen sind dadurch gekennzeichnet, daß einem Teilnehmer gegenüber oder gegenüber einer dritten, nicht an der Konferenz teilnehmenden Partei, einseitig Forderungen mit den Mitteln des Drucks und/oder der Drohung durchgesetzt werden; die betroffene Partei ist Opfer, auf ihre Kosten werden bestimmte Güter verteilt. Beispiele dieser Art von Konferenzen sind das Münchner Abkommen von 1938 oder der Hitler-Stalin-Pakt von 1939. Solche Konferenzen finden im Land der stärkeren Partei statt.

6.4.1.3. Konferenzen zum Zweck militärischer Verteidigungsbündnisse

Da das Gut „Sicherheit" von Einzelstaaten nicht mehr ausschließlich bereitgestellt werden kann, ist es in neuerer Zeit zu zahlreichen kollektiven Zusammenschlüssen auf militärischem Gebiet gekommen. Der Rio-Pakt von 1947, der Brüsseler Pakt von 1948 und die daraus sich entwickelnde Westeuropäische Union (WEU), die NATO-Gründung von 1949, der ANZUS-Pakt von 1951 oder der Warschauer Pakt von 1955 sind exemplarische Militärbündnisse dieser Art. Auch diese Form der Zusammenschlüsse erforderte Verhandlungen,

Abstimmungen über die militärischen Mittel und deren möglichen Einsatz (auch als Abschreckung) sowie über Zieldefinitionen.
Ein militärisches Bündnis hat den Zweck, seine Mitglieder gegen einen potentiellen äußeren Feind zu schützen. In den kollektiven Sicherheitsbündnisabkommen versprechen sich die Mitglieder gegenseitigen Beistand im Falle eines Angriffs. Der für die Konferenz, die zum Abschluß des Bündnisses führen soll, gewählte Ort, liegt in der Regel im Mitgliedsstaat mit der größten militärischen Stärke, um dessen zentrale Rolle zu demonstrieren (Berlin, Washington) oder zur Demonstration beabsichtigter Gleichstellung und Einbindung kleinerer Bündnispartner in einem der kleineren Staaten (Brüssel, Warschau). Für die Jahrestagungen kommt nach der Gründung mehr oder weniger das Rotationsprinzip zur Anwendung.
Ob allerdings die Ziele solcher Bündnisse auch tatsächlich erreicht worden sind, ist in der Forschung strittig. Das Einzige, was man sagen kann, ist, daß solche Bündnisse selten Kriege verhindert,[3] ja tendenziell Allianzen sogar Konflikte gefördert haben.[4]

6.4.1.4. Schlichtungs- oder Mittlerkonferenzen

Ein vierter Typ von Konferenzen wird organisiert, um Konfliktlösungen zwischen rivalisierenden Parteien durch eine nicht direkt am Konflikt beteiligte, aber durchaus selbst interessierte und gewichtige dritte Partei herbeizuführen. Dabei kann sich herausstellen, daß das schlichtende Land selbst nicht nur ein „desinterested broker" ist, sondern durchaus eigene Interessen mit seiner Rolle verbindet. Bismarck zum Beispiel erhielt als „ehrlicher Makler" während der Kongo-Konferenz 1884/85 erhöhten Einfluß und Prestige in Afrika als Provision. Auch der Berliner Kongreß 1878 brachte Anerkennung und Prestigegewinn für das Bismarckreich durch die rivalisierenden Mächte Großbritannien und Österreich-Ungarn auf der einen und Rußland auf der anderen Seite. Der Gewinn für Bismarck lag daneben in der Verlagerung der Spannungen vom Zentrum Europas in dessen Peripherie. Im nationalen Interesse eines schlichtenden Landes kann es ebenfalls liegen, seine Grenzregion durch die Vermittlung zwischen den rivalisierenden Ländern zu sichern. Hierfür ist die Konferenz von Taschkent von 1966 ein Beispiel. Die Sowjetunion sicherte ihre südlichen Grenzen, indem sie zwischen Pakistan und Indien vermittelte. Ein anderes Beispiel sind die USA, die ihre Interessen im Mittleren Osten zu wahren wußten, als sie 1979 im Camp-David-Abkommen zwischen Israel und Ägypten schlichteten. Alle diese Beispiele zeigen, daß die Schlichtungskonferenzen im Land des Vermittlers stattfanden, der seinerseits nicht unmittelbar in den Konflikt verwickelt war. Der Schlichter konnte als „Macht der freien Hand" stillschweigend eine zentrale Rolle spielen, indem er seine Machtposition für die Kompromißfindung und -einhaltung zwischen den Kontrahenten benutzen konnte. Daher muß das schlichtende Land eine zentrale Machtposition innehaben und in der Lage sein, durch Zusicherungen (z. B. Wirtschaftshilfen) die Kontrahenten zum Einlenken zu bewegen und/oder bei Nichteinhaltung der Vereinbarungen Sanktionsmaßnahmen einzusetzen.

6.4.1.5. Programmkonferenzen

Eine andere Art von Konferenzen hat das Aushandeln von Aktionsprogrammen zum Gegenstand, auf die sich die teilnehmenden Staaten für eine künftige Zeitspanne verpflichten.[5] Diese Konferenzen sind für den Nord-Süd-Dialog im Rahmen der UN typisch, haben aber auch ihre Bedeutung in den Ost-West-Beziehungen (Konferenz von Helsinki 1975). Diese Konferenzen beschäftigen sich nicht oder nur am Rande mit territorialen Fragen oder militärischen Bündnissen. Vielmehr sind solche Programme auf wirtschaftliche, soziale, politische und kulturelle Entwicklungen gerichtet. Die Zusammenschlüsse der Entwicklungsländer, wie die der Blockfreien Staaten, der Gruppe 77, der OAU, CECLA oder ASEAN, die der Industrienationen, wie die Gipfeltreffen der sieben wichtigsten Industrieländer, der EG oder OECD genauso wie die der Vereinten Nationen (UNCTAD, UNIDO, Weltkonferenzen) stellen Konferenzen dar, die primär auf künftig zu erfüllende Aktionsprogramme zu bestimmten Problembereichen gerichtet sind. In der Regel ist das gastgebende Land für diesen Typ von Konferenzen dasjenige, welches das größte Interesse und die meiste Initiative zeigt und von den teilnehmenden Staaten als Wortführer für andere Staaten gehalten wird.[6] Diese Art von Konferenzen ist relativ neu, sowohl was die Verhandlungsthemen angeht als auch in Hinblick auf die Zahl der beteiligten Staaten und ihre Organisationsstruktur. Hervorzuheben ist, daß die Nord-Süd-Verhandlungen durch kollektives Verhandeln von Entwicklungsfragen gekennzeichnet sind, allerdings vorbereitet in einem komplexen, schrittweisen Prozeß der Abstimmung.

Übersicht 13: Konferenztypen nach Ort und Ergebnis

Konferenztyp	Ort	Ergebnis
Friedenskonferenzen	Siegerland, besiegtes Land, neutrales Land	verbindlicher Vertrag, Abkommen
Drohpolitikkonferenzen	stärkstes Land	einseitiges Abkommen
Konferenzen zu militärischen oder politischen Bündnissen	dominierendes Land, Land kleinerer Bündnispartner	verbindlicher Vertrag
Schlichterkonferenzen	Schlichterland	verbindlicher Vertrag
Programmkonferenzen	Land eines Wortführers	unverbindliches Aktionsprogramm

6.4.2. Regionale bzw. universale Vereinigungen als politische Mittel

Mit dem Ziel der Friedenssicherung, der Wohlstandsmehrung etc. sind in der Nachkriegszeit zahlreiche Staatengemeinschaften auf regionaler oder universaler Grundlage als Ausdruck des Willens zur Kooperation, zu gemeinsamem Handeln in bestimmten materiellen Politikbereichen gegründet worden.
Bei den regionalen Gemeinschaften handelt es sich um kooperative Beziehungen zwischen Staaten des gleichen geographischen Raums; Beispiele hierfür sind in Europa die Europäische Wirtschaftsgemeinschaft bzw. die Europäische Gemeinschaft, in Afrika die OAU (Organisation of African Union), in Amerika die OAS (Organisation of American States), in Asien ASEAN (Association of South-East Asian Nations), in der arabischen Welt die Arabische Liga. Regional übergreifend sind die Organisationen der Länder der Dritten Welt, also die Gruppe 77 etc.
Da es sich bei diesen Regionalgemeinschaften um sehr unterschiedlich integrierte Gemeinschaften handelt, sind auch die Mittel der Kooperation unterschiedlich. Umfangreicher ist die Skala des Mitteleinsatzes bei multifunktionaler Integration verglichen mit nur losen Zweckbündnissen. Solche Gemeinschaften sind Ziel und Mittel zugleich: die übergeordneten Gemeinschaftsziele wie Wohlstand, Frieden, Freiheit etc. sollen mit dem Mittel der Integration erreicht werden; insofern sind sie instrumental. Die Errichtung solcher Gemeinschaften selbst ist aber wiederum ein Ziel, um das politisch gerungen werden muß.

6.4.3. Mittel der Schlichtung und Vermittlung

Im Völkerrecht sind folgende sechs Formen der Beteiligung von Dritten an der Streitbeilegung genannt:

(1) *Gute Dienste:* Dritte Parteien versuchen, die Streitparteien an einen Verhandlungstisch zu bekommen; die Dritte Partei ermöglicht nur Verhandlungen, greift aber selbst inhaltlich nicht ein; es werden keine konkreten Vorschläge zur Beilegung eines Konfliktes unterbreitet;
(2) *Untersuchung:* Von Kommissionen oder unabhängigen Persönlichkeiten werden strittige Sachverhalte identifiziert und in einem Bericht festgehalten; dabei können Lösungsvorschläge enthalten sein, ohne jedoch bindend zu wirken;
(3) *Vermittlung:* Das Ziel von nicht beteiligten Dritten ist die Erarbeitung materieller Lösungen in Form von Vorschlägen zur Konfliktbeilegung;

(4) *Vergleich:* Im Unterschied zur Untersuchung enthält der Vergleichsbericht Vorschläge unverbindlicher Art;
(5) *Schiedsgerichtsbarkeit:* Sie ist eine Alternative zur Gerichtsbarkeit durch den Internationalen Gerichtshof (IGH), die durch einvernehmliche Bestimmung der Konfliktparteien gebildet wird und deren Entscheidungen bindende Wirkung besitzen sollen;
(6) *Gerichtsbarkeit:* Autoritativer Entscheid eines Gerichts, die im voraus von den Konfliktparteien akzeptiert werden muß.

Diesen Formen des Völkerrechts fügt die UN-Charta Art. 33 als friedliche Mittel der Streitbeilegung hinzu die Inanspruchnahme regionaler Einrichtungen oder Abmachungen sowie andere friedliche Mittel nach Wahl. Andere Mittel, die die UNO nach Art. VII der Charta (Zwangsmaßnahmen) im Vorfeld der physischen Gewaltsamkeit zum Einsatz bringen kann, sind wirtschaftliche und diplomatische Sanktionen (Art. 41) und Blockaden (Art. 42); als schließlich letztes Mittel bleibt der UN der Einsatz militärischer Mittel nach Art. 43 unter UN-Kommando. Die bisher durchgeführten militärischen Maßnahmen der UN (Korea, Kongo, Irak) sind zwar mit Billigung des UN-Sicherheitsrates, aber unter dem Oberbefehl eines oder mehrerer Mitgliedstaaten durchgeführt worden.
Nach Brecher et al. wurden bei außenpolitischen bzw. internationalen Krisen in Tabelle 14 aufgezeigte Verhaltensweisen festgestellt:[7]
Dabei fällt auf, daß bei außenpolitischen Krisen häufiger verhandelt wurde als bei internationalen Krisen, wo Gewaltmittel häufiger zum Einsatz gekommen sind.

Tabelle 14: Mittel des Krisenmanagements

Instrumente	Außenpol. Krisen		Intern. Krisen	
	abs.	%	abs.	%
Verhandeln	152	24	43	16
Vermitteln	18	3	7	3
Mehrere Instrumente (nicht gewaltsam)	68	11	29	10
Nicht-militärischer Druck	8	2	3	1
Militärischer Druck	89	14	41	15
Mehrere Instrumente (gewaltsam)	158	25	76	27
Militäreinsatz	133	21	79	28
	626	100	278	100
Zusammenfassend:				
Verhandeln	152	24	43	16
Andere friedliche Mittel	94	15	39	14
Druck	89	14	41	15
Gewalt	291	47	155	56

Bei Vermittlung durch Dritte Parteien kann man nach Butterworth[8] zwischen folgenden 12 Instrumenten des Konfliktmanagements unterscheiden:

1. *Schlichtung/Vergleich:* eine nicht direkt beteiligte Partei versucht, Interessengegensätze zum Ausgleich zu bringen;
2. *Vermittlung:* Versuch einer Dritten Partei, die Interessen der Konfliktparteien aufzugreifen und zum Kompromiß zu führen; die Hauptaufgabe besteht in der Erarbeitung akzeptabler Lösungsvorschläge;
3. *Schiedsgericht, Urteilsspruch:* Konfliktparteien benennen den Schiedsrichter;
4. *Anzeige, Gerichtliche Anklage;*
5. *Gute Dienste:* Versuch eines unbeteiligten Dritten, die Konfliktparteien zur Aufnahme von direkten Verhandlungen zu bewegen; es werden keine konkreten Vorschläge unterbreitet;
6. *Untersuchung, Nachforschung:* Einsetzen einer Untersuchungskommission;
7. *Intervention;*
8. *Zwangsmaßnahmen* wie z. B. militärisches Eingreifen „peace enforcement" (ONUC, Korea);
9. *Beobachtung, Überwachung,* z. B. durch Militärbeobachter, „peacekeeping" (UNFICYP, UNMOGIP etc.);
10. *Diskussion;*
11. *Verweis an andere Organisationen;*
12. *Ermahnung.*

Tabelle 15: Instrumente des Konfliktmanagements bestimmter Vermittler

Instrumente	AL	IGH	OAS	OAU	UNO	Andere	Total
Schlichtung	1	0	4	2	3	2	12
Vermittlung	7	0	7	7	14	37	72
Schiedsspruch	0	1	0	0	0	2	3
Anzeige	1	11	6	0	34	9	61
Gute Dienste	4	0	3	1	10	10	28
Untersuchung	1	1	12	1	32	8	55
Intervention	2	0	4	0	12	4	22
Zwangsmaßnahmen	0	0	3	0	7	7	17
Beobachtung	2	0	3	1	17	9	32
Diskussion	2	0	1	0	31	4	38
Verweisung	0	0	2	0	8	0	10
Ermahnung	0	0	4	5	25	3	37
Total	20	13	49	17	193	95	387

Nach: R. L. Butterworth: Managing Interstate Conflict, 1945–1974. Pittsburgh 1976.

Von internationalen Organisationen, vor allem von der UNO, sind am häufigsten die Anzeige (enunciation), die Untersuchung, die Vermittlung, sowie die Diskussion und die Ermahnung als Instrumente zum Einsatz gekommen; weniger häufig wurden Schiedsgerichte, Verweis und Schlichtung bzw. Vergleich benutzt (vgl. Tab. 15).
In internationalen Gremien wie der UNO sind zur Beilegung eines Konflikts nach Butterworth folgende Aktionen unternommen worden (vgl. Tab. 15):

1. Nur formelle Diskussion über den Konflikt ohne Entschlüsse oder Entscheidungen;
2. Verabschiedung einer „schwachen" Resolution, d.h. formeller Aufruf zur Beendigung der Feindseligkeiten ohne explizit den „Schuldigen" zu nennen. Formelle Diskussion ohne Entscheidung in der Sache;
3. Verabschiedung einer „starken" Resolution, d.h. substantielle Entscheidung über den Sachverhalt; Verurteilung des Aggressors, Aufforderung zur Beendigung der Feindseligkeiten;
4. Untergeordnete Maßnahmen vor Ort mit Beteiligung von weniger als 20 Personen. Maßnahmen werden durchgeführt ohne spezifisches Mandat einer für den Konfliktfall verabschiedeten Resolution;
5. Maßnahmen, die nicht den Charakter von Zwangsmaßnahmen haben, z.B. Schlichtung, Vermittlung, Untersuchung, Bildung von Komitees oder Kommissionen;
6. Zwangssmaßnahmen, Verabschiedung von fallspezifischen Resolutionen, die militärische, ökonomische oder polizeiliche Operationen zur Wiederherstellung des Friedens im Konfliktgebiet autorisieren, z.B. Waffenstillstandsüberwachungen, Verwaltung, diplomatische oder ökonomische Embargos.
7. Nicht anwendbar, kein Vermittler involviert oder Vermittler ohne Organisation.

Über die Effektivität dieser Maßnahmen können nur von Fall zu Fall Aussagen gemacht werden, da der Einsatz gebunden ist an die Intensität des Konflikts, an die Verfügbarkeit bestimmter Mittel seitens der UN-Organisationen, an die Unterstützung durch verschiedene Länder, an die Angemessenheit der zum Einsatz kommenden Aktionen etc.

Kapitel 7: Integration und Desintegration – Weltstaat oder Staatenwelt

Man kann die großen historischen Prozesse in den Beziehungen zwischen den genannten Akteuren der internationalen Politik als Prozesse der Integration bzw. der Desintegration beschreiben. Die Bildung von Nationalstaaten und regionalen oder universalen Gemeinschaften ist ebenso auf Integration gerichtet wie die Kolonisierung und der Aufbau imperialer Reiche auf die Zusammenfassung zuvor unabhängiger Gebiete gerichtet war. Das internationale Staatensystem kennt aber auch die Desintegration von Nationalstaaten, regionalen oder universalen Gemeinschaften; es gibt die Teilung von Nationen durch Bürgerkriege (China, Indien, Pakistan, Jugoslawien); es gibt die Teilung durch ausländische Intervention (Deutschland 1945, Korea 1953); es gibt die Auflösung von Großreichen (Römisches Imperium, Osmanisches Reich, Habsburg-Monarchie, British Empire, Sowjetunion, Jugoslawien) und es gibt Dezentralisierung durch ethnische, religiöse oder kulturelle Autonomiebewegungen (Irland, Baskenland); auch kennt die Geschichte ein Ausscheren aus Bündnissen oder Einflußsphären (Jugoslawien, Rumänien, Kuba, Afghanistan) bzw. die Auflösung von Bündnissen (Warschauer Pakt) und Kooperationsgemeinschaften (RGW).

7.1. Integration

Der Begriff der Integration ist ungenau und wird in der Literatur unterschiedlich verstanden und auf verschiedene politische Zustände oder Prozesse bezogen. In Anlehnung an Karl W. Deutsch und in Erweiterung seiner Definition soll unter Integration die Zusammenfügung zuvor unabhängiger oder unabhängigerer Teile verstanden werden. Integration ist ein Unterfall von Interdependenz und drückt wechselseitige Beziehungen zwischen den Bestandteilen eines integrierten Systems aus, die durch die Zusammenfügung eine positive Kovarianz, d.h. einen Wertgewinn aufweisen.[1] Die verschiedenen Formen der Integration unterscheiden sich in bezug auf die Art der sich integrierenden Teile und in den Zielen, die sie erreichen wollen. Im Innenverhältnis von Staaten geht es um Regionen, Provinzen, Länder, Kantone, Gemeinden etc., die sich freiwillig zusammenschließen, weil sie mehr gemeinsam haben als mit anderen politischen Einheiten oder die gewaltsam zusammengeschlossen werden, um die Zentralmacht zu stärken.

In den internationalen Beziehungen sind die einzelstaatlichen, regionalen oder universalen Zusammenschlüsse zentrale Analyseeinheiten. Die *Form der Zusammenschlüsse* variiert im internationalen Bereich von supranationaler Integration (Beispiel: EG), Allianzen oder Bündnissen (Beispiele: NATO, WP), Unionen (Beispiele: Deutsche Zollunion, Arabische Maghreb-Union) bis zu Freihandelsassoziationen (Beispiel: EFTA).

Die *Ziele* der einzelnen Zusammenschlüsse reichen von Harmonisierung von für wichtig gehaltenen Politikbereichen, Erhöhung der militärischen Sicherheit, Schaffung gemeinsamer Außenzölle bis zur Liberalisierung des Handels. In bezug auf diese Güter und Werte soll es – so die Absicht des Zusammenschlusses – zu einem Zugewinn für alle Teile kommen. Die funktionalistische Frage lautet: welche Form der politischen Organisation ist am besten geeignet, bestimmte Aufgaben zu erfüllen; es kann mithin sein, daß außer der Integration auch Formen der Desintegration bzw. die des Status quo besser geeignet sein können. So wurden im Prozeß der westeuropäischen Einigung nach 1945 für unterschiedliche Aufgaben verschiedene organisatorische Formen gefunden: die Menschenrechte werden vor allem vom Europarat aber auch von der KSZE wahrgenommen, die militärische Sicherheit vom Brüsseler Pakt (später Westeuropäische Union), von der EVG und nach deren Scheitern von der NATO (bzw. der Eurogruppe innerhalb der NATO), die wirtschaftliche Wohlfahrt von Montanunion, EWG bzw. EG und der EFTA, die Außenpolitik von der EPZ, der Technologiebereich von Euratom bzw. Eureka etc.

Der *Grad der Integration* kann anhand von drei Indikatoren bestimmt werden: nach Zahl und Art der integrierten Politikfelder, nach dem Umfang der Kompetenzabgabe der konstituierenden Teile an gemeinsame Organe sowie nach der geographischen Reichweite der integrierten Gebiete (Zahl der Mitglieder).

Man kann sagen, daß eine politische Gemeinschaft einen umso höheren Grad an Integration aufweist, je mehr Politikfelder zusammengelegt wurden, je umfangreicher die Kompetenzen sind, die an gemeinsame Organe abgetreten wurden und schließlich je näher die integrierten Teile beieinander liegen und nach außen eine Einheit bilden. Es gibt Bedingungen, die Integrationsprozesse begünstigen wie die erhöhte Bedeutung, die die einzelnen Teile füreinander haben, also die gegenseitige Relevanz, die Vereinbarkeit der Werte, die gegenseitige Ansprechbarkeit oder die gemeinsame Identität oder Loyalität.

Neben der Bestimmung des Begriffs und dem Grad der Integration ist die Frage wichtig, welche *Ursachen* zur Integration geführt haben. Die Integrationsforschung stellt dafür verschiedene Erklärungsansätze bereit: Funktionalismus bzw. Neofunktionalismus, Kommunikation bzw. Transaktion, Konstitutionalismus, Föderalismus, Konvergenz etc. (siehe unten).

Ebenfalls zentral ist in der Integrationsforschung die Frage nach den *Wegen oder Modalitäten*, die zu Zusammenschlüssen geführt haben bzw. führen. Auch hierzu gibt es verschiedene Ansätze für die Integrationsbildung: ein einmaliger Akt der Gemeinschaftsschöpfung z. B. durch eine Verfassung, ein spill-over Effekt als ein Prozeß der Sogwirkung von einem Politikbereich zum anderen, wobei die Wirtschaft als Führungsbereich im funktionalistischen Ansatz von Mitrany u. a. genannt wird. Nach Carl Joachim Friedrich vollzieht sich die Gemeinschaftsbildung gradualistisch als zeitlich fortschreitender Prozeß im gesellschaftlichen Bereich (Unternehmen und Unternehmerverbände, Landwirtschaft, Gewerkschaften, Gemeinden/Städtepartnerschaften, Hochschulen etc.)[2] Nach einem analogen Verfahren kann man das Zusammenwirken regional oder universal untersuchen, indem man verschiedene Politikbereiche (politische Zusammenarbeit, Verteidigung, Finanzen, Handel, wirtschaftliche Entwicklung, Menschenrechte, Transport und Kommunikation, Wissenschaft und Kultur, Umwelt etc.) auf existierende Formen der Zusammenarbeit hin befragt und so den Grad der globalen Zusammenarbeit bestimmt.[3]

Es gibt abgestufte Formen der Integration, die im nationalen Rahmen von zentral organisierten Nationalstaaten bis zur Separation reichen und im internationalen Bereich von supranationaler Integration bis zur Auflösung von Staatengemeinschaften (vgl. Übersicht 14).

Integration kann sich beziehen auf nationalstaatliche Prozesse und auf zwischenstaatliche Zusammenschlüsse.

Die Auflistung ist von oben nach unten nach dem Grad der Integration geordnet: je weiter oben, umso integrierter, je weiter unten, umso desintegrierter.

Die Bestimmung des Grades der Integration kann auch über die *Zahl integrierter Politikfelder* erfolgen. Die westlichen bzw. die östlichen Staatengemeinschaften kennen eine Vielzahl unterschiedlicher Mitgliedschaften in Regionalorganisationen (vgl. Übersichten 16 u. 17). Man kann als Prototyp einer auf Freiwilligkeit beruhenden supranationalen Gemeinschaft die Europäische Gemeinschaft bezeichnen. Der Rat für gegenseitige Wirtschaftshilfe bestand dagegen aus einem Netz bilateraler Verträge von realen Austauschbeziehungen

Übersicht 14: Nationale und internationale Integrationsmodelle

National	International/regional
Nationaler Zentralstaat (Frankreich)	Weltstaat
Föderation: Bundesstaat (BRD, USA, Kanada)	Supranationale Integration (regionale Gemeinschaft, EG)
Lose Föderation (Deutscher Bund 1815–1871)	Regionale Organisationen (OAS, OAU, ASEAN)
Konföderation, Staatenbund (Schweiz 16.–18. Jh., Deutschland ab 1871)	Internationale Organisationen (OECD)
Ethnische oder religiöse Spaltung: Libanon, Sri Lanka, Belgien, Nord-Irland, Spanien	Transnationale Organisation (Weltkirchenrat)
Nationale Separation, Nationen- bzw. Staatenteilung (Korea, Deutschland, Pakistan, China, Vietnam, UdSSR, Jugoslawien)	Freihandelszonen (EFTA, NAFTA)
	Zollunion (Deutscher Zollverein)
	Politische Union (Europäische Union)
	Allianzen, Bündnisse (NATO)
	Regionale Zusammenarbeit,
	Sektorale Zusammenarbeit (Nordischer Rat, Europarat)
	Assoziationen (Lomé-Abkommen)
	Friedliche Koexistenz
	Feindselige Koexistenz (Kalter Krieg)
	Auflösung von Staatengemeinschaften (VAR, Commonwealth of Nations)

und kann damit nicht gleichgesetzt werden mit einer Integrationsgemeinschaft wie der EG.

Integrationsprozesse sind daran zu messen, wie Innen- und Außenpolitik der Mitgliedsstaaten miteinander verflochten sind, d. h. wie die Verfassungssysteme der Teilnehmerstaaten und die Verfassung der Gemeinschaft bzw. deren vertragliche Vereinbarungen geartet sind. In diesen Rechtsdokumenten steht, ob es sich bei dem Prozeß der Gemeinschaftsbildung nur um eine lose Verbindung von Staaten handelt oder ob nationalstaatliche Kompetenzen an die Gemeinschaft abgegeben werden können. Die Übersicht zeigt, welche Verfassungsstrukturen welcher Art von Integrationstypen entsprechen (vgl. Übersicht 18, S. 201/202). Dabei kann man zwischen 7 Typen unterscheiden: dem zentralisierten Nationalstaat, der Föderation, der Konföderation, der Supranationalität, Allianzen und Bündnissen, der Union und den Freihandelsorganisationen. Die Verfassungsorgane sind je nach Integrationstyp unterschiedlich zusammengesetzt bzw. ausgerichtet.

Zur Bildung von *Großreichen bzw. von Nationalstaaten* ist es in der Geschichte durch Kriege, Druck oder Zustimmung gekommen. Die meisten Imperien sind mit Waffengewalt erfochten worden und selbst die Bildung der amerikanischen Föderation ging nicht ohne Krieg ab (US-Mexiko-Krieg um Texas). Es gibt nur wenige Beispiele für die Bildung von großen Flächenstaaten ohne gewaltsame Einwirkung.

Übersicht 15: Politikfelder internationaler Organisationen

Organisation	Wirtschaftspolitik	Finanz- u. Währungspolitik	Verteidigungspolitik	Außenpolitik	Menschenrechtspolitik	Sozialpolitik	Forschungs- u. Technologiepolitik
EWG (1958) Europäische Wirtschaftsgemeinschaft	X	X				X	
EG (1967) Europ. Gemeinsch.	X	X				X	
NATO (1949) North Atlantic Treaty Organ.			X				
EPZ (1972) Europ. Polit. Zusammenarbeit				X			
EWS (1979) Europäisches Währungssystem		X					
ER (1948) Europarat			(X)		X	X	
WEU (1948/55) Westeurop. Union			X				
OEEC (1948) Organ. for Europ. Economic Cooperat.	X	X					
OECD (1961) Org. for Economic Cooperation and Development	X						(X)
ESA (European Space Agency)							X

Doch macht es einen Unterschied, ob Staaten oder – allgemeiner – politische Einheiten erzwungen worden sind im Kampf gegen ausländische Mächte wie im Falle der italienischen und deutschen Einheit oder gegen spätere Mitgliedstaaten. Die gewaltsame Einverleibung von Gebieten war oft Ursache für später auftretende Unruhen. Föderative Staaten, die auf freiwilligem Zusammenschluß beruhen, sind immuner gegenüber Separatismus als zentral organisierte Einheitsstaaten, die mit Gewalt gebildet worden sind.

7.1.1. Integration und Integrationstheorien

Warum – ganz allgemein gefragt – schließen sich Gemeinschaften zusammen, welche Gründe sprechen für Vereinigung, welche für Trennung? Warum finden politische Entitäten zu unterschiedlichen

Übersicht 16: Mitgliedstaaten westlicher Organisationen

Land: Organisation:	EFTA	EG	ER	ESA	KSZE	NATO	OECD	WEU
Albanien					X			
Andorra					X			
Australien							X	
Belgien		X	X	X	X	X	X	X
Bosnien-Herzegowina					X			
Bulgarien					X			
Bundesrep. Deutschland		X	X	X	X	X	X	X
Dänemark		X (1)	X	X	X	X	X	
Estland					X			
Finnland	X		X	X (2)	X		X	
Frankreich		X	X	X	X	X (3)	X	X
Georgien					X			
Griechenland		X	X		X	X	X	
Großbritannien		X	X	X	X	X	X	X
GUS (4)					X			
Irland		X	X	X	X		X	
Island	X		X		X	X	X	
Italien		X	X	X	X	X	X	X
Japan							X	
Kanada				X (5)	X	X	X	
Kroatien					X			
Lettland					X			
Liechtenstein	X		X		X			
Litauen					X			
Luxemburg		X	X		X	X	X	X
Malta			X		X			
Monaco					X			
Niederlande		X	X	X	X	X	X	X
Neuseeland							X	
Norwegen	X		X	X	X	X	X	
Österreich	X		X	X	X		X	
Polen			X		X			
Portugal		X (6)	X		X	X	X	X

Übersicht 16 (Forts.): *Mitgliedstaaten westlicher Organisationen*

Land: Organisation:	EFTA	EG	ER	ESA	KSZE	NATO	OECD	WEU
Rumänien					X			
San Marino			X		X			
Schweden	X		X	X	X		X	
Schweiz	X		X	X	X		X	
Serbien-Montenegro					X			
Slowenien					X			
Spanien		X	X	X	X	X (7)	X	X
Tschechoslowakei			X		X			
Türkei			X		X	X	X	X (8)
Ungarn			X		X			
USA					X	X	X	
Vatikan					X			
Zypern			X		X			

Anmerkungen:
(1) Ohne Färöer und Grönland.
(2) Assoziiert.
(3) Außerhalb der militärischen Integration.
(4) Gemeinschaft Unabhängiger Staaten, bestehend aus den früheren Republiken der UdSSR außer den Baltenrepubliken Lettland, Estland und Litauen sowie Georgien; also: Armenien, Aserbaidschan, Kasachstan, Kyrgystan, Moldawien, Rußland, Tadschikistan, Turkmenistan, Ukraine, Usbekistan und Weißrußland.
(5) Kooperatives Mitglied.
(6) Ohne Macão.
(7) Außerhalb der militärischen Integration.
(8) Assoziiert.

Abkürzungen:
EFTA: European Free Trade Association/Europäische Freihandelsassoziation, gegr. 1960
EG: Europäische Gemeinschaften, gegr. 1957.
ER: Europarat, gegr. 1949.
ESA: European Space Agency/Europäische Weltraumagentur, gegr. 1975.
KSZE: Konferenz über Sicherheit und Zusammenarbeit in Europa, 1. Tagung 1972.
NATO: North Atlantic Treaty Organization, gegr. 1949.
OECD: Organization for Economic Cooperation and Development, gegr. 1960.
WEU: Westeuropäische Union, gegr. 1954.

Übersicht 17: Mitgliedstaaten sozialistischer Organisationen zur Zeit des Kalten Krieges

Organisationen	Bul	DDR	Pol	Rum	Tsch	Ung	UdSSR	Yug	Alb	Kub	Mong	Viet	VRC
RGW/Comecon (1949)	X	X 1950	X	X	X 1950		X		(X)	X 1972	X 1962	X 1978	X 1972
Warschauer Vertrag (1955)	X	X 1956	X	X	X	X	X		(X) bis 68				

COMECON = Council of Mutual Economic Aid
RGW = Rat für gegenseitige Wirtschaftshilfe

Kooperationsformen wie zentralstaatlich, föderalistisch, supranational, als Allianz oder Union etc. zusammen oder trennen sich? Was sagt die Integrationstheorie aus über die Prozesse der Zusammenführung politischer Gesellschaften?

Die bekannteste und zu Varianten erweiterte *Funktionalismus- bzw. Neofunktionalismustheorie* (Mitrany, Nye, Haas) ist in der Lage, einige Prozesse zu erklären, die sich in der Realität vollziehen. Mitranys credo „form follows function", sein Konzept „from bottom to top" und die zunächst als automatisch erwarteten, dann in der neofunktionalistischen Variante modifizierten Übergreifeffekte (spill over) von wirtschaftlichen und technischen Gemeinschaftsaufgaben auf Politikbereiche wie Außenpolitik, Sicherheitspolitik etc. halten dem Test mit den empirisch sich vollziehenden Vorgängen der „abgestuften Integration", von der später die Rede sein wird, stand. Die europäische Integrationsbewegung ist eine Erfolgsgeschichte der funktionalistischen Schule. Welche Organisationsform ist am ehesten geeignet, bestimmte Aufgaben zu erfüllen? lautet die Frage dieser Schule. Der Automatismus des spill over wurde ersetzt durch bestimmte Bedingungen, die erfüllt sein müssen, damit aus einer Wirtschaftsgemeinschaft eine politische werden kann.

Mit historischem Bezug zur Bundesrepublik kann man sagen, daß das Erhardsche liberale Weltwirtschaftsmodell und das Adenauersche westeuropäische Politikmodell im funktionalistischen Ansatz konvergieren.

Der *Kommunikations- oder Transaktionsansatz* von Karl W. Deutsch fragt nach den Austauschbeziehungen zwischen verschiedenen Einheiten und schließt aus der Dichte der Beziehungen auf das Integrationspotential bzw. -niveau. Es ist jedoch falsch, diesen Integrationsansatz auf solche Meßgrößen zu reduzieren; sie dienen nur dazu, die Bedingungen „Relevanz der Teile zueinander", „Vereinbarkeit der Werte", „gegenseitige Ansprechbarkeit" und „gemeinsame Loyalität" operational zu bestimmen. Als Aufgaben einer Integration formuliert Deutsch die Erhaltung des Friedens, die Erlangung größerer Mehrzweckpotentiale, die Fähigkeit zur Lösung spezifischer Aufgaben und die Gewinnung eines neuen Selbstverständnisses und einer neuen Identität.

Nach Deutschs Meßgrößen ist das Europa der EG zusammengewachsen. Die meisten Mitgliedsländer wickeln z. B. über 80% ihres Handels untereinander ab. Die Meßgrößen sind jedoch untauglich, um bei bewußter Ausgrenzungs- und Isolierungspolitik das Vereinigungspotential beider ehemaliger deutscher Staaten zu messen.

Der *Konstitutionalismusansatz* sieht in einem Verfassungssystem den Weg zu einer politischen Union. Der Wille zu einer einheitlichen

Verfassung ist Grund für den Vereinigungsprozeß. Dieser Wille ist aber eher das Ergebnis als der Grund eines solchen.
Diesem Ansatz war in der Frühzeit der europäischen Einigung u. a. auch der erste EWG-Präsident Walter Hallstein zugetan. In der Folge sind zahlreiche Verfassungen für einen europäischen Bundesstaat bzw. für eine Europäische Union vorgeschlagen worden, wie z. B. am 14. 2. 1984 vom Europäischen Parlament, die aber eher Zielprojektion als Realitätserfahrung geblieben sind.
Auch in der Frage des deutsch-deutschen Verhältnisses sind die verschiedenen Vereinigungsvorschläge bald Makulatur geworden. Helmut Kohls 10-Punkte-Plan eines zunächst konföderierten, dann föderierten Deutschland vom November 1989, der Grünenplan von Antje Vollmer und Bernd Ulrich einer „Sanften Zweistaatlichkeit" vom Dezember 1989, Hans Modrows konföderatives Neutralitätskonzept vom Januar 1990 wurden ebenso von der Realität überholt wie z. B. der „Entwurf eines Staatenbundes Deutschland" von ost- und westdeutschen Staatsrechtlern vom Februar 1990.
Der *Föderalismusansatz* sieht in einer abgestuften Kompetenzverteilung und Aufgabenerledigung den geeigneten Weg für einen politischen Zusammenschluß. Die Übertragung von Souveränität von kleineren Einheiten auf größere und umgekehrt erfolgt nach dem Prinzip der Subsidiarität, wonach die jeweils übergeordnete Einheit Funktionen übernimmt, die die jeweils kleinere Einheit nicht erfüllen kann.
In Ansätzen liegt dieser theoretischen Integrationsvariante auch die EWG bzw. die EG zugrunde (Regionalfonds, Sozialfonds etc.).
Die *Nationalismusliteratur* sieht in den Gemeinsamkeiten verschiedener Teile (Regionen, Provinzen, Staaten) das Vehikel für die Vereinigung. Je mehr historische, kulturelle, sprachliche, ethnische, religiöse etc. *Gemeinsamkeiten* vorhanden sind, umso reifer sind solche Teile für eine Vereinigung. Zwar gibt es auch Beispiele, die quer zu solchen Bestimmungsgründen liegen, wie z. B. die Schweiz; solche Strukturindikatoren müssen jedoch zusammen mit entsprechenden Willensäußerungen gesehen werden. Struktur- und Verhaltensvariablen müssen eine Einheit bilden, damit der Prozeß der Vereinigung ausgelöst werden kann.
Nationalismus und Patriotismus im Sinne des „Gefühls der nationalen Zusammengehörigkeit", der gemeinsamen Geschichte als einer Erinnerung an „kollektive Gefühle des Stolzes und der Scham, der Freude und des Leides" (John Stuart Mill) haben sich als außerordentlich tragfähig erwiesen und wurden in den funktionalistischen Ansätzen unterbewertet. In der gegenwärtigen Situation spricht der frühere amerikanische Sicherheitsberater Zbigniew Brzezinski im Hinblick auf Osteuropa von einem „postkommunistischen Nationalismus".

Die genannten theoretischen Ansätze sind defizitär hinsichtlich ihrer theoretischen Reichweite und ihrer historischen Konkretisierbarkeit. Sechs weitere Gründe für staatliche Zusammenschlüsse, die z. T. in den genannten Ansätzen angesprochen worden sind, lassen sich nennen:
Ein wichtiger Grund für den Zusammenschluß von Gemeinschaften oder Staaten liegt in der tatsächlichen oder angenommenen *Bedrohung* von außen. „Gefahr eint", heißt die Kurzformel dafür. Der westeuropäische Integrationsprozeß nach 1948 ist u. a. Resultat einer solchen Perzeption ebenso wie die Zusammenschlüsse in Osteuropa (Kalter Krieg).
Ein weiterer Vereinigungsgrund ist die *Erwartung ökonomischer Vorteile*. Der Deutsche Zollverein kennt dieses Motiv ebenso wie die EWG oder die EFTA. Art. 2 des EWG-Vertrags formuliert als Ziel „eine beständige und ausgeglichene Wirtschaftsausweitung, eine erhöhte Stabilität, eine beschleunigte Hebung der Lebenshaltung und engere Beziehungen zwischen den Staaten". Wohlstand und Friede sind somit seit Adam Smith's und David Ricardos Zeiten internationaler Freihandelslehre die angenommenen Werte ökonomischer Liberalisierung. Die enger gewordene wirtschaftliche Verflechtung der EG-Staaten gibt diesen Erwartungen Ausdruck.[4]
Die empfundene *politische Schwäche* gegenüber anderen (Staaten) ist ein weiteres Motiv für einen Zusammenschluß. „Europa [kann] durch gemeinsames Handeln weitaus mehr erreichen, als es seine Mitglieder getrennt vermögen" sagte der britische Außenminister Carrington 1980 in einer Rede in Hamburg. Das Gewicht der USA und der SU hat im Europa der Nachkriegszeit das Gefühl der Ohnmacht gegenüber den aufkommenden Supermächten hervorgebracht, das durch einen Zusammenschluß ausgeglichen werden könne.
Zusammenschlüsse funktionieren, wenn Gemeinsamkeiten vorhanden sind. Das „Abendland" als ein kultureller Wertbegriff war eine Vision der europäischen Gründungsväter Adenauer, Schuman, Gasperi, die es *gegenüber anderen abzugrenzen und zu verteidigen* gelte. Als Wertegemeinschaft von Demokratie, Menschenrechten und liberaler wirtschaftlicher Vernunft sah man sich dem Gegner Kommunismus gegenüber, der durch die Politik Stalins nach Westen expandierte. Die Gemeinsamkeit in Geschichte, Sprache, Brauchtum, Religion, Ethnien etc. sind u. a. Faktoren für nationale Zusammenschlüsse. Im internationalen Bereich sind die Bezugs- bzw. Vergleichspunkte größerer Einheiten Gegensätze wie „zivilisiert" und „barbarisch" oder „entwickelt" und „unterentwickelt".
Ein klassisches Motiv von Vereinigungen war das der *Beherrschung und Domination*. Die europäische Geschichte der Neuzeit ist bestimmt von diesem Motiv. Napoleon versuchte Europa zu beherrschen ebenso wie

Hitler oder Stalin. Demgegenüber soll das Europa der Zukunft nicht hegemonial organisiert sein.

Historisch wirksam geworden ist ein nicht per se wissenschaftliches als vielmehr politisch-strategisches Konzept der Vereinigung in Gestalt der *Magnettheorie,* die implizit im funktionalistischen Ansatz enthalten und, so scheint es, zuerst von Kurt Schumacher formuliert worden ist (der amerikanische Publizist Alsop hatte ebenfalls von der „magnetischen Anziehungskraft des Westens" geschrieben). Am 31. Mai 1947 sagte Schumacher vor den Spitzengremien seiner Partei: „Man muß soziale und ökonomische Tatsachen schaffen, die das Übergewicht der drei Westzonen über die Ostzone deklarieren... Die Prosperität der Westzonen, die sich auf der Grundlage der Konzentrierung der bizonalen Wirtschaftspolitik erreichen läßt, kann den Westen zum ökonomischen Magneten machen. Es ist realpolitisch vom deutschen Gesichtspunkt aus kein anderer Weg zur Erringung der deutschen Einheit möglich als diese ökonomische Magnetisierung des Westens, die ihre Anziehungskraft auf den Osten so stark ausüben muß, daß auf die Dauer die bloße Innehabung des Machtapparates dagegen kein sicheres Mittel ist".[5] Die daraus folgende und von George Kennan formulierte Strategie der Politik der Stärke wurde von den amerikanischen Nachkriegspräsidenten und von Konrad Adenauer praktiziert. Erst aus einer Position der Stärke heraus könne mit den Sowjets verhandelt werden, nur ein integrierter Westen könne Druck auf die Sowjetunion ausüben und somit Konzessionen in der Frage der Wiedervereinigung erlangen. Die Sowjetunion, so Adenauer damals, habe sich innenpolitisch wie weltpolitisch übernommen und könne bei vorhandener Stärke zur Aufgabe der DDR bereit sein.[6]

Aus heutiger Sicht kann man sagen, daß diese Theorie die Umbrüche in Osteuropa noch am ehesten erklärt, auch wenn man davon ausgehen kann, daß wohl keiner der Autoren an einen Zusammenbruch der sozialistischen Regime gedacht hat; die Schwäche der Sowjetunion kann auch im Sinne der von Paul Kennedy konstatierten Diskrepanz zwischen ökonomischer Basis und militärischer und politischer Macht interpretiert werden.

Sich integrierende politische Einheiten finden ihren Ausdruck auch in rechtlichen Fixierungen, wobei die Teileinheiten bestimmte Rechtsbeziehungen mit der übergeordneten Gesamtheit unterhalten und umgekehrt, je nachdem, ob der Prozeß der Vereinigung von Zusammenschluß oder von Dekomposition oder Devolution getragen worden ist.

Entsprechend unserer Grundmatrix, die auf den Achsen kleine – große Einheiten und staatlich – nichtstaatlich ruht, lassen sich die Rechtsverhältnisse durch folgende Rechtsfiguren darstellen (vgl. Graphik 11):

Verfassungen (Kommunal-, Provinzial-, Landesverfassungen) kennzeichnen die innerstaatlichen Einheiten; Kodizes, Statuten die verschiedenen nicht-staatlichen Einheiten und Völkerrecht, Verträge etc. internationale staatliche Organisationen.

Graphik 11: Rechtsdokumente nach Analyseebenen

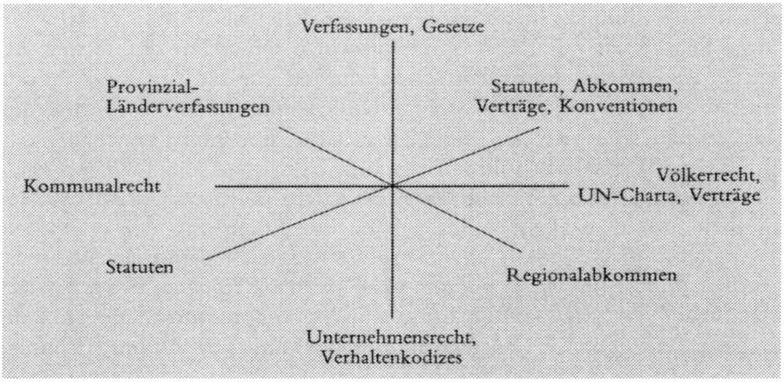

Die Übersicht 18 versucht, die verschiedenen Integrationstypen unter dem Aspekt der jeweiligen Verfassungen bzw. vertragsrechtlichen Gegebenheiten nach bestimmten Funktionen (Exekutiv-, Legislativ-, Wahl- und Kontrollfunktionen), Institutionen, Grundprinzipien und Kompetenzverteilungen aufzuschlüsseln.
Beispiele für die einzelnen Integrationstypen lassen sich in der Geschichte finden: Während der integrierte Zentralstaat Erbe des Absolutismus ist und in den Formen totalitärer Regime des 20. Jahrhunderts gipfelt, sind die loseren Formen der Integration Erscheinungen der Neuzeit.

7.1.2. Die Europäische Gemeinschaft/Europäische Union

Die Europäische Gemeinschaft kann als Beispiel eines in hohem Maße integrierten Typs einer Staatengemeinschaft gelten. Sie wird daher als Supranationale Staatengemeinschaft bezeichnet, obwohl sie in wichtigen Politikbereichen wie dem der Außen- und Sicherheitspolitik eher als intergouvernemental zu bezeichnen ist. Ferner gilt, daß das Europa der Zwölf nicht nur ein staatliches, d. h. von Regierungen getragenes Gebilde ist, sondern auch einen nicht-gouvernementalen Charakter aufweist. Es gibt die EG der Parteizusammenschlüsse (siehe 4.2.), es

gibt die EG der Unternehmerzusammenschlüsse, die UNICE (Union of Industrial and Employers' Confederation of Europe), das CEEP (Centre Européenne des Entreprises Publiques als europäischen Dachverband der öffentlichen Wirtschaft); es gibt die EG der Gewerkschaften, den Europäischen Gewerkschaftsbund (EGB) etc.
Pläne zu einer „Europäischen Union" oder zu den „Vereinigten Staaten von Europa" existieren schon seit Jahrhunderten. Doch erst die historischen Ereignisse zweier Weltkriege im 20. Jahrhundert und die gesellschaftspolitische Konfrontation nach dem Zweiten Weltkrieg haben die nationalen Vormachtbestrebungen der europäischen Staaten zugunsten eines auf Kooperation und Integration setzenden Modells zurücktreten lassen.
Man kann sagen, daß der europäische Einigungsprozeß auf zwei parallelen Wegen beschritten worden ist, dem eines visionär zielgerichteten und dem eines Schritt für Schritt fortschreitenden pragmatischen.
Visionen eines geeinten Europa sind von politischen Schriftstellern wie Victor Hugo oder Goudenhove-Kalergi vorgetragen worden, haben aber erst in der Nachkriegszeit zu politisch umsetzbaren Plänen („Europäische Politische Gemeinschaft (EPG)", „Europäische Politische Union (EPU)" oder zur „Europäischen Union" wie sie in der „Feierlichen Erklärung" von Stuttgart, im „Dooge-Bericht", in der „Einheitlichen Europäischen Akte (EEA)" oder im Vertrag von Maastricht genannt wird) geführt.
Die Verwirklichung der Zollunion und des Binnenmarktes einer inzwischen auf 12 Mitgliedsstaaten angewachsenen Europäischen Gemeinschaft ist Teil ausgehandelter pragmatischer Politik, die auf der Grundlage der Römischen Verträge von 1957 weiterentwickelt worden ist und heute die bevölkerungsreichste und größte Handelsmacht der Welt darstellt. In der materiellen Wertschöpfung liegt die EG nach den USA an zweiter Stelle vor Japan und den Staaten der ehemaligen Sowjetunion (vgl. Tab. 16, S. 204). Als magnetischer Kristallisationskern übt die EG Anziehung in Nord und Ost des Kontinents aus.
Die wichtigsten Organe der EG sind der Ministerrat und die Kommission als Exekutiv- bzw. Legislativorgan, wozu von der Funktion her auch der Rat der Regierungschefs (Europäischer Rat) gehört, das seit 1979 direkt von der Bevölkerung der Mitgliedsländer gewählte Europäische Parlament (EP) als beschränktes Gesetzgebungsorgan sowie der Gerichtshof als rechtsprechendes Organ (vgl. Schaubild 9, S. 204). Der EG als politischem System fehlt somit die demokratische Legitimierung durch das Volk (das wichtigste Gesetzgebungsorgan, der Ministerrat, besteht aus Regierungsvertretern der

Übersicht 18: Verfassungen nach Integrationstypus

	Zentralisierte Nationalstaaten	Föderationen	Konföderationen
Exekutivfunktion	Wahl der Regierung durch Parlament und/oder Bürger	Wahl der Regierung durch Parlament und/oder Bürger	Zusammensetzung gemeins. Organe durch Repräsentanten der Mitgliedstaaten
Legislativfunktion	Parlament mit ein oder zwei Kammern	Parlament mit 2 Kammern, volle Kompetenz in nationalen Angelegenheiten, sonstiges bei Parlamenten der Mitgliedsstaaten	Hauptsächlich bei Parlamenten der Mitgliedsstaaten
Wahlfunktion	Bürger wählen direkt	Bürger wählen beide Kammern direkt oder 2. Kammer wird indirekt gewählt oder entsandt	Repräsentanten der Staaten werden gewählt oder von den Staaten entsandt
Gesetzkontrollierende Instanz	Verfassungsgericht (die Verfassung betreffend)	Verfassungsgericht (die Verfassung betreffend)	Verfassungsgericht möglich, aber nicht nötig
Repräsentative Funktion	Präsident, König	Präsident	Präsident (Rotation)
Politische Souveränität	Bei Organen der Zentralregierung	Teilung der Macht zwischen föderalen und zentralen Staatsorganen	hauptsächlich bei Mitgliedsstaaten, z. T. durch die Zentralregierung
Grundlagen	Wille zum Zusammenleben, Gemeinschaft von gemeinsamer Geschichte, Sprache, Sitte, Ethnien, Religion	Vielfalt in der Einheit, interne Freiheit, externe Sicherheit	Schutz einheimischen Erbes, Schutz nach außen
Mittel	Kompetenzen beim Zentralstaat	Harmonisierung und Souver.-transfer	Koordination in der Pol. d. Mitgl.

Einzelstaaten), die Kommission als ausführendes Organ besitzt nur eine begrenzte parlamentarische Verantwortlichkeit; auch die föderalistische Komponente ist nur in Ansätzen sichtbar, ist also z. B. nicht als zweite Kammer repräsentiert.
Dieses Zwittergebilde zwischen intergouvernementaler und supranationaler Organisation ist Ergebnis unterschiedlicher Vorstellungen der Mitgliedsstaaten über die zukünftige europäische Ordnung (vgl. Schaubild 10, S. 205). So neigt die britische und – in sehr viel geringerem Maße – die französische Regierung einem Europa der

Supranationale Integration	Allianzen, regionale Koordination	Zollunion	Freihandel
Regierung von Mitgliedsstaaten und Kommission, unabhängiges Exekutivorgan, Koordinationsorgan	Regierung von Mitgliedsstaaten, Koordinationsorgan, Sekretariat	Regierung von Mitgliedsstaaten, Koordinationsorgan für Wirtschaftsangelegenheiten	Regierung von Mitgliedsstaaten, Koordinationsorgan für Wirtschaftsangelegenheiten
Parlamente von Mitgliedsstaaten, direkt oder indirekt gewähltes gemeinsames Parlament, beschränkte Kompetenz	Kein gemeinsames Legislativorgan	Kein gemeinsames Legislativorgan	Kein gemeinsames Legislativorgan
Parlamente der Mitgliedsstaaten oder direkte Wahl des Parlaments	Keine direkten Wahlen	Keine Wahlen	Keine Wahlen
Eventuell Gericht (für Angelegenheiten der Grundverträge)	Kein Verfassungsgericht	Kein Verfassungsgericht	
Ausgewählter Sprecher (rotierend)	Generalsekretär	Kein Repräsentativorgan	Kein Repräsentativorgan
Mitgliedsstaaten, wenig bei zentralem Organ	Bei Mitgliedsstaaten	Bei Mitgliedsstaaten	Bei Mitgliedsstaaten
Gemeinsame Interessen für Politikfelder (Wirtschaft, Technologie etc.)	Sicherheitsgründe	Wirtschaftliche Interessen	Wirtschaftliche Interessen
Harmonisierung nach innen und außen	Gemeinsame Streitkräfte	Gemeinsame Außenzölle	Liberalisierung im Innern

Nationen oder der „Vaterländer", d. h. einer konföderierten Staatengemeinschaft zu, Spanien, Portugal, Irland, Griechenland oder Dänemark sind für die Stärkung der supranationalen Gemeinschaftsorgane eingetreten und Deutschland, Holland, Belgien, Luxemburg und Italien sind tendentiell Anhänger einer föderierten EG. Anvisiert ist bis Ende des Jahrhunderts die Währungsunion mit einer einheitlichen Währung und die Weiterentwicklung der Wirtschaftsgemeinschaft zu einer Europäischen Union mit Zuständigkeiten auch in Sicherheits- und außenpolitischen Fragen.[7]

Schaubild 9: Die Organe der Europäischen Gemeinschaft

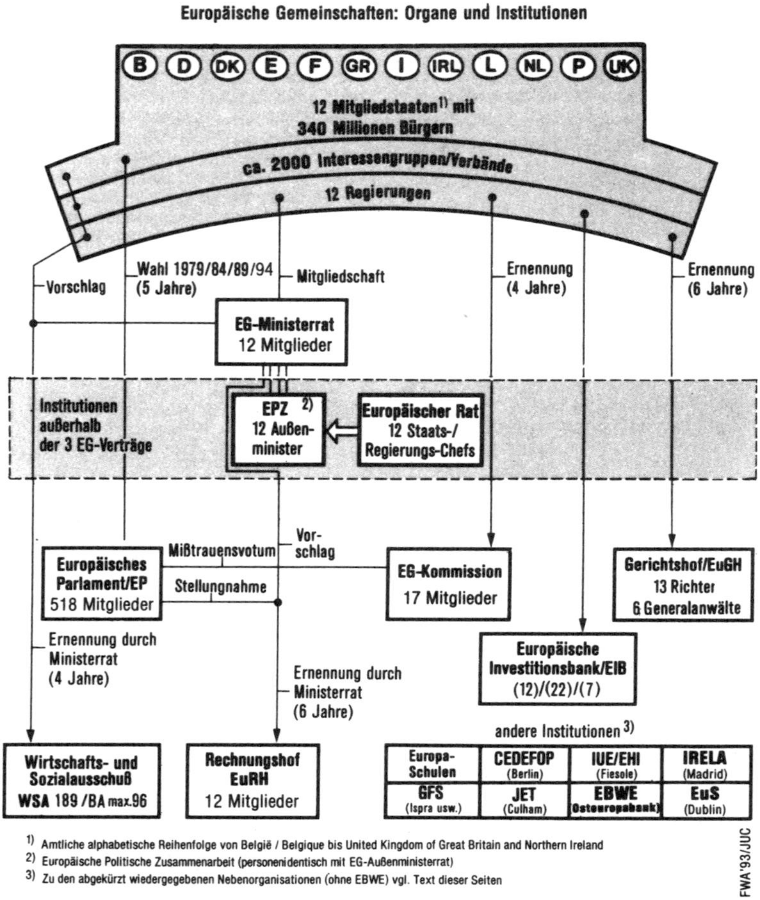

Aus: Fischer Weltalmanach 1993. Fischer TB, Frankfurt/M. 1992, S. 730.

Tabelle 16: Vergleich wirtschaftlicher Mächte (1989 und 1990)

	Bevölkerung (in Mio)		BSP (Mrd US$)		Anteil am Welthandel (in Prozent)	
	1989	1990	1989	1990	1989	1990
EG (12)	324	344	3832	4589	37,0*	39,7*
USA	244	248	5237	5446	12,0	10,7
UdSSR	286	289	2920	–	3,6	3,0
Japan	122	123	1450	9,1	8,3	

* Inkl. innereuropäischer Handel.

Nach: Weltbank: Weltentwicklungsbericht 1992, World Economic Survey 1989, StBA: Statistisches Jahrbuch 1992 für das Ausland, S. 273 ff.

Schaubild 10: Leitbilder, Modelle und Methoden der Integration

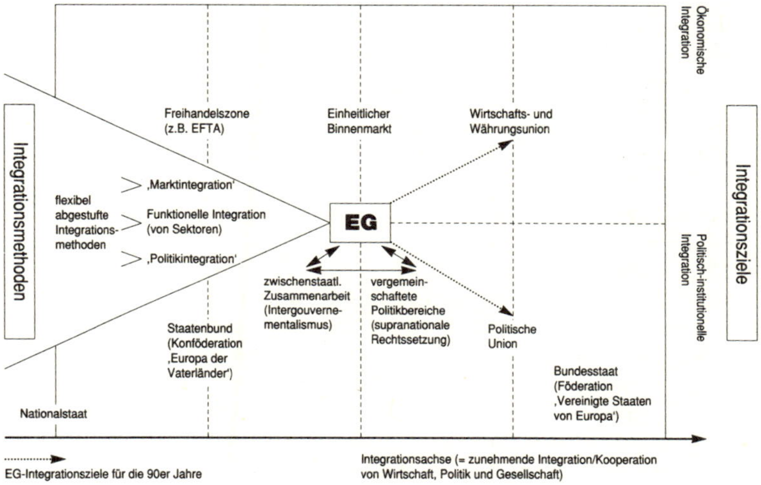

Aus: H. W. Platzer: Lernprozeß Europa. Die EG und die neue europäische Ordnung. Verlag J. H. W. Dietz Nachf., Bonn 1992, S. 36.

7.2. Desintegration

Desintegration äußert sich in der Geschichte im Verfall von Großreichen, in der Teilung von Staaten bzw. Nationen und im Auftreten autonomistischer bzw. separatistischer Bewegungen.

Der *Zerfall von Großreichen bzw. die Auflösung von Nationalstaaten* kann innere und äußere Ursachen haben.

In der klassischen Literatur wurde immer wieder auf die innere Schwäche von Staaten hingewiesen, die als Ursache für die Auflösung des nationalen oder imperialen Verbandes verantwortlich war. Als Faktoren für innere Schwäche wurden hervorgehoben: Machtrivalitäten von Eliten und damit Schwächung der Führung, Korruption, Vernachlässigung produktiver Gewerbe, Tugendverfall, Kulturverlust, Überziehen des Ressourcenkontos etc. Bei vielen Großreichen waren diese Faktoren ausschlaggebend für den Verlust imperialer Machtstellung. Die zu hohen Militärausgaben strapazierten die Haushaltslage derart, daß mit militärischen Mitteln die Positionen vor allem in peripheren Regionen nicht mehr gehalten werden konnten. In zahlreichen Fällen haben die Regierungen zur Finanzierung zusätzlicher militärischer Lasten zu Steuererhöhungen gegriffen. Dies wiederum hat zu Aufruhr und Widerstand geführt und damit rivalisierende Eliten auf den Plan gerufen, die letztlich dann die Zentralregierung befehdeten. Paul Kennedy hat die These von der notwendigen ökonomischen Basis für eine hegemoniale Stellung in seinem „The Rise and Fall of Great Powers" (1987) dargelegt und präzisiert:

- Die Basis politischer Machtstellung sind ökonomische und technologische Stärke;
- Änderungen in der ökonomischen Stärke bewirken eine Änderung in der politischen Stellung;
- Die Schwächung ökonomischer Stärke vollzieht sich als Folge überzogener „Investitionen" in unproduktive Militärausgaben. Wenn die ökonomische Stärke nicht mehr Schritt halten kann mit der politischen Stellung, d. h., wenn die politische Stellung nicht mehr finanziert werden kann, kommt es zum Zerfall entweder durch Auseinanderfallen von innen (Ost-Weströmisches Reich) oder durch Herausforderungen (Toynbee) von außen durch neu aufkommende rivalisierende Mächte.

Auf die Supermacht USA (wie im übrigen auch auf die politökonomischen Machtzentren UdSSR/GUS, China, Japan und die EG) angewandt, kommt Kennedy zu dem Ergebnis, daß der relative Rückgang des Anteils beider Supermächte an der Weltproduktion zu einer Änderung auch der Machtpositionen geführt hat bzw. führen wird. Seine Prognosen für die Zukunft lauten: Erstens wird es eine Verlagerung der Weltproduktion und der Militärausgaben hin zu mehr Staaten geben; zweitens wird diese Verlagerung vor allem weg von den Supermächten erfolgen und drittens wird sich die Bipolarität auflösen und einem multipolaren System Platz machen.

Ob diese Prognosen zutreffen, hängt von dem Verhalten der Großmächte ab und ist kein deterministischer Geschichtsprozeß. Zwar spricht einerseits das langanhaltende Haushaltsdefizit in den Zentralstaaten für Kennedys These, andererseits läßt ihre Politik eine Änderung erkennen: dem Wettrüsten soll in bilateralen Abmachungen (INF-Vertrag) Einhalt geboten werden, so daß damit eine Reduktion der Militärausgaben möglich ist. Außerdem hat der zweite Golfkrieg 1991 eine multilaterale Finanzierung sichtbar werden lassen, die es der Zentralmacht dennoch erlaubt, militärisch führend zu wirken. Ob allerdings diese Maßnahmen ausreichen, um die verloren gegangene ökonomische Vormachtstellung wieder zu erlangen, darf bezweifelt werden, zumal zahlreiche Schwellenländer im Begriff sind, die Weltproduktbilanz zu verändern. Dies könnte dann auch einen Verlust der dominierenden Stellung nach sich ziehen.

Sehr häufig korrespondiert mit der inneren Schwäche von Staaten das Stärkerwerden von ausländischen Mächten. Neu aufsteigende Staaten, die vor allem durch wirtschaftliche bzw. militärische Erfolge neue Machtpositionen errungen haben, machen den alten imperialen Mächten die Position streitig. Kriege waren häufig die Folge dieses Wechsels imperialer Machtstellung.
Nicht nur im Verhältnis von Großmächten untereinander, sondern auch im Verhältnis zu peripheren Staaten hat sich die rivalisierende Großmachtpolitik ausgewirkt, so daß häufig dritte Länder Opfer von Großmacht-Ambitionen gewesen sind. Die Folge dieser um ein drittes Land rivalisierenden Großmachtpolitik war häufig genug die Teilung des Objektlandes (wie z. B. Polen, Deutschland, Korea, Mongolei, Zypern) oder aber auch die Einverleibung bestimmter Gebiete (wie z. B. der Baltischen Staaten in die Sowjetunion, der Tschechischen Gebiete ins Deutsche Reich).
In neuerer Zeit sind Teilungen von ehemals zusammengehörenden Staatsgebieten auch als Folge revolutionärer Regimewechsel zustande gekommen. Getragen von sozialen Ideologien haben sich Bürgerkriegsparteien gebildet, die nach Kämpfen entweder für das ganze Land (Sowjetunion 1917, Vietnam 1975/76) einen Regimewechsel erzwungen oder sich Territorien aufgeteilt haben (China 1949).
Die Regimewechsel in Osteuropa nach 1945 wären ein Beispiel für jene, die Teilung Chinas in Nationalchina und Volksrepublik China ein Beispiel für diese Prozesse.
Neben den Teilungsprozessen durch vornehmlich interne bzw. externe Faktoren gibt es drittens die Möglichkeit der Teilung durch das Zusammenwirken nationaler und internationaler Faktoren. Die Teilung Vietnams auf der Genfer Ostasienkonferenz 1954 oder die Teilung Zyperns 1974/75 wären Beispiele dafür.

7.2.1. Autonomie- und Regionalismusbewegungen

Eine gradualistische Form der Desintegration bilden die *Autonomie- oder Regionalismusbewegungen,* die von ethnischen, oder allgemeiner gesprochen, kulturellen Minoritäten ausgelöst worden sind und politisch mit der Forderung nach größerer Autonomie (von gr. autos = selbst und nomos = Gesetz) innerhalb des Nationalstaatsverbands auftreten oder separatistische Bestrebungen verfolgen.
Was ist eine Minorität, was bedeutet Autonomie und was ist eine Region?
Nach UN-Definition (1950) erfaßt der Ausdruck *Minorität*

„1. nur jene nicht-herrschenden Gruppen einer Bevölkerung, die stabile ethnische, religiöse oder sprachliche Traditionen aufweisen

und zu erhalten wünschen, welche sich von der übrigen Bevölkerung deutlich unterscheiden;
2. solche Minoritäten, die genügend groß sind, um die Entwicklung solcher Merkmale zu ermöglichen;
3. Angehörige von Minderheiten, die dem Staat gegenüber, dessen Bürger sie sind, loyal sein müssen.“

Nicht immer haben sich in der Geschiche Minoritäten dem jeweiligen Staat gegenüber loyal verhalten; sieben Verhaltensweisen minoritärer Gruppen sind zu beobachten:
1. Isolierung als eine besonders bei kleinen Gruppen verbreitete Schutzstrategie;
2. Anpassung mit Verzicht auf eigene Identität;
3. Kommunalismus verstanden als Selbstbehauptung auf lokaler Ebene;
4. Autonomie, die von kulturellen bis wirtschaftlichen und politischen Eigenrechten reichen kann;
5. Rückwanderung in die Mutterländer;
6. Separatismus als Lösung aus dem bisherigen Staatsverband und Gründung eines souveränen Staates;
7. Irredentismus als Streben nach Vereinigung mit dem Staat, in dem die eigene Nationalität die Mehrheit bildet.[8]

Als Identifikationskriterien von *Autonomiebewegungen* gelten Sprache, Religion, Geschichte, Schrift, Ethnien usw. Solche gemeinsamen Merkmale können politisch aufgegriffen und umgesetzt werden, indem die betreffende Gruppe sich politisch organisiert und ihre Forderungen gegenüber der Zentralregierung vertritt. Verbunden mit dem Willen, sich als kulturelle Gruppe zu verstehen, kann auch ein ökonomisches oder politisches Gefälle zwischen Minorität und Majorität Ursache für das Aufflackern von Autonomiebewegungen sein. Entweder fühlt sich die Minorität gegenüber anderen Minoritäten bzw. gegenüber anderen Volksgruppen politisch sowohl als auch wirtschaftlich diskriminiert; diese Diskriminierung kann aus zwei unterschiedlichen Lagen heraus erfolgen: es können sich Minoritäten um ihren Reichtum geprellt sehen, dann nämlich wenn sie ökonomisch höher entwickelt sind als der Rest der Bevölkerung (Beispiele: die Basken in Spanien, die Esten in der Sowjetunion) oder sie können wirtschaftlich diskriminiert werden, indem sie schlechter gestellt sind als der Rest der Bevölkerung wie z. B. die katholischen Iren in Nordirland. Auch die politische Zentrale kann eine Diskriminierung bewußt betreiben wie z. B. die Regierungen in der Türkei, dem Irak und dem Iran gegenüber der kurdischen Minderheit.

Der Begriff der *Region bzw. des Regionalismus* ist weitgehend unbestimmt und findet zur pragmatischen Verständigung in der territorialen Einheit, die zwischen dem Nationalstaat und der Gemeindeebene gelagert ist, den kleinsten gemeinsamen Nenner. In Europa existieren ca. 160 Regionen unterschiedlicher politischer und juristischer Organisationsform; die meisten Regionen besitzen eine gewählte Versammlung und in der Regel eine dieser verantwortliche Exekutive mit sachlich definierten Kompetenzen.[9] Ob diese sehr heterogenen Gebilde eines Tages die nationalstaatliche Organisationsform ersetzen werden, ist allerdings höchst fraglich. Ein Europa der Regionen dürfte eher Wunsch als Realität bleiben. Allenfalls als ergänzendes und die subnationale Ebene stärkendes Organisationsmuster kommt ein Regionalverbund in Frage.

Neben der Frage nach der Identität kleinerer Loyalitätsebenen und ihrer Bestimmung ist die Frage zentral, wie das Verhältnis der nach Selbständigkeit strebenden Gruppe zur jeweiligen politischen Zentrale sich gestaltet. Die Frage ist immer, wie reagiert die Regierung auf Minoritätenforderungen. Fünf Verhaltensweisen der politischen Zentrale sind möglich:

1. Repression und Unterdrückung;
2. Beschwichtigung, d. h. Taktieren mit Zugeständnissen ohne Realisierung;
3. Gewährung begrenzter Eigenrechte für eine unbestimmte oder begrenzte Zeit,
4. Gewährung voller Autonomie;
5. Entlassung aus dem Staatsverband.

Wird das Verfahren der Repression gewählt, so ist eine Eskalation der Gewalt oder eine totale Unterdrückung wahrscheinlich; wird dagegen das Verfahren der Konzessionen gewählt, so kann es entweder zur Befriedung kommen oder die Opposition gibt sich mit den Angeboten der Regierung nicht zufrieden und versucht, durch eine Eskalation den Konflikt bis zur Erfüllung von Forderungen zu treiben. Eine Zwischenform des Konfliktmanagements ist die der Beschwichtigung, die aber von radikalisierten Betroffenen bald als nicht ausreichend empfunden wird.

Häufig werden Minoritätengruppen von Gruppen in anderen Staaten oder von auswärtigen Regierungen unterstützt wie z. B. die Tamilen in Sri Lanka durch die indische Regierung zu Beginn der achtziger Jahre, die katholische Minderheit in Nordirland durch die Republik Irland oder die Kurden im Irak durch die Kurden im Iran und umgekehrt; d. h. die Außenverbindungen der Minoritätengruppen können entscheidend sein für das Verhalten der Gruppe selbst bzw. für das Verhältnis von Minoritätengruppe und jeweiliger Staatsregierung. Die These lautet, wenn Volksgruppen

- in geschichtlicher Vorzeit gewaltsam in einen Staatsverband einverleibt worden sind,
- eine identifizierbare Identität aufweisen und sich deren bewußt sind,
- ökonomisch und politisch diskriminiert werden,

dann ist die Wahrscheinlichkeit, daß Forderungen nach mehr Selbständigkeit, Selbstbestimmung erhoben werden, groß (vgl. 9.2.2. Komplexitätsthese). Es hängt dann vom Grad der empfundenen Diskriminierung, von der Reaktion seitens der Zentralregierung sowie von den historischen Erfahrungen ab, ob es zum Konflikt kommt und wie dieser ausgetragen wird, d. h. ob Forderungen nach Separation oder Autonomie erhoben und verfolgt werden und ob diese Forderungen einmünden in dezentrale Formen föderalistischer Organisation oder in zentralstaatliche Formen, die meist mit repressiven Mitteln erwungen worden sind (vgl. Matrix 5).

Matrix 5: Merkmale minoritärer Gruppen in einem Staatsverband

	Art der politischen Zusammenführung		**Ökonomische Entwicklung**		**Grad kultureller Gleichheit**		**Politischer Status**	
	frei-willig	gewalt-sam	gleich	un-gleich	homo-gen	hetero-gen	gleich-ber.	dis-krim.
Art der pol. Zusammenführung:								
freiwillig								
gewaltsam								
Ökonomische Entwicklung:								
gleich								
ungleich								
Grad kultureller Gleichheit:								
homogen	Zentral-staatl.	Zentral-staatl.						
hetegerogen	Föderal.	Separat.	Föderal.					
Politischer Status:								
gleich-berechtigt	Föderal.		Zentral.-staatl./ Föderal.	Föderal. Zentral.-staatl.	Zentral. staatl.	Föderal.		
diskriminiert	Auton.	Separat.	Föderal. Auton.	Separat.		Separat.		

In der Geschichte haben Minoritätenkonflikte zu folgenden Ergebnissen geführt:

- Auslöschen ganzer Bevölkerungsgruppen (Judenpogrome in europäischen Ländern, insbesondere im nazistischen Deutschland, Pogrome an Armeniern von Aserbaitschanern, Pogrome gegen Hutu durch die Tutsi in Burundi und der Tutsi an den Hutu in Rwanda);
- Räumliche Separation (Zypern-Türken von Zypern-Griechen, pakistanische Muslime von indischen Hindus);
- Assimilation (Algerier in Frankreich, Türken in der Bundesrepublik) und schließlich
- Aufbau föderativer Strukturen in einem Nationalstaatsverband.

Diese Lösung durch Zugeständnisse für mehr Eigenständigkeit und Autonomie wurde in zahlreichen europäischen Staaten gefunden, so für die Jura-Schweizer, die inzwischen einen eigenen Kanton zugestanden erhalten haben, für die Wallonen und Flamen in Belgien, die eine föderale Staatsstruktur erzwungen haben, für die Basken, Katalonen und Galizier, die inzwischen autonome Provinzen im spanischen Staatsverband bilden oder für die Südtiroler, die sich einen Autonomiestatus in der italienischen Republik erkämpft haben.
Auch in Frankreich (Korsika, Bretagne, Okzitanien), in Großbritannien (Waliser, Schotten, Iren) und Skandinavien (Lappen) regen sich Gruppen, die mehr Selbständigkeit erreichen wollen[10], ohne daß in diesen Fällen allerdings in größerem Maße mit einem Aufflammen gewalttätiger Auseinandersetzungen in naher Zukunft zu rechnen wäre.

Kapitel 8: Konflikt und Kooperation im internationalen Staatensystem

Die Begriffe Konflikt und Kooperation sind im allgemeinen Verständnis gegensätzlich, denn Konflikt signalisiert in der Terminologie von Carl Schmitt den Feind, Kooperation den Freund. In sozialwissenschaftliche Sprache umgesetzt liegt ein Konflikt dann vor, wenn das Einwirken des Systems A (Personen, soziale Gruppen, Regierungen etc.) sich schädigend auf das System B auswirkt und A davon einen Nutzen hat. In der mathematischen Formalsprache ausgedrückt, ergibt der gegenseitige Zusammenhang der Veränderungen in beiden Systemen eine negative Kovarianz. Kooperieren dagegen beide Systeme miteinander, so erhoffen sie sich beide einen Nutzen, d. h. der gegenseitige Zusammenhang der Veränderungen in beiden Systemen ergibt eine positive Kovarianz.[1]

Die Nachkriegsgeschichte, oder genauer: die Periode des Kalten Kriegs von 1945/47 bis 1990 zeigt in den Beziehungen zwischen Staaten ein ambivalentes Gesicht: einerseits erlebte die Welt so viele Konflikte wie nie zuvor, andererseits sind in einer nie zuvor gekannten Zahl Organisationen entstanden, die sich der Kooperation verschrieben und sich zum Ziel gesetzt haben, Kriege zu vermeiden bzw. Frieden zu sichern. Es haben sich somit die beiden wissenschaftstheoretischen wie praktisch-politischen Positionen, wie wir sie in Kapitel 1 in Moralisten/Optimisten und Realisten/Pessimisten eingeteilt haben, durchgesetzt. Die Analyse des Konflikt- bzw. Kooperationsverhaltens setzt zunächst die Diskussion der wichtigsten Begriffe und Konzepte voraus, denn diese sind keineswegs eindeutig geklärt; sodann soll über Analyse- und Simulationsmodelle die Gesamtentwicklung prozeßhafter Verläufe eingefangen werden; in Ermangelung umfassender Konflikt- bzw. Kooperationstheorien werden dann generalisierende Aussagen und Teilerklärungen zu Ursache, Verlauf und Beendigung von Konflikten diskutiert. Die integrationstheoretischen Überlegungen in Kapitel 7 werden bei der Bewältigung von Konflikten wieder relevant.

8.1. Das begriffliche und analytische Instrumentarium

8.1.1. Der Begriff des Konflikts

Konflikte gibt es in allen Situationen menschlichen Zusammenlebens: es gibt sie im individuellen oder familiären Bereich, es gibt sie innerhalb und zwischen Gruppen, es gibt sie innerhalb und zwischen Staaten und Staatengemeinschaften. Ein Konfliktzustand kann ganz allgemein als ein Spannungszustand beschrieben werden, der dadurch entsteht, daß zwischen zwei oder mehreren Parteien unvereinbare Gegensätze in bezug auf ein bestimmtes Gut vorhanden sind. „Interesse ist nur vorhanden, wo Gegensatz ist", schreibt Hegel in seiner Geschichtsphilosophie und man kann den Satz auch umkehren: an Gegensätzen entzünden sich unterschiedliche Interessen.
Der Konfliktbegriff gewinnt an Konturen, wenn man ihn abgrenzt gegenüber dem Begriff des Wettbewerbs (z. B. der ökonomischen Konkurrenz) und gegenüber dem Begriff des Spiels.
Bei einem Spiel wie z. B. einem Fußballspiel gibt es mindestens zwei Mannschaften, die um den Sieg wetteifern und ihre unvereinbaren Interessen (es kann nur eine Mannschaft siegen) nach zuvor festgelegten und akzeptierten Regeln austragen. Hinzu kommt ein Interpret dieser Regeln in Gestalt des Schiedsrichters.
Beim wirtschaftlichen Wettbewerb gibt es unvereinbare Gegensätze um ein bestimmtes Gut (es kann nur eine Firma ihre Produkte an einen bestimmten Kunden verkaufen); diese Interessengegensätze werden nach relativ losen Regeln ausgetragen (es gibt Kaufverträge, in denen die Konditionen festgelegt sind) und es gibt ein bei Zuwiderhandlung einsetzbares Gericht.
Im Gegensatz zu diesen Formen des Interessenaustrags fehlen bei internationalen politischen Konflikten im allgemeinen die Merkmale „festgelegte Regeln" und „einklagbare Gerichtsinstanzen". Die meisten Kriege der neueren Zeit sind ohne Kriegserklärung begonnen worden, es gab, bildlich gesprochen, noch nicht einmal einen Spiel-Anpfiff oder ein nach einem Spielplan zeitlich festgelegtes Ende. Es gibt zwar Spielregeln[2] und Normen des Völkerrechts sowie einen Internationalen Gerichtshof. Diese sind aber bei Zuwiderhandlungen nicht in der Lage, Recht einzufordern und Sanktionen mit obligatorischem Charakter zu erlassen. Diese Aussage bezieht sich auf Extremsituationen politischen Verhaltens im internationalen System; diese Gewalt implizierende Situationen sind in der Nachkriegszeit zwar nicht selten gewesen, doch stellen sie nicht die Regel dar. Die Mehrzahl der in der Nachkriegszeit ermittelten Konflikte blieb unterhalb der Schwelle der Gewaltsamkeit und dies trifft um so mehr für grenzüberschreitendes Handeln zu.

Kennzeichnend für politische Konflikte in und zwischen Staaten sind die folgenden Merkmale:[3]

1. Im internationalen wie nationalen Staatensystem beziehen sich Interessengegensätze auf nationale Werte wie territoriale Unabhängigkeit, nationale Selbstbestimmung, Verfügung über das Entscheidungsmonopol (worunter auch innerstaatliche Rivalitäten zwischen Gruppen um die Macht im Staate gehören), d.h. allgemein auf die Merkmale, die einen Staat kennzeichnen. Dies impliziert, daß auf mindestens einer Seite die organisierte Staatsmacht beteiligt sein muß – in nur wenigen Ausnahmefällen kann das Entscheidungsmonopol von lokalen oder regionalen Kampfgruppen wie im Libanon oder in Peru wahrgenommen werden –, denn die Regierung tritt als Verteidiger der nationalen Werte auf. Es muß also entweder die Regierung in ihrer Existenz gefährdet sein, die territoriale Integrität in Frage gestellt sein oder die im Staatsgebiet lebende Bevölkerung, ihre Existenz und Zusammengehörigkeit bedroht sein. Internationale Konflikte beziehen sich vor allem auf Territorien, Kolonialbesitz/nationale Unabhängigkeit, internationale Machtpositionen sowie auf Ressourcen; innerstaatliche Konflikte auf ethnische, religiöse oder regionale Autonomie, den Regimecharakter sowie auf Machtpositionen im nationalen Verband.

   Um eine weitere Abgrenzung gegenüber unerheblichen Konfliktgegenständen vorzunehmen, nehmen wir als Kriterien ferner hinzu:

2. Interessengegensätze müssen mit einer bestimmten *Dauer* ausgetragen werden; damit sind die meisten Staatsstreiche oder Putsche ausgeschlossen, die nur ein paar Stunden dauern und im allgemeinen nur einen Elitenwechsel bedeuten.
3. Die Interessengegensätze müssen eine bestimmte *Reichweite* besitzen, d.h. weite Bevölkerungskreise mit einbeziehen; damit sind terroristische Akte, Anschläge oder Attentate ausgeschlossen, die nur von einer begrenzten Zahl von Personen begangen werden und nicht das Gesamtgefüge staatlicher Existenz gefährden.

Wir definieren somit Konflikte als Interessengegensätze (Positionsdifferenzen) um nationale Werte (Unabhängigkeit, Selbstbestimmung, Grenzen, Territorien etc.) von einiger Dauer und Reichweite zwischen mindestens zwei Parteien (Staaten, Staatengruppen, -organisationen, organisierte Gruppen), die entschlossen sind, sie zu ihren Gunsten zu entscheiden. Dabei muß im allgemeinen auf mindestens einer Seite die organisierte Staatsmacht involviert sein; als Mittel kommen in Frage: Verhandlungen, Drohungen / Druck, Aufgabe / stillschweigender Rückzug und Krieg. Dieser Konfliktbegriff als

Positionsdifferenzen über Werte konvergiert partiell mit dem Politikbegriff insofern, als es um Auseinandersetzungen um knappe Güter geht und darauf bezogene Interessengegensätze mit Mitteln ausgefochten werden, die bis zum Äußersten gehen können. Der Politikbegriff ist allgemeiner insofern er auch Verteilungsprobleme mit Positiv-Summen Charakter impliziert, während der Konfliktbegriff meist ein Null-Summen-Spiel ist. Im Unterschied zum Konfliktaustrag im nationalen Rahmen gibt es allerdings im internationalen Bereich keine Instanz mit verbindlicher Regelkompetenz. So laufen Arbeitskämpfe nach festgelegten Regeln ab, nach vorgegebenem Zeitplan, mit bestimmbaren Akteuren; auch für den Fall des Scheiterns von Verhandlungen sind die Mittel der Auseinandersetzung bzw. Schlichtung festgelegt. Die zahlreichen gewaltsam ausgetragenen Konflikte der neueren Zeit belegen, daß selbst die Kriegsächtung nicht hat verhindern können, daß Kriege geführt werden konnten.
Konflikte liegen meist in einem komplexen politischen Aktionsfeld, das von vielen Faktoren (ökonomisch, politisch, kulturell, psychologisch etc.) gesteuert werden kann, auf oft mehreren Ebenen (nationalstaatlich, zwischenstaatlich oder regional, international) liegt und unterschiedliche Akteure (Regierungen, internationale Organisationen, nicht-governementale Gruppen) kennt.
Eine besondere Form von Konflikten sind die internationalisierten Konflikte. Der Begriff der Internationalisierung ist unscharf. Internationale Dimensionen kann ein von nationalen Akteuren geführter Konflikt, zu denen z. B. auch nationale Befreiungsbewegungen gehören, annehmen, wenn

- er durch ausländische Waffenlieferungen angeheizt wird;
- eine ausländische Macht Einfluß ausübt, d. h. eine der Konfliktparteien diplomatisch-politisch unterstützt;
- Aktionen von Konfliktparteien international abgesprochen werden (z. B. internationaler Terrorismus) oder von einem Land auf ein anderes übergreifen;
- eine ausländische Macht als direkt beteiligter militärischer Akteur auftritt, d. h. militärisch interveniert; dabei kann es sich um einen Anrainerstaat, um eine Regionalmacht oder um eine international anerkannte Großmacht handeln. Es gibt also Stufen der geopolitischen Lagerung von (militärisch) intervenierenden Mächten.

Man kann somit den Grad der Internationalisierung messen an der Art und der Zahl intervenierender Mächte und an den Mitteln, die von außen eingesetzt werden.
Als internationalisierte gewaltsame Konflikte im engeren Sinne können jedoch nur solche bezeichnet werden, in die extern Beteiligte mit Waffengewalt eingreifen, also nicht nur Waffen liefern oder

politische Unterstützung gewähren. Jüngere Beispiele dafür sind die militärischen Interventionen der USA in Grenada (1983) oder Panama (1989) bzw. die der Sowjetunion in Afghanistan (1979–1988), die Annexion Kuwaits durch den Irak (1990).
Historisch gibt es zahlreiche Konflikte, die zunächst zwischen zwei Staaten begannen und dann durch das Eingreifen fremder Mächte internationalisiert worden sind. Alle elf Großen Kriege der neueren Zeit (seit 1500) begannen als Kampfhandlungen zwischen zwei Staaten und sind dann durch das Eintreten anderer Mächte internationalisiert worden. Diese Großen Kriege bestehen aus einer Serie von mehreren gleichzeitig ablaufenden Kriegen mit unterschiedlichen Beteiligten und/oder Allianzen.[4]
Wir haben Konflikte nach einem Eskalationsschema in die fünf Konfliktkategorien latenter Konflikt, Krise, ernste Krise, gewaltsamer Konflikt und schließlich Krieg unterteilt:

8.1.2. Der Begriff des latenten Konflikts

Damit ein Konflikt überhaupt erkannt werden kann, müssen bestimmte Zeichen sichtbar sein oder bestimmte beobachtbare Ereignisse eintreten. Damit ein Interessengegensatz oder eine Positionsdifferenz um bestimmte Güter als überhaupt existent erkannt werden kann, müssen darauf bezogene Forderungen artikuliert werden, muß eine Gruppe ihre jeweiligen Interessen vorgebracht haben und dies von der anderen Seite wahrgenommen werden. Das Merkmal für latente oder schwelende Konflikte ist, daß Interessengegensätze sozusagen auf kleiner Flamme gehalten werden, d.h. länger andauern können und immer wieder unterbrochen werden von Phasen intensiveren Insistierens oder Verlangens nach einer Lösung.
Der Unterschied zwischen einem latenten oder schwelenden und einem ruhenden Zustand ist der, daß Interessengegensätze im Falle der Latenz verbunden sein müssen mit Forderungen, Artikulationen, Äußerungen jedweder Art unterhalb der Schwelle gewaltsamen Mitteleinsatzes, während Interessengegensätze dann als ruhend bezeichnet werden, wenn dazu verbal oder mit anderen Mitteln keine Forderungen von möglichen Konfliktparteien erhoben werden.
Ein latender Konflikt muß nicht notwendigerweise in das Stadium weiterer Eskalation geraten, sondern kann über Vereinbarungen oder über Abkommen vorläufig oder endgültig beendet werden. Zum Beispiel reicht die Deutsche Frage von 1945 (Potsdamer Abkommen) trotz der 1972 abgeschlossenen Ostverträge bis zur Vereinigung beider deutscher Staaten 1990 weiter. Der latent geführte Konflikt gewinnt

mit den Krisen 1948 und 1958–1961 an Intensität; nach den vertraglichen Vereinbarungen ruht der Konflikt jedoch und wird bis zu seiner Lösung am 3. Oktober 1990 als latent weitergeführt.

8.1.3. Krise

Eine Krise entsteht durch Intensivierung eines latenten Spannungszustandes mit Mitteln, die im Vorfeld militärischer Drohungen liegen. Latent vorhandene Konfliktbeziehungen erreichen das Stadium einer Wende (crisis = Wende in einem Krankheitsverlauf), die – meist ausgelöst durch ein Ereignis – die Wahrscheinlichkeit von Gewaltanwendung erhöht. Dabei werden Entscheidungen erforderlich, die unter unvollständiger Information und unter Zeitdruck/Streß zu treffen sind. Zu Maßnahmen, den Ereignisverlauf zu intensivieren, gehören u. a. politische Drohungen oder wirtschaftliche Sanktionsmaßnahmen. Als Beispiele können die Berlin-Krise 1958 oder die Krise um die Baltischen Staaten 1990 gelten.

8.1.4. Ernste Krise, Krieg-in-Sicht-Krise

Eine ernste Krise ist ein Spannungszustand zwischen Konfliktparteien, der mit der öffentlichen Drohung verbunden ist, Gewalt einzusetzen oder in dem für kurze Zeit tatsächlich Gewalt eingesetzt wird. Klassische Beispiele für diese Art von Konflikten sind die „Krieg-in-Sicht-Krisen" zwischen Deutschland und Frankreich Mitte der 70er Jahre des 19. Jahrhunderts oder in diesem Jahrhundert die Kuba-Krise. Gewöhnlich wird dabei mit dem Einsatz der Armee, einer Blockade, einer Landbesetzung, einer Kriegserklärung gedroht; auch kann militärische Stärke zur Schau gestellt werden, das Militär in Alarmbereitschaft gerufen oder mobil gemacht werden. Vereinzelt kann es auch zum Gebrauch militärischer Mittel kommen, wie einzelne Scharmützel, Blockade, Besetzung eines Territoriums, Beschießen begrenzter Ziele für kurze Zeit, In-Besitznahme von Material oder Verhaftung von Personen für kurze Zeit, Kriegserklärung ohne Vollzug.
Im weiteren Sinne tragen ernste Krisen auch Züge gewaltsamer Konflikte.

8.1.5. Krieg

Die definitorische Festlegung des *Begriffs „Krieg"* (etymologisch im Deutschen von „Vermögen" abgeleitet), wie im übrigen auch des Begriffs Friede, ist wie die meisten politischen Begriffe gebunden an

bestimmte erkenntnisleitende Interessen und damit verbunden mit dem, was als gerecht bzw. als ungerecht in der Geschichte angesehen wurde und wird.
Nach dem Alten Testament wird Krieg als Vergeltungsmaßnahme angesehen (Auge um Auge, Zahn um Zahn). Für Platon sind Kriege auf das menschliche Verlangen zurückzuführen, immer besser zu leben. Von Cicero stammt der Satz *„certatio per vim"*, d. h. Sicherheit durch Stärke, und dies hat zu der Folgerung geführt: wenn du in Frieden leben willst, rüste dich für den Krieg! Nach der bekannten Definition von Clausewitz ist der Krieg die Fortsetzung der Politik mit anderen Mitteln. Für ihn war das Ereignis Krieg an drei Bedingungen für Konfliktverhalten gebunden:

1. Bewaffnung als Ausdruck militärischer Stärke, die durch Bündnisse noch erhöht werden könne; militärische Stärke ist eine Kombination von Kräften, nämlich den eigentlichen Streitkräften, dem Land und der Bevölkerung sowie den Bundesgenossen (Allianzen);
2. Etwa gleiche Stärke der Gegner; gleich starke „Lebendige Kräfte", denn ein Krieg zwischen „merklich ungleichen Kräften" sei „ein Absurdum".[5] Die Bedingung gleiche Stärke war für ihn verbunden mit dem europäischen Gleichgewicht der Mächte. Schon zu seiner Zeit und davor sind jedoch Kriege (Kolonialkriege) geführt worden mit Gegnern ungleicher Stärke und andererseits sind Bürgerkriege nicht notwendigerweise grenzüberschreitend gewesen;
3. Grenzüberschreitung;
4. Krieg, so Clausewitz weiter, sei nicht ein „Werk des Augenblicks", komme nicht urplötzlich[6] und entstehe nicht aus einem einzigen Schlag ohne Dauer;
5. Zum Krieg bedürfe es eines „feindseligen Prinzips"[7].

Im Zeitalter akzeptierter Gewaltsamkeit und Anerkennung darwinistischer Überlebenskämpfe wurde Krieg definiert als „ein Glied in Gottes Weltordnung" (Moltke). Hegel schreibt dazu: „Die Gesundheit eines Staates offenbart sich im allgemeinen nicht sowohl in der Ruhe des Friedens als in der Bewegung des Krieges"[8].
Für die Realistische Schule resultiert Krieg aus dem Fehlen einer Ordnungsmacht im internationalen Staatensystem. Sie ist mit anderen Worten ein Ergebnis anarchischer Konstellationen.
Krieg ist an das konstitutive Merkmal Gewalt gebunden. Dabei muß Gewalt nicht Waffeneinsatz bedeuten, sondern Gewalt kann sich in unterschiedlichen Strukturen ausprägen. Eine dieser Strukturbedingungen kann die Existenz des Staates sein; Krieg kann dann definiert werden als Ergebnis staatspolitischer Unvernunft.[9]

In der neueren empirischen Forschung wurde versucht, den Kriegsbegriff so zu definieren, daß er operationalisierbar ist. Einer der ersten, der einen solchen Weg gegangen ist, ist Quincy Wright. Für ihn ist Krieg „a conflict among political groups, especially sovereign states, carried on by armed forces of considerable magnitude and for a considerable period of time".[10] Singer und Small reduzieren den Kriegsbegriff wieder auf Staaten und auf beträchtliche Opferzahlen. Krieg ist die „participation of states with at least 1000 troops in battle related activity with at least 1000 battle-related deaths".[11]
Aus operationalen Gründen unterscheiden wir zwischen gewaltsamen Konflikten und Kriegen. Unsere Kriegsdefinition lautet: Kriege sind Formen gewaltsamen Konfliktaustrags, die dadurch gekennzeichnet sind, daß a) Kampfhandlungen von etwa gleich starken Gegnern durchgeführt werden; dies äußert sich darin, daß sie b) von einiger Dauer sind und c) intensiv geführt werden, d. h. Opfer kosten und Zerstörung anrichten.[12]

8.1.6. Gewaltsamer Konflikt

Krieg-in-Sicht-Krisen mit sporadischem Gebrauch von militärischen Mitteln und Krieg mit kontinuierlichem Gewaltmitteleinsatz können zu „gewaltsamen Konflikten" zusammengefaßt werden. Ein gewaltsamer Konflikt ist dann dadurch charakterisiert, daß sporadisch oder kontinuierlich Gewaltmittel eingesetzt werden.
Diese Definition setzt also voraus:
1. Eine unabhängige politische Einheit;
2. die Existenz von Konflikt (tatsächlich oder angenommen) zwischen Gegnern, und
3. die Benutzung von Waffengewalt, die Opfer zur Folge hat.

Nach dieser Definition hat es zwischen 1945 und Ende 1990 86 Kriege gegeben; nach einer weiter gefaßten Kriegsdefinition, die eher dem gewaltsamen Konflikt entspricht, zählen Kende (1971 und 1978)/Gantzel (1986) 148 bzw. 158 Kriege seit 1945.
In der Literatur wird zwischen einer Fülle von *Kriegsarten (Typologie von Kriegen)* unterschieden: Angriffskriege und Verteidigungskriege, gerechte Kriege und ungerechte Kriege, koloniale und imperiale Kriege, totale und begrenzte Kriege, konventionelle und nukleare Kriege. Es gibt Weltkriege, Bürgerkriege, Partisanenkriege, es gibt Befreiungskriege, Religionskriege usw. Es hängt vom jeweiligen Erkenntnisinteresse und entsprechend selektiv gewählten Kriterien ab, für welche dieser Typologien man sich entscheidet. Als die wichtigsten Kriterien, auf die Typologien bezogen sind, müssen genannt werden:

– Initiator oder Betroffener (Angriffs- bzw. Verteidigungskriege);
– Moral (gerechte bzw. ungerechte Kriege);
– Reichweite (totale bzw. begrenzte Kriege);
– Art des Waffeneinsatzes (konventionelle bzw. Nuklearkriege);
– Art der umstrittenen Güter und Werte (koloniale oder imperiale Kriege);
– Drohung oder tatsächlicher Mitteleinsatz (Kalter Krieg bzw. Krieg).

Quincy Wright (1935) klassifiziert Kriege für den Zeitraum 1480–1945 je nach Ziel und Status der Kriegsparteien in
– internationale,
– koloniale,
– imperiale und
– Bürgerkriege.

Für die Zeit nach 1945 unterscheidet er zwischen
– imperialen Kriegen und
– Bürgerkriegen.

David Singer und Melvin Small (1982) unterscheiden nach
– intra-systemic (interstate) wars,
– central system and major powers wars und schließlich
– extra-systemic (imperial and colonial) wars.

Istvan Kende unterscheidet zwischen
– internationalen Kriegen und
– internen Kriegen;
  die internen Kriege sind wiederum unterteilt in
– Anti-Regime-Kriege und
– Stammeskriege.

Besondere Aufmerksamkeit der empirischen Forschung haben die sogenannten Großen Kriege auf sich gezogen. Zu den großen Kriegen rechnen:
– Die italienischen Kriege (1494–1516),
– Die niederländischen Unabhängigkeitskriege (1572–1678),
– der Dreißigjährige Krieg (1618–1648),
– die Kriege Ludwigs XIV. (1667–1668, 1672–1678, 1678–1679, 1688–1697, 1701–1714),
– der Krieg der Augsburger Allianz (1688–1697),
– der Spanische Erbfolgekrieg (1701–1714),
– der Österreichische Erbfolgekrieg (1740–1748),
– der Siebenjährige Krieg (1756–1763),
– die Napoleonischen Kriege (1792–1797, 1799–1802, 1805–1812),
– und schließlich der Erste (1914–1918) und der Zweite Weltkrieg (1939–1945).

Eine besondere Form des Krieges stellen schließlich die sogenannten *Stellvertreterkriege* dar, die als abhängige Ersatzkriegsführungen be-

zeichnet werden können. Der Begriff des Stellvetreters stammt ursprünglich aus der Kaufmannssprache und meint die Übertragung eines Mandats. Ein Kaufmann, der Prokura erhält, kann im eigenen Namen Geschäfte für eine Firma abwickeln; er handelt also im Auftrag, aber doch relativ selbständig. Im politischen Bereich scheint der Begriff in Großbritannien im House of Lords gebräuchlich gewesen zu sein; im englischen Sprachgebrauch ist der Ausdruck „war by proxi (procura)" verbreitet. Im internationalen Bereich scheint er zum ersten Mal im Korea-Krieg aufgetaucht zu sein.
Der Begriff meint die Nutzung einer anderen Macht für eigene Zwecke. Clausewitz, der diesen Begriff selbst nicht benutzt, kennt den Sachverhalt, wenn er definiert, daß die Rivalität zwischen zwei Zentralmächten mit Verbündeten geringerer Stärke von diesen ausgetragen wird. Bekannteste Stellvertreterkriege sind die vom sowjetischen Verbündeten Kuba in Angola und Äthiopien ausgeführten Kriegshandlungen; auch werden die Kämpfe in Mittelamerika mit militärischer Unterstützung von regimefreundlichen oder regimefeindlichen Gruppen durch die USA (z. B. die Contras in Nicaragua) als Stellvertreterkriege bezeichnet.

8.1.7. Friede

Aufschlußreich sind die verschiedenen Assoziationen, die mit dem *Wort Friede* verbunden werden. Wie Kant berichtet, hatte er den Titel seiner Schrift „Zum Ewigen Frieden" dem Schild eines holländischen Gastwirts entnommen, auf dem ein Kirchhof gemalt war. Ein Friedhof ist ein eingehegter Raum, eine Einfriedung, mit der der Zustand Ruhe assoziiert wird (Friedhofsruhe). Da es sich um einen Ort handelt, an dem Tote ruhen, liegt die Vorstellung nahe, daß Friede erst nach dem Tod im Jenseits erreicht werden kann (biblischer Begriff). „Wird auf dem Friedhof der Frieden mit Tod und Grabesruhe gleichgesetzt, so wird er im Hause mit häuslicher Ruhe und Stille, mit Ruhegeben und Nachgeben identifiziert."[13]
Die historische Etymologie assoziiert Friede mit der römischen *pax*, verstanden als ein kosmisches Ordnungsprinzip oder mit dem germanischen *fride*, verstanden als soziales Ordnungsprinzip.
Im christlichen Mittelalter des Augustin wird der christliche Friedensbegriff mit dem Gerechtigkeitsbegriff verbunden *pax et justitia*. In dieser Verbindung ist der Friedensbegriff auch von der Aufklärung aufgenommen worden. Eine Friedensordnung ist eine Rechtsordnung *(pactum pacis)*. Kant und Fichte verbinden die innere Rechtsordnung mit äußerem Friede. Im Zeitalter liberaler Wirtschaft bzw. politischer Aufklärung wird der Friedensbegriff verbunden mit einem bestimm-

ten wirtschaftlichen Zustand, nämlich dem des Freihandels, bzw. mit einem Zustand politischer Freiheit. L'économie politique est la science par excellence de la paix; Friede resultiert aus der Freiheit, wie der Krieg aus der Unterdrückung.

Zusammenfassend kann gesagt werden, daß der Friedensbegriff verbunden war zunächst mit einer kosmischen oder religiösen Ordnung, dann mit einer bestimmten Rechtsordnung *(justitia);* es folgen die Verknüpfungen mit einer bestimmten Wirtschaftsordnung *(économie politique)* und mit einer bestimmten politischen Ordnung *(Freiheit).*

Clausewitz leitet den Friedensbegriff aus dem Übergang vom Krieg zum Frieden ab: Friede herrsche dann, wenn Streitkräfte vernichtet, das Land erobert, der Wille des Feindes bezwungen ist. Erst wenn ein Krieg die vollkommene Entscheidung und Erledigung des Zieles erreicht hat, dann herrsche Friede. Im Frieden muß der Zweck des Krieges erreicht sein. Mit anderen Worten: Frieden ist die Anerkennung des Status quo ohne weitere Absichten. Aus dieser Denkrichtung stammt die Formulierung: der Friede ist die Abwesenheit von Krieg.

Mit dieser Definition hat sich die kritische Friedensforschung nicht zufrieden gegeben. Johan Galtung definiert: „Friede ist ein Zustand innerhalb eines Systems größerer Gruppen von Menschen, besonders von Nationen, bei denen keine organisierte, kollektive Anwendung oder Drohung von Gewalt stattfindet."[14] Und Ernst-Otto Czempiel definiert: „Friede ist ein Prozeßmuster des internationalen Systems, das gekennzeichnet ist durch abnehmende Gewalt und durch zunehmende Gerechtigkeit."[15]

Die Konsequenz aus dieser definitorischen Grundlage ist: Wenn du den Frieden willst, verändere jene gesellschaftlichen Voraussetzungen, die bisher immer wieder zum Krieg geführt haben.

Dem negativen Begriff von Friede (Abwesenheit von Krieg) wird also ein positiver Friede als „Zustand der brüderlichen Harmonie aller Menschen" (Erich Fromm) hinzugefügt. Der Friedensbegriff hat eine innere und eine äußere Komponente:

der *innere* Friede ist dann gegeben, wenn relevante gesellschaftliche Gruppen sich mit ihrem politischen Status zufrieden geben, sich an ihre verfassungsmäßigen Rechte und Pflichten halten; der *äußere* Friede ist an die Einhaltung völkerrechtlicher oder sonstiger vertraglicher Abmachungen gebunden, und wird ohne *reservatio mentalis,* „ohne weitere Absichten" (Carl von Clausewitz), ohne „geheimen Vorbehalt" (Immanuel Kant) anerkannt.

Um den Begriff des Friedens operationalisierbar zu machen, definieren wir: Friede ist im inneren und äußeren Bereich von Staaten ein Zustand, der von keiner organisierten innerstaatlichen Gruppe und von keinem Mitglied des Staatensystems in Frage gestellt wird und schon gar nicht mit Gewalt geändert werden soll. Die nationalen und/oder internationalen Gemeinschaften tragen die jeweiligen Systeme mit hohem Konsens; sie sind mit hoher Legitimation versehen. Diese Definition weist nicht die Breite und Tiefe des vielschichtigen Phänomens des Friedens auf, hat aber den Vorteil, empirisch überprüft werden zu können.

Auch wenn Krieg und Friede zwei polar entgegengesetzte Zustände menschlichen Verhaltens im Inneren und Äußeren von Staaten kennzeichnen, so bleiben beide Zustände nicht isoliert voneinander, sind vielmehr aufeinander bezogen. Im Krieg kann Friede angelegt sein (z. B. Deutschland, Frankreich; gemeinsame Erfahrung führte zusammen).

Es gibt auch Krieg im Frieden (Kalter Krieg).

Ein schlechter Friede (Oktroy-Friede) kann Ursache neuer Kriege sein (Beispiele: Versailles, Brest-Litowsk).

Unterstellt man Rivalität, so wird Krieg und Friede nur durch die Mittel (militärische Gewalt, Verhandlung) getrennt.

„Krieg ist ein Zustand der Unordnung, in dem eine neue Friedensordnung, die wiederum nicht völlig gerecht ist, auf gewaltsame Weise angestrebt wird" (Hans Speier).

Kriege sind fast immer von Verhandlungen begleitet gewesen; vor Ausbruch und in der ersten Phase sind diplomatische Aktivitäten zu beobachten.

Etymologisch sind Krieg und Friede jeweils auf ihr Gegenteil bezogen: auch wenn Krieg Leben kostet, wird doch mit Krieg aktives Leben assoziiert; auch wenn Friede Leben möglich macht, wird Friede doch mit Tod assoziiert (Friedhofsruhe).

Kriege sind nicht Zufall und nicht unbeabsichtigt; sie entspringen vergleichendem Kalkül des Mitteleinsatzes (Verhandeln – Gewalt). Kriege „brechen also nicht aus", sind nicht Schicksal und unabhängig von menschlicher Einflußnahme; sie werden vielmehr von den jeweiligen nationalen Eliten bewußt herbeigeführt und ggfs. in Kauf genommen. Ohnmächtig war bisher allerdings meist die betroffene Bevölkerung, die an solchen Entscheidungen nicht direkt beteiligt war oder nur fanatisiert zujubelte. Die Vermeidung, die Zustimmung auch nur gewählter parlamentarischer Gremien einzuholen, d. h. Kriege nicht mehr zu erklären, hat auch mit dem Risiko zu tun, daß Regierungen dafür keine Mehrheiten erhalten.

Wenn Eliten glauben, mehr mit Diplomatie erreichen zu können als mit Krieg, werden sie dies tun. Krieg heißt, daß die diplomatischen Mittel erschöpft sind oder daß mit diplomatischen Mitteln eine Lösung nicht erreicht werden soll (bei bewußter Aggression).

8.2. Modellbeschreibungen

An die begriffliche Klärung schließt sich nun die Beschreibung zweier Modelle an, die die Konfliktbegriffe in einen sinnvollen, d. h. dem evolutionären Charakter angemessenen Zusammenhang bringen.

8.2.1. Das Wahrnehmungs-Aktionsmodell und das Konfliktablaufmodell

Es wird unterstellt, daß Konflikte in ihrem Ablauf ein gleichbleibendes Muster aufweisen (vgl. Modell 2: Phasenmodell). Das Merkmal „Positionsdifferenz" kann durch Strukturmerkmale beschrieben und durch Verhaltensmerkmale aktualisiert werden. Nach Bekanntgabe der Interessenlagen jeweiliger Akteure hängt dann die Konfliktentwicklung vom Verhalten der Fordernden auf der einen und der Reagierenden auf der anderen Seite ab. Die wichtigsten Determinan-

Modell 1: Wahrnehmungs-Aktionsmodell

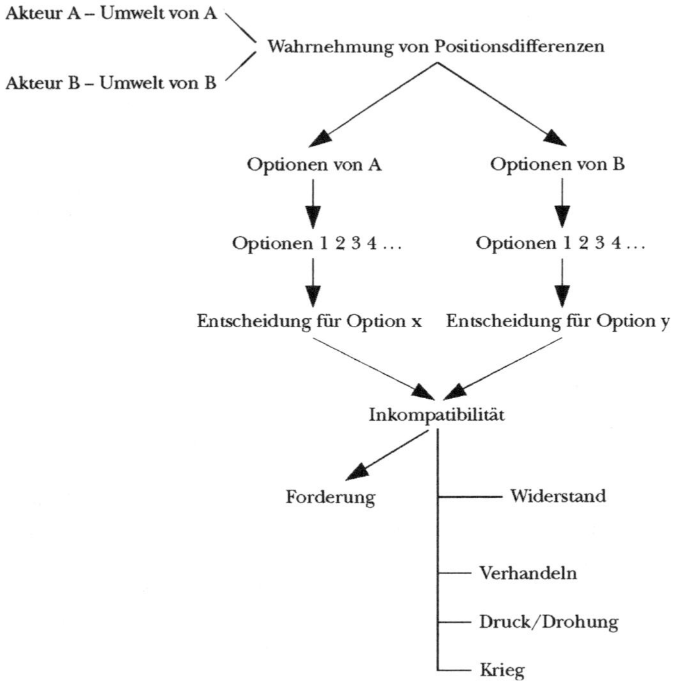

Modell 2: Phasenmodell

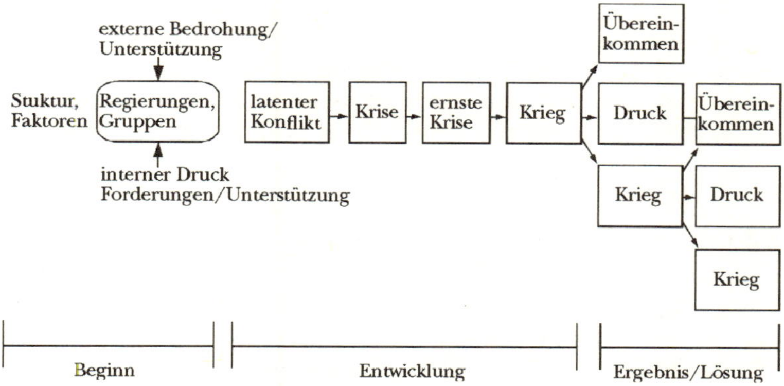

ten für das Konfliktverhalten von Regierungen und/oder organisierten Gruppen sind wahrgenommener interner Druck und perzipierte externe Bedrohung.

Je nach Stärke der inneren und äußeren Einflüsse (vgl. Modell 1: Wahrnehmungs-Aktionsmodell) eskaliert ein Konflikt und durchläuft verschiedene Phasen oder er bleibt im Zustand einer der Phasen, z. B. der der Latenz. Die Kriegsursachenforschung und die kritische Friedensforschung haben zur Erklärung von Ursachen und Verlauf von Konflikten eine Fülle von Struktur- und Handlungstheorien (vgl. Kap. 9) bereitgestellt, die jedoch von mittlerer oder nur geringer Reichweite sind. Die Beendigung von Konflikten kann erstens durch Vereinbarung zwischen den Konfliktparteien selbst oder mit Hilfe Dritter erfolgen; dazu können auch Formen stillschweigenden Verhaltens gerechnet werden, wie z. B. Rückzug oder Aufgabe von Forderungen. Zweitens kann das Ende politischer Rivalitäten auch durch Druck oder Drohung zustandekommen; solche oktroyierten Ergebnisse (z. B. Diktatfriede) sind meist nicht von langer Dauer. Drittens schließlich stellt der Einsatz gewaltsamer Mittel mit oder ohne auswärtige Intervention die *ultima ratio* des Konfliktverhaltens dar.

8.3. Generalisierende Aussagen zum historischen Gesamtverlauf (Konfliktmorphologie)

Empirische Aussagen historischer und quantitativer Analysen[16] haben dabei einen unterschiedlichen Status: es sind analysierbare historische Prozesse, Beobachtungen aus auffallenden möglichen Zusammenhängen der Kreuztabellen, es sind generalisierte Einzelbeobachtungen, es sind Hypothesen und schließlich Theorien, die über Konfliktentstehung, -verlauf- und -beendigung informieren. Die folgende Darstellung der Ergebnisse erfolgt, mangels einer umfassenderen Konflikttheorie, entlang unseres Analysemodells, d. h. es werden zunächst Aussagen aufgelistet, die sich auf den Gesamtprozeß des Ablaufmodells beziehen und sozusagen die Konfliktmorphologie beschreiben.

8.3.1. Welche Triebkräfte und historischen Prozesse haben in der Gegenwart das Konfliktverhalten bestimmt?

Die folgende Darstellung dient dazu, einen deskriptiven Überblick über das neuzeitliche Konfliktverhalten zu geben, wie es die historische Konfliktbeschreibung und die Auszählung unserer Datenbank[17] erkennen lassen. In deskriptiver und hypothetischer Form werden hier einige Beobachtungen mitgeteilt.

Je größer die Zahl der Mitglieder (Staaten) im internationalen System, um so größer wird das Konfliktpotential zwischen ihnen. Wenn man davon ausgeht, daß jeder neu hinzutretende Staat Konfliktpotential mit einem anderen Staat mitbringt, und zwar einmal als Initiator und zum andern als Betroffener von Forderungen, so beträgt dieses theoretische Konfliktpotential nach der Kombinatorikformel

Zahl der Konflikte K = n (Zahl der Staaten) × (n − 1);

die Rechnung mit der einfachen Kombinatorikformel (d. h. derjenigen, die die binären zweiseitigen Beziehungen zum Ausdruck bringt) zeigt an, daß wenn die Zahl der Staaten als arithmetische Reihe wächst, die Zahl potentieller Konflikte geometrisch zunimmt. D. h. ein Wachstum der Staaten um 2,3,4 ... bringt ein Wachstum der Konflikte um 4,9,16 ... und dies unter der Annahme, daß nur jeweils ein Konflikt die zweiseitigen Beziehungen zwischen zwei Staaten bestimmen würde. In vereinfachten Zahlen ausgedrückt heißt dies: bei 50 Staaten 1945, 100 Staaten 1970 und 150 Staaten 1980 (vgl. 4.1.1.) erhöhte sich die Zahl der möglichen Konfliktfälle von 1225 auf 4950 und 11250; oder anders ausgedrückt: die Verdreifachung der Staaten führt zu einer Verneunfachung der Konflikte; das Konfliktpotential wächst in großer Annäherung als Potenz der jeweiligen Zahl der Staaten. Die Rechnung ist zugleich optimistisch und pessimistisch; optimistisch, weil unterstellt wird, daß jeweils nur eine Konfliktbeziehung zwischen zwei Staaten existiert und pessimistisch, weil in der Realität nur bestimmte begrenzte Konfliktbeziehungen überhaupt wahrscheinlich sind.[18] Sehr unwahrscheinlich sind Konflikte zwischen weit auseinandergelegenen Ländern in unterschiedlichen Regionen der Erde, also z. B. zwischen Liechtenstein und Vanuatu oder zwischen der Bundesrepublik und Lesotho und bleiben im allgemeinen auf Dyaden angrenzender Staaten begrenzt. Wahrscheinlicher sind Konflikte zwischen angrenzenden Staaten. Je mehr Grenzen ein Staat hat, umso größer ist die Gefahr konfliktbestimmter Auseinandersetzungen mit Nachbarstaaten. Von den 182 (1990) Staaten der Erde waren 138 mindestens einmal an einem Konflikt beteiligt und die Gesamtzahl der ermittelten Konflikte betrug zwischen 1945 und 1990 „nur" 1057. Eine Verdreifachung der Zahl der Staaten von 50 auf 150 hat somit nicht wie potentiell und theoretisch zu erwarten gewesen wäre zu einer Verneunfachung der Konflikte geführt.

Es hätte mit großer Wahrscheinlichkeit mehr oder länger andauernde gewaltsame Konflikte oder Kriege gegeben, wenn nicht internationale oder regionale Organisationen existierten, die sich der Kooperation verschrieben haben. Die UN z.B. als Forum, „Dampf abzulassen", ebenso die Versuche der OAS, der OAU oder der AL vermittelnd und schlichtend einzugreifen, müssen in diesem Zusammenhang genannt werden ebenso wie die Bemühungen von Staatengruppen wie der Kondadora-Staaten im Konflikt um Nicaragua, der Frontstaaten im Südafrikakonflikt oder der Kontaktgruppe im Namibia-Konflikt. Mit anderen Worten, die integrativ wirkenden Staatenorganisationen haben dem Trend zum konfrontativen Verhalten entgegengewirkt. Die Bildung von Kollektivorganen (vgl. auch 4.), die Nähe schaffen, auf Verständigung angelegt sind, haben dem Auseinanderdriften des anarchischen Staatensystems entgegengewirkt.

Das Engagement der internationalen Organisationen bei internationalen Konflikten und die Erfolgsraten sind im Zeitraum zwischen 1945 und 1990 unterschiedlich. Die UNO war erstens häufiger als andere Organisationen als Konfliktschlichter gefragt, zweitens stärker als die Regionalorganisationen in Konflikte hoher Intensitätsstufe involviert und drittens vor allem bei internationalen Machtkämpfen, Entkolonialisierungs- und Territorialkonflikten gefragt; dabei hat die UNO als dritte schlichtende Partei durchaus Erfolge aufzuweisen. Die z.T. geringeren Erfolgsraten von OAU oder der AL hängen damit zusammen, daß diese Organisationen überdurchschnittlich bei internen (Macht-)Kämpfen gefragt waren, obwohl deren Satzung ein Tätigwerden nur bei zwischenstaatlichen Konflikten vorsieht.

Das vor allem in den Ländern der Dritten Welt gestiegene *Bevölkerungswachstum* (vgl. 5.11.1.) und seine Dichte korreliert jedoch nicht mit kriegerischem Verhalten, wohl aber damit, daß in den Konfliktregionen der Erde ein erheblich größerer Bevölkerungsteil betroffen ist sowohl als kampfbeteiligte Opfer, als auch als Flüchtlinge oder Vertriebene. Dies erklärt, daß in den Kriegen der Nachkriegszeit vor allem in den bevölkerungsreichen Ländern Chinas oder Indochinas, aber auch in Afrika ca. 18 Mio Menschen den Tod gefunden haben und Millionen von Menschen vertrieben worden sind. Der Einsatz moderner Militärtechnologie führt in besonders dicht besiedelten Gebieten zu hohen Verlusten unter der Zivilbevölkerung. Lag der Anteil der zivilen Opfer im Ersten Weltkrieg noch bei ca. 5% und im Zweiten Weltkrieg schon bei ca. 50%, so beträgt der Anteil der Zivilpersonen an den Kriegstoten im Koreakrieg 84%, im Vietnamkrieg zwischen 70 und 90% und im Libanonkrieg 90%. Auswirkungen haben die durch Flucht, Vertreibung, wirtschaftliche Not usw. stattfindenden *Migrationsbewegungen* vor allem auch auf die heterogene Zusammensetzung von Bevölkerungen und die dadurch hervorgerufenen Minoritätenkonflikte. In Europa sind aus diesen Gründen Süd-Nord und Ost-West-Wanderungen eingetreten und werden voraussichtlich die nahe Zukunft bestimmen.

Nach der territorialen Eroberung und Besiedelung hat auch das neue Seerecht zu zahlreichen Konflikten zwischen betroffenen Staaten geführt. Die allmähliche Ausdehnung der Souveränität von Küstenstaaten und der Streit um das „gemeinsame Erbe der Menschheit" hat den terrestrischen Streit auch auf den maritimen Bereich ausgedehnt (vgl. 5.11.2.).

Die ungleiche Verteilung der Industrialisierung über die Länder der Erde erhöht Spannungen zwischen den industriell entwickelten und den industriell unterentwickelten Ländern (vgl. 5.11.3.); Regierungen geraten als Folge davon unter wirtschaftlichen und sozialen Erwartungsdruck und versuchen hier und da, die innenpolitischen Probleme nach außen abzuleiten bzw. zu kompensieren. Auch kann das industrielle Potential zur Produktion von Vernichtungswaffen eingesetzt werden und kann, wenn exportiert, konfliktverstärkend eingesetzt werden. Gewaltsame internationale Konflikte um ökonomische Ressourcen oder Märkte treten jedoch quantitativ gegenüber solchen um nationale Werte und Güter in den Hintergrund. Handel führt, dies haben schon die liberalen Ökonomen von Smith bis Hirschmann betont, eher zur Zusammenarbeit und, nicht wie Lenin annahm, eher zum Krieg.

Nichtsdestoweniger haben ökonomische und soziale Diskrepanzen zu zahlreichen innenpolitischen Spannungen geführt, die von Oppositionsbewegungen aufgegriffen wurden und zu sogenannten Antiregimekriegen geführt haben. Die Land- und Stadtguerrillas in Mittel- und Südamerika haben ihren Ausgang von sozialen Ungerechtigkeiten genommen und haben die jeweiligen politischen Regimes destabilisiert. Häufige Regierungs- und Regimewechsel sind in diesen Regionen die Folge gewesen.

Je höher der Stand der Technologie, umso höher der wirtschaftliche Wohlstand. *Je reicher ein Land, umso eher wird es in Kriege verwickelt;* nicht die absolute Höhe, sondern die Differenzen im Fortschritt der

Kriegstechnologie wirken destabilisierend, weil sie einen Vorsprung bedeuten und damit für andere bedrohlich wirken können. Das daraus resultierende Wettrüstung kurbelte die Rüstungsspirale zwischen den Atommächten an und führte zur Vernichtung von Produktivvermögen.

Die Verbreitung des Industriesystems über die Welt hat aber auch die Wahrscheinlichkeit erhöht, daß immer mehr Staaten über Vernichtungskapazitäten verfügen (vgl. 5.11.4.) und mit immer mehr Atommächten zu rechnen ist. Der Atomwaffensperrvertrag hat nicht verhindern können, daß der Kreis der Atombomben besitzenden Staaten von fünf (USA, Sowjetunion, Großbritannien, Frankreich, China) auf weitere potentielle oder tatsächliche Besitzer (Indien, Pakistan, Israel, Südafrika) angewachsen ist. Auf der Hand liegt, daß davon destabilisierende Kräfte ausgehen. Hinzu kommt, daß die Waffenproduktion und der Waffenhandel verstärkt in und von der Dritten Welt betrieben werden und zum Einsatz kommend die Konfliktmittel erheblich steigern.

Ideologische Überzeugungen und religiöser Glaube wirken dann kriegstreibend, wenn sie fanatisch eingesetzt und als allein seligmachend betrieben werden. Trotz Säkularisierung in weiten Bereichen der industrialisierten Welt werden (oder wurden) die Systemauseinandersetzungen zwischen Ost und West, zwischen „Kapitalismus" und „Sozialismus" und die religiösen Auseinandersetzungen zwischen den Glaubensrichtungen im Islam zwischen Schiiten und Sunniten durch Ideologien und emotionale Faktoren bestimmt und verstärkten Konflikte, wenn sie nicht gar Auslöser solcher Konflikte waren. Der erste Golfkrieg war davon geprägt, ebenso wie die Auseinandersetzungen im Nahen Osten oder im Süden der Sowjetunion/Gemeinschaft Unabhängiger Staaten.

Die Vergrößerung des Staatensystems, die Bildung von Kollektivorganisationen, die Ausbreitung der industriell-technisch-wissenschaftlichen Zivilisation, die Wahrnehmung weltweiter Gefahren durch Unterernährung, Bevölkerungsexplosion, die Grenzen territorialer Expansion, Umweltschäden, Zerstörung von Kulturgütern der Menschheit, Verknappung von Ressourcen etc., all dies hat zu einer *Globalisierung* von Problemen und Ereignissen geführt und das Bewußtsein, in einer *interdependenten Welt* zu leben und voneinander abhängig zu sein, erhöht und besagt, daß auch Krieg und Frieden als Extreme des Konfliktverhaltens „kollektiviert" worden sind, d. h. in die „Unternehmen Krieg und Frieden" mehr einbezogen sind, als dies in früheren Zeiten der Fall war. *Das Bewußtsein, in einer Welt zu leben,* das Wissen um Vorgänge in anderen Ländern, die Kenntnis von gemeinsam bedrohenden Gefahren durch Nuklearwaffen, umweltzerstörendem Verhalten etc., all dies macht die Welt zunehmend

interdependent und kann die gemeinsame Verantwortung für die Eindämmung solcher Gefahren erhöhen. *Es scheint, als ob dadurch die integrativ-kooperativen Tendenzen erhöht würden.*
Konflikte können sich wie Wellen über den Globus ausbreiten (vgl. 3.2.) und zu Wandlungen führen, die Interessenkonflikte nach sich ziehen.
Eine erste Welle parallel verlaufender oder sukzessive aufeinander folgender Konflikte nach dem Zweiten Weltkrieg markiert die Sowjetisierung zahlreicher Völker in Osteuropa in der unmittelbaren Nachkriegszeit. Mit Druck, subversiver Taktik oder militärischer Gewalt sind nacheinander oder gleichzeitig Polen, Ungarn, die Tschechoslowakei, Ostdeutschland, Rumänien, Bulgarien, Albanien sowjetisiert worden, d. h. gesellschaftlich umgestaltet und in den Herrschaftsbereich der Sowjetunion getrieben worden.
Eine zweite Welle läßt Bestrebungen erkennen, diese gewaltsame Vereinnahmung rückgängig zu machen (Berlin 1953, Ungarn und Polen 1956, Tschechoslowakei 1968).
Eine dritte Welle ist durch die Unabhängigkeitsbestrebungen kolonialer Länder gekennzeichnet. Der Statusverlust der alten europäischen Kolonialmächte hat zur Aufgabe kolonialer Herrschaftsbeziehungen geführt und innerhalb der relativ kurzen Zeit von zwanzig Jahren (1945–1965) den meisten der noch verbliebenen Kolonien die politische Unabhängigkeit gebracht. In dieser Zeit sind durch Dekolonisierung ca. 100 Staaten als selbständige Akteure neu entstanden.
Eine vierte Welle, zwar weniger markant und weniger interdependent, markieren die Prozesse um den Aufbau dieser neuen unabhängig gewordenen Staaten und als Folge davon die auf wirtschaftliches Wachstum gerichteten Bestrebungen der Länder der Dritten Welt. Diese Prozesse beginnen in den sechziger Jahren Gestalt anzunehmen und gipfeln in den Debatten um eine Neue Weltwirtschaftsordnung. Die Vehikel dieser Bestrebungen sind die sich neu bildenden Organisationen der Dritten Welt wie die Bewegung der Blockfreien, die Organisationen der Dritten-Weltstaaten im Rahmen internationaler Konferenzen (UNCTAD, UNIDO, Gruppe 77), sowie das Erdölkartell OPEC und die Regionalorganisationen in den Kontinenten des Südens.
Neben diesen historisch zu beobachtenden Prozessen lassen sich drei generelle, globale Beobachtungen aufgrund der Auszählung unserer Datenbank konstatieren:
- Die Zahl jährlich neu entstehender gewaltsamer Konflikte (und insbesondere Kriege) hat in den letzten hundert Jahren zugenommen (vgl. Graphik 12).
- Die Periode nach 1945 hat mehr Konflikte erlebt als irgendeine andere Periode zuvor. Die Zahl der Konflikte ist jedoch nicht in demselben Maße gestiegen wie die Zahl unabhängiger Staaten.

– Latente Konflikte, Krisen und gewaltsame Konflikte zeigen in ihrer zeitlichen Entwicklung – obwohl unabhängig voneinander ermittelt und aufgelistet – parallel verlaufende Häufigkeiten (vgl. Graphik 12).

Graphik 12: Pro Jahr neu entstandene Konflikte nach 1945

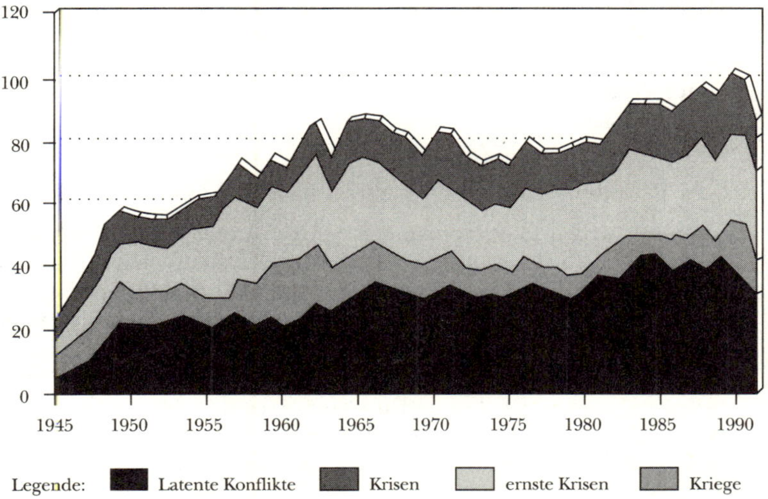

8.3.2. Wer war an Konflikten beteiligt?

Man kann zwischen den direkt am Konflikt Beteiligten und den extern Beteiligten unterscheiden. Diese Unterscheidung bezieht sich primär auf die Art der Beteiligung und nicht darauf, ob der beteiligte Staat sich im Konfliktgebiet befindet oder nicht. Die USA waren z. B.nach 1945 nur einmal in einen Konflikt an ihrer Grenze mit Kanada verwickelt, aber insgesamt 52mal Konfliktbeteiligte außerhalb ihres Territoriums.
Die Art der Beteiligung richtet sich nach den Mitteln, mit denen extern Beteiligte in das Geschehen eingreifen; nach ihrer Intensität können drei Arten unterschieden werden: erstens diplomatische Unterstützung, zweitens waffentechnische und wirtschaftliche Unterstützung ohne direkte Beteiligung und schließlich drittens direktes militärisches Eingeifen. Als direkt extern beteiligt gelten Staaten, wenn sie mit eigenen Truppen ins Kampfgeschehen eingreifen (Intervention).
Die nach diesen Kriterien durchgeführte Auszählung nach der Häufigkeit der Konfliktbeteiligung von Staaten ergab, daß von den 182

(1990) Staaten der Erde 136 mindestens einmal an einem Konflikt beteiligt waren, somit also 56 meist kleinere Staaten keine nennenswerten Konflikte aufweisen, knapp 20 waren zweimal, 10 dreimal an meist geringfügigen Konflikten beteiligt. Am häufigsten waren – wie wohl nicht anders zu erwarten – die alten und die neuen Großmächte an Konflikten beteiligt; dabei liegt – wie wohl nicht zu erwarten – Großbritannien mit 76 Konfliktbeteiligungen an der Spitze der nach 1945 bis 1990 ermittelten Konflikte. Es folgen die USA mit 52 Konfliktbeteiligungen, Frankreich mit 45 und die UdSSR mit 42. Auf den folgenden Plätzen rangieren die neuen Regionalmächte oder Submetropolen China (29), Indien (27), Ägypten (25) und Syrien (25).

8.3.3. Welches sind die konfliktträchtigsten Regionen der Erde?

Es wurden sieben geographische Regionen unterschieden: Europa, Vorderer und Mittlerer Orient inkl. der nordafrikanischen arabischen Staaten, Schwarz- und Südafrika, Zentral- und Süd- und Nordamerika sowie Asien und Ozeanien. Die Auszählung der Konflikte zeigt folgende regionale Verteilung:

- In den Regionen des Mittleren und Nahen Ostens, Asiens und Schwarz- und Südafrikas sind am häufigsten Konflikte aufgetreten. Die meisten der 79 Kriege nach 1945 wurden in Asien, Schwarz- und Südafrika sowie im Mittleren und Vorderen Orient geführt (vgl. Tab. 17, S. 234).
- Bezogen auf die Zahl der in den einzelnen Regionen befindlichen Staaten waren bei internen gewaltsamen Konflikten am konfliktträchtigsten die Regionen Asien, Vorderer- und Mittlerer Orient (Regionale innerstaatliche Konfliktquote), bei gewaltsamen Konflikten zwischen den Regionen (Interregionale Konfliktquote) der Vordere und Mittlere Orient sowie Zentralamerika.

8.3.4. Um welche Güter und Werte wurde gestritten?

In der historischen Entwicklung lassen sich sieben Güter und Werte identifizieren, um die in der Neuzeit immer wieder gestritten wurde: Kampf um Unabhängigkeit von Kolonialismus/Imperalismus, Autonomie, Kämpfe um interne und externe Herrschaft, ideologische Regimekämpfe und Streitigkeiten über Territorien bzw. Grenzen, sowie wirtschaftliche Güter.
Unsere Auszählung ergab, daß die meisten Konflikte um externe und interne Herrschaft geführt worden sind (ca. 30% aller Konflikte), gefolgt von solchen um territoriale Grenzen (23%) und ideologisch aufgeladene Güter wie vor allem um den Charakter des politischen Regimes (15%).

In Europa, dem Vorderen und Mittleren Orient sowie in Asien wurde am häufigsten gestritten um Territorien, Grenzen und Gewässer sowie um die Organisation der politischen Regimes, in Afrika südlich des Maghreb und in Mittelamerika um interne Machtpositionen und territoriale Ansprüche; in Südamerika sind es vor allem Grenz- und Territorialansprüche.
Territorialkonflikte sind am häufigsten in Asien und im Vorderen und Mittleren Orient aufgetreten, koloniale Fragen spielten in Asien und im Orient eine Rolle, um Autonomie ging es am häufigsten in Asien und Afrika; Regimeauseinandersetzungen waren vor allem in Asien und Zentralamerika zu erkennen, interne Machtkämpfe sind am häufigsten in Afrika, internationaler Machtkampf vor allem im Orient und in Asien; um wirtschaftliche Ressourcen ging es vor allem im Vorderen und Mittleren Orient.

8.3.5. Wer oder was hat Konflikte ausgelöst?

Konflikte beginnen und enden. Sie beginnen meist mit einem sichtbaren Ereignis, d.h. dann, wenn bestimmte Forderungen von einer Konfliktpartei gestellt werden und der jeweils Angesprochene darauf reagiert. Bei gewaltsamen Konflikten ist ein solches Ereignis der erste Schußwechsel oder eine Kriegserklärung.
Anlässe, meist auch Auslöser von Konflikten, gibt es viele und oft auch scheinbar nichtige: auf einer Insel im Beagle-Kanal wird ein Leuchtturm errichtet und veranlaßt eine Regierung, ihn zu zerstören; in Honduras findet ein Fußballspiel zwischen Honduras und El Salvador statt und endet mit tödlichem Ausgang nicht nur für viele Fußballfans; auch können eine Grenzverletzung, ein Flugzeugabschuß, ein Wahlbetrug oder eine Meuterei Anlaß für den Ausbruch von aufgestautem Haß sein. Die spektakulären Anlässe der neueren Geschichte sind die Ermordung des österreichischen Thronfolgers in Sarajewo, die den Ersten Weltkrieg ausgelöst hat oder die vor aller Öffentlichkeit sich abspielende Erschießung des Oppositionspolitikers Benigno Aquino, die auf den Philippinen kurze Zeit danach zur Vertreibung des Diktators Marcos geführt hat. Diese auslösenden Ereignisse zeigen aber nur den Beginn einer neuen Phase in der Eskalation eines latent vorhandenen Konflikts an; sie sind aber nicht Ursache von Konflikten. Diese liegen meist sehr viel weiter zurück. Der Zweite Weltkrieg beginnt bekanntlich mit dem Einmarsch der deutschen Truppen in Polen am 1. September 1939. Die Wurzeln können aber bis zum Ende des Ersten Weltkriegs zurückverfolgt werden. Der Versailler Vertrag, ein schlechter Friede, hat u.a. den Grund für den Zweiten Weltkrieg gelegt.

Zur Überprüfung des dynamischen Entwicklungsprozesses von Konflikten sind genetisch-historische Einzelfallstudien erforderlich, die die historisch weiter zurückreichenden Wurzeln aufzeigen. Z. B. müßte der Ausbruch des Ersten Weltkrieges mit dem auslösenden Ereignis „Erschießung des österreichischen Thronfolgers in Sarajewo" beginnen; danach waren etwa zwei Monate intensiver diplomatischer Aktivitäten zu beobachten, bis dann Kampfhandlungen durch Truppen einsetzten. Die Phase diplomatischer Aktivitäten müßte etwa auf der Intensitätsstufe „ernste Krise" liegen und erst der Beginn der Kampfhandlungen mit „Krieg" codiert werden.

8.3.6. Wie unterscheiden sich nationale von internationalen Konflikten?

Wir haben zwischen internen oder nationalen, internationalen oder zwischenstaatlichen und internationalisierten oder regionalisierten Konflikten unterschieden, die Häufigkeiten ausgezählt und mit anderen Variablen gekreuzt.

- Die Zahl der international gewaltsam verlaufenden Konflikte ist größer als die der nationalen und internationalisierten Konflikte (vgl. Tab. 17).
- Interne Konflikte sind intensiver, d. h. gewaltsamer geführt worden als internationale Konflikte.
- Mehr internationale Konflikte sind durch Verträge bzw. Abkommen beendet worden als interne Konflikte durch neue oder revidierte Verfassungen.

Tabelle 17: Gewaltsame Konflikte nach Regionen (1945–1990)

	Zahl der Staaten	Konflikte insgesamt	Kriege	Konflikte, davon: intern		internationalisiert		International[1]	
				abs.	%	abs.	%	abs.	%
Europa	35	12	2	5	41,6	–	–	7	58,4
Vorderer und Mittl. Orient	25	76	16	24	31,6	25	32,9	17	22,4
Schwarz- und Süd-Afrika	43	80	22	18	22,5	19	23,7	53	66,3
Zentralamerika	23	20	5	6	30,0	5	25,0	9	45,0
Südamerika	12	19	6	14	73,7	5	26,3	0	–
Nordamerika	2	2	–	0	–	2	100,0	0	–
Asien	38	74	28	27	36,5	16	21,6	31	41,9
Insgesamt	178	283 100,0	79	94 33,2		72 25,4		117 41,4	

[1] Unabhängigkeitskonflikte wurden als internationale Konflikte gezählt.

– Die meisten internen Konflikte haben blutig geendet, die meisten internationalen Konflikte durch Rückzug.

8.3.7. Konfliktintensität

Die Intensität von Konflikten wird nach einer Vielzahl von Kriterien gemessen: Mittel des Konfliktaustrags, Opfer an Soldaten oder/und an Zivilisten, Dauer des Konflikts, Zahl der konfliktbeteiligten Parteien etc. Entsprechend dieser Kriterien wird ein Konflikt dem Fünfer-Schema der Eskalation zugeordnet. Die Auszählung der Kreuztabellen ergab:

– Je mehr Staaten bzw. Gruppen in Konflikte involviert sind, umso intensiver, vor allem verlustreicher werden diese.
  Offensichtlich ist dieser Zusammenhang bei den 11 großen Kriegen der Neuzeit mit 9 (Dreißigjähriger Krieg) bis 18 Beteiligten (Zweiter Weltkrieg).[19] Die Zahl der in Kampfhandlungen Getöteten reicht in diesen Kriegen von ca. 200 000 (Holländischer Unabhängigkeitskrieg, 1585–1609) bis 13 Mio (Zweiter Weltkrieg). Außerordentlich hoch waren in neuerer Zeit auch die Opferzahlen bei den mit externer Beteiligung geführten Kriegen in Korea (ca. 1,5 Mio) und Vietnam (2,6 Mio). Doch auch Bürgerkriege ohne direkte auswärtige Beteiligung, wenn auch mit externer Unterstützung wie die in China und Kambodscha mit 2 Mio bzw. 1–2 Mio Toten können verlustreich sein.
– Interventionen externer Parteien haben die Tendenz, Konflikte zu intensivieren.
  Diese Aussage deckt sich teilweise mit der zuvor getroffenen, doch kann man die Frage zuspitzen und nach den Unterschieden zwischen Konflikten mit und ohne Intervention auswärtiger Staaten fragen. Unsere Auszählung ergab, daß bei Interventionen die Konflikte im Durchschnitt eine höhere Intensität erreichen, als Konflikte ohne Intervention.
– Konflikte um nationale Herrschaft bzw. um ein bestimmtes politisches Regime sind die kriegsträchtigsten verglichen mit Konflikten über andere Güter. Territoriale Streitigkeiten bleiben im allgemeinen auf niedriger Eskalationsstufe.
– Ideologisch und/oder emotional geladene Konflikte sind gewaltsamer als andere.
  Zu den ideologisch aufgeladenen Konflikten zählen in der Geschichte solche, in denen religiöser Fanatismus eine Rolle spielt (Religionskriege, Islamisierung) oder durch geschlossene politische Ideologien ein Absolutheitsanspruch erhoben wurde (Faschismus, Kommunismus). Stark emotional beladen sind aber auch Konflikte um Basiswerte der nationalen oder regionalen Existenz, wie nationale

Unabhängigkeit und Regime, ethnische, kulturelle oder religiöse Selbstverwirklichung; solche Konflikte zeigen im allgemeinen eine höhere Intensität als solche, die nicht das Grundverständnis der staatlichen oder ethnischen Existenz betreffen.
- Konflikte sind nicht einmalige, singuläre und urplötzlich auftretende Ereignisse, sondern haben meist eine lange Vorgeschichte. Vergangenheitserfahrungen spielen neben solchen der Gegenwart eine wichtige Rolle bei der Entstehung von Konflikten. Etwa die Hälfte aller Konflikte der Nachkriegszeit hatte Vorgängerkonflikte bzw. Nachfolgekonflikte. Bei Kriegen hatten die Akteure (Staaten oder Gruppen) in der überwiegenden Zahl der Fälle (94%) schon früher gewaltsame Auseinandersetzungen oder es schwelte ein Spannungszustand, der nur eines Anlasses bedurfte, um zur Entladung zu kommen.

8.3.8. Die Beendigung von Konflikten

Wie werden Konflike beendet? Wir unterscheiden zwischen militärischen, territorialen und politischen Ergebnissen des nationalen wie internationalen Konfliktaustrags. Ergebnisse sind dabei nicht notwendigerweise Lösungen, die den Konsens aller Beteiligten erfordern.
In Fällen, in denen Gewaltmittel angewandt wurden, kam es am häufigsten zur Niederlage des Aggressors (32,3%), nur in 16% zum Sieg. In 31,3% der registrierten Fälle war das *militärische Ergebnis* ein Waffenstillstand. Diese Beschreibung trifft auch für die 79 Kriege der Nachkriegszeit (1945–1990) zu: am häufigsten sind Patt und Niederlage (43); nur 16 Kriege endeten mit einem Sieg des Angreifers, die restlichen mit Rückzug.
Hinsichtlich *territorialer Forderungen* bleibt es in 42% der Fälle bei der Forderung, d. h. der Konfliktaustrag ist nicht zugunsten des einen oder anderen Konfliktbeteiligten ausgegangen. Da, wo es zu territorialen Veränderungen gekommen ist, geschah dies in Form von Gebietsabtretungen (7%), Teilungen (12%) oder Einverleibungen (24%).
Die *politischen Ergebnisse* lassen sich zunächst ganz allgemein nach drei Fragestellungen unterteilen, nämlich einmal, ob die gesteckten politischen Ziele erreicht worden sind oder nicht. In bezug auf das politische System kann zweitens gefragt werden, welche Wirkung eine bestimmte Aktion auf die im Amt befindliche Regierung hatte und welche auf die Opposition. Im Hinblick auf die Einwirkung von seiten einer auswärtigen Macht kann schließlich drittens gefragt werden, ob durch Intervention der auswärtige Einfluß vergrößert oder verkleinert worden ist.
Unsere Auswertung führt zu folgenden Teilergebnissen:
Der Initiator hat nur in jedem dritten Fall sein politisches Ziel erreicht. Neben dem Nicht-Erreichen eines gesteckten Ziels bleibt bei einer

großen Zahl von Fällen die Ausgangslage weiter offen, d. h. es wurde durch den Konfliktaustrag keine Entscheidung erzielt.
Bei den untersuchten Konfliktfällen nach 1945 ist die Regierung nur in etwa 30% der registrierten Fälle gestärkt aus dem Konflikt hervorgegangen. In allen anderen Fällen ist es zum Regierungswechsel, zu Regierungssturz oder -schwächung gekommen und in etwa 10% der Fälle kam es zur Bildung zweier Regierungen auf separaten Territorien.

Die Opposition ist in der großen Mehrheit der Fälle geschwächt oder gar eliminiert worden. In nur etwa 20% ist die Opposition siegreich aus Konflikten mit der Regierung hervorgegangen, was bei dem Besitz des Gewaltmonopols der im Amt befindlichen Regierung nicht weiter verwundert. Oppositionelle Gruppen sind zunächst im Hinblick auf die Ausrüstung mit Kampfmitteln gegenüber der Regierung im Nachteil. Dies gilt insbesondere bei Unabhängigkeitskonflikten, bei denen zwei Regierungen das Gewaltmonopol beanspruchen, die Kolonialmacht und die Statthalterregierung im eigenen Land.
In bezug auf die Stellung der auswärtigen Interventionsmacht nach der Konfliktbeendigung kann man nicht eindeutig entscheiden, ob sie geschwächt oder gestärkt aus dem Konflikt hervorgegangen ist. Beide Ergebnisse sind etwa gleich häufig eingetreten.

8.4. Kooperation im internationalen Staatensystem

Nicht nur Konflikt bestimmt das Handeln der internationalen Akteure, sondern – wohl in größerem Umfang – Kooperation. Ohne die Neigung zum Interessenausgleich ist ein menschliches Zusammenleben nicht denkbar. Geht man von der eingangs getroffenen Definition von Konflikt aus, so gehören zur Kooperation all diejenigen Handlungen, die ein konsensuales Aushandeln ermöglichen (was insbesondere bei Positiv-Summen-Spielen der Fall ist) und somit ohne Gewalteinsatz ablaufen. Der Begriff der Kooperation steht in den internationalen Beziehungen für auf bestimmte Zeit angelegte und meist vertraglich abgesicherte Zusammenarbeit zwischen Staaten, nichtstaatlichen Akteuren sowie in und zwischen internationalen Organisationen. Die Vorabstimmung längerfristiger Verhaltensbindungen zwischen gegnerischen, aber durch gemeinsame Interessen verbundene Parteien, geht damit über einen reinen Warenaustausch hinaus. Im wirtschaftlichen Bereich erfolgen längerfristige Festlegungen meist durch Zollpräferenzen, Kontigentierungen oder Kreditgewährungen.
Die Kooperation kann sich somit zwischen unterschiedlichen Akteuren abspielen, aber auch auf unterschiedlichen materiellen Gebieten

(industrielle Kooperation, wissenschaftlich-technische Kooperation, Kooperation im Umweltbereich etc.) liegen, zwischen regionalen Gruppierungen (Ost-West-Kooperation, Nord-Süd-Kooperation etc.) stattfinden und unterschiedlichen Charakter annehmen (antagonistische Kooperation, arbeitsteilige Kooperation, etc.). Auch ist die Form der Kooperation unterschiedlich formalisiert und kann in loser Koordination oder im Rahmen von Institutionen erfolgen. Im Bereich der Wirtschaft stellt die Kooperation z. B. in Form der „Joint Ventures" eine vertieftere Form der Wirtschaftsbeziehungen dar als der einfache Warenhandel.

Jede Art von Kooperation setzt einen Konsens über die Regeln der Zusammenarbeit voraus. Dieser Aspekt wird von der neuzeitlichen Regimetheorie betont, wo es um implizite oder explizite Prinzipien, Normen, Regeln und Entscheidungsprozeduren geht, die die Akteure in einem bestimmten Politikfeld akzeptieren. Es sei angemerkt, daß bisher der Regimeansatz meist auf kooperative Regime angewandt wurde und Konfliktzusammenhänge ausgeblendet hat. Dies geht schon aus der klassisch gewordenen Definition von Krasner hervor: „Regimes can be defined as sets of implicit or explicit principles, norms, rules, and decision-making procedures around which actors' expectations converge in a given area of international relations. Principles are beliefs of fact, causation, and rectitude. Norms are standards of behavior defined in terms of rights and obligations. Rules are specific prescriptions or proscriptions for actions. Decision-making procedures are prevailing practices for making and implementing collective choice."[20] Die Konvergenz von Erwartungen in einem bestimmten Politikfeld ist in den meisten Konfliktsituationen gerade nicht gegeben. Zwar war die antagonistische Rivalität zwischen den Supermächten im Verlauf des Kalten Krieges mit der Zeit berechenbar geworden; doch galt dies nicht für die Anfangszeit, in der die Einflußbereiche noch nicht abgegrenzt waren. Diese Unbestimmtheit und Unberechenbarkeit kennzeichnet jede Konfliktsituation im definierte Sinne.

Der Neorealismus behauptet, daß Kooperation und Interdependenz auch und gerade mit nationalen Interessen vereinbar wären. Die Gründung internationaler Regime wie Vereinte Nationen, Internationaler Währungsfond, Weltbank, Zoll- und Handelsabkommen GATT etc. stand im Wirtschafts- und Sicherheitsinteresse Amerikas und wurden solange gefördert wie es das Interesse erforderte. Dies galt auch für spätere Regime wie dem Nichtverbreitungsvertrag (1968), der Internationalen Atomenergiebehörde (IAEA, 1957) oder dem Umschuldungsprogramm für Entwicklungsländer, Regime also, die

im US-amerikanischen Interesse geholfen haben, die Weitergabe von Nuklearwaffen und den internationalen finanziellen Zusammenbruch zu verhindern sowie den Protektionismus zu begrenzen. Bei Interessendivergenzen haben die USA internationale Organisationen wie die ILO oder die UNESCO verlassen oder Beitragszahlungen eingestellt. Internationale Regime tragen dazu bei, daß Lasten verteilt, Regierungen gegenseitig informiert, vielfältige Interessen austariert und Beziehungen berechenbarer gemacht werden können.
In diesem Abschnitt werden nur losere Formen der Zusammenarbeit behandelt. Die institutionalisierten Formen der Kooperation wie die Regionalorganisationen in Europa (OEEC/OECD, WEU, EWG/EG, EFTA, EURATOM, KSZE etc.), Afrika (OAU, Southern African Development Cooperation Conference, SADCC), Asien (ASEAN), Amerika (OAS), im Vorderen und Mittleren Orient (AL, Konferenz Islamischer Staaten, Golfkooperationsrat, etc.) sind in Kap. 4 beschrieben worden. Gegenüber diesen Formen der institutionalisierten Zusammenarbeit gibt es weniger formalisierte Kooperationsformen zwischen Staaten wie z. B. das GATT, die KSZE, die Organisation Blockfreier Staaten und ihrer Gruppe 77 oder die OPEC, sowie solche zwischen einzelnen Staaten, die im folgenden kurz vorgestellt werden sollen.
Sie alle haben aber dem konfliktbestimmten Auseinanderdriften der zahlreich gewordenen Staaten entgegengewirkt und mit verhindert, daß nicht noch mehr gewaltsame Konflike entstanden sind bzw. daß diese beendet werden konnten.

8.4.1. Das Allgemeine Zoll- und Handelsabkommen (GATT – General Agreement on Tariffs and Trade)

Das Allgemeine Zoll- und Handelsabkommen (GATT) wurde 1947 im Zuge der Bemühungen um die Neuordnung der weltwirtschaftlichen Beziehungen in Genf gegründet. Der Ursprung des GATT läßt sich bis in das Jahr 1941 zurückverfolgen, als in der Atlantik-Charta vom damaligen US-Präsident Roosevelt und dem britischen Premierminister Churchill allen Nationen ein verbesserter Zugang zum Handel und zu den Rohstoffen der Welt eröffnet wurde.
Zunächst war eine Internationale Handelsorganisation (ITO – International Trade Organization) geplant, die die Liberalisierung des Welthandels, die Bekämpfung von Monopolen und den Ausgleich von Konjunkturschwankungen fördern sollte. Die ITO stieß jedoch 1946/47 auf Schwierigkeiten: nicht nur die Amerikaner, die eine liberale Position in bezug auf den Welthandel vertraten, sondern auch Großbritannien und andere westeuropäische Staaten (Devisenknapp-

heit und Beschäftigungsprobleme) wie auch die bereits zu dieser Zeit bestehenden Entwicklungsländer (EL) glaubten, der sog. Havanna-Charta nicht zustimmen zu können.
So wurden parallel zu den Verhandlungen über die ITO Verhandlungen über Zollsenkungen aufgenommen, die in Zollzugeständnissen mündeten und die Unterzeichnung des GATT am 30. 10. 1947 durch 23 Signaturstaaten zur Folge hatten. Allerdings steht eine förmliche Ratifizierung des GATT, wie sie gemäß Art. XXVI Abs. 3, durch Hinterlegung einer Annahmeerklärung beim Generalsekretär der UNO erfolgen muß, bis heute aus. Dies schmälert jedoch keineswegs die Durchsetzungsfähigkeit dieses sog. Provisoriums: 1993 zählte das GATT 110 Vertragsparteien, darunter auch mehrere Staaten des bis 1990 existierenden RGW und über 30 Entwicklungsländer; weitere 30 Staaten wenden die GATT-Regeln faktisch an. Die ehemalige UdSSR stellte am 12. 8. 1986 den Antrag auf Teilnahme an den GATT-Verhandlungen; trotz ihrer Teilnahme an der derzeit laufenden 8. GATT-Runde in Uruguay bleibt eine Mitgliedschaft der sowjetischen Nachfolgestaaten offen, ebenso wie die seit langem beantragte Mitgliedschaft der Volksrepublik China, die von einer Mitgliedschaft der Republik China abhängig gemacht wird.
Als generelle Ziele erklärt das GATT in Art. 1 „die Erhöhung des Lebensstandards, die Verwirklichung der Vollbeschäftigung, ein hohes und ständig steigendes Niveau des Realeinkommens, die volle Erschließung der Hilfsquellen der Welt sowie die Steigerung der Produktion und des Austauschs der Waren".
Nach Art. 1 sollen diese Ziele „durch wesentlichen Abbau der Zölle und andere Handelsschranken sowie durch Beseitigung der Diskriminierung im internationalen Handel" erreicht werden. Die fünf Grundprinzipien zur Verwirklichung dieser Ziele sind:
- Der Grundsatz der Meistbegünstigung verpflichtet jede Vertragspartei, die einer anderen Vertragspartei gewährten Handelsvorteile auch allen weiteren Vertragsparteien zu gewähren.
- Der Grundsatz der Inländerbehandlung, der eine Gleichbehandlung inländischer und ausländischer Güter auf dem Binnenmarkt fordert.
- Das Verbot nichttarifärer Handelshemmnisse wird in Art. XI festgelegt. Handelspolitik soll nur über Zölle und nicht durch Kontingente betrieben werden.
- Der Grundsatz der Gegenseitigkeit (Reziprozität) besagt, daß bei handelspolitischen Vergünstigungen zugunsten eines Vertragspartners angemessene Gegenleistungen erbracht werden müssen.
- Mit dem Ende der Kennedy-Runde 1966 wurde dem GATT ein neuer Abschnitt hinzugefügt, der die Industrieländer zur zielgerich-

teten Unterstützung der Entwicklungsländer verpflichtet. Im neuen Teil IV (Art. XXXVI–XXXVIII) erklären die Industrieländer den Verzicht auf die Prinzipien der Reziprozität und der Meistbegünstigung.

Da das GATT-Abkommen, das ursprünglich nicht als internationale Organisation konzipiert worden war, heute aber über festgelegte Organe verfügt, immer noch nicht ratifiziert ist, hat es nicht den gleichen völkerrechtlichen Status wie die Spezialorganisationen der UNO. Andererseits hat es aber größere Erfolge als die völkerrechtlich legitimierten Sonderorganisationen aufzuweisen.

Oberstes Gremium, das auch für Beschlüsse zuständig zeichnet, ist die Vollversammlung, der alle ordentlichen Mitgliedstaaten angehören. Sie tagt einmal jährlich, während der im Jahre 1960 eingesetzte Rat (Regierungsvertreter) die laufenden Geschäfte zwischen den Vollversammlungen erledigt. Zur Unterstützung des Rats und zur Verwaltung der Obliegenheiten des GATT existiert seit 1947 das Sekretariat mit Sitz in Genf, dem ein von den Mitgliedsstaaten bestellter Generaldirektor vorsteht. Das GATT-Sekretariat tritt durch umfangreiche Untersuchungen über die Zollstruktur der wichtigsten Industrieländer v. a. als Berater, nicht selten als Vermittler zwischen den Mitgliedstaaten auf. Neben dem Sekretariat existieren noch Arbeitsgruppen und Komitees ohne eigene Entscheidungsbefugnisse.

Seit Bestehen des GATT sind insgesamt 7 Zollsenkungsrunden durchgeführt worden, die zu unterschiedlichen Zollreduzierungen geführt haben. Während sich 1947 die damals noch 23 Vertragspartner in Genf auf 19% einigten, konnten in den darauffolgenden Zollsenkungsrunden (Annecy 1949: 2%; Torquay 1950/51: 3%; Genf 1955/56: 2%; Genf 1961/62: 7%) nur geringe Zollreduzierungen erreicht werden. Erst in der „Kennedy-Runde" (1964–1967) wurde mit 35% erneut ein wesentlicher Durchbruch im Zollabbau erzielt. Auf der 7. Runde 1973–1979 in Tokio sollten die Schwerpunkte auf dem Agrarhandel, der Beseitigung nichttarifärer Handelshemmnisse und die Verbesserung der Position der Entwicklungsländer sein. Allerdings war die Tokio-Runde von Streitigkeiten zwischen den USA und der EG sowie innerhalb der Gruppe der Entwicklungsländer geprägt. Gleichzeitig wurde diese 7. Zollsenkungsrunde durch die Rohstoff- und Energiekrise und die damit verbundenen Zahlungsbilanzschwierigkeiten der meisten Mitgliedsländer überschattet, so daß die Verhandlungsergebnisse nur einen durchschnittlichen Zolltarifabbau auf die Industrieprodukte der neun wichtigsten Industrieländer von 7% auf 4,7% erbrachten.

Nach mehreren Versuchen zu Beginn der 80er Jahre gelang es erst im September 1986, eine neue, und zwar auf 4 Jahre angesetzte 8.

GATT-Runde (Uruguay-Runde) ins Leben zu rufen. Von den bisherigen Zollsenkungsrunden, deren Ergebnisse z. T. dazu führten, daß sich der Protektionismus immer mehr in den Bereich der nichttarifären Handelshemmnisse verlagerte, unterscheidet sich die derzeit noch laufende Uruguay-Runde schon durch den Katalog von Aufgaben, die zu bewältigen sind. Dazu gehören die Liberalisierung des Agrarbereichs (hier richtet sich die Kritik v. a. gegen die USA und die Agrarpolitik der EG), der Handel mit Dienstleistungen sowie der Schutz geistigen Eigentums im Handel. Daneben zählt die Liberalisierung des Textilhandels zu den Schwerpunkten. Eine weitere thematische Ausdehnung erfuhr das GATT durch das Ansinnen der Entwicklungsländer, die Uruguay-Runde nur bei einer zufriedenstellenden Lösung der Probleme im Agrarbereich abzuschließen. Angesichts dieses konfliktträchtigen Programms konnte man sich zur Halbzeit (April 1989) nur auf Leitlinien einigen. Bis heute (Oktober 1993) konnte die 8. GATT-Runde nicht zum Abschluß gebracht werden. Dies macht die Schwierigkeiten des internationalen Handels und Wirtschaftssystems und gleichzeitig die wichtige Stellung des GATT deutlich. Selbst bei einer Verabschiedung der Uruguay-Runde hängt der Erfolg des GATT in der Luft, solange die vitalen Interessen der Entwicklungsländer nicht in das Weltwirtschaftssystems integriert werden.[21]

8.4.2. Die Konferenz für Sicherheit und Zusammenarbeit in Europa (KSZE)

Die KSZE ist im Zeichen west-östlicher Konfrontation entstanden mit dem Ziel des Abbaus dieser Spannungen; andere Regionalorganisationen wie die in Westeuropa sind auf der Basis eines Grundkonsenses gegründet worden mit dem Ziel, diesen weiter zu entwickeln. Eine sehr viel heterogenere Staatengemeinschaft wie die KSZE mit heute (1993) 53 Mitgliedern muß eine viel losere Form der Zusammenarbeit finden als eine supranational integrierte Gemeinschaft. Dies umso mehr als die Mitgliedsstaaten unterschiedliche Erwartungen eingebracht haben bzw. einbringen. Der Hauptinitiator war die Sowjetunion bzw. seit dem Budapester (1955) und Warschauer (1966) Treffen der Warschauer Pakt. Es ging dem damaligen militärischen Bündnis vor allem um die internationale Festschreibung der Nachkriegssituation in Osteuropa, während von westlicher Seite vor allem die Menschenrechte und kulturelle Freiheiten betont wurden. Von westdeutscher Seite waren die Ost-West-Gespräche Teil, ja Junktim, der Ostverträge, vor allem des Moskauer Vertrags von 1970, in dem als wichtige Prinzipien der Gewaltverzicht, die Anerkennung der territo-

Die Schlußakte von Helsinki

Korb 1: Fragen der Sicherheit in Europa

1a Erklärungen über Prinzipien, die die Beziehungen der Teilnehmerstaaten leiten.
1b Fragen der Verwirklichung einiger der vorstehenden Prinzipien.
1 Souveräne Gleichheit, Achtung der der Souveränität innewohnenden Rechte.
2 Enthaltung von der Androhung oder Anwendung von Gewalt.
3 Unverletzlichkeit der Grenzen.
4 Territoriale Integrität der Staaten.
5 Friedliche Regelung von Streitfällen.
6 Nichteinmischung in innere Angelegenheiten.
7 Achtung der Menschenrechte und Grundfreiheiten, einschließlich der Gedanken-, Gewissens-, Religions- oder Überzeugungsfreiheit.
8 Gleichberechtigung und Selbstbestimmungsrecht der Völker.
9 Zusammenarbeit zwischen den Staaten.
10 Erfüllung völkerrechtlicher Verpflichtung nach Treu und Glauben.
11 Dokument über vertrauensbildende Maßnahmen und bestimmte Aspekte der Sicherheit und Abrüstung.

Korb 2: Zusammenarbeit in den Bereichen der Wirtschaft, der Wissenschaft und der Technik sowie der Umwelt.

1 Handel
2 Industrielle Kooperation und Projekte gemeinsamen Interesses.
3 Bestimmungen, die Handel und industrielle Kooperation betreffen.
4 Wissenschaft und Technik.
5 Umwelt.
6 Zusammenarbeit auf anderen Gebieten.

Korb 3: Zusammenarbeit in humanitären und anderen Bereichen.
1 Menschliche Konakte.
2 Informationen.
3 Zusammenarbeit und Austausch im Bereich der Kultur.
4 Zusammenarbeit im Bereich der Bildung.
   a) Ausbau der Beziehungen
   b) Zugang und Austausch

Forts. S. 244

Forts. von S. 243

c) Wissenschaft
d) Fremde Sprachen und Zivilisation
e) Unterrichtsmethoden

Korb 4: Folgen der Konferenz.

Die Charta von Paris

I. Ein neues Zeitalter der Demokratie, des Friedens und der Freiheit
1. Menschenrechte, Demokratie und Rechtsstaatlichkeit
2. Wirtschaftliche Freiheit und Verantwortung
3. Freundschaftliche Beziehungen zwischen den Teilnehmerstaaten
4. Sicherheit
5. Einheit
6. Die KSZE und die Welt

II. Leitsätze für die Zukunft
1. Menschliche Dimension
2. Sicherheit
3. Wissenschaftliche Zusammenarbeit
4. Umwelt
5. Kultur
6. Wanderarbeiter
7. Mittelmeer
8. Nichtstaatliche Organisationen

III. Neue Strukturen und Institutionen des KSZE-Prozesses
Gliederung der neu geschaffenen Strukturen und Institutionen aus dem Zusatzdokument zur Charta von Paris:
A. Der Rat
B. Der Ausschuß Hoher Beamter
C. Mechanismus für dringliche Situationen
D. Folgetreffen
E. Das KSZE-Sekretariat
F. Konfliktvermeidungszentrum
G. Büro für freie Wahlen
H. Verfahren und Modalitäten betr. KSZE-Institutionen
I. Kommunikation
J. Anwendung der KSZE-Verfahrensregeln

Chronik der KSZE-Treffen seit 1972

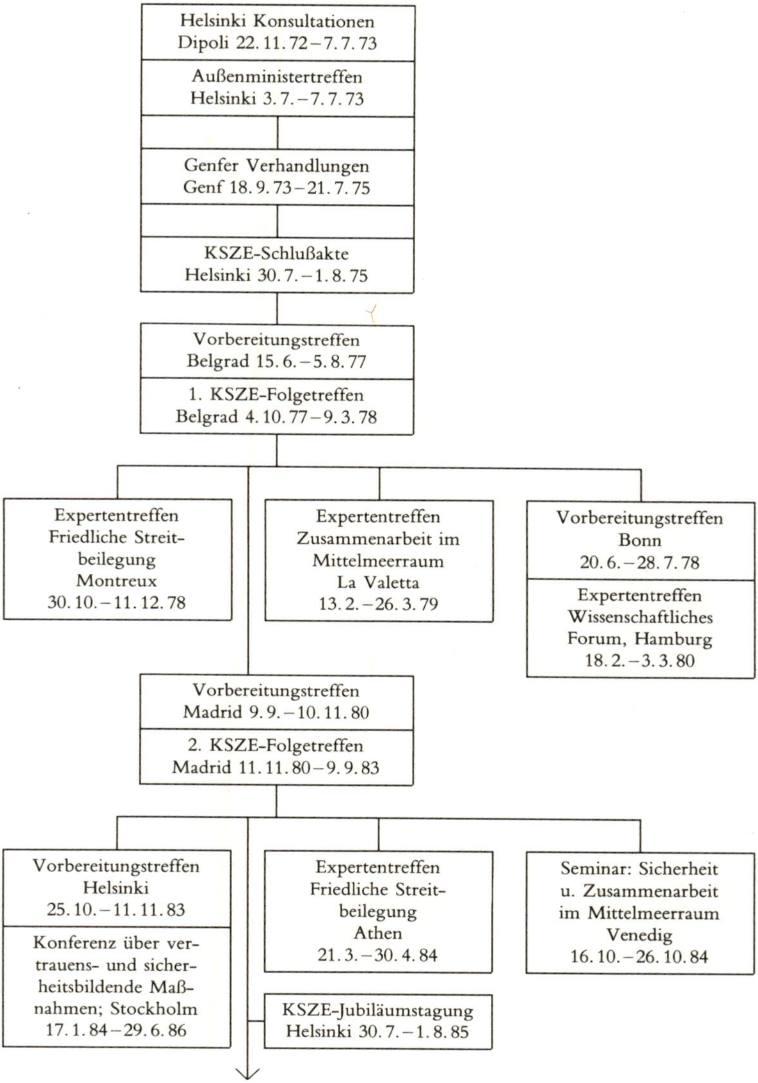

Forts. S. 246

Forts. von S. 245

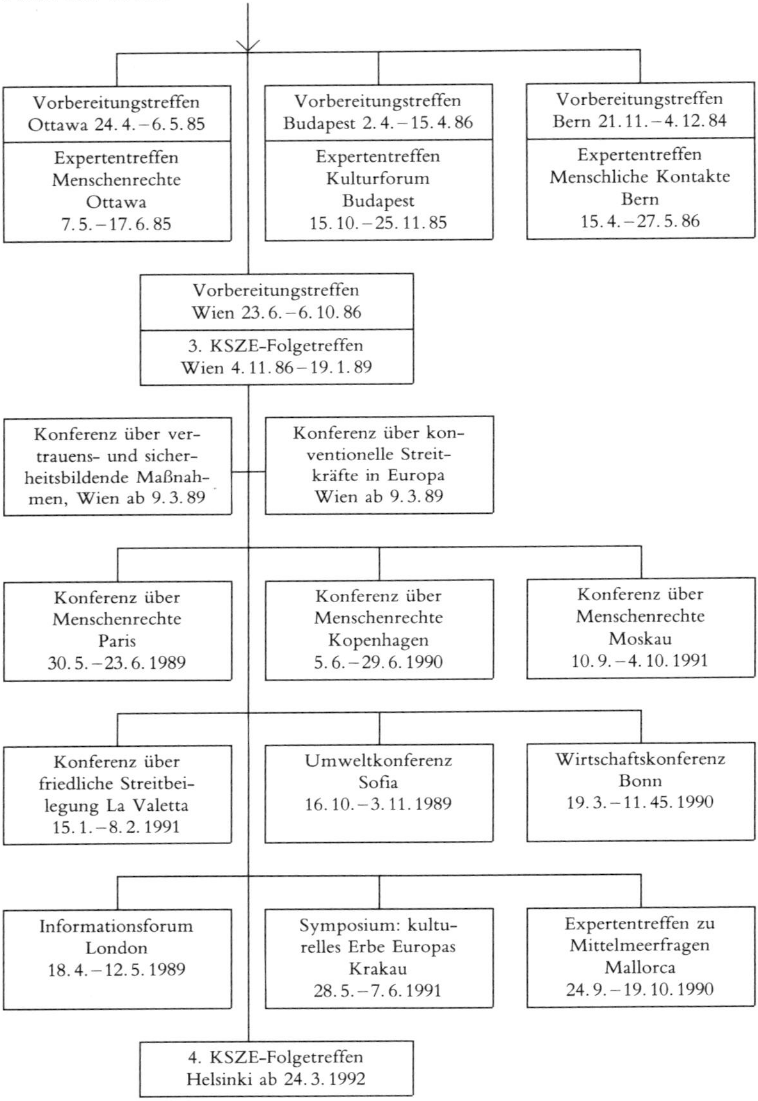

Aus: Manfred Efinger: Vertrauens- und sicherheitspolitische Maßnahmen in und für Europa. In: B. Kohler-Koch (Hrsg.): Regime in den internationalen Beziehungen. Nomos Verlagsgesellschaft, Baden-Baden 1989, S. 344 f.

rialen Gegebenheiten sowie in die Zukunft gerichtete konstruktive Zusammenarbeit festgeschrieben wurden. Die Konsultationstreffen von 1972/1973 haben die Anliegen beider Seiten in die sogenannten drei Körbe (Sicherheit, wirtschaftliche Zusammenarbeit, Menschenrechte) aufgenommen, die auf dem Gipfeltreffen in Helsinki 1975 verabschiedet wurden. Seither sind diese und einige weitere (demokratische Institutionen, Konfliktmanagement, Minoritäten, Umwelt, Abrüstung) Politikbereiche in den Folgekonferenzen von Belgrad (1977/78), Madrid (1980/83), Wien (1986/89), Paris (1990) und Helsinki (1992) diskutiert worden (vgl. Chronik). Vor allem der Pariser Gipfel von 1990 hat nach den Umwälzungen in Osteuropa in der Charta von Paris die Festlegung auf Demokratie, Marktwirtschaft und Grundrechte erbracht. Die zukünftigen Aufgaben der KSZE liegen vor allem im Management der Nationalitätenkonflikte in Osteuropa. Dazu wurden einige institutionelle Vorkehrungen getroffen (u. a. Errichtung eines Konfliktmanagement Sekretariats), die jedoch hinter den Möglichkeiten anderer Orgnisationen wie der EG/EPZ mit ihren wirtschaftspolitischen oder der UNO mit ihren militärischen Instrumenten zurückbleiben.

8.4.3. Organisation Blockfreier Staaten

Eine andere weltweit operierende losere Form der Zusammenarbeit wurde mit der Organisation Blockfreier Staaten (Non-Aligned Countries, NAC) gefunden.
Die Blockfreie Bewegung nimmt ihren Ausgang von der ersten Asienkonferenz 1947 in Neu Delhi, auf der nur asiatische Staaten teilgenommen haben, nicht aber die islamischen Staaten Asiens. Diese von 24 Staaten besuchte Konferenz wollte „die Aufmerksamkeit auf die wirtschaftlichen und kulturellen Probleme der verschiedenen Ländern Asiens lenken“ und war vor allem von Mahatma Gandhi inspiriert.

Die zweite Asienkonferenz 1949 fand ebenfalls in der indischen Hauptstadt statt, war nur von asiatischen Staaten besucht und bekam in der Verurteilung der holländischen Aggression in Indonesien einen antiimperialistischen Einschlag.
Der Gedanke der Blockfreiheit war schon ausgeprägt vorhanden auf der asiatisch-afrikanischen Konferenz in Bandung 1955, auf der erstmals asiatische und afrikanische Länder gemeinsam vertreten waren. Der sogenannte „Geist von Bandung“ ist ein Mixtum compositum aus asiatischer „Philosophie“; Afrika brachte vor allem eine antikolonialistische und antirassistische Stoßrichtung; die erstmals auf der ersten Gipfelkonferenz der Staats- und Regierungschefs 1961 in Belgrad vertretenen lateinamerikanischen Länder erhöhten vor allem

die ökonomische Sachkompetenz. Für die politische und organisatorische Führerschaft sorgte ab Bandung das Triumvirat Nehru, Tito, Nasser.

Die Kriterien für „blockfrei" wurden auf der Kairoer Vorkonferenz zur ersten Gipfelkonferenz fixiert und lauten:

Als „blockfrei" sollten Länder gelten, die

1. eine unabhängige Politik betrieben, die auf friedlicher Koexistenz und Blockfreiheit beruhte oder eine Neigung zur Begünstigung solcher Politik zeigten;
2. die beständig nationale Unabhängigkeitsbewegungen unterstützten;
3. die kein Mitglied multilateraler Militärbündnisse seien, die im Zusammenhang mit Streitigkeiten von Großmächten abgeschlossen seien;
4. die, falls sie Militärstützpunkte duldeten, diese Zugeständnisse nicht im Zusammenhang mit Streitigkeiten von Großmächten gemacht hatten;
5. die, falls sie ein Mitglied eines bilateralen oder regionalen Verteidigungsabkommens seien, dies nicht im Zusammenhang mit Streitigkeiten von Großmächten waren.

Organisatorisch haben sich die Blockfreien Staaten auf ihren sukzessiven Konferenzen von einem „lockeren Debattier-Klub" (Jankowitsch/Sauvant) politisch gleichgesinnter Staatsmänner zu einer fester organisierten und komplexer strukturierten Interessengruppe entwickelt, ohne daß jedoch eine formale Organisationsstruktur mit ständigem Sekretariat (es gibt nur ein Koordinationsbüro), restriktiver Mitgliedschaft (die Kriterien der Mitgliedschaft sind weit gefaßt) oder mit festgelegter Führerschaft (die die Gipfelkonferenzen ausrichtenden Länder wechseln) besteht. Auch gibt es keinen kodifizierten Vertragstext oder eine Gründungscharta; der Abstimmungsmodus ist der der Einstimmigkeit (Konsensusprinzip); ein Land kann sich zwar der Stimme enthalten oder in dem einen oder anderen Punkt gegenteiliger Meinung sein; die internen Verhandlungen dauern aber so lange, bis alle Mitgliedstaaten dem Schlußtext zustimmen können. Diese Organisationsstruktur und dieses Beschlußfassungsprinzip sind zugleich Ursache wie Ergebnis der Absicht der Blockfreien, eben keinen dritten Block zwischen Ost- und Westblöcken bilden zu wollen.

Das Selbstverständnis der Blockfreien will es auch, daß die Distanz zu den Machtblöcken nicht als „Äquidistanz", als eine statische Politik des gleichen Abstands von Ost und West mißverstanden werden darf. Historisch überwiegt bei weitem die Distanz zum „Westen", d. h. zu den früheren Kolonialmächten und zur antikommunistischen Eindämmungs- und Bündnispolitik aus der Zeit des Kalten Krieges. Nur durch

Jugoslawien wurde historisch auch die Distanz zur Sowjetunion betont. Die kubanische Auffassung, daß die Blockfreie Bewegung ihren „natürlichen Verbündeten“ in der Sowjetunion habe (Havanna 1971), wurde auf dem Außenministertreffen im Februar 1981 in Neu Delhi allerdings nicht von der Mehrheit der Staaten geteilt.
In ihrer Geschichte hat die Blockfreie Bewegung drei Wandlungen erlebt:

1. Die Bewegung hatte zunächst auf ihrem ersten Treffen in Belgrad 1961 25 Mitglieder, auf ihrem sechsten Treffen in Havanna 1979 waren es 92 Mitglieder, auf dem Außenministertreffen in Neu Delhi (Februar 1981) waren 95 Staaten und schließlich waren in Jakarta 108 ungebundene Staaten vertreten. Wenn auch die Mehrheit der Entwicklungsländer den Blockfreien Staaten angehört, so fehlen doch einige wichtige Länder wie Brasilien, Mexiko, Venezuela, die Philippinen oder Thailand. Dreiviertel der Mitglieder der Gruppe 77 ist auch Mitglied der Blockfreien Staaten. Die Bewegung konnte also die meisten Staaten der Dritten Welt mobilisieren.
2. Aus einem losen Verbund wurde eine strukturierte Organisation ohne eindeutiges Machtzentrum.
3. In ihren Themen zeigt sich eine Verlagerung von politischen zu ökonomischen und sozio-kulturellen.

8.4.4. Gruppe 77

Politisch verlängerter Arm der Blockfreien ist die sogenannte Gruppe 77 mit heute über 130 Staaten. Sie hat sich anläßlich der ersten Konferenz der UNCTAD 1964 in Genf gebildet. Die „gemeinsame Erklärung“ zur Schlußakte von UNCTAD I bildet das erste Dokument dieser Gruppe. Die darin enthaltenen Forderungen nach Einbeziehung von UNCTAD in die UN als Organ der Vollversammlung erfolgte bereits im Dezember des gleichen Jahres. Die Forderung nach Errichtung einer Sonderorganisation für industrielle Entwicklung wurde mit der Gründung von UNIDO erfüllt.
Die Gruppe 77 ist keine Organisation im herkömmlichen Sinne. Es gibt weder ein festes Büro oder Sekretariat noch einen permanenten Generalsekretär. Die Gruppe 77 hat jedoch den organisatorischen Apparat von UNCTAD und UNIDO in Anspruch genommen. Diese organisatorische Verflechtung hat entsprechende Auswirkungen auf die Programmgestaltung. Die Gruppe kann definiert werden als eine vornehmlich ökonomische Interessengemeinschaft, die als Verhandlungsführer die Interessen der Entwicklungsländer in Verhandlungen im Nord-Süd-Konflikt formuliert und durchzusetzen sich bemüht.

Vorbereitende Treffen der Gruppe haben zu bedeutenden und die weitere Diskussion bestimmenden Aktionsprogrammen geführt, so z. B. die Algier-Erklärung über industrielle Entwicklung und Zusammenarbeit (1975), der Buenos-Aires-Plan über technische Kooperation (1978) oder die Arusha-Erklärung über self-reliance und internationale Zusammenarbeit (1979).
Große Erfolge erzielte die Gruppe bei der Durchsetzung der Neuen Weltwirtschaftsordnung auf der sechsten Sonderkonferenz der UN im Mai 1974.
Zur schlagkräftigeren Durchsetzung ihrer Forderungen wird seit einigen Jahren eine effizientere Organisationsform (permanentes Sekretariat etc.) von prominenten Repräsentanten (z. B. Nyerere) gefordert.
Die trotz loser Organisationsform zutage tretende Geschlossenheit dürfte diese Entwicklungsländer-Organisation vor allem dem Fundus gemeinsamer Erfahrung mit politischer und wirtschaftlicher Bevormundung verdanken sowie der Frontstellung gegenüber einer besser organisierten Industriestaatenkonstellation in internationalen Verhandlungen. Beobachter vermerken allerdings, daß die nach außen getragene Geschlossenheit brüchiger geworden ist und verweisen in diesem Zusammenhang auf die Tatsache, daß die Gruppe 77 in den einzelnen Verhandlungsgruppen bei UNCTAD V von jeweils drei Regional-Sprechern vertreten wurde.[22] Zuvor hatte die Gruppe nur einen Sprecher. Auch deuten die zunehmend zeitaufwendigen Meinungsbildungsprozesse innerhalb der Gruppe 77 auf Interessendifferenzen hin.
Die Schwellenländer sind vor allem an handelspolitischen Fragen interessiert, für die LLDC steht natürlicherweise der Problembereich des Ressourcentransfers und hier speziell das Ausmaß an öffentlicher Entwicklungshilfe im Vordergrund.
Als „Spaltpilz" wird u. a. die Kontroverse zwischen OPEC und Nicht-Ölproduzenten gesehen. Hier erscheint der Tadel der Lateinamerikanischen Staaten an die OPEC bemerkenswert. Auch das zunehmende Interesse der Lateinamerikaner an bilateralen Handelsgesprächen, wie sie etwa bei asiatischen Ländern durch die ASEAN-Staaten versucht werden, deutet auf Interessendivergenzen zwischen den Ländern der Gruppe 77.

8.4.5. Die OPEC

Eine güterspezifische Form der Zusammenarbeit stellt die OPEC dar. Dieses Kartell erdölexportierender Länder (OPEC) wurde von fünf Staaten (Irak, Iran, Kuweit, Saudi-Arabien und Venezuela) in Bagdad gegründet, nachdem zuvor Venezuela schon 1949 die genannten arabischen Staaten zu Gesprächen über engere Zusammenarbeit eingeladen hatte. In den darauffolgenden Jahren sind weitere acht Länder beigetreten (Katar 1961, Indonesien und Libyen 1962, Abu Dhabi 1967 (ab 1974 VAE), Algerien 1969, Nigeria 1971, Ecuador und Gabun 1973).

Diese Organisation kann als das wirksamste Rohstoffproduzentenkartell angesehen werden. Das höchste Organ ist die zweimal jährlich stattfindende Konferenz der Regierungsdelegationen der Mitgliedsländer. Jedes Land hat eine Stimme; Entscheidungen müssen einstimmig gefaßt werden, Neuaufnahmen bedürfen einer Mehrheit der Vollmitglieder. Dieses Quasi-Vetorecht der Gründungsmitglieder ist heute ihr einziges Privileg. Ein Gouverneursrat kontrolliert die Durchführung getroffener Entscheidungen. Die Organisation besitzt ein feststehendes Sekretariat (Sitz: bis 1965 in Genf, dann in Wien).

Als Hauptziele werden in den Statuten genannt:

- Koordination und Vereinheitlichung der Ölpolitik der Mitgliedsländer
- Stabilisierung der Ölpreise auf den internationalen Märkten
- Errichtung einer neuen Wirtschaftsordnung in Konsultation und Kooperation mit anderen Ländern der Welt.

Der Abstimmungsmodus der Einstimmigkeit hat u. a. dazu geführt, daß z. B. in der Frage der Ölpreisfestsetzung die Bandbreite der individuell zu fixierenden Preise immer größer geworden ist, um eine Einigung unter den z. T. sehr verschiedenen Ländern zu erzielen.

Folgende unterschiedliche Länderkategorien lassen sich aufzeigen:

Gruppe I: Länder mit geringer Einwohnerzahl und vergleichsweise hoher Produktionsziffer: Saudi-Arabien, Libyen, Kuwait, Vereinigte Arabische Emirate (VAE). Diese arabischen Staaten haben in Folge der geringen Absorptionsfähigkeit für ihre hohen Einnahmen einen beträchtlichen außenpolitischen Spielraum gewonnen (z. B. durch Kreditvergabe), den sie vor allem im Nahost-Konflikt nutzen und für Entwicklungshilfe an andere arabische Staaten verwenden. Anlagen in westlichen Industriestaaten können als Zukunftssicherung angesehen werden. Eigene ökonomische Notwendigkeiten zwingen sie auch nicht, auf hohen Produktionsziffern zu verharren (Libyen drohte wiederholt zu drosseln) und ermöglichen dadurch einen Spielraum auch in der Preispolitik. Die „gemäßigte" Preispolitik von Saudi-Arabien hat sicherlich mit seinem Eigeninteresse an der wirtschaftlichen Entwicklung westlicher Industrieländer zu tun.

Gruppe II: Länder, deren Bevölkerungspotential eine beschleunigte Industrialisierung zuläßt und deren Ölreserven voraussichtlich genug sind: Algerien, Iran, Irak. Auch Venezuela ist nach Bevölkerungszahl,

Kapazität und Reserven zu dieser Gruppe zu rechnen und hat wie die anderen Länder dieser Gruppe einen erheblichen Kreditbedarf.

Gruppe III: Indonesien und Nigeria sind nach Meinung vieler Beobachter eher pragmatische Nutznießer der OPEC und Ecuador sowie Gabun fallen mit ihrer derzeitigen Ölproduktion kaum ins Gewicht.

Im Januar 1968 gründeten die drei arabischen Staaten Saudi-Arabien, Kuwait und Libyen die Organisation of Arab Petroleum Exporting Countries (OAPEC), die inzwischen 11 Länder umfaßt; davon sind sieben Mitglied der OPEC, drei nur Mitglied der OAPEC (Syrien, Bahrain und Ägypten); zu Ägypten wurde die Verbindung 1979 bis 1989 suspendiert.

Seit 1973 versucht die OAPEC, eine kombinierte Rohstoff- und Außenpolitik zu betreiben und die spezifisch arabischen Interessen im Nahen Osten durchzusetzen. Die Gespaltenheit im arabischen Lager hat aber nicht zu einer gemeinsamen Linie dieser Organisation geführt.

Die politische Bedeutung von OPEC liegt vor allem in ihrer wirtschaftlichen Verhandlungsmacht, in der bargaining power, die ihr die Ressource Öl zukommen läßt. Ihre Wirkung geht über die der Mitgliedstaaten hinaus (Finanzhilfe an andere Staaten, auch an andere Entwicklungsländerstaaten: OPEC-Sonderfonds für ca. 45 Staaten Afrikas, Asiens, und Lateinamerikas). In einer „feierlichen Erklärung" bekannte sich die Organisation zu einer neuen Weltwirtschaftsordnung auf dem Wege der Konsultation und Kooperation, nicht auf dem der Konfrontation. Der dann stattfindende Nord-Süd-Dialog in Paris zwischen 19 Entwicklungsländern (darunter 7 OPEC-Länder) und 8 Industriestaaten ist schließlich gescheitert (KIWZ).

Die Ölpolitik der OPEC seit dem Oktober 1973 bis 1980 hat den Ölpreis stärker steigen lassen als die Preise für andere Rohstoffe und Industriegüter. Nach dem OPEC-Geschäftsbericht für 1979 hat sich der Überschuß der Ölländer von 900 Mio $ US auf 71 Mrd $ erhöht. Der Ressourcentransfer hat nicht nur die Industriestaaten getroffen (die Ölrechnung der Bundesrepublik ist zwischen 1973 und 1980 von 15 auf 80 Mrd DM gestiegen); sie hatte auch erhebliche Auswirkungen auf die Entwicklungsländer; mußten die nach UN-Definition zu den Entwicklungsländern gehörenden 82 ölimportierenden Staaten 1973 noch 2,2 Mrd $ US für Ölimporte ausgeben, d. h. rund 8% ihrer Exporterlöse, so mußten sie 1980 bereits 26% der Exporteinnahmen für ihren Ölbedarf ausgeben (sehr unterschiedlich je nach Land). Die etwas mehr als 5 Mrd $ US jährlich für den seit 1976 eingerichteten OPEC-Fonds für Entwicklungsländer ist dagegen nur eine „Träne im Meer der Forderungen". Am meisten betroffen sind die zu den Schwellenländern zu rechnenden Entwicklungsländer, deren Ener-

gie- und Rohstoffbedarf größer ist als der der übrigen Entwicklungsländer.
Die Ölpreispolitik hat folglich dazu geführt, daß die Unterschiede zwischen den Entwicklungsländern noch gewachsen sind, wobei die durch die Ölpreisbindung „Most Seriously Affected Countries" (MSAC) zu einer eigenen Gruppe zusammengefaßt werden.
Die Uneinigkeit über die Preispolitik innerhalb der Organisation hat Saddam Hussein zum Anlaß genommen, gegen die Niedrigpreisländer vorzugehen und Kuwait sogar mit Waffengewalt zu annektieren.

8.4.6. Bilaterale Zusammenarbeit am Beispiel Bundesrepublik – Vereinigte Staaten und Bundesrepublik – Sowjetunion

Die vertraglich kodifizierte bilaterale Zusammenarbeit zwischen der Bundesrepublik und den beiden Supermächten in den siebziger und achtziger Jahren belegt, daß eine Mittelmacht wie die Bundesrepublik Einfluß auf beide Großmächte hat ausüben können und daß ein kooperatives Verhältnis auch in Zeiten der Ost-West-Spannungen möglich war. Allerdings zeigt die zeitliche Entwicklung der Verträge mit der Sowjetunion ein dem Klima entsprechendes Profil: sowohl nach dem Moskauer Vertrag 1970 als auch mit der Öffnungspolitik durch Gorbatschow Mitte der achtziger Jahre sind vermehrt bilaterale Verträge abgeschlossen worden (vgl. Tab. 18).
Die Vertragspolitik mit den USA zeigt spiegelbildlich dazu eine Intensivierung Ende der siebziger und Anfang der achtziger Jahre.
Dieter Ruloff hat solche Systeme globaler Zusammenarbeit aufgelistet und unterschieden zwischen verschiedenen Politikbereichen, nämlich der politischen Zusammenarbeit (Universale und Regionale Organisationen, regionale Zusammenarbeit in der Dritten Welt, Management des Ost-West-Antagonismus, Weltwirtschaftsgipfel etc.), der Zusammenarbeit auf den Gebieten der Verteidigung, Rüstung und Abrüstung (Militärbündnisse der Großmächte und in der Dritten Welt, Nicht-Weiterverbreitung von Atomwaffen, bilaterale und multilaterale Zusammenarbeit etc.), Zusammenarbeit im Weltfinanzbereich (Bretton-Woods-System, Europäisches Währungssystem, Nichtstaatlicher Weltfinanzmarkt etc.), Zusammenarbeit in Handel und Wirtschaft (GATT, Wirtschaftliche Integration von Industriestaaten, Ost-West-Wirtschaftsbeziehungen, Transnationale Konzerne etc.), Entwicklungszusammenarbeit (Neue Weltwirtschaftsordnung, Zusammenarbeit in Menschenrechtsfragen, Kooperation bei der Nutzung globalen Gemeinbesitzes (Seerechtskonvention, Antarktisabkommen, Weltraumabkommen etc.), Zusammenarbeit im Bereich

Tabelle 18: Bilaterale Abkommen der Bundesrepublik mit den USA und der UdSSR von 1970–1990

Jahr	USA	UdSSR
1970	1	1
1971	0	1
1972	0	1
1973	1	2
1974	2	1
1975	2	0
1976	7	0
1977	6	0
1978	2	1
1979	2	0
1980	3	1
1981	5	1
1982	1	0
1983	1	0
1984	1	0
1985	0	0
1986	1	1
1987	0	3
1988	1	5
1989	1	9
1990	–	–
Gesamt	37	27

Aus: Thomas J. Badey: Der Einfluß der Bundesrepublik Deutschland auf die Supermächte. Heidelberg, 1991, S. 240 (Diss.)

der Kommunikation und des Transports (Luft- und Schiffahrt, Fernmeldetechnik und Datenübertragung etc.), Zusammenarbeit in Wissenschaft, Kultur und Bildung (Wissenschaftlich-technische Zusammenarbeit, Kultur- und Sportabkommen etc.), Zusammenarbeit im Umweltbereich (Umweltkonferenzen und -Programme, Internationale Kommissionen und Organisationen in Europa und der Welt zu Luft-, Wasser-, und Meeresverschmutzung). Die Bewertung dieser internationalen Bemühungen fällt auf den einzelnen Gebieten der Zusammenarbeit durchaus unterschiedlich aus. Die Tatsache der Existenz solcher internationaler Programme, Verträge, Konventionen, Kommissionen, Organisationen etc. belegt aber die Fähigkeit von staatlichen und nichtstaatlichen Akteuren zur Zusammenarbeit und gibt dem Autor Anlaß, den neuen Realismus in den internationalen Beziehungen zu preisen.[23]

Konflikt und Kooperation sind somit zwei extrem unterschiedliche Verhaltensweisen im internationalen System, die aber beim Ringen um ein und denselben Problemgegenstand gleichzeitig praktiziert werden können und der eine Aggregatzustand jeweils einem anderen vorausgehen kann. In der Vorphase von Kriegen kommt es zum Einsatz diplomatischer Mittel und sie werden fast immer begleitet von politischen Verhinderungs- oder Beendigungsanstrengungen.

Kapitel 9: Theorien über Krieg und Frieden

Konflikt und Kooperation führen im Extrem zu zwei Zuständen, die im allgemeinen als Krieg und Frieden bezeichnet werden. Zur Erklärung dieser beiden Aggregatzustände und insbesondere von kriegerischen Konflikten haben die hierfür relevanten „Schulen", vor allem die kritische Friedensforschung und die empirische Kriegsursachenforschung, Erklärungsansätze formuliert, die als empirisch-induktiv bzw. normativ-deduktiv charakterisiert werden können. Neben dieser eher metatheoretischen Klassifikation von Erklärungen gibt es einen großen Fundus an klassischen Theorien über Krieg und Frieden, die im folgenden dargestellt und kritisch überprüft werden sollen.

9.1. Die zwei Schulen der Friedens- und Konfliktforschung

Die *empirische Kriegsursachenforschung* in der Tradition von Wright, Rummel, Singer, Haas, Kende (im deutschen Sprachraum aufgearbeitet und erweitert von Gantzel, Weede, Ruloff) hat für bestimmte Perioden und eine bestimmte Anzahl von Staaten eine Fülle meist statistisch nachgewiesener Zusammenhänge zwischen Konfliktverhalten und darauf bezogenen Einflußgrößen (Regimecharakter, Politische Kultur, Religion, Ethnien, Entwicklungsstand, Verstädterung und Bevölkerungsdichte, Lernverarbeitung, Allianzen, Blöcke, Verträge, Machtstellung, Militarisierung, geopolitische Lage, internationale Konfigurationen etc.) erbracht. Diese Korrelationsanalysen haben wichtige Einsichten und Erkenntnisse erbracht, es mangelt ihnen aber vor allem an folgendem: Sie sind weitgehend unhistorisch, ja ahistorisch. Datenreihen über Kriege werden relativ beliebig über Zeit und Raum aufgebaut. Geostrategische Überlegungen der alten Kriegskunstlehre (Clausewitz) sind ausgeblendet. Begriffe und Konzepte sind meist nicht historisch gebunden; sie müßten aus historischen Situationen heraus verstanden und analysiert werden. Es fehlt bisher an einer Verbindung unterschiedlicher Ansätze (Ebenen), insbesondere zwischen dem Individual-/Gruppenbereich und dem Nationalbereich. Der Analyseansatz „Ansatzhöhe“ (level of analysis nach David Singer) hat, obwohl nur analytisch gedacht, doch zu Verkürzung und Einengung geführt. Die Verbindung zwischen den verschiedenen Ansatzhöhen wurde bisher vornehmlich über Analogieschluß, Bildübertragungen und Gleichsetzen (Strukturähnlichkeit bzw. Strukturgleichheit) erreicht; Untersuchungen sind nicht über politische Willensbildung und Entscheidungsfindung wie Wahl, Propaganda/Demagogie, Presse, Massenpsychologie, d.h. Mechanismen der Konsensfindung bzw. des Konformitätsdrucks, geleitet worden. Es gilt, neben den geläufigen Mechanismen der Verbindung von Individuum und Kollektiv, nämlich den wirtschaftlichen Markt- und politischen Wahlprozessen, auch diese und andere Mechanismen des Handlungszusammenhangs zwischen verschiedenen Ansatzhöhen (Individuum–Kollektiv, Einzelstaaten–internationales Staatensystem) zu untersuchen und darzustellen. Die Ergebnisse der zahlreichen empirischen Einzelforschungen tragen eher den Charakter isolierter, relativ beliebiger Fallstudien, weil sie nicht in einen theoretischen Zusammenhang gebracht worden sind. Es fehlt ein politisches Handlungskonzept, das die Ebenenverbindung zuließe und objektiv-systematische mit subjektivistisch-akzidentiellen Gesichtspunkten (miteinander) verbände. Einige der hochaggregierten Analysen sind statisch, ohne Aktions-Reaktionsbeziehungen, die in der Zeit ablaufen. Zwar gibt es Kriegs- bzw. Friedenstypologien; Kriegs- bzw. Friedenszielanalysen sind jedoch kaum vorgenommen worden. Solche Zielanalysen müßten auch und vor allem über den Interessen- bzw. Konfliktbegriff geleitet werden. In der Kriegsstatistik werden immer nur die „Fälle“ aufgeführt, die nach vorgegebener Definition „Kriege“ sind. Genauso wichtig sind die Kontrollfälle „Frieden“. Die Frage stellt sich also, welche Konfliktfälle haben nicht zum Krieg geführt bzw. wie sahen friedliche Zustände aus?

Die kritische Friedensforschung in der Tradition von Galtung, Dencik, Senghaas, Gantzel, Krippendorff oder Rittberger hat zunächst dazu beigetragen,

- den Problemkreis Krieg und Frieden zu erweitern und Friede nicht nur als Abwesenheit von Krieg zu definieren. Krieg beinhaltet neben Waffengewalt ein breit angelegtes Spektrum von Tatbeständen von der Vorbereitung bis zu eventuellen Waffenstillständen,
- innergesellschaftliche Gegebenheiten als relevant für Konfliktverhalten zu erkennen,
- den Gewaltbegriff nicht nur auf physische Gewalt einzuschränken,
- zentrale Begriffskategorien, wie „negativer Frieden“, „positiver Frieden“, „strukturelle Gewalt“, „Lernpathologie“, „Abhängig-

keit", „Ausbeutung", „Disparitäten", „Militarismus", „Konflikt", in den Vordergrund gestellt zu haben.

Kritisiert wurden vor allem folgende Sachverhalte:
- Die kritische Friedensforschung kennzeichnet eine normative Vorgabe, wonach Disharmonie eher als Harmonie, Konflikt eher als Kooperation (assoziativ versus dissoziativ), Asymmetrie eher als Symmetrie das Spezifikum internationaler Zustände sei; der wünschbare Soll-Zustand eines idealisierten Friedens überlagert die Einsicht in den Ist-Zustand konfliktbestimmter Realität.
- Macht- und Herrschaftsbeziehungen werden einseitig und ohne vorherige wissenschaftliche Analyse unter wirklichkeitsverändernder Zielsetzung gesehen.
- Innergesellschaftliche Faktoren werden einseitig betont (strukturelle Gewalt) und sozio-ökonomische Widersprüche unter Vernachlässigung nationalstaatlicher Interessen ins Zentrum gestellt.
- Angestrebt wird eine Systemüberwindung ohne wissenschaftlich fundierte Aussagen über Ursachen; auch Friedenspädagogik kann erst Folge, nicht Anfang der Kriegsursachenforschung sein.

Die Theorien über das Konfliktverhalten kann man nach drei Kriterien unterscheiden: 1. nach gewaltfördernden (Gewalttheorien) und auf Frieden gerichteten Erklärungsansätzen (Friedenstheorien); 2. kann man diese beiden Typen entsprechend unserem Grundmodell unterteilen in die vier Ebenen national, innergesellschaftlich, transnational und international oder systemisch; hinzu kommt die Individualebene (vgl. Graphik 13); 3. schließlich ist die Unterscheidung zwischen Handlungs- und Strukturtheorien möglich.

Graphik 13: Kriegsursachen- und Friedenstheorien nach Analyseebenen

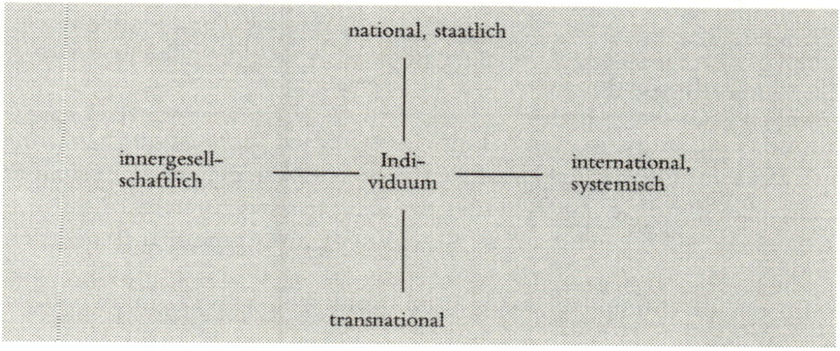

9.2. Kriegsursachen- bzw. Gewalttheorien

Konzeptionen, die zu einer Erklärung des Ursprungs und der grundlegenden Bedingungen kriegerischer wie nicht-kriegerischer Konflikte beitragen wollen und die daher Kriegsursachentheorien genannt werden – obwohl es sich meist nicht um Theorien im strengen Sinne handelt – liegen in großer Zahl vor. Sie sind jedoch nur schwer untereinander vergleichbar, da sie unterschiedliche Aspekte behandeln und Erklärungen anbieten, die in Reichweite und Abstraktionsgrad stark differieren. Während einige Theorien beanspruchen, die wesentliche Ursache aller bisherigen, gegenwärtigen und zukünftigen Kriege offenzulegen, bescheiden sich andere damit, nur Hinweise auf wahrscheinliche Ursachen bestimmter Konflikte in der heutigen Geschichtsepoche zu geben. Während die Mehrzahl der Konzeptionen von einer in der Regel symmetrischen Konfliktkonstellation ausgeht, überwiegt bei stärker soziologisch und sozialkritisch ausgerichteten Theorien ein asymmetrisches Konfliktverständnis.
In der folgenden Übersicht wird versucht, das Theorienfeld sinnvoll zu ordnen. Zuerst wird zwischen Struktur- und Handlungstheorien unterschieden. Das bedeutet jedoch nicht, daß Ansätze, die den Analyseschwerpunkt auf strukturelle Gegebenheiten legen und entsprechend eingeordnet sind, nicht auch Handlungsaspekte berühren; wie auch Handlungsansätze, der Realität folgend, soziale, politische und anderen Strukturen in vielen Fällen nicht unberücksichtigt lassen können. Beide Reihen von Theorien sind dann in sich in der Weise geordnet, daß von der Analyseebene des Individuums (nur bei den handlungsorientierten Ansätzen) über die innergesellschaftlichen und transnationalen Gruppen aufgestiegen wird zur Ebene des Staates bzw. der Nation und schließlich zu der des internationalen Systems. Ob jeweils ein symmetrisches oder asymmetrisches Konfliktverständnis zugrundeliegt, ergibt sich aus der inhaltlichen Bestimmung der jeweiligen Konzeption.

9.2.1. Handlungstheorien

Für die Handlungstheorien hält die *klassische politische Theoriegeschichte* eine Fülle möglicher Erklärungsversuche für kriegerisches Verhalten bereit, das allerdings im Kontext der Zeit gesehen werden muß und nicht notwendigerweise auf heutige Verhältnisse übertragen werden kann.
Naturgemäß sind die auf das Individuum bezogenen Handlungstheorien zahlreich.

Die *Furcht* auslösende *Bedrohung,* durch einen mächtiger werdenden Staat unterworfen zu werden, ist nach Thukydides ein Kriegsgrund. Er antwortet in seiner Geschichte des Peloponnesischen Krieges auf die Frage, wie es zum Krieg zwischen Athen und Sparta (431–401 v. Chr.) gekommen sei: „Den letzten und wahren Grund, von dem man freilich am wenigstens sprach, sehe ich im Machtzuwachs der Athener, der den Spartanern Furcht einflößte und sie zum Krieg zwang."[1] Auch bei Machiavelli sind neben der Herrschsucht (Machtfrage) die Furcht, von einem anderen Staat unterjocht zu werden (Sicherheitsfrage), Gründe für Krieg. Montesquieu nimmt ebenfalls diesen Gedanken auf, wenn er die Furcht, zerstört zu werden, als Grund für einen gerechtfertigten Verteidigungskrieg (défense naturelle) ansieht: „j'ai droit de tuer, parce que ma vie est à moi" und „la conservation est juste".[2]

Bis in die moderne Zeit ist Furcht aus Bedrohung ein wichtiges Motiv für Handeln.[3] Nicht nur Sparta wurde deshalb durch Athen herausgefordert, auch das Wettrüsten im Kalten Krieg wurde als Ausdruck von Bedrohung verstanden; m. a. W. die Perzeption von mehr Macht auf einer gegnerischen Seite kann destabilisierend wirken.

Bei Machiavelli, Locke oder Bodin findet sich der Hinweis auf *Herrschsucht und Ehrgeiz* als Kriegsgründe. Mit den Worten von Bodin: „Für die Veränderungen von Staaten (d. s. Regimewechsel, F. P.) gibt es vielfältige Ursachen" ... wie z. B. den „extremen politischen Ehrgeiz".[4] Dieses Motiv für das Handeln von einzelnen Politikern ist geradezu Voraussetzung für Eroberungsfeldzüge. Nicht nur Cesare Borgia, Napoleon, oder Hitler sind dafür historische Beispiele; jegliches Streben nach regionaler oder internationaler Vormacht muß gegen den Widerstand anderer durchgesetzt werden und dies führt zwangsläufig zu Konflikten. Zentralmächte haben – dies der empirische Befund – häufiger als andere Staaten an kriegerischen Konflikten teilgenommen (KOSIMO, Singer, Sorokin). In der Zeit zwischen 1480–1940 war Großbritannien bei 28% der Kriegsfälle beteiligt, Frankreich bei 26%, Spanien bei 23%, Rußland bei 22%, Österreich bei 17%. In der Zeit zwischen 1945 bis 1990 zählen wir für die Groß- bzw. Supermächte Großbritannien 76, USA 52, Frankreich 45 und die UdSSR 42 direkte Konfliktbeteiligungen (vgl. 8.3.2.).

Unter denjenigen handlungsorientierten Ansätzen,[5] die die Entstehung von Kriegen letztendlich auf eine spezifische Prädisposition im einzelnen Individuum zurückführen, sind vor allem die *Aggressivitätstheorien* zu nennen. Je nach der Herleitung der nach diesen Theorien unterstellten Aggressivität ergeben sich drei Ausprägungen:

– Es handelt sich um angeborene aggressive Verhaltensmechanismen, die dem Menschen aufgrund seiner Herkunft aus dem Tierreich

eigen sind. So, wie für die Tiere instinktgesteuertes aggressives Verhalten bei Bedrohung der biologischen Existenz funktional sei[6], habe dies auch in primitiven menschlichen Gesellschaften gegolten. Dieser ursprünglich überlebenswichtige aggressive Trieb sei im Prozeß der natürlichen Auslese entwickelt und von allen Angehörigen der Gattung ererbt worden.[7]
Häufig wird dieses – unterstellte – angeborene Aggressionsverhalten in Verbindung gebracht mit einem – ebenfalls unterstellten – angeborenen „Territoriumssinn", der wiederum auf entsprechendes tierisches Revierverhalten zurückgehe. Auch zur Durchsetzung dieser Territoriumsansprüche sei die Aggressivität ursprünglich funktional gewesen und habe dazu geführt, daß Kampf und Krieg zur Natur des Menschen gehörten.[8] Diese Territorialkomponente ist Teil der Einflußzonensicherung in außenpolitischen Doktrinen (vgl. 5.3.).
Die Kritik daran setzt an den oft willkürlich gewählten Laborbedingungen an, die nicht der realen Welt entsprächen, sowie an der Vernachlässigung von durch Sozialisation zustande gekommenen Aggressionen.[9]

- Nach anderer Auffassung, die auf das entsprechende Erklärungsmodell Sigmund Freuds zurückgeht, resultiert die Aggressivität aus einem dem Menschen angeborenen Todestrieb, der – ungehemmt – unweigerlich zu Kriegen führe.[10]
- Der dritten Hypothese zufolge ist Aggressivität nicht angeboren, sondern wird im Wechselspiel des einzelnen mit seiner Umwelt erworben. Diese Vorstellung basiert auf der Annahme, daß Aggression aus Frustration resultiert.[11] Sie geht von der empirischen Beobachtung aus, daß Empfindungen von Menschen, die gesteckte Ziele nicht erreichen, was zu Frustrationen führt, häufig umschlagen in aggressives Verhalten gegenüber Umwelt und Mitmenschen. Dieses Verhalten werde um so eher gezeigt, je geringer etwaige damit verbundene Nachteile – z. B. Strafen – gewertet werden. Innerhalb einer sozialen Gruppe ergebe sich dabei die Notwendigkeit, aber auch die Möglichkeit, die entstehende Gewalt zu kanalisieren. Es könne aber auch zu kollektiven Frustrationen kommen; entweder durch Kumulation individueller Enttäuschungen oder aufgrund struktureller Merkmale der Gesellschaft, wie z. B. ökonomischer Ungleichheit. Auf diese Weise werde auch der Krieg innerhalb einer Gesellschaft, bzw. zwischen zwei oder mehreren, als Ausdrucksmöglichkeit der qua Frustration entstandenen Aggressivität zu einem institutionalisierten Handlungsmuster.

Dieser Ansatz geht also nicht von einer genetisch programmierten, instinktgesteuerten oder triebbedingten menschlichen Neigung zur

Gewalt aus, sondern sieht das Gewaltverhalten und die jeweiligen Handlungsmuster als historische Resultate der jeweiligen gesellschaftlichen Bedingungen. Damit ist Aggressivität auch nicht länger Schicksal des Menschen, sondern es bestünde die Chance ihrer Abschaffung – und damit der des Krieges –, wenn es möglich wäre, eine frustrationsfreie Gemeinschaft zu bilden oder zumindest in einer Weise zusammenzuleben, daß unvermeidbare Frustationen so gering bleiben, daß sie nicht die kritische Grenze des Umschlags in Gewalt überschreiten, sondern in gewaltfreiem Konfliktaustrag abgebaut werden.

Gelegentlich wird diese Konzeption auch auf das Verhalten von Staaten übertragen, die im internationalen System unterprivilegiert sind oder ihren Status auf diese Weise perzipieren oder die in einem Abhängigkeitsverhältnis zu anderen Staaten stehen. Die tatsächliche oder wahrgenommene Benachteiligung könne dann zu Feindseligkeit und kriegerischen Aktionen führen. Wie erkennbar, liegt diesem Ansatz ein asymmetrisches Konfliktverständnis zugrunde. Hier ergeben sich also Anknüpfungspunkte zwischen Frustrations-Aggressions-Theorien und Schichtungs- oder Machtinkonsistenztheorien (s. unten S. S. 271 f.).[12]

Auf innergesellschaftliche Gruppen beziehen sich *Verschwörungstheorien.*[13] Verschwörungsszenarien können mit beliebig angenommenen, oft im geheimen operierenden Gruppen oder Institutionen entworfen werden; so ist von „imperialistischer" oder „zionistischer" Verschwörung die Rede oder es werden die Geheimdienste CIA oder der KGB hinter bestimmten Aktionen vermutet. Auch werden wirtschaftliche Interessenkartelle mit Zugang zu oder Verflechtung mit den politischen Eliten angenommen, die die Außenpolitik im Sinne ihrer ökonomischen Ziele zu beeinflussen suchen und sie in der Regel auf ein aggressives, risikofreudiges Verhalten gegenüber anderen Staaten oder der internationalen Umwelt als ganzer festlegen können. Die Regierungsorganisation des Gesamtstaates wird dahingehend instrumentalisiert, daß sie die für die Durchsetzung der Gruppeninteressen notwendigen militärischen Mittel bereitstellt und, wenn nötig, auch einsetzt.

Das *Militär* als soziale und politische Gruppierung ist nach Toqueville um Aufstiegschancen bemüht und erhält diese am ehesten im Krieg: „Wir gelangen damit zu dieser merkwürdigen Schlußfolgerung, daß von allen Armeen die demokratischen Heere den Krieg am brennendsten ersehnen und daß von allen Völkern die demokratischen Völker den Frieden am meisten lieben."[14] In neuerer Zeit wurde der Militärisch-industrielle Komplex (MIK) in Abwandlung von Eisenhowers berühmter Abschiedsbotschaft als kriegstreibend bezeichnet.

Militärische Rüstung ist sicherlich Voraussetzung, um Kriege führen zu können; nur derjenige kann Kriege führen, der dazu die notwendigen Mittel der Gewaltausübung hat. Jedoch gibt es keinen Automatismus zwischen militärischer Aufrüstung und Krieg. Hohe Rüstung ist zunächst einmal Ausdruck einer Bedrohung, wie die hohen Rüstungsziffern in Krisenregionen belegen. Hinzukommen muß die Einschätzung relativer wie absoluter Stärke. Das soziale Aufstiegsmotiv des Militärs selbst, wie es Toqueville formulierte, dürfte weniger kriegstreibend wirken als die Wirtschaftsinteressen der Rüstungsindustrie mit ihrer politischen Verklammerung, vor denen Eisenhower gewarnt hat. Zur kriegstreibenden Rolle von Rüstungswettläufen sind die empirischen Befunde widersprüchlich. Während Wallace (1979) einen positiven Zusammenhang zwischen vorausgehendem Rüstungswettlauf und Kriegen konstatiert, unterzieht Weede (1980) diese Befunde einer methodischen Kritik und Diehl (1982) kommt mit einem vergleichbaren Datensatz zu gegenläufigen Ergebnissen.

Die *Militarismustheorie*[15], setzt – wie auch die MIK- und Machtkartelltheorie – das Vorhandensein eines einflußreichen Militärapparates voraus. Sie sieht aber weniger den direkten Druck dieses Apparates auf die politischen Eliten als kriegsauslösend an, sondern führt gewaltsames Konfliktverhalten sozialpsychologisch auf die einseitige, sozusagen autistische Wahrnehmung der Entscheidungsträger und meist auch breiter Bevölkerungsschichten zurück. Dieses stereotype Denken sei bedingt durch eine zunehmende oder bereits umfassende militärische Durchformung der Gesellschaft oder durch eine auf Gewohnheit und Lernprozessen beruhende Sicht der Außenwelt in militärischen Kategorien. Diese These liefert Argumente für militarisierte Gesellschaften, wie sie wohl nur in Ausnahmefällen, wie z. B. durch Propaganda erzeugte Situationen oder vor und während eines Krieges gegeben sind. Die Erziehung einer ganzen Gesellschaft zu militärischen Tugenden wie der spartanischen sind in der heutigen Zeit wohl nicht mehr möglich.

Die *Stereotypen- oder Imagetheorie*[16] geht von mangelndem Verstehen anderer Nationen, eigenen Identifikationsbedürfnissen, verbunden mit Fremdenfeindlichkeit und projizierten Feindbildern aus, die eine bedeutende Rolle bei der Entstehung kriegerischer Konflikte spielen. Derlei Ansätze, die die Bedingungen für Konflikt und Frieden in den Köpfen der Individuen suchen – auf anthropologischer, psychologischer oder sozialpsychologischer Grundlage –, kann man als minds-of-men approach[17] bezeichnen.

Auf den Einfluß starker gesellschaftlicher Gruppen hebt, z. B. im Sinne eines decision-making approach[18] die *Interessentheorie*[19] ab; Konflikte gingen auf die Existenz und die Interessen zwar innerstaatlicher, aber im internationalen Bereich konkurrierender Gruppen zurück. Sofern diese Gruppen die Machtpositionen besetzen oder hinreichenden Zugang zu diesen haben, sind sie imstande, einen Krieg, der dann die Gesamtgesellschaft betrifft, ins Werk zu setzen. Allzu häufig gelänge es ihnen dabei, ihr Partialinteresse zum allgemeinen Anliegen zu deklarieren und so, bzw. mittels Appell an tieferliegende Bewußtseinsschichten, auch die objektiv in ihrem Interesse nicht betroffenen gesellschaftlichen Gruppen für den Krieg zu gewinnen. Die Grenze dieser Interessentheorien zum national-interest approach ist dann fließend, wenn sie auf das Überlebensinteresse der ganzen Nation abstellt. Das Nationalinteresse besteht meist nicht aus einem Gruppeninteresse, sondern ist ein Kompositum aus mehreren gesellschaftlichen Interessen sowie geopolitischen Gegebenheiten.

Nach der *Ideologie- oder Fanatismustheorie*[20] kann die angestrebte Durchsetzung religiöser oder weltanschaulicher, politisch-messianischer Vorstellungen kriegsauslösend sein. Unter diesem Aspekt wäre z. B. die Zeit der Kreuzzüge oder die Verbreitung der Ideen der Französischen Revolution zu betrachten. Auch Kommunismus und Antikommunismus könnten als Beispiele herangezogen werden.

Bei der Interessen- wie bei der Ideologietheorie müssen die gesellschaftlichen Gruppen, die ihre Vorstellungen gewaltsam gegenüber anderen Gesellschaften durchsetzen wollen, entscheidenden Einfluß auf die politische Entscheidungssphäre des eigenen Staates haben. Häufig ist auch eine personelle Verzahnung dieser Gruppen mit der politischen Elite feststellbar; der Übergang von der gesellschaftlichen zu der staatlichen Ebene ist dabei fließend.

Der Staat als Aktionseinheit wird von den meisten Kriegsursachentheorien ins Zentrum gestellt, wobei auch auf gesellschaftliche und politische Interessengruppen zurückgegriffen wird.

Der *national-interest approach*[21] oder der *state-as-actor approach*[22] basieren auf Bedingungen des Gesamtstaates.

Diese Konzeptionen gehen davon aus, daß jeder Staat als Akteur im internationalen System seinem *Nationalinteresse* (vgl. 5.2.) folgend handelt. Dieses ist primär auf das Überleben als eigenständige Nation und als souveräner Staat ausgerichtet, d. h., auf Erhalt der erreichten Macht und/oder ihre Ausdehnung, kann aber in einer bestimmten historischen Situation ggf. spezifiziert werden in Bestrebungen nach territorialer Erweiterung oder nach Zugang zu Ressourcen, nach günstigen Handels- oder Allianzbeziehungen und ähnlichem, wie es außenpolitische Doktrinen formulieren. In diesen Ansatz werden häufig geopolitische Aspekte[23] einbezogen. Als Argument gibt das „national interest" oder das „vital interest" in der praktizierten Außenpolitik von Staaten eine handlungsleitende Realität ab.

So bezieht sich auch die *Kalkültheorie*[24] meist auf die staatliche Entscheidungsebene, auf die jedoch wiederum Gruppenkalküle entscheidend einwirken können. Nach dieser Theorie werden Kriege in der Regel nach rationaler politischer Abwägung von Vorteilen und Risiken begonnen, auch wenn sich die Kalkulation im nachhinein als nicht realitätsgerecht erweisen sollte. Hinter der Entscheidung zum Krieg stehe in aller Regel eine rationale Ziel-Mittel-Analyse der Eliten nach Kosten–Nutzen Gesichtspunkten. Auch im Zeitalter des möglichen Atomkrieges sollte nicht übersehen werden, daß von den konventionellen Kriegen, die ja weiterhin und immer aufs neue geführt werden, die wenigsten spontan ausbrechen, sondern daß der Gewalteinsatz meist auf kalkulierte Interessen- und Machtpolitik zurückgeht. Clausewitz ist mit seiner Feststellung, daß Krieg die Fortsetzung der Politik mit anderen Mitteln sei, insoweit durchaus nicht überholt; allerdings wird oft übersehen, daß es sich nur um eine Feststellung handelt und nicht um die Rechtfertigung des Krieges.

Auch in den Überlegungen, die der *Substitutionstheorie*[25] folgen, spielen die Kalküle der Regierungen eine Rolle. Vor allem in Staaten, in denen weite Bevölkerungsteile kein ausreichendes oder gesichertes Einkommen und damit einen festen sozialen Status haben, kommt es früher oder später zu gesellschaftlichen Unruhen, die die politischen Führungen und die herrschenden Eliten bedrohen. Vor die Wahl gestellt, die angestaute Aggressivität in binnenpolitischer Gewalt, gar in einem revolutionären Aufstand sich entladen zu lassen oder ihr im Wege durchgreifender, meist allerdings die Eliten selbst in Mitleidenschaft ziehender Reformen den Schub zu nehmen oder aber sie in einen zwischenstaatlichen Konflikt abzuleiten, wählen die Regierungen oft die letztere Möglichkeit. Das heißt, in einem solchen Fall dient der gegen den äußeren Gegner geführte Krieg der Ablenkung von den inneren Unruhen, durch die sich die Machteliten in ihrer Stellung gefährdet fühlen. In dieser allgemeinen Fassung ist die Theorie viel zu unspezifisch, um in einem konkreten Fall Erklärungen abgeben zu können. Da es innenpolitische Krisen, die zu Ablenkungsmanövern Anlaß geben, immer und überall gibt, bzw. diese immer und überall herbeigeredet werden können, ist das Argument der Substitution für fast jedwede Kriegshandlung benutzbar.[26]

Ähnliches, diesmal von den Regierungen ausgehendes Handeln, liegt der *Mobilisierungstheorie* zugrunde: Das Ziel, auf eine andere Regierung Druck auszuüben, werde daduch erreicht, daß militärische Reserven aktiviert und die Bevölkerung durch massive Propaganda mobilisiert wird. Dadurch wird unter Umständen ein solcher gesellschaftlicher Druck herbeigeführt, hinter den die Regierung nicht mehr zurück könne und Gewaltmaßnahmen gegen den anderen Staat einleiten müsse.[27]

Ein „Hineinschlittern" in einen Krieg sieht auch die *Fehlperzeptionstheorie*[28] am Ende eines Prozesses stehen, der die Regierung eines Staates aufgrund mangelhafter Informationen und gestörter Kommunikation mit der Umwelt zu mißverständlichen und unangemessenen Aktionen und Reaktionen treibt. Im Gegensatz zu den letztgenannten Theorien, die ein zumindest zu Beginn rational kalkuliertes Handeln der Eliten unterstellen, geht diese Konzeption von Entscheidungen aus, die aufgrund einer mängelbehafteten Perzeption der äußeren Ereignisse und Kräfteverhältnisse und der gegnerischen Absichten zustande kommen. Vor allem in Krisensituationen können Entscheidungsdruck, mangelnde Fähigkeiten der Entscheidungsträger und eine unzulängliche organisatorische Struktur zu herabgesetzter Problemlösungskompetenz und in der Folge zum Krieg führen. In derartigen Situationen ist insbesondere die Gefahr von Präemptiv- oder Präventivkriegen groß.

Nach Senghaas waren 3/5 aller Kriege zwischen 1910 und 1965 auf Fehlwahrnehmung zurückzuführen.[29] Diese Ergebnisse werden allerdings von Mendler u. a. skeptisch beurteilt.[30] Die Forschung sei den Nachweis über Ausmaß und Richtung von Fehlperzeptionen schuldig geblieben.

Eine ähnliche, aber stärker auf die allgemeine Informationsverarbeitung von Gesellschaften als auf konkrete krisenhafte Ereignisse abstellende Theorie macht den *Autismus* von Nationen und Staaten für die Friedlosigkeit in der Welt verantwortlich.[31] Dieser Ansatz vereinigt kommunikationstheoretische und politökonomische Elemente, indem er Staaten als Abschreckungs- und Drohsysteme ansieht, die durch gleichzeitigen Abbau von kommunikativen Beziehungen zur Umwelt und Aufbau von Feindbildern einen zunehmenden Realitätsverlust erleiden. Als Folge kommt es zu pathologischem Verhalten, d. h. zum Nichtlernen. Hiervon seien vor allem kapitalistische Staaten bedroht, deren ökonomische, politische, militärische und wissenschaftliche Führungsschichten primär an außenpolitischen Konflikten orientiert seien. Das eigene, von Bedrohung geprägte Bild des Gegners werde in diesen hineinprojiziert und als Realität genommen. Als Folgen autistischer Wahrnehmung können etwa Nationalismus und Ethnozentrismus angesehen werden, die in Abkapselung und Feindseligkeit nach außen einmünden. Mag auch ein realer außenpolitischer Konflikt am Beginn der jeweiligen Entwicklung gestanden haben, so neigen in solcherart sozialpsychologisch und politökonomisch geprägten Gesellschaften die ökonomischen, politischen und militärischen Triebkräfte dazu, sich zu verselbständigen und so die

Wahrnehmung friedlicher Konfliktlösungsmöglichkeiten zu verhindern.

Allgemein wird die Entwicklung von einem Konflikt über die Krise zum Krieg meist von einem *Eskalationsprozeß*[32] bestimmt. Dieser wird entweder aktiv betrieben, um dem Gegner den eigenen Willen aufzuzwingen, indem Pressionen, Rüstung und Mobilisierung zunehmend verstärkt werden, oder er ist reaktiv geprägt, weil Bedrohtheitsvorstellungen und Gegendrohungen sich gegenseitig hochschaukeln, bis die Grenze zur organisierten Gewaltanwendung überschritten ist. Die Analysen zur aktiven oder reaktiven Eskalation zeigen zwar das Momentum des Konfliktprozesses an, tragen jedoch kaum zur Aufdeckung von Konfliktursachen bei; sie bieten stattdessen Erklärungen für typische Stufen des Konfliktverlaufs bis hin zum Überschreiten der Kriegsschwelle.

Auf der Ebene des internationalen Systems, d.h. im Verhältnis zwischen Staaten, liegen zahlreiche Handlungs- und Strukturtheorien. Die *Machtrivalitätstheorie*[33] baut auf dem Begriff des Nationalinteresses auf. Nach dieser Auffassung können Staaten zwar, auch im historischen Ablauf, duchaus unterschiedliche Interessen haben, zu einer Verwirklichung bedürfe es aber in jedem Falle genügender Macht. Die Staatsziele mögen, von Fall zu Fall variierend, z.B. ökonomischer, territorialer oder ideologischer Art sein, stets müsse der Staat über ausreichende Macht verfügen, um sie durchzusetzen. Da Macht somit ein notwendiges Mittel zur Erreichung eines jeden Ziels sei, nach dem ein Staat streben mag, wird sie selbst zum vorgängigen und damit die Politik des Staates entscheidend bestimmenden Ziel. In einem System unabhängiger Staaten zumal, in dem jede Nation prinzipiell selbst für ihre Sicherheit und ihren angemessenen Platz sorgen müsse, strebe sie selbstverständlich die Ausweitung ihrer Macht an und neige dazu, sich neue Machtreserven zu schaffen.

Hier wird zur Erklärung von Konflikten und gewaltsamen Auseinandersetzungen also bereits die Ebene des Einzelstaates verlassen und das internationale System in die Betrachtung mit einbezogen. Nach der Theorie der Machtrivalität ist die Staatenwelt so beschaffen, daß alle Akteure sich in einem unablässigen Kampf um die Macht befinden; Großmächte strebten sogar nach einer andere Staaten beherrschenden Stellung. Aus dem nur dem eigenen nationalen Interesse verpflichteten Machtstreben der einzelnen Staaten resultierten zwischenstaatliche und internationale Spannungen und Krisen, die sich zu Kriegen auswachsen könnten. Allerdings gebe es einen gewissen regulativen Automatismus, der das konfliktreiche System dennoch in einem – labilen – Gleichgewichtszustand halte.[34] Denn wenn ein bestimmter Staat oder eine Staatenverbindung eine das Gleichgewicht bedrohende Machtstellung zu erreichen drohe, ergriffen andere, sich bedroht fühlende Staaten Gegenmaßnahmen, bildeten z. B. eine Allianz, und stabilisierten so das System. Unter ungünstigen Umständen erfolge der Ausgleich allerdings mit Gewalt, also durch Kriege, die nach dieser Konzeption bislang unverzichtbare Mittel bei der Verfolgung der Machtinteressen sind. Auf der regulativen und stabilisierenden Funktion der Machtrivalität gründet andererseits die These der Vertreter des politischen Realismus, daß über die Machtpolitik der einzelnen Staaten und das internationale Gleichgewicht der Weg zu einer befriedeten Staatenwelt führen könne, Machtpolitik ein Streben nach Frieden jedenfalls nicht ausschließe.

Schließlich sei unter den handlungsorientierten Ansätzen noch auf „Theorien" hingewiesen, die von geringerer Bedeutung sind. Die *Interventionstheorie*[35] als asymmetrisches Erklärungsmodell führt Kriege im wesentlichen auf das Eingreifen dominierender Staaten in innergesellschaftliche Konflikte abhängiger oder schwächerer Nationen zurück. Nach der *Unsicherheitstheorie*[36] streben Staaten nach Machtzuwachs, betreiben Aufrüstung und entwickeln aggressive Verhaltensmuster wegen der Heterogenität des sie umgebenden Systems und seiner Struktur, die als *„bellum omnium contra omnes"* perzipiert wird. Wissenschaftlich unergiebig ist auch die *Zufallstheorie*. Sie gründet nicht auf der Analyse geschichtlicher oder aktueller Konflikte, sondern weist auf eine Möglichkeit hin, wie im Abschreckungssystem ein womöglich menschheitsbedrohender, erdvernichtender Krieg ausgelöst werden könnte. Denn trotz aller technischer Sicherungsmaßnahmen und personeller Trainingsprogramme könne nicht ausgeschlossen werden, daß z. B. eine der vielen auf den jeweiligen Gegner gerichteten Nuklearraketen unabsichtlich gestartet würde oder, was weniger unwahrscheinlich erscheint, Radaranzeigen fehlerhaft seien oder falsch interpretiert würden, bzw. daß Computer oder auch Entscheidungsträger in fataler Weise versagten. Der Zufall ist allerdings ein lediglich wahrscheinlichkeitstheoretischer Begriff; Theorien, die zur Verhinderung des angedeuteten Szenarios beitragen wollen, müssen aber auf kausalitätslogischem Weg nach den Ursachen fragen. Denn nicht der Zufall kann beseitigt werden, sondern die Bedingungen der durch ihn eventuell ausgelösten Wirkungen müssen problematisiert werden.

9.2.2. Strukturtheorien

Die gesellschaftliche Strukturebene wird mit der *Machtkartelltheorie*[37] angesprochen, die unterstellt, daß die hohen Militärs die treibende Kraft hinter einer konfliktträchtigen Außenpolitik sind. Die Militärs werden dabei unterstützt von der Rüstungsindustrie und der Rüstungsbürokratie, die ebenfalls auf eine kontinuierliche Ausweitung der Waffenproduktion drängen, durch die sie ökonomische Vorteile und vermehrte politische Macht erlangen. So jedenfalls argumentiert die Theorie des Militärisch-Industriellen Komplexes (MIK).[38] Sie ist als hinreichende Erklärungskonzeption für das Gewaltverhalten von Staaten zwar umstritten; die Tendenz von hohen Militärs, Interessengruppen der Wirtschaft und Teilen der Regierungsorganisation, eine kohärente Elitegruppe zu bilden, scheinen indes belegt.[39] Dabei spielt nicht nur das gemeinsame ökonomische oder politische Ziel eine Rolle, sondern auch die enge personelle Verflechtung infolge häufigen Wechsels von Führungskräften aus Militär- und Regierungskreisen in die Industrie und umgekehrt. Letztlich gilt aber, daß der Militärapparat unter politischer Kontrolle Instrument und nicht der wichtigste Verursachungsfaktor von Kriegen ist.

Die *Komplexitätsthese*[40] hebt ebenfalls auf innergesellschaftliche Strukturen ab; nach ihr führt das komplizierte innere Gefüge vor allem der hochindustrialisierten Staaten mit ihren unterschiedlichsten, teils gegeneinander gerichteten, teils parallel laufenden Gruppeninteressen, den Massenmedien, den Bürokratien und dem aufgefächerten politischen Spektrum zu einem Verlust der Selbststeuerungsfähigkeit der Gesellschaft. Hinzu kommt die Überfülle an Informationen aus der internationalen Umwelt, die ihrerseits komplex strukturiert ist. Die Folge dieser Input-Überlastung ist die Unfähigkeit des staatlichen Systems, realitätsbezogene Entscheidungen zu treffen und in Krisensituationen angemessen zu reagieren.

Diese Komplexitätsthese läßt sich in bezug auf das internationale Konfliktgeschehen erweitern. Die Empirie zeigt nämlich, daß ein Konflikt im allgemeinen um so gewaltsamer ausgetragen wird, je komplexer er im Innern wie Äußeren gelagert ist, wobei die Komplexität sich beziehen kann auf die Zahl der Beteiligten oder am Konflikt Interessierten, auf die Menge der umstrittenen Güter und Werte oder auf die Einbettung in das politische Umfeld. An einem Konflikt wie dem Nah-Ost-Konflikt sind nicht nur unterschiedliche Gruppen im Libanon oder in Israel beteiligt, sondern alle islamischen Staaten der Region sowie auf internationaler Ebene die Supermächte. Hinsichtlich der umstrittenen Güter und Werte liegt eine Aussage auf der Hand: je mehr Emotionen mit einem bestimmten Gut oder Wert verbunden werden können, umso intensiver wird darum gestritten. Wir können in der Tat nachweisen, daß besonders emotional aufladbare Güter und Werte zu gewalttätiger Austragung geführt haben. Zu solchen Werten und Gütern gehören zunächst Merkmale der nationalen oder solche der Gruppenidentifikation. Zum Nationalsyndrom zählen das Territorium, die Unabhängigkeit und Selbstbestimmung, die politischen und gesellschaftlichen Ordnungsvorstellungen, die Glaubensüberzeugungen, die nationale Sicherheit. Zu den Basiswerten einer minoritären Gruppe zählen vor allem Sprache, Gleichberechtigung und Selbstbestimmung, Kultur, Religion usw. Die Einforderung solcher grundlegender Werte und Überzeugungen hat weit eher zu gewaltsamen Auseinandersetzungen geführt als z. B. der Streit um bestimmte Grenzen oder um bestimmte wirtschaftliche Ressourcen. Diese Güter sind eher einer rationalen Auseinandersetzung zugänglich und oft genug auf dem Weg einvernehmlichen Interessensausgleichs oder auch durch Schiedsspruch oder durch ein internationales Gericht entschieden worden.

Bei innenpolitischen nationalen Konflikten liegt eine weitere Komplexitätsvermutung auf der Hand: die Konfliktparteien müssen sich durch bestimmte Merkmale unterscheiden und je mehr Merkmale dies sind, um so wahrscheinlicher gewinnt der Konflikt an Intensität (vgl. 7.2.). Bei den sogenannten ethnischen Konflikten (Basken, Tamilen, Kurden etc.) oder den Minoritäten- oder Nationalitätenkonflikten (Tibeter, Südtiroler, Palästinenser, Nordiren, Georgier, Aserbaidschaner, Armenier, Balten etc.) wird im allgemeinen auf rassische, religiöse, kulturelle (Sprache, Schrift, Brauchtum), aber auch auf historische, ökonomische und politische Eigenheiten und Unterschiede abgehoben. Es ist unmittelbar einleuchtend, zu sagen, daß ein Konflikt umso eher zu gewalttätiger Auseinandersetzung führt, je mehr solcher Merkmale kumulieren. Eine Bevölkerungsgruppe, die sich im jeweiligen Nationalstaatsverband wirtschaftlich und politisch diskriminiert fühlt, die an der Ausübung ihrer Religion und kulturellen Überlieferung behindert oder gar verhindert wird oder die in der Vorzeit gewaltsam einem Nationalstaatsverband einverleibt worden ist, wird eher gewaltsam gegen einen solchen Zustand rebellieren als eine Bevölkerungsgruppe, die ihre Rechte verwirklicht sieht. Die gewaltsame Rebellion ist in autoritären und repressiv reagierenden Staaten oftmals auch die einzige Aktionsform, die für die Durchsetzung solcher Forderungen bleibt.

Die transnationale Ebene berührt die sehr unspezifisch und allgemein gefaßte *Wachstumstheorie*[41], die davon ausgeht, daß eine Nation aufgrund ihres wirtschaftlichen, technologischen oder auch Bevölkerungswachstums ihre bisherige Position als zu eingeengt empfindet und infolgedessen entweder territoriale Expansion, technologische Dominanz oder Zugriff auf wichtige Ressourcen anstrebt, was sie mit den von diesen Ansprüchen betroffenen Völkern in Konflikt bringt. Daneben kann es zu Auseinandersetzungen mit anderen Wachstumsnationen kommen, die um dieselben Güter konkurrieren. Die „Her-

ausfordererthese", wonach ein Staat aufgrund seines gewachsenen Potentials einen „Platz an der Sonne" erstrebt, ist eine Folge davon, die auch bei der Machtrivalitätstheorie oder der Statusinkonsistenztheorie eine Rolle spielt.
Spezifischer und stringenter, dafür umso einseitiger monokausal ist die *Imperialismustheorie,*[42] vor allem in marxistischer Ausprägung von Rosa Luxemburg bis Lenin. Danach ist die *allgemeine* Ursache der Kriege das Privateigentum an den Produktionsmitteln und damit das soziale System der Ausbeutung.
Die *kapitalistische Expansion* im Zeitalter des organisierten Kapitalismus führt noch Hobson und Lenin unweigerlich zu imperialistischen Kriegen: „Unzweifelhaft ist dabei die Tatsache, daß der Übergang des Kapitalismus zum Stadium des Monopolkapitalimus, zum Finanzkapital, mit einer Verschärfung des Kampfes um die Aufteilung der Welt verknüpft ist."[43]
Imperialistische Staaten wie Großbritannien, Frankreich, Rußland oder Deutschland haben in der Tat in dieser Phase rivalisiert. Die in Konkurrenz ausgetragenen Interessengegensätze haben in zahlreichen Fällen territoriale Kompensationen außerhalb Europas gefunden. Das große „Wetterleuchten", der Erste Weltkrieg, hat dann zur direkten Konfrontation der imperialen Mächte geführt. Ob allerdings der Kampf um Absatzmärkte oder neue Rohstoffquellen das entscheidende Motiv dabei war, ist in der Forschung nicht belegt.[44] Nach der Überzeugung der orthodoxen Vertreter der Imperialismustheorie werden Kriege dann ein Ende finden, wenn sich weltweit der Sozialismus durchgesetzt habe und damit ihre sozioökonomischen Grundlagen beseitigt seien. Die Erfahrungen mit dem Verhalten sozialistischer Staaten in dem Verhältnis zueinander (z. B. chinesisch-vietnamesischer Krieg) spricht gegen diese These wie im übrigen auch die Tatsache, daß Demokratien – und das sind die industriekapitalistischen Gesellschaften – weniger Kriege gegeneinander geführt haben als Diktaturen.
Welche empirischen Befunde gibt es hinsichtlich des Verhaltens imperialer Mächte unabhängig von ihrer gesellschaftspolitischen Ausrichtung, die ohnehin keinen signifikanten Unterschied ergibt?
Die Auszählung nach den Kategorien des Großmachtverhaltens bzw. des Regionalmachtverhaltens hat folgende empirische Zusammenhänge erkennen lassen:

- Wenn eine hegemoniale Macht irgendeine Streitpartei im inneren oder äußeren Bereich unterstützt, tendieren die Konflikte dazu, intensiver zu werden.
- Auch wenn regionale Mächte in einen Konflikt eingreifen, besteht die Tendenz, daß der Konflikt intensiver wird.

- Wenn die Supermächte neutral geblieben sind, verteilt sich die Häufigkeit von Konflikten ziemlich gleichmäßig über die Eskalationsstufen.
- Die Einflußnahme von Supermächten erfolgte vornehmlich mit Waffenlieferungen und weniger mit bewaffneter Intervention, wie dies bei kleineren Mächten der Fall ist.
- Wenn Supermächte neutral geblieben sind oder andere regionale Mächte nicht interveniert haben, hatten Konflikte die Tendenz, auf niedriger Eskalationsstufe zu bleiben.
- Mehr Konflikte sind außerhalb des Einflußbereichs der Supermächte entstanden als innerhalb der Einflußbereiche.
- Konflikte an der Nahtstelle der Einflußbereiche sind weniger zahlreich; wenn sie dennoch ausbrechen, dann sind sie sehr intensiv.
- Konflikte sind gewaltsamer abgelaufen außerhalb der Einflußsphären der Großmächte als innerhalb.
- Supermächte scheinen eher als Regionalmächte eine Vermittlerrolle gespielt zu haben.

Die empirischen Befunde über die Rolle der früheren Supermächte deuten somit sowohl in eine konfliktverstärkende als auch in eine konfliktmäßigende Richtung.
Wie bei der Imperialismustheorie stehen im Mittelpunkt der Erklärungen der *Schichtungstheorie*[45] asymmetrische Konflikte, vor allem zwischen Erster und Dritter Welt. Nach ihr besteht das internationale System aufgrund der höchst ungleichen Verteilung der ökonomischen, technologischen und militärischen Potentiale und politischer Macht aus zentral- und Peripherienationen. Diese internationale Ungleichheitsthese findet ihr Pendant in der innerstaatlichen Ungleichheitsthese. Nach Machiavelli erhöht die *ungleiche Verteilung von Wohlstand* die Kriegsanfälligkeit: „Aus der Diskrepanz zwischen dem Begehren und dem Habenkönnen, aus der Diskrepanz zwischen Wunsch und Wirklichkeit entsteht Unzufriedenheit und schließlich aus der Diskrepanz zwischen reich und arm Feindseligkeit und Krieg."[46] Und Bodin führt 1583 aus: „Für die Veränderungen von Staaten (gemeint: Regimewechsel, Systemwechsel, d. Verf.) gibt es vielfältige Ursachen: . . . wenn die Mehrheit der Untertanen arm ist, einige wenige aber übermäßig reich sind,[47] oder wenn eine große Ungleichheit in der Verteilung von Gütern und Ehren herrscht." Aus ähnlichen Einsichten hatte Aristoteles gefolgert, daß größte Stabilität bei Existenz eines starken Mittelstandes gegeben sei.
Aus asymmetrischen Beziehungen ergeben sich Abhängigkeiten, die die Ausbeutung der peripheren Nationen ermöglichen. Ein erheblicher Teil der gewaltsamen Auseinandersetzungen nach dem Zweiten

Weltkrieg geht nach dieser Theorie auf die Unterprivilegierung der „underdogs" zurück, die sich aus der Umklammerung durch die Oligarchie der Zentralnationen, der hochindustrialisierten „topdog"-Staaten, befreien wollen.

Lewis Richardsons empirische Überprüfung der Wohlstandsgefälletheorie hat ergeben, daß in weniger als 29% der Kriegsfälle des 19. Jahrhunderts ökonomische Faktoren eine Rolle gespielt haben. In der Gegenwart hat das Wohlstandsgefälle im Nord-Südkonflikt nicht zu kriegerischen Auseinandersetzungen geführt, sondern blieb Gegenstand konferenzdiplomatischer Bemühungen. Die Sprengkraft armreich dürfte vielmehr entscheidender die innenpolitischen Konfliktlinien bestimmen.[48]

Während die Schichtungstheorie somit die Entstehung vieler Kriege der Gegenwart als Folge des Befreiungsdrucks von unten wie auch des repressiven Gegendrucks der neokolonialen Mächte sieht, betrachtet die *Revolutionstheorie*[49] diesen Zusammenhang aus dem Blickwinkel der unterdrückten Völker. Diese konnten ihre Befreiung von Ausbeutung und politischer Hegemonie in aller Regel nur durch eigenen Einsatz von Gewaltmitteln erreichen. Bezogen auf die zwischenstaatlichen und internationalen Strukturen ist die Revolutionstheorie also dem Schichtungsmodell äquivalent; sie betont jedoch stärker die aktions- und akteurbezogenen Elemente und könnte daher auch den handlungsorientierten Ansätzen zugerechnet werden. Revolutionen haben zu einer Vielzahl unterschiedlicher Theorien geführt, so daß es nicht sehr sinnvoll ist, von *der* Revolutionstheorie zu sprechen.[50]

Strukturbedingungen des Staates stellen solche Theorien in den Mittelpunkt, die von der physikalischen Umwelt bis zur Organisation des Regierungsapparates reichen können.

Die *geographisch-physikalische Umwelt* nahmen Friedrich Ratzel[51] und vor ihm Montesquieu[52] zum Anlaß, eine politische Machttheorie zu konzipieren. Der Staat entstehe „in einem notwendigen Zusammenhang mit dem Boden", das Staatsdenken beruhe auf der richtigen „Einschätzung der geographischen Grundlagen politischer Macht... Expansionstrieb, Kolonisationsgabe, angeborener Herrschergeist" seien auf „räumlich begrenzte, räumlich gelagerte Gebilde"[53] bezogen, resultierten aus räumlichen Auffassungen von Politik, schreibt Ratzel 1897. Sicherlich spielt die politische Geographie, d. h. die Lage, Beschaffenheit, Größe und Umfang, verkehrsmäßige Erschließung gebietsmäßiger Gegebenheiten im Zeitalter territorialer Erschließung, bei Kolonialismus und Imperialismus eine Rolle; doch sind im Zeitalter begrenzter und staatlich besetzter Gebiete Landgewinne kaum politisch wichtige Ziele. Zu einseitig wird von der Größe eines Landes auf Mentalitäten („weiträumige Völker haben einen optimistischen Zug") oder auf Verhaltensweisen („die häufigsten und dauerhaftesten Kriegszustände entstehen auf dem Boden der Klein- und Mittelstaaten") geschlossen. Die neuere politische Geographie überschreitet materielle Grenzen und entwirft mentale Landkarten politisch (nicht territorial) beanspruchter Einflußbereiche.

Kleine Staaten, so hat Montesquieu argumentiert, seien eher von außen bedroht als große: „Si une république est petite, elle est détruite par une force étrangère; si elle est grande, elle se détruit par un vice intérieur."[54] und nach Bodin sind „kleine Staaten . . . öfter von Krisen geschüttelt als große. Ein kleiner Staat ist leicht in zwei Gruppen geteilt, während dies bei einem großen nicht so leicht geschehen kann, weil sich hier zwischen Großen und Kleinen, den Reichen und Armen . . . eine große Zahl von Durchschnittsmenschen befindet, die die . . . Extreme versöhnen. Nicht selten geschieht es, daß innere Unruhen zu Eingriffen von außen führen. . ."[55].

Territoriale Größe von Staaten scheint kein ausschlaggebender Faktor für kriegerische Verwicklungen zu sein, denn sonst müßten kleinere Staaten öfter Opfer (Angegriffene) sein als große. Zwar ist es immer wieder vorgekommen, daß kleinere Staaten von größeren angegriffen (Belgien von Deutschland, Finnland von der Sowjetunion) oder annektiert (Kuwait durch den Irak) worden sind. Doch daraus ein Gesetz zu konstruieren wäre voreilig; die Schweiz, wie im übrigen auch die anderen Kleinstaaten in Europa, konnten sich jahrhundertelang behaupten. Territoriale Größe muß im übrigen in Relation zum zentralen Staatensystem gesehen werden: England ist zwar groß verglichen mit Belgien oder Holland, aber klein verglichen mit den USA oder der UdSSR bzw. Rußland und war trotzdem jahrhundertelang Großmacht; dies heißt, daß Größe nicht automatisch auch Stärke bzw. Schwäche bedeutet. Das zweite Argument, nämlich das der größeren Anfälligkeit für innere Wirren, ist insofern nicht überzeugend als Großreiche, wie die frühere Sowjetunion, große Mühe hatten, den nationalen Verband zusammenzuhalten und schließlich auseinanderfielen und heterogene kleinere Staaten wie die Schweiz, Belgien oder auch Spanien mit Erfolg Autonomiebestrebungen gemeistert haben.

Im Zusammenhang mit der Dekolonisation kann auch die *Statusinkonsistenz- oder -inkongruenztheorie*[56] gesehen werden, die viele, auch gewaltsam ausgetragene Konflikte darauf zurückführt, daß einige Nationen lediglich einen Teil der vollen Souveränität genießen. Sie seien etwa im internationalen Rahmen als politisch selbständige Einheiten anerkannt, hätten aber z. B. nicht Teil an sozioökonomischer Wohlfahrt oder nicht hinreichenden Zugang zu bzw. Einfluß in internationalen oder transnationalen Organisationen. Solche von den

betroffenen Völkern und Staaten als inakzeptable Benachteiligung empfundenen Statusbeschränkungen bildeten ein erhebliches Konfliktpotential.
Auch könne die *Diskrepanz zwischen der Stärke eines Landes (reale Macht) und seiner politischen Reichweite (Anerkennung)* zu Kriegen führen. Levys „Theorie großer Kriege" behauptet: „the likelihood of a war is greatest when the military capabilities of a dissatisfied challenger begin to approach those of a dominant power."[57] Die Diskrepanz zwischen ökonomischer und politischer Stärke eines Landes als kriegsauslösendem Faktor ist auch von Toynbee (Gleichgewichtstheorie), Wallerstein (Weltkapitalismustheorie), Gilpin (Theorie hegemonialer Kriege), Doran (Zyklentheorie) oder von Organski (Machttransitionstheorie) vertreten worden. Eine neuere Version hat Paul Kennedy vorgelegt, der den Zerfall imperialer Reiche aus der Diskrepanz zwischen ökonomischer und politischer Stärke herleitet.[58]
Einige Beispiele der neueren Geschichte können diese These belegen: Der Aufstieg Deutschlands zu einer führenden europäischen Macht gegen Ende des 19. Jahrhunderts oder der Japans um etwa die gleiche Zeit. Nach Singer erklärt die Status-Diskrepanz 71% der Varianz für Kriege zwischen 1850 und 1964.[59]
Zu den zahlreichen strukturorientierten Konzeptionen, die die Ursachen für Konflikte in der Beschaffenheit des jeweiligen Regierungssystems, also auf der Entscheidungsebene des Einzelstaates sehen, gehört auch die *Regimetheorie*[60], die nicht mit der in Kapitel 1 genannten internationalen Regimetheorie höherer Abstraktionsstufe zu verwechseln ist. Machiavelli, Kant, Say, Tocqueville, Bodin gehören u. a. zu den Klassikern der politischen Ideengeschichte, die einen solchen Zusammenhang behauptet haben. Ihr zufolge ist die Kriegsgeneigtheit diktatorisch regierter Staaten größer als die demokratisch verfaßter Gesellschaften. Es wird dabei vorausgesetzt, daß die Völker tendenziell friedliebender seien als ihre Regierungen, daß somit eine Verfassung, nach der die Willensbildung im Volk die (Außen-)Politik maßgeblich beeinflußt, zwischenstaatliche Gewaltanwendung eher verhindere. Das Kriterium diktatorisch/autoritär gegenüber demokratisch erscheint einerseits zu unspezifisch, als daß die darauf aufbauende Theorie einer empirischen Überprüfung standhalten könnte, andererseits zu wenig differenziert in bezug auf die verschiedenen Konfliktarten. Ganz abgesehen davon, daß „autoritär" oder „totalitär" häufig als politische Kampfbegriffe gebraucht werden und daß auch Demokratie sehr unterschiedlich bestimmt wird, hat die Erfahrung gezeigt, daß auch und gerade im westlichen Sinne demokratisch verfaßte Staaten bereit waren, ihre Interessen notfalls gewaltsam durchzusetzen (oder zu verteidigen). Auch in demokratischen Staaten waren die Staatsvöl-

ker recht unschwer für gewaltsame Interessendurchsetzung zu mobilisieren. „Die Abgeneigtheit der Mehrheit der Wähler eines modernen Wohlfahrtsstaates, sich mit der Verhinderung eines internationalen Konfliktes eindeutig *vor* seinem Ausbrechen zu befassen, scheint nur übertroffen zu werden von der Bereitschaft der Wähler, ihre nationale Führungsschicht zu unterstützen, *nachdem* der Konflikt begonnen hat ...“[61]

Sind also Demokraten friedlicher als Dikaturen? Sind Staaten überhaupt ein Hindernis für den Frieden?

Sieht man sich die Liste der seit 1945 in Konflikte verwickelten Staaten an, so liegen die „alten Demokratien“ Großbritannien, USA und Frankreich an der Spitze. Erst dann folgen die autoritären Staaten Sowjetunion und die VR China.

Diese Beobachtungen, die die gestellte Frage zu verneinen scheinen, bedürfen der Überprüfung mittels einer Vielzahl von Konfliktfällen bzw. der Interpretation und Qualifizierung nach Art und Intensität. Bei den genannten Staaten handelt es sich nämlich zugleich um dominierende Staaten, die z. T. seit Jahrhunderten zu den Großmächten gerechnet werden müssen. Großmächte sind per definitionem stärker im Weltgeschehen engagiert als weniger mächtige. Bei den aufgeführten gewaltsamen Konflikten handelt es sich vor allem um internationale oder internationalisierte Konflikte und in diesen sind Großmächte stärker gefordert als kleinere Staaten.

Das Bild ändert sich auch, wenn wir die nationalen und internationalen Konfliktbeteiligungen nach dem Grad ihrer Intensität und alle existierenden Staaten nach ihrem Regimecharakter auszählen. Es zeigt sich nämlich, daß Diktaturen häufiger gewaltsame Konflikte ausgetragen haben als Demokratien. Als gesichert kann gelten, daß erstens Demokratien seltener Kriege gegeneinander geführt haben,[62] zweitens nicht seltener Kriege geführt haben als Diktaturen; der Anstoß dazu ging allerdings meist von Diktaturen aus. Drittens schließlich scheinen Demokratien größere Verarbeitungskapazitäten für innere Konflikte zu besitzen.[63] Selbst bei internationalen Konflikten spielt der Regimecharakter eine Rolle, denn demokratische Regime sind stärker an das Verhalten von internen Gruppen gebunden. Der Vietnamkrieg ist vornehmlich aufgrund innenpolitischen Drucks beendet worden; Demokratien müssen also eher auf einen solchen reagieren als Diktaturen. Doch auch diese stoßen auf Grenzen der politischen Machtausübung. Der Abzug der sowjetischen Truppen aus Afghanistan dürfte vornehmlich aus Gründen innenpolitischer ökonomischer Zwänge erfolgt sein.

Die *Nationalismustheorie*[64] sieht im übersteigerten Nationalismus die Ursache für die 22 großen Kriege von 1914 bis 1982. Nationalismus wird dabei verstanden als Glorifizierung der Nation und des Nationalstaats. Dies gebe den Eliten einen Blankoscheck insbesondere in Zeiten von Krisen, in denen die Überlebensinstinkte mobilisiert würden und den Eliten die Möglichkeit gäben, für machtpolitische Zwecke Gewalt einzusetzen. Die Bevölkerung sei dazu genügend fanatisiert und bereit, für Ehre und Würde ihr Leben einzusetzen. Diese Theorie ist vor dem Hintergrund des Ersten und – in geringerem Maße – des Zweiten Weltkriegs nachvollziehbar, kann aber nicht verallgemeinert werden für Zeiten nachlassender Nationalismen.

In ähnlicher Weise lassen sich Vorbehalte gegen die *Nationalcharaktertheorie* begründen, soweit diese nämlich auf der Annahme fußt, daß Kriege häufiger zwischen Nationen ausbrechen, deren „Charaktere" sich signifikant unterscheiden.[65] Da sich dieser Unterschied noch am ehesten auf kulturelle Distanzen der Gesellschaften beziehen läßt, haben wir es hier mit einer speziellen Fassung der Distanztheorie zu tun. Eine etwas andere Ausformung der Nationalcharaktertheorie scheint noch unergiebiger. Sie unterstellt, daß bestimmte Staaten aufgrund der Einstellungen und Gewohnheiten ihrer Völker kriegsgeneigter seien als andere.[66] Festgemacht werden solche Annahmen vor allem an gewaltzentrierten Wert- und Symbolsystemen und einem entsprechenden nationalen Habitus. Damit verharrt diese Theorie jedoch bei Oberflächensymptomen und dringt nicht zu den grundlegenden, diese Symptome hervorrufenden Strukturen vor. Empirisch gesichert ist, daß ein Zusammenhang zwischen kulturellen Unterschieden in Gesellschaften und der Konfliktanfälligkeit nicht besteht.[67]

Ökologische Theorien[68] sehen im Krieg ein vornehmlich durch die Umwelt bestimmtes Phänomen. Er ist danach eine Form des Kampfes um bessere äußere Bedingungen, bzw. ein Instrument in diesem Kampf. Während sich auf früheren Stufen die Menschen, Stämme oder Völker vor allem mit den Naturkräften in ihrer Umwelt auseinandersetzen mußten, wurde diese im historischen Verlauf zunehmend geprägt durch soziale Entitäten, andere Völker und Staaten. Geopolitische Ansätze, die man den ökologischen subsumieren könnte, sehen vor allem in der Auseinandersetzung eines Volkes mit seinen geographischen, räumlichen Gegebenheiten, seinem häufig zu beobachtenden Streben nach territorialer Erweiterung und den hieraus sich ergebenden Konflikten mit den Nachbarnationen die Ursache für kriegerische Gewalthandlungen. Ebenfalls in diesen Rahmen gehören Konzeptionen, die in der Bevölkerungsentwicklung, speziell in Überbevölkerung und Bevölkerungsexplosion, eine Hauptursache für gewaltsame Auseinandersetzungen sehen. Der Kampf um eine für die Befriedigung der menschlichen Bedürfnisse ausreichende materielle Basis nimmt dabei die Form des Krieges an.

Nach der makabren Auffassung des Neomalthusianismus kann der Krieg dabei zwei Funktionen zugleich erfüllen: er sichert dem Sieger den benötigten Raum und die erforderlichen Ressourcen, und er vermindert die Zahl der Menschen, die sich den vorhandenen Raum und seine Ressourcen teilen müssen.[69]

Das internationale System ist mit der *Polaritätstheorie*[70] angesprochen, nach der das Zusammen- und Wechselspiel konkurrierender Staaten von entscheidender Bedeutung ist; das internationale System wird entweder als multipolares Gleichgewichtssystem oder bipolar als von antagonistischen Blöcken dominiert gesehen. Unterschiedliche Konflikte innerhalb der Allianzen, wie vor allem die Rivalität zwischen den Polen, und auch das Bemühen der jeweils Alliierten um Gewinnung neuer Bundesgenossen, entweder durch „Abwerbung" oder aus dem Lager der neutralen Staaten, sind nach dieser Theorie die Hauptauslöser von Krisen bis hin zu Kriegen. Für die Analyse dieser Spannungen und der Konfliktlösungsstrategien böte sich methodisch die Spieltheorie an.

Die Frage, ob ein bipolares oder ein multipolares System kriegsfördernder bzw. -behindernder ist, wird in der Forschung unterschiedlich beantwortet. Während Deutsch/Singer (1964) eine bipolare Konstellation als kriegsfördernder beurteilen, sehen Waltz (1964), Gaddis (1987) oder Mearsheimer (1990) in multipolaren Systemen größere Unsicherheiten und Kriegsgefährdungen.

Die *Distanztheorie* erklärt Kriege aus der politischen, ökonomischen etc. Asymmetrie der Gesellschaften. Sie geht ursprünglich auf Quincy Wright zurück. Danach ist die Möglichkeit kriegerischer Verwicklungen zwischen zwei Staaten A und B um so höher, je größer die nicht im geopolitischen Sinne verstandene Gesamtdistanz $D_{A,B}$ zwischen ihnen ist. Der Wert von D ist dabei abhängig von einzelnen Distanzen, wie der Kriegserwartungsdistanz (e), der psychischen (ps), technischen (t), sozialen (s), intellektuellen (i), strategischen (st), politischen (p) und legalen Distanz (l). Wright bietet die folgende Formel zur Ermittlung der Gesamtdistanz an:

$$D_{A,B} = e + (2\,ps - t) + (s - i) + (e_{AB} - e_{BA}) + (st_{BA} - st_{AB}) + (p_{AB} - p_{BA}) + (l_{BA} - l_{AB}).$$[71]

Die Wahrscheinlichkeit (W) eines Krieges zwischen A und B ist selbstverständlich nicht unmittelbar gleich $D_{A,B}$, sondern von Konstanten abhängig, die im Einzelfall empirisch ermittelt werden müssen. Demnach wäre also $W_{A,B} = k\,(D_{A,B} + c)$. In die Faktoren c und k könnten dabei Gegebenheiten des internationalen Systems Eingang finden, ebenso innerstaatliche Strukturen, Interessen usw., so daß hier die Möglichkeit der Verbindung mit anderen Theorien besteht.

Der Versuch, die Validität der angeführten Formel in dieser oder abgewandelter Form empirisch zu überprüfen, dürfte auf die Schwierigkeit stoßen, die einzelnen Distanzen hinreichend exakt zu messen. Zur Bewältigung dieser Probleme könnte es hilfreich sein, zumindest bestimmte Distanzen in solche mit potentiellem bzw. mit aktuellem Status zu differenzieren. Am Beispiel einer weiteren Möglichkeit der Distanz sei dies erläutert. So müßte, um die potentielle kommunikative Distanz zwischen zwei Nationen zu ermitteln, die Entfernung zwischen ihren Grenzen ermittelt werden, z. B. die Länge der Verkehrswege – evtl. unter Berücksichtigung geographischer Hindernisse und ähnlichem. Daneben müßte in diesen Wert (ko_{pot}) die Zahl der unmittelbar benachbarten Länder eingehen, weiter die Durchlässigkeit der nationalen Grenzen und die Qualität und Kosten von Kommunikations- und Verkehrsbedingungen. Die aktuelle kommunikative Distanz (ko_{akt}) könnte bestimmt werden anhand des Umfangs von Waren- und Kapitalverkehr, Post- und Telephonverkehr, der Anzahl von Reisen zwischen den Staaten und dem Austausch von Massenmedien. Die effektive Kommunikationsdistanz würde dann durch die Formel ko_{akt}/ko_{pot} ausgedrückt. Nach der Distanztheorie bedeutete ein gegen 1 strebender Wert des Quotienten, daß die Gesamtdistanz der Nationen zunähme und damit auch der Wert W für die Kriegswahrscheinlichkeit.[72] Man kann diese Überlegungen zusammenfassen und sagen, daß je größer die soziale und politische Distanz zwischen zwei politischen Einheiten ist, um so größer wird die Wahrscheinlichkeit kriegerischer Verwicklungen. Bei den in diesen Überlegungen nicht berücksichtigten geographischen Entfernungen liegen die Verhältnisse umgekehrt: je größer die geographische Distanz, um so geringer die Kriegswahrscheinlichkeit. Dies folgt aus der Theorie der Machtpole (vgl. unten). In vielen Fällen haben gerade enge Kontakte zwischen zwei Staaten Konflikte gefördert und größere Distanz hat sich eher konfliktmindernd ausgewirkt.

Die Zufallstheorie entwickelt ihre düstere Sicht vor dem Hintergrund der Beschaffenheit des internationalen Systems; schon die Distanztheorie rekurrierte auf die Heterogenität der Staatenwelt, die auch die Grundlage für die *Dissoziativitätstheorie* bildet. Ihr zufolge liegt der Ursprung der Kriege in der Vereinzelung der Nationen und der Unterentwicklung der Weltgesellschaft in kommunikativer und transaktiver Hinsicht.[73] Der Transaktionsansatz kann aber nur unter bestimmten Bedingungen aussagekräftig sein wie z. B. bei offenen Systemen usw.

Auf derselben Erklärungsebene, jedoch mit einem etwas niedrigeren Abstraktionsniveau, versucht die *Anarchietheorie*[74], das unverminderte Auftreten von Kriegen zu erklären. In ihrem Mittelpunkt stehen die rechtlichen Beziehungen zwischen den Staaten und das Völkerrecht oder vielmehr die Mängel derselben. Insbesondere wird das Fehlen einer übergeordneten Instanz, die aufgrund eigener Macht verbindlich ordnend in zwischenstaatliche Konfliktsituationen eingreifen könnte, für das Fortdauern der Kriege verantwortlich gemacht. Die Anarchietheorie ist somit die Kehrseite machtpolitischen Ordnungsdenkens in der Tradition der Realistischen Schule. Auch die Vereinten Nationen könnten Versuche, Kriege zu verhindern oder schon begonnene zu beenden, nur mit Hilfe der bestehenden Regierungen der souveränen Nationalstaaten unternehmen. Militärische Auseinandersetzungen sind daher so lange zu erwarten, wie die Aufteilung der Welt in eine Vielzahl von egoistischen staatlichen Einheiten und die Souveränität der Staaten fortbesteht. Dieser Zustand wird als „objektiv längst obsolet" (Kindermann) und als „cultural lag" (Morgenthau) interpretiert. Nur eine übergeordnete Sanktions- und Kontrollinstanz könne eine befriedete Welt herbeiführen und ihr Andauern garantieren. Ein hierzu notwendiges verbindliches Weltnormensystem fehlt jedoch ganz offensichtlich, was nicht zuletzt auf die von der Distanztheorie angesprochene kulturelle, politische etc. Unterschiedlichkeit der Nationen zurückgeht.

Für die Vertreter der Anarchietheorie (die sich häufig dem „politischen Realismus" verpflichtet fühlen) sind „Macht", „Herrschaft", gesetztes „Recht" die zentralen Begriffe. So, wie sie für den innerstaatlichen Bereich davon ausgehen, daß nur politische Herrschaftsstrukturen den Frieden garantieren können, daß Unordnung und Anarchie notwendig zu offener Gewaltanwendung führen, so sehen sie in der anarchischen Struktur des Staatensystems die eigentliche Ursache für Kriege. Daher ist für sie ein weltumspannendes Herrschaftssystem die einzige Möglichkeit der Kriegsprävention (oder eher: Kriegsunterdrückung). Dagegen ist jedoch nicht nur zu bedenken, daß auch etliche Vertreter dieser Theorie eine in diese Richtung laufende Entwicklung für utopisch halten, sondern daß jede Form von Herrschaft notwendig Gewalt impliziert und daher vielleicht einen „negativen" Frieden im Sinne von Abwesenheit offener, personaler Gewalt herbeiführen kann, ein Fortschreiten aber auf dem Weg zu „positivem" Frieden, verstanden als Abwesenheit latenter, struktureller Gewalt eher behindern dürfte.

Schließlich müssen noch die zahlreichen *Zyklentheorien* genannt werden. *Zirkulations-*[75] *und Zyklustheorien* nehmen eine wellenartige Bewegung entweder der internationalen Machtkonstellation an – wobei die jeweiligen Veränderungen dann zu erhöhter Konflikthäufigkeit führen –, bzw. gehen davon aus, daß Zeiten vermehrter und intensiverer Kriegsführung periodisch wiederkehren. Sie versuchten nachzuweisen, daß Kriege in einem bestimmten zeitlichen Rhythmus

auftreten, etwa alle 200 Jahre wie nach Sorokin, alle 177 Jahre nach Dewey, alle 50 Jahre nach Wright oder gar 20 Jahre wie nach Singer und Small. Diese „Theorien" sind allzu mechanistisch konzipiert, und es fehlen die determinierenden Faktoren, die einen solchen rhythmischen Prozeß in Gang halten.[76]
Eine Übersicht mit der Unterteilung nach Analyseebenen und nach Handlungs- bzw. Strukturorientierung soll die hier getroffene Einordnung der Theorien noch einmal rekapitulieren (vgl. Übersicht 19):[77]
Wie eingangs erwähnt, erstreckt sich die Reichweite des Erklärungsanspruchs bei Theorien mit relativ hoher Abstraktion auf die Gesamtheit gewaltsam ausgetragener Konflikte, bei anderen lediglich auf die Entstehung einzelner zwischenstaatlicher Kriege. Dabei gilt: Je unspezifischer der Ansatz (z. B. bei den Aggressions- oder den Interessentheorien), desto weitreichender der Geltungsanspruch, aber auch um so schwächer die Erklärungskraft; die spezifischeren Konzeptionen, etwa die Interventionstheorie, können zwar nur für bestimmte Kriege Gültigkeit beanspruchen, sie sind dann aber empirisch überprüfbar. Das bedeutet auch, daß sich einzelne Theorien nicht gegenseitig ausschließen, eine Verbindung unterschiedlicher Ansätze also möglich, ja notwendig ist.

Übersicht 19: Kriegsursachentheorien

Analyseebene	Handlungstheorien	Strukturtheorien
Individuum	Furcht/Bedrohung Herrschsucht/Ehrgeiz Aggressivität (Trieb) Frustration-Aggression	
Innergesellschaftlich	Verschwörung Image/Stereotyp Interessen Ideologie/Fanatismus Militarismus/Militär	Machtkartell, Komplexität
Transnational		Imperialismus Wachstum Schichtung Revolution
Staat	Kalkül Substitution Mobilisierung Fehlperzeption Autismus Eskalation Nationalinteresse	Physikalische Umwelt Größe von Staaten Statusinkonsistenz Distanz Regime Nationalismus Nationalcharakter Ökologie
System	Machtrivalität Intervention Unsicherheit Zufall	Polarität Distanz Int. Dissoziativität Anarchismus Zirkulation/Zyklus

9.3. Theorien über den Frieden

So wie es Theorien gibt, die Kriege zu erklären versuchen, gibt es Theorien, die friedensfördernde Faktoren benennen und Zustände angeben, die den gewaltsamen Mitteleinsatz ausschließen sollen. Auch in diesem Bereich kann man zwischen Struktur- und Handlungstheorien und den verschiedenen Ebenen der Analyse unterscheiden.

9.3.1. Handlungstheorien

Der einzelne Akteur steht im Zentrum zahlreicher psychologischer oder sozialpsychologischer Handlungstheorien.

Nach einer Art *Bewahrungstheorie* sind Staaten oder/und Politiker ohne Expansionsgelüste friedlicher als solche mit aggressiven Absichten, jedoch sind Ehrgeiz und Herrschsucht nach Machiavelli u. a. mit Verteidigungskriegen vereinbar.[78] Mit den Worten von John Locke: „Es ist vernünftig und gerecht, daß ich das Recht habe, etwas zu vernichten, was mir mit Vernichtung droht",[79] und Montesquieu sekundiert: „La vie des Etats est comme celle des hommes. Ceux-ci ont droit de tuer dans le cas de la défense naturelle; ceux-là ont droit de faire la guerre pour leur propre conservation."[80] Wenn jemand keine Expansionsgelüste hat, wird er selbstredend auch keinen Krieg führen, es sei denn zur Verteidigung. Verteidigungskriege sind gerecht und können auch heute noch so gesehen werden. Der Sicherheitsrat der UN hat 1990 als Antwort auf die widerrechtliche Annexion Kuwaits durch den Irak auch Gewaltmittel zugelassen.

Der Staat als Analyseeinheit wird ins Zentrum auch friedensfördernder Theorien gerückt.

Die Größe eines Landes und seine innere ökonomische und ethnische, ideologische und religiöse Beschaffenheit sind zur Grundlage der *Theorie adaptiven Verhaltens* (James Rosenau[81] bzw. Peter Hansen[82]) bzw. zur Theorie kleinerer Staaten der Konkordanzdemokratie (Gerhard Lehmbruch[83]) gemacht worden.

Nach Hansen u. a. sind kleinere und wenig entwickelte Staaten eher passiv nachgiebig und nach außen fügsam, während größere, entwickelte Staaten eher aktiv und intransigent nach außen wirken. Dieses Theorem ist sicherlich historisch zu relativieren. Die Vereinigten Staaten waren zur Zeit des Isolationismus eher auf sich nach innen bezogen, und das kleine Kuba z. B. hat unter Castro eine sehr aktive Rolle nach außen gespielt. Dies mögen aber Ausnahmen vom durchschnittlichen Verhalten sein.

Der konkordanzdemokratische Ansatz versucht das vorwiegend neutrale außenpolitische Verhalten kleinerer Staaten wie das der Schweiz,

Österreichs, Belgiens oder das des Libanon zu erklären. Auch wenn es andere Konkordanzdemokratien wie z. B. die Niederlande und Belgien gibt, die keinen neutralen Kurs steuern, und Länder wie die Schweiz (und früher Belgien) schon neutral waren vor der Ausbildung eines konkordanzdemokratischen Systems, so rechtfertigt doch die Mehrzahl dieses gewiß kleinen Samples zunächst die Hypothese, „daß neutrale Außenpolitik eine Konsequenz der Anwendung von Konkordanzstrategien ist.“[84]

Konkordanzdemokratien zeichnen sich dadurch aus, daß politische Konflikte nicht vor allem durch Wettbewerbsstrategien geregelt werden, sondern in erster Linie durch kooperative Strategien des Aushandelns. Innenpolitisch sind solche Demokratien stark in Subkulturen fragmentiert und in der Regel vertikal segmentiert. Die relativ homogenen Volksgruppen bilden geschlossene „Säulen“ mit eigenen Präferenzen und geringer Fluktuation. Bei solchen scharfen Gegensätzen (ideologisch, religiös, ethnisch etc.) können sich unter bestimmten internen wie externen Bedingungen kooperative Konfliktregelungsmuster in einem institutionalisierten politischen Sozialisationsprozeß der Eliten entwickeln.[85]

Nach Tocqueville oder Wilson ist eine *offene, demokratische Außenpolitik* (im Sinne von Öffentlichkeit) eher auf Frieden gerichtet als Geheimpolitik. Diese These mag im Zeitalter absolutistischer geheimer Kabinettspolitik eine Rolle gespielt haben; sie ist aber sicherlich nicht der ausschlaggebende Grund für Kriege gewesen und geht offenbar von der Überlegung aus, daß die Kalkulierbarkeit und Berechenbarkeit Kurzschlüsse und unüberlegtes Handeln ausschließe.

Die *Abschreckungstheorie* behauptet, daß gegnerische Handlungen dann unterbleiben, wenn das Risiko als zu hoch eingeschätzt wird. Weede und Diehl sehen darin ein kriegsverhinderndes Instrument, weil das Risiko insbesondere eines Nuklearkrieges als zu hoch eingeschätzt wird.[86]

Die geringe Zahl der gewaltsamen Konflikte in der nördlichen Hemisphäre, die konfliktarmen Regionen Nordamerikas und Europas schließen die These nicht aus, daß das System der Abschreckung Kriege verhindert haben könnte. Nachdem die 1945 neugeschaffene Nachkriegsordnung sich allmählich konsolidiert hatte, sind im Raum der NATO bzw. des Warschauer Paktes keine Kriege – wohl aber gewalttätige Auseinandersetzungen – aufgetreten. Die zwei nach 1945 in Europa ausgefochtenen Kriege, der griechische Bürgerkrieg 1945–1949 und der Zypernkrieg 1975, lagen an der Peripherie und haben nicht zur direkten Konfrontation zwischen den Groß- bzw. Supermächten geführt. Die Frage, ob das System der Abschreckung Kriege verhindert hat, kann mit den Mitteln der empirisch-quantitativen

Wissenschaft nicht eindeutig beantwortet werden. Es können andere Faktoren eine Rolle gespielt haben, wie z. B. die Tatsache, daß nach zwei Weltenschlachten innerhalb eines halben Jahrhunderts die Kräfte erschöpft sind und die Kriegserinnerung der Beteiligten Kriegsgelüste nicht hat aufkommen lassen. Richtig ist allerdings, daß im Bewußtsein vieler Handelnder die Unkalkulierbarkeit eines Waffengangs einen solchen ausgeschlossen hat, auch wenn im Szenario der Berlin- oder Koreakrisen ein Nukleareinsatz durchaus vorgesehen war.

Zwar hat es in der Nachkriegszeit zwischen den Nuklearmächten keine direkte Konfrontation gegeben; der zur Abschreckung notwendige und sehr kostspielige Rüstungswettlauf geht nach Wallace in 23 von 25 Fällen Kriegen voraus.[87] Abschreckung nach der si-vis-pacem-para-bellum-These wird nach Bueno de Mesquita und Organski eher skeptisch beurteilt.[88]

Die Frage nach dem Risikokalkül kann auch umformuliert werden in die Frage, ob sich ein Angriff lohnt?

Unsere Untersuchung belegt die These, daß die Ergebnisse der Kriege nach 1945 die Erwartungen der jeweiligen Initiatoren nicht erfüllt haben. Nur in einer geringen Anzahl von Fällen (etwa 20%) hat der Aggressor auch militärisch gesiegt. Militärische Pattsituationen, Niederlagen oder Nicht-Entscheidungen sind die häufigsten militärischen Ergebnisse. Selbst wenn militärisch eine Entscheidung erzielt worden ist, ist damit noch keine „Lösung" im politischen Sinne erzielt worden ist.

Die internationale, aber auch die personale Analyseebene sind angesprochen bei Vermittlungsaktionen von seiten dritter Parteien. Die Existenz und die Akzeptanz eines Vermittlers kann entscheidend zum Erreichen einer Lösung beitragen. Diese Aussage machen die *Theorien der Vermittlung* im Sinne der Klassiker der Verhandlungs- und Diplomatietheorie De Callière (1737) oder Pecquet (1737); in neuerer Zeit sind vor allem Kaufman, Zartman oder Bercovitch und Frei zu nennen.[89]

In 70% der registrierten Konfliktfälle nach 1945 konnten vermittelnde Aktionen von dritten Parteien beobachtet werden, wobei die Einschaltung vermittelnder Parteien bei nicht gewaltsam verlaufenden Konflikten größer war als bei gewaltsamen. In 60% einvernehmlich erzielter Lösungen war eine dritte Partei als Vermittler tätig gegenüber nur 28% bei erzwungenen Ergebnissen. Dies läßt in vorsichtiger Annäherung auf eine positive Wirkung von Vermittlungsbemühungen schließen.

Wer hat versucht zu vermitteln, mit welchen Mitteln und mit welchem Erfolg?

Am häufigsten waren, wie nicht anders zu erwarten, internationale Organisationen eingeschaltet, und zwar vor allem die UNO und die

Regionalorganisationen. Staaten oder Staatengruppen haben in etwa einem Viertel der Konfliktfälle zu vermitteln versucht; bei 2% lagen die Vermittlungsbemühungen von nichtgouvernementalen Organisationen wie der Kirchen oder des Roten Kreuzes.

Die Instrumente der einzelnen Vermittlungsagenten variieren je nach Vermittler, doch wurden von internationalen Organisationen am häufigsten „weiche Mittel" wie „Anzeige", „Untersuchung" oder „Diskussion" eingesetzt. Nur in seltenen Fällen wurden Zwangsmittel gebraucht: OAU, AL oder der IGH verfügen laut Satzung über keine Zwangsmittel; die UNO hat einen begrenzten Spielraum; am häufigsten hat die OAS von Zwangsmitteln Gebrauch gemacht.

Erfolge von Vermittlungsaktionen sind nur sehr schwer auszumachen. Dies liegt daran, daß der Begriff „Erfolg" vieldeutig ist und in der Literatur sehr unterschiedlich verwendet wird. Je nach der Natur des Konflikts, seiner Intensität, seiner Streitobjekte, seiner geographischen oder geostrategischen Lage und je nach den durch Rechtsrahmen und politischen Status vorgegebenen Handlungsmöglichkeiten Dritter Parteien kann Erfolg eine unterschiedliche Bedeutung erhalten. Erfolge von Vermittlungsbemühungen müssen darüber hinaus auch in Bezug gebracht werden zu den Kompetenzen und dem Auftrag der Vermittlerparteien. Ferner ist die Wirkung bestimmter Mittel – zumal im allgemeinen gleichzeitig mehrere Mittel eingesetzt wurden – oft nur schwer einzuschätzen; wie will man die politische Wirkung einer UNO-Resolution messen oder gar nur die einer Debatte?

Trotz dieser Schwierigkeiten ist in zahlreichen Untersuchungen der Versuch unernommen worden, Erfolgsraten zu ermitteln und diese Erfolge zu beziehen auf die jeweilige Organisation, auf den jeweiligen Gegenstand, auf das jeweilige Ergebnis.[90]

In unseren Untersuchungen kommen wir zu folgenden Erkenntnissen:

- Vor allem Konflikte höherer Intensitätsstufe sind von internationalen Organisationen zu vermitteln versucht worden. Dies hat u. a. damit zu tun, daß vor allem die UNO in der Phase des Kalten Krieges oft als „Schutthalde" ungelöster und von anderen Dritten Parteien nicht lösbarer Konflikte benutzt worden ist. Schwierige Fälle sind selbstredend auch schwierig zu lösen.
- Lösungen wurden bei nicht durch Dritte Parteien vermittelten Konflikten vor allem bei Autonomie-, Kolonial-, Ressourcen- und Territorialkonflikten gefunden.
- Die UNO hatte in der Vergangenheit vor allem bei Kolonialkonflikten, aber auch bei internationalen Macht- und Resssourcenstreitigkeiten Erfolge aufzuweisen.

Allgemein gilt: Die Erfolgsaussichten der UNO steigen,

– wenn es sich um internationale Konflikte handelt (und nicht um interne nationale),
– wenn die Konfliktparteien sich in einer Sackgasse befinden und keine Aussicht auf Erfolge mehr sehen bzw. wenn Erschöpfung eingetreten ist,
– wenn die Konfliktparteien ein Einlenken signalisieren,
– wenn die Großmächte an einer Lösung interessiert sind,
– wenn die Supermächte von Anfang an neutral oder desinteressiert waren.

Diese Aussagen sind plausibel, wenn man berücksichtigt, daß die UNO (wie im übrigen auch die anderen internationalen Organisationen) Spiegel der Machtverhältnisse zwischen ihren Mitgliedern sind und der Antagonismus im Kalten Krieg die UNO in vielen Fragen lahmgelegt hat.

Unabhängigkeit vom Akteur können einige Bedingungen und Hypothesen formuliert werden, die nach Literatur und Beobachtung für eine erfolgreiche Vermittlung gegeben sein müssen:

– Um erfolgreich zu sein, muß die vermittelnde Partei *etwa gleiche Distanz* zu den Konfliktparteien wahren (Äquidistanz). Gleiche Abhängigkeit bzw. Unabhängigkeit von den jeweiligen Parteien ist überhaupt Voraussetzung, um akzeptiert zu werden. Der Vatikan war im Beagle-Kanal-Konflikt zwischen Chile und Argentinien mit beiden Parteien gleichermaßen verbunden; Großbritannien, das in einem früheren Stadium ebenfalls Vermittlungsbemühungen unternommen hatte, wurde von Argentinien wegen der Falkland/Malvinen-Auseinandersetzungen nicht akzeptiert. Die Mission Wischnewskis in Nicaragua konnte deshalb von vornherein nur einen begrenzten Erfolg haben, weil die SPD bzw. die Sozialistische Internationale, in deren Auftrag er die Bürgerkriegsparteien zum Einlenken bewegen wollte, zu eng mit den Sandinisten verbunden war und deshalb von den Contras nicht akzeptiert wurde.
– Um erfolgreich zu sein, muß ein Vermittler *Verhandlungsmacht* (bargaining power) einbringen, d.h. eine Ressource, die er bei Nichteinhaltung getroffener Vereinbarungen einsetzen kann bzw. mit Hilfe derer er die Parteien erst zum Einlenken bringt. Die Ressource kann dabei immateriell (wie im Falle des Vatikan) sein oder materielle Stützungen beinhalten wie im Falle des Camp David-Abkommens, in dem sich die USA als Vermittler zu wirtschaftlicher Unterstützung der israelischen und der arabischen Seite verpflichteten.[91]
– Eine Vermittlungsaktion hat nur dann Aussicht auf Erfolg, wenn der Vermittler es mit *klar definierten und abgrenzbaren Gesprächspartnern*

zu tun hat.[92] Bei in sich zerstrittenen Gruppierungen wie auf der Seite der Muslime oder Christen im Nahost-Konflikt ist eine Vermittlung schwierig, wenn nicht gar unmöglich; ebenso verhielt es sich in der zweiten Golfkrise (1990/91), wo die Anti-Hussein-Allianz aus zahlreichen nationalen und internationalen Akteuren bestand.

- Zu den Erfolgsbedingungen bei der Schlichtung oder Vermittlung gehört auch, daß den Konfliktparteien ein Ausweg bleibt und sie ihr *Gesicht wahren* können, d. h. daß beide Parteien eine Kompensation für die Aufgabe von Positionen erhalten.[93] Ein Null-Summen-Spiel bietet solche Möglichkeiten nicht. Chruschtschow konnte seine Raketen 1962 von Kuba abziehen, weil er im Gegenzug den Verbleib des Castro-Regimes sowie den Abbau von Raketenbasen in der Türkei erhielt und von Kennedy nicht direkt militärisch zur Aufgabe gezwungen worden ist.
- Ein Vermittler hat bei komplizierten und dazu noch ideologisch aufgeladenen Konflikten dann eher Aussicht auf Erfolg, wenn er das Bündel von Konfliktgegenständen aufschnürt und in *kleinere Einheiten* zerlegt; vor allem muß es ihm gelingen, ideologisch aufgeladene Elemente zu isolieren.[94] Das Camp David-Abkommen hat nur einen kleineren Teil des gesamten Konfliktkomplexes vertraglich geregelt; die brisanten Elemente wie die Situation der Palästinenser wurden ausgeklammert.
- In bezug auf kontrovers gehandelte Güter kann es von Vorteil sein, wenn die Verhandlungsmasse aus mehreren oder/und beliebig erweiterbaren Gütern besteht. Dann ist nämlich ein sogenanntes package-deal möglich, d. h. es können Zugeständnisse in einer Frage durch Gewinne in einer andern kompensiert werden. Je umfassender der Bereich materieller Konfliktgegenstände, um so leichter sind Kompromisse möglich.[95]
- Eine Vermittlungsaktion durch Dritte hat dann eine größere Chance des *Erfolgs, wenn die jeweils führenden Mächte einen solchen wünschen.* Auf den achtjährigen ersten Golfkrieg bezogen heißt dies: die dominierenden Supermächte USA und UdSSR waren daran interessiert, daß der Krieg sich nicht ausweitete und Iran und Irak ihre Streitigkeiten auf kleiner Flamme austrugen. Solange Griechenland und die Türkei im Zypernkrieg nicht zur Beilegung der Interessengegensätze bereit waren, ging der Kampf zwischen den Volksgruppen auf der Insel weiter.
- Eine *Pattsituation,* in der die Kontrahenten keinen für sie günstigen Ausweg wissen, erweist sich für eine Vermittlungsaktion durch einen Dritten als günstig, ebenso wie eine Situation, in der die Kräfte erschöpft zu werden drohen, wie z. B. im ersten Golfkrieg 1988.

9.3.2. Strukturtheorien

Auf der gesellschaftlichen Analyseebene heben friedensfördernde Strukturtheorien vor allem auf die Verteilungsgerechtigkeit ab. *Soziale Gerechtigkeit* im Innern und Außen erhöhe den Frieden. Seit dem Mittelalter ist der Friedensbegriff mit dem Gerechtigkeitsbegriff verbunden und hat in der Folge zur Verknüpfung mit einer bestimmten ökonomischen und politischen Ordnung geführt. Diese Verknüpfung greift E. O. Czempiel auf, wenn er definiert: „Friede ist (...) diejenige Größe, um die im Verständnis der Zeitgenossen Gewalt abnehmen und die Gerechtigkeit zunehmen könnte."[96]
In Bürgerkriegen oder bürgerkriegsartigen Verhältnissen wie in zahlreichen mittel- und südamerikanischen Staaten spielt die soziale Lage, d. h. die ungleiche Verteilung von Einkommen, eine konfliktauslösende Rolle; dies kann mit Hilfe der Maßgröße für Einkommensunterschiede, des Gini-Index nachgewiesen werden; international war jedoch Armut selten ein Kriegsauslöser; Kriege zwischen arm und reich sind am wenigsten wahrscheinlich; es gibt keine positive Korrelation zwischen Armut und Krieg.
Zahlreiche Autoren wie Kant, J. S. Mill, Schumpeter, Kautsky oder Kirsch sehen auf der transnationalen Ebene im *Freihandel* eine friedensfördernde Kraft; intensive Handelsbeziehungen förderten den Frieden mehr als wirtschaftlicher Nationalismus (Hirschmann). „Es ist der Handelsgeist," – so der deutsche Moralphilosoph Kant – „der mit dem Kriege nicht zusammen bestehen kann."[97] Und der englische Liberale John Stuart Mill formuliert: „Der Handel ist es, welcher rüstig zu Werke geht, um Kriegsführung in Vergessenheit zu bringen, indem er die versöhnlichen Interessen, welche in natürlicher Opposition gegen den Krieg stehen, mehr und mehr stärkt und vervielfältigt."[98]
Sogar aus authentisch sozialistischer Sicht wird behauptet, daß der internationale Handel „die hauptsächliche Garantie des Weltfriedens" sei. Und weiter schreibt Karl Kautsky: „Der Krieg ist für das industrielle Kapital ökonomisch nicht nur nicht notwendig, sondern sogar schädlich, wenn er auch manche Produktionszweige fördert, so namentlich die Waffenindustrie."[99] Ein zeitgenössischer Autor schließlich schreibt: „Wenn wir den Primat der Politik akzeptieren, dann erscheinen die Ost-West-Wirtschaftsbeziehungen somit geeignet, den Entspannungsprozeß zu fördern, aber sie können ihn kaum begründen."[100]
Die Operationalisierung und der Test für die friedensfördernde Kraft des Handels läuft über wirtschaftliche Austauschbeziehungen als Maß für das friedliche Verhältnis zwischen Staaten. In der Tendenz scheint sich diese Hypothese belegen zu lassen, denn wirtschaftlich integrierte

Gebiete führen nicht Krieg gegeneinander. Allerdings ist dieser Zusammenhang nicht immer gegeben: Zu Beginn des Ersten Weltkriegs waren die Austauschbeziehungen zwischen Deutschland und Großbritannien sehr intensiv, und trotzdem ist es zum Krieg gekommen. Die Entwicklung der wirtschaftlichen Austauschziffern zur Zeit der Entspannungsphasen des Kalten Kriegs legen ebenfalls einen solchen Zusammenhang nahe, jedoch haben die intensiven wirtschaftlichen Verflechtungen zwischen den Ländern des früheren RGW nicht seine Auflösung und schon gar nicht gewaltsame Aktionen zwischen ihnen (Niederschlagung des Prager Frühlings) verhindern können. Zusätzliche Faktoren wie z. B. Freiwilligkeit und die Art der auszutauschenden Güter (militärische Ausrüstung versus zivile Güter) müssen hinzukommen, damit Wirtschaftsbeziehungen sich auch in politische umsetzen können.

Die Art der staatlichen Verfaßtheit sei entscheidend für friedliches Verhalten. Nach Machiavelli, Kant, Say, Tocqueville, Bodin oder Wright sind *Demokratien (Republiken)* friedlicher als autokratische Regimes (Monarchien); am berühmtesten geworden ist die Begründung dafür von Kant: „Wenn die Beistimmung der Staatsbürger dazu erfordert wird, um zu beschließen, ob Krieg sein solle oder nicht, so ist nichts natürlicher, als daß, das sie alle Drangsale des Krieges über sich selbst beschließen müßten ... sie sich mehr bedenken werden, ein so schlimmes Spiel anzufangen.“[101] Auch ein Autor des 20. Jahrhunderts sieht diesen Zusammenhang: „Zusammengefaßt ergibt sich, daß absolutistische Staaten mit geographisch und funktional zentralisierten Regierungen unter einer autokratischen Führung wahrscheinlich am kriegerischsten sind, während konstitutionelle Staaten mit geographisch und funktional föderalisierten Regierungen unter einer demokratischen Führung wahrscheinlich am friedlichsten sind.“[102]

Eine Extremposition vertritt Krippendorff, der in Anlehnung an Tolstoi sogar jedwelche staatliche Organisation als kriegstreibend ansieht: „Solange Regierungen (Staaten) und Heere (Militär) existieren, ist ein Ende von Aufrüstung und Kriegen nicht möglich.“ Mit anderen Worten: Staat bedeutet gleich Militär, Militär bedeutet gleich Rüstung, Rüstung bedeutet gleich Krieg. Der Staat gelte als Resultat von Herrschaftskämpfen und könne diese Entstehungsbedingungen nicht abschütteln. Waren die kriegerischen Unternehmungen einst Ursachen für die Entstehung des Staates, so sei der Staat heute zur Ursache von Kriegen geworden.

Diese Betrachtung sieht allerdings nicht, daß es in der Geschichte gewaltsame Auseinandersetzungen auch in vorstaatlichen Gemeinschaften gegeben hat und daß es auch in heutiger Zeit durchaus friedliche Staaten gibt.

Der Zusammenhang zwischen demokratischen Staaten und friedlichem Außenverhalten muß spezifiziert werden: demokratische Staaten sind nicht per se friedlich, sondern nur dann, wenn dies gekoppelt ist an den Bevölkerungswillen. Dies hatte Kant im Blick, wenn er meinte, daß das Volk, wenn gefragt, niemals gegen seinen Willen sich zum Krieg entscheiden würde.
Die Darstellung hat gezeigt, daß die Hypothese von der Friedfertigkeit demokratischer Regierungen nur unter ganz spezifischen Bedingungen verifiziert werden kann (vgl. oben).
Bei gewalttätigen internen Konflikten hängt es vom *Regimecharakter* ab, ob ein Konflikt zur Gewalt eskaliert oder nicht. Wir konnten nachweisen, daß politische Systeme, die institutionalisierte Regeln des Konfliktaustrags besitzen – und dies sind demokratisch-parlamentarische Systeme – eher zu Verhandlungslösungen finden als autoritäre. Bei zwischenstaatlichen oder internationalen Konflikten ist dagegen der Regimecharakter nicht maßgebend. Demokratien haben ebenso Kriege geführt wie Diktaturen. Das Streben nach Vormachtstellung (klassische europäische Kriege der Neuzeit, Kolonialismus, Imperialismus) oder der Erhalt einer Vormachtstellung (Dekolonialisierung, nationale Unabhängigkeit) hat vor allem demokratisch verfaßte Staaten zum Einsatz von Militär veranlaßt (Großbritannien, Frankreich, USA).
Nach Quincy Wright (1942) waren Demokratien ebenso oft in Kriege verwickelt wie Autokratien, und unsere KOSIMO-Datei sagt, daß die alten (UK, Frankreich) und neuen (USA, UdSSR) Großmächte am häufigsten in Konflikte (Kriege) verwickelt waren. Im Gegensatz dazu behauptet Haas (1968), daß Demokratien einen größeren Friedenswillen zeigen als Diktaturen. Diese widersprüchlichen Aussagen müssen weiter differenziert werden, wie wir dies bei der Darstellung der Regimetheorie zu tun haben.
Freiheit sei Voraussetzung für Friede. Nach Kant heißt es: „Die republikanische Verfassung (welche auf den Prinzipien Freiheit, Abhängigkeit von gemeinsamer Gesetzgebung und Gleichheit beruht) hat „die Aussicht in die gewünschte Folge, nämlich den ewigen Frieden.“[103] Die These, daß *Freiheit* das Maß für Friedensliebe sei, ist weitgehend identisch mit der Frage nach demokratischer bzw. republikanischer Verfassung (siehe oben). Wie schon konstatiert, gilt die These, daß die freiheitlichsten Staaten auch die friedlichsten bzw. die despotischsten die kriegerischsten seien, nur tendenziell und unter bestimmten Bedingungen.
Andererseits gelte auch die Gegenposition: Eine *ungeteilte Zentralgewalt* garantiere, so der englische Bürgerkriegstheoretiker Thomas Hobbes, den Frieden, und das heißt: die Freiheit von Furcht: „What is it to

divide the power of a commonwealth, but to dissolve it, for powers divided mutually destroy each other" ... „The final cause, end or design of men ... is to say of getting themselves out from that miserable condition of war ... The only way to erect such a common power, as may be able to defend them from invasion of foreigners, and the injuries of one another is to confer all their power and strength upon one man..."[104] Hobbes spricht hier die anarchische Situation von Bürgerkriegen an, die in der Tat mit der Schwächung zentraler Gewalt korrespondierte. Andererseits gilt: Eine autoritär und repressiv handelnde Zentralgewalt kann ebenso die Auflösung herbeiführen, dann nämlich, wenn sich die unterdrückten Teile der Dominanz nicht mehr beugen wollen. Das politische Gegenmodell für heterogene Gesellschaften ist der freiwillige Zusammenschluß zu einer Föderation mit geteilter Zentralgewalt. International ist das Gegenmodell zu erzwungener Hegemonie eines Staates über andere ein auf Freiwilligkeit beruhendes Staatenbündnis. Die Sicherheitsinteressen können über freiwillige Kollektive mit föderalistischer Struktur (Militärbündnisse) erreicht werden; es bedarf dazu keiner dominierenden Macht; Kämpfe um Vormacht haben in Europa eher zu großen Kriegen geführt oder bestenfalls zu einem labilen Gleichgewicht.

Auf der Systemebene liegen Theorien, die das Verhältnis von Staaten zueinander konzeptionalisieren.

Eine auf der *geographischen Distanz* zwischen zwei oder mehreren Machtpolen beruhende „Theorie der Einflußbereiche" hat Modesto Seara Vázquez zu entwickeln versucht, die in ihrer vereinfacht zweipolaren Hypothese besagt: „Das Risiko, das jeder Machtpolstaat gewillt ist einzugehen, verhält sich umgekehrt zur Distanz des Konfliktpunktes vom Zentrum des Machtpoles."[105] Bricht ein Konflikt in der Nähe eines Machtpols aus, so entstehe dadurch ein vitales Problem für seine Sicherheit, und er wird unbegrenzt reagieren. Der andere Machtpol sehe durch den Konflikt sein eigenes Sicherheitsinteresse nicht direkt gefährdet, reagiere daher entsprechend dem höher einzuschätzenden Risiko bei einer eventuellen Intervention. Die Zonen des vitalen Sicherheitsinteresses des jeweiligen Machtpols sind von dem Gegenpol mit unkalkulierbar hohem Risiko behaftet. Mit dieser vereinfachten Hypothese kann der Fall Kuba (1961/62) ebenso plausibel erklärt werden wie die Fälle Ungarn (1956), Tschechoslowakei (1968) und Afghanistan (1980). Das Risiko, Kuba als militärischen Stützpunkt aufzubauen, war für die Sowjetunion ungleich größer als das Risiko, die DDR, Ungarn, die Tschechoslowakei oder Afghanistan mit militärischer Intervention auf den gewünschten Kurs zu bringen.

Internationale Organisationen sind, so die These seit Hugo Grotius und Immanuel Kant, friedensfördernd. Kant plädierte für die „positive Idee einer Weltrepublik", für „Gute Gesetze" und den „Völkerstaat": „Für Staaten, im Verhältnis untereinander, kann es nach der Vernunft keine andere Art geben, aus dem gesetzlosen Zustande, der lauter Krieg enthält, herauszukommen, als daß sie, ebenso wie einzelne Menschen, ihre wilde (gesetzlose) Freiheit aufgeben, sich zu öffentlichen Zwangsregeln bequemen und einen, freilich immer wachsenden Völkerstaat, der zuletzt alle Völker der Erde befassen würde, bilden."[106]

So wie Kriege die Gründung internationaler Organisationen (mit)ausgelöst haben, so haben sie in zahlreichen Fällen auch Konfliktlösungen auf dem Verhandlungswege positiv beeinflußt. Internationale Organisationen waren nach KOSIMO bei nicht-kriegerischen Lösungen stärker beteiligt als bei kriegerischen.

Die *Föderationen (Bündnisse)* erhöhen die Friedenschance (Montesquieu, Saint-Pierre, Say), auf sich gestellte Nationalstaaten vermindern sie (Krippendorff, Bodin). Mit den Worten von Montesquieu sei eine „république fédérative une manière de constitution qui a tous les avantages intérieurs du governement républicain, et la force extérieure du monarchique"[107]. Und Jean-Baptiste Say sagt: „Wenn Staaten so unbedeutend sind, daß eine Erhebung aller Bürger in Massen nicht im Stande ist, sie zu verteidigen, so müssen sie sich mit anderen Staaten durch einen Bundesvertrag verbrüdern."[108]

Wenn eine Föderation Ausdruck des Willens ist, gemeinsame Sache zu machen, schließt dies schon logisch einen Krieg zwischen den Föderierten aus (Gegenbeispiel: amerikanischer Bürgerkrieg). Gemeint ist aber die Verhinderung von Krieg durch (Militär-)Bündnisse, um damit Gegner abzuschrecken. Nach Singer gibt es keinen eindeutigen Zusammenhang zwischen Bündnissen bzw. Allianzen und entsprechendem Verhalten.[109] Doch scheint sich die These von der kriegsvermeidenden Wirkung von Allianzen nicht halten zu können.

Das *Gleichgewicht* der Kräfte sei eher friedensfördernd als die Monopolisierung der Macht im internationalen System (Guicciardini (1537), Gentz (1806)). Der neben Machiavelli wohl erste Theoretiker des Gleichgewichts Guicciardini formuliert: „Gegen diesen Übermächtigen (Venedig) verbünden sich die Nächstmächtigen und suchen so einen Zustand des Gleichgewichts, d. h. des Friedens herbeizuführen..."[110]

Die Überprüfung dieser These führt über den Vergleich zweier Zustände, des Zustandes des Gleichgewichts und des Zustandes eines Herrschaftssystems mit Dominanz einer Macht. Die einfache Gleichung „Gleichgewicht ist gleich Friede" stimmt so nicht. Auch im klassischen Zeitalter des Gleichgewichts, im 19. Jahrhundert ab 1815, sind zahlreiche europäische und vor allem außereuropäische Kriege geführt worden; vor allem die im Zeitalter des Imperialismus erfolgte

Übersicht 20: Friedenstheorien

Analyseebene	Strukturtheorien	Handlungstheorien
Individuum		Kalkültheorien Bewahrungstheorien Vermittlung
Innergesellschaftlich	Soziale Gerechtigkeit	
Transnational	Freihandelstheorie	
Staat	Regimetheorie Konfliktmanagement Ungeteilte Zentralgewalt	Abschreckungstheorie Theorie adaptiven Verhaltens
System	Gleichgewichtstheorie Föderation Internationale Organisation Distanztheorie	Schlichtung, Vermittlung

Verlagerung von Rivalitätspotentialen aus Europa in die Peripherie hat zu zahlreichen imperialistischen Kriegen geführt.[111]
Gesichert ist der Zusammenhang zwischen Gleichgewicht und Friede keineswegs, und wenn, dann ist er an bestimmte Bedingungen geknüpft (vgl. 5.6.). Nach Garham[112] sind Kriege sogar wahrscheinlicher, wenn Gleichgewicht herrscht; strittig ist auch, welche Konstellation (Bipolarität, Pentarchie) eher den Frieden sichert. Nach Waltz fördere Bipolarität Stabilität, nach Deutsch und Singer Konfrontation.[113]

9.4. Die Vermeidbarkeit des Krieges

Wir haben in Kapitel 8 gesagt, daß Konflikte immer dann entstehen, wenn Parteien in bezug auf ein bestimmtes Gut Interessengegensätze erkennen lassen und diese auszufechten gewillt sind. Wenn man davon ausgeht, daß Kriege um bestimmte Güter, um bestimmte Streitobjekte geführt worden sind bzw. werden, so ergibt sich daraus die logische Konsequenz: „Der Krieg wird dann und auch nur dann aus den Beziehungen der menschlichen Gemeinschaft verschwinden können, wenn man der Menschheit alles auf andere Weise gibt, was sie jahrtausendelang durch Krieg erhalten konnte.“[114] Diese an sich logische Konsequenz stößt allerdings auf ein unüberwindliches Hindernis, denn wir wissen, daß sich die Bedürfnisse der Menschen nicht begrenzen lassen und sich in der Zeit ändern; neue Güter kommen entweder hinzu oder/und gewinnen eine andere Bedeutung. Wenn wir also davon ausgehen, daß Interessengegensätze in bezug auf knappe Güter immer und überall bestehen, muß die Frage nach der

Vermeidbarkeit gewaltsamer Konflikte umformuliert werden: Lassen sich die Konfliktaustragsmodalitäten so organisieren, daß sie friedlichen Charakter annehmen, d. h., daß Konflikte auf dem Wege sozialen und politischen Lernens gelöst werden können.
Als Bedingungen kollektiven Lernens hat Karl Otto Hondrich drei Verhaltensweisen formuliert:

1. Soziale Konflikte können abgeschwächt werden, wenn die Konfliktlinien sich überkreuzen;
2. Soziales Lernen impliziert auch das Scheitern. Damit das Scheitern nicht als Schwäche empfunden werde, sollte es Institutionen gewaltlosen Scheiterns geben;
3. Freiwillige Allianzen könnten ein System kollektiver Dominanz als akzeptabel erscheinen lassen.[115]
   Als politischer Verhandlungsprozeß setzt ein nicht-kriegerisches Verfahren voraus, daß
   - es institutionalisierte Regeln des Konfliktaustrags gibt,
   - solche Regeln auch von den entscheidenden Akteuren eingehalten werden,
   - der Wille der Beteiligten, zu einer Verhandlungslösung zu kommen, vorhanden ist. Ein solcher Einigungswille hängt sowohl von den Personen als auch von den Bedingungen ab, die das Handlungsfeld determinieren.

Aus den Faktoren, die wir als friedens- bzw. kriegsfördernd erkannt haben, läßt sich ein *Szenarium* entwickeln, das einen friedlichen bzw. einen kriegerischen Zustand beschreibt.
Ein *Zustand des Friedens* hätte danach folgende Struktur: Die in Staaten organisierte Weltgemeinschaft müßte innerstaatlich demokratisch sein mit politischen Freiheitsrechten und sozialer Gerechtigkeit; die Außenpolitik dieser Demokratien müßte offen sein und im Staatenverband als Bündnis oder Föderation sich organisieren. Sollte es größere und kleinere Mächte geben, so müßte das Gleichgewicht der Kräfte als Prinzip vorherrschen; es gibt sowohl regionale als auch universale internationale Organisationen; die Staaten sind durch intensiven Handelsaustausch miteinander verbunden und streben nicht nach Expansion, haben keinen Ehrgeiz zu territorialer Erweiterung. Bei Interessengegensätzen muß der Wille, zu Verhandlungslösungen zu kommen, und gegebenenfalls die Bereitschaft, einen Vermittler zu akzeptieren, vorhanden sein.
Ein *Zustand der Kriegsgefahr* hätte folgendes Aussehen: Hochgerüstete, meist diktatorische Staaten streben nach Expansion, sie verbreiten Furcht bei kleineren Staaten, ihre Potentaten sind kriegslüstern und auf Expansion gerichtet; es herrscht extreme Ungleichheit in der Vertei-

lung des Wohlstands, sowohl nach innen als auch zwischen den Staaten; der Expansionismus ist getragen von ideologischen Systemen, die fanatisch vorgetragen werden.
Aus solchen Erkenntnissen und Einsichten haben die verschiedenen Schulen Konsequenzen gezogen und verschiedene *Friedensstrategien* entwickelt.

Die *Liberalen bzw. die Funktionalisten* sagen
- Kriege sind nicht unvermeidlich; Institutionen, die Kriege hervorbringen – vor allem nationalstaatliche Organisationsformen – müssen beseitigt oder zumindest international kontrollierbar gemacht werden.
- Kriege sind zwar ein internationales Phänomen; zur Vermeidung müssen jedoch Veränderungen im innerstaatlichen Bereich stattfinden.
- Internationale oder supranationale Organisationsformen müssen ein rivalisierendes und kriegslüsternes System von Territorialstaaten ersetzen.
- Der Krieg als Instrument der Politik muß, ähnlich wie im Briand-Kellog-Pakt, geächtet und legal kontrolliert werden.
- Abrüstung, Rüstungskontrolle, ja die Abschaffung von Waffen sind Mittel zur Herstellung einer befriedeten Welt.
- Die Geheimdiplomatie muß durch ein System offener Vereinbarungen ersetzt werden.

Die Schule der *Realisten* sagt:
- Die Macht von Nationalstaaten ist die Basis und der Ausgangspunkt aller Betrachtungen über Krieg und Frieden.
- Kriege können nur durch eine dominierende Ordnungsmacht oder allenfalls durch ein Gleichgewichtssystem der Staaten verhindert werden. Staaten, die von nationalen Interessen getrieben und in Allianzsysteme eingebunden sind, können abgeschreckt oder ausbalanciert werden.
- Die Übereinstimmung nationaler Interessen führt Staaten zu einem kooperativen Verhalten; auch und gerade die Verfolgung nationaler Egoismen kann zum Interessenausgleich führen und damit das Sicherheits- und Anarchiedilemma verringern.

Die *Behavioristen* fordern, daß es Aufgabe der Forschung sei, Ursachen für kriegerisches Verhalten zu erkennen und durch Einsicht in Gesetzmäßigkeiten förderungswürdige Organisationsmuster zu entwickeln. Dazu können gezählt werden:
- die Möglichkeiten und Grenzen nationalstaatlicher Politik zu erkennen;
- zu verhindern, daß ein Staat den Einsatz militärischer Mittel als Positivkalkül in Betracht ziehen kann;

- die Vermeidung von Status-Inkonsistenzen, d.h. Schaffung eines Systems angemessener Statuspositionen;
- Minderung von Polarisierung zwischen Paktsystemen (Allianzsystemen);
- die Förderung intergouvernementaler Organisationen als Mittel zur Vermeidung von Kriegen;
- das Anstreben von Machtgleichgewichtslagen;
- eine Strategie der Sicherung von Grenzen und Beilegung religiöser Differenzen, denn Landmächte mit vielen Grenzen und solche mit religiösen Differenzen waren öfter in Krieg verwickelt als Seemächte und solche ohne religiöse Differenzen;
- die Friedensstrategien, die in den Statuten der verschiedenen internationalen Organisationen enthalten sind, müssen gefördert werden.

Nach der UN-Charta gelten folgende Prinzipien als friedenssichernd:
- ein System kollektiver Sicherheit (Art. 1);
- Staaten, die die Statuten der UN anerkennen (Art. 4);
- die souveräne Gleichheit der Mitgliedsstaaten (Art. 2,1);
- regionale Sicherheitsbestrebungen außerhalb der UN (Art. 52,1);
- Mitglieder, die ihre Streitigkeiten mit friedlichen Mitteln austragen (Art. 2,3);
- Mitglieder, die in ihren internationalen Beziehungen von der Drohung oder dem Einsatz von Gewalt absehen (Art. 2,4);
- Mitglieder, die die UN in ihren Aktionen unterstützen (Art. 2,5);
- die Anerkennung des Sicherheitsrats als oberstes Organ der UN (Art. 24);
- die Anerkennung des Rechts auf Selbstverteidigung (Art. 51);

Nach den Statuten der Organization of American States (OAS) ist es ihre Aufgabe, zur friedlichen Beilegung von Streitigkeiten beizutragen; geeignete Maßnahmen werden in den Statuten aufgeführt.

Die Liga der Arabischen Staaten betont in Artikel 5 ihrer Statuten ein Gewalt- und Interventionsverbot der Mitgliedsstaaten.
Zur Durchführung dieser Aufgaben haben die verschiedenen Organisationen Verfahren entwickelt und in ihren Statuten festgeschrieben; dazu zählen: Gute Dienste, Untersuchungen, Vermittlung, Vergleich, Schiedsgerichtsbarkeit, Gerichtsbarkeit. Einige dieser Organisationen haben auch separate Organe dafür geschaffen, wie z.B. den Sicherheitsrat, eine Schlichtungskommission usw.
Einige Organisationen sind über rein politische Streitigkeiten hinaus gegangen und haben bestimmte friedenssichernde Faktoren in den

Vordergrund gestellt, so z. B. die UNESCO das Bildungs- und Kulturwesen („der Krieg beginnt in den Köpfen der Menschen“) oder die FAO („der Krieg beginnt in den Töpfen der Menschen“).
Die UNO hat mit ihrem Wirtschafts- und Sozialrat die ökonomischen und sozialen Bedingungen hervorgehoben.
Als Fazit bleibt somit ein komplexes Ensemble verschiedener Friedensstrategien. Denn Friede hat viele Facetten, hat viele Ursachen.

Zu *Maßnahmen,* die den Frieden sicherer machen können, zählen:
- die Stärkung internationaler Institutionen in ihrer Rolle als Austragungsforum für Streitigkeiten, als Schlichter und Vermittler;
- die Förderung von Abrüstungsverhandlungen, die nicht notwendigerweise eines Tages in totale Abrüstung einmünden, sondern die dazu dienen, Großmächte im Gespräch zu halten, um Fehleinschätzungen zu vermeiden;
- das Drängen auf Reduzierung von Rüstungsausgaben, um Ressourcenvernichtungen zu verhindern und für produktive Zwecke einsetzen zu können;
- der Abbau von Feindbildern als pädagogische Aufgabe;
- das Lernen, mit Konflikten umzugehen, damit der Einsatz letzter Mittel vermieden werden kann;
- die Beschäftigung mit Verhandlungs- und Aushandlungstechniken und ihre Verbesserung und Anwendung;
- die Veränderung struktureller Diskrepanzen, die Verminderung ökonomischer Ungleichheiten z. B. im Nord-Süd-Verhältnis.
- Vor dem Europa der neunziger Jahre steht die Neuordnung nach dem Ende der Bipolarität und das Finden einer neuen Rolle in der Weltpolitik; diese sollte auch auf die Lösung sogenannter Weltproblematiken gerichtet und den oben genannten Prinzipien der internationalen Organisationen verbunden sein.

Anmerkungen

Einleitung

1 Frank R. *Pfetsch:* Indikatoren zur Messung nationalstaatlicher Macht. In: Jürgen *Bellers*/Wichard *Woyke:* Analyse internationaler Beziehungen. Opladen 1989, S. 51–64.
Ders.. Internationale und nationale Konflikte nach dem Zweiten Weltkrieg. In: PVS, H.2, 1991, S. 258–285.
Ders. (Hrsg.): Konflikte seit 1945. Freiburg 1991.
Ders.: Außenpolitische Doktrinen als Leitlinien des Regierens. In: Hans-H. *Hartwich*/Göttrik *Wewer* (Hrsg.): Regieren in der Bundesrepublik V. Opladen 1993, S. 159–180.

Kapitel 1: Anmerkungen zur Disziplin Internationale Beziehungen und zu ihrer Geschichte

1 Karl W. *Deutsch:* Analyse internationaler Beziehungen. Konzeptionen und Probleme der Friedensforschung. Frankfurt 1968, S. 17f.

2 Siehe „Allgemeine Literatur". Einen Einblick ermöglicht das Sonderheft der PVS: Volker *Rittberger* (Hrsg.): Theorien Internationaler Beziehungen. PVS. Sonderheft 21/1990. Zur Standardliteratur zählt in den USA: Kalevi J. *Holsti:* Inernational Politics: A Framework for Analysis. New York 1977, ²1983; in Frankreich: Marcel *Merle:* Sociologie des relations internationales. Paris ⁴1988.

3 Ian *Clark:* The hierarchy of states. Reform and resistance in the international order. Cambridge 1989, S. 51f. So sehr wir dieser Charakterisierung zustimmen, so wenig kann die Gleichsetzung von optimistischer Tradition und Utopismus überzeugen. Die Gleichsetzung dieser Tradition mit Utopie verkennt den reinen Entwurfscharakter von Utopie ohne Anwendungsimpetus.

4 Ian *Clark:* ebenda, S. 68f. Die Identifikation dieser Tradition mit Rousseaus „tradition of despair" steht allerdings im Widerspruch zu Rousseaus tiefverwurzeltem Glauben an das Gute im Menschen und zu seinem Glauben

an die „perfectibilité“ des Menschen, bei aller Skepsis gegenüber dem Fortschritt.

5 Kritisch dazu: Ernst-Otto *Czempiel:* Der Stand der Wissenschaft von den Internationalen Beziehungen und der Friedensforschung in der Bundesrepublik Deutschland. In: Klaus *von Beyme* (Hrsg.): Politikwissenschaft in der Bundesrepublik Deutschland. PVS Sonderheft 17/1986, S. 205f.

Kapitel 2: Internationale Beziehungen, transnationale Politik, Außenpolitik

1 Vgl. Oran R. *Young:* International Regimes: Problems of Concept Formation. In: World Politics 3/1980, S. 331–354; Stephen D. *Krasner* (Hrsg.): International Regimes. Ithaca/London 1983; ders.: Structural Conflict. The Third World Against Global Liberalism. Berkely 1985; Ernst *Haas:* Why Collaborate? Issue-Linkage and International Regimes. In: World Politics 3/1980, S. 357–405; Kenneth A. *Oye:* Explaining Cooperation under Anarchy: Hypotheses and Strategies. In: World Politics 1/1985, S. 1–24; Klaus Dieter *Wolf*/Michael *Zürn:* „Internationale Regimes“ und Theorien der Internationalen Politik. In: PVS, 1986, S. 201–221; Beate *Kohler-Koch* (Hrsg.): Regime in den internationalen Beziehungen. Baden-Baden 1989; Volker *Rittberger* (Hrsg.): International Regimes in East-West Politics. London 1990.

2 Vgl. Robert O. *Keohane*/Joseph S. *Nye:* Power and Interdependence. Glenview/Ill. 1989, S. 9.

Kapitel 3: Konfigurationen, Prozeßmuster und Entwurfstechniken in den internationalen Beziehungen

1 Eine Metapher ist ein „sprachlicher Ausdruck, bei dem ein Wort (eine Wortgruppe) aus seinem Bedeutungszusammenhang in einen anderen übertragen, als Bild verwendet wird“ (Duden, 1989).

2 Zum Wertgehalt sprachlicher Formen vgl. immer noch Ernst *Topitsch:* Sozialphilosophie zwischen Ideologie und Wissenschaft. Neuwied 1961.

3 Vgl. Werner *Link:* Der Ost-West-Konflikt. Die Organisation der internationalen Beziehungen im 20. Jahrhundert. Stuttgart 1980, 1988 (2).

4 Vgl. dazu Frank R. *Pfetsch:* Wie abhängig ist die Bundesrepublik? In: PVS, H. 2 1981, S. 144–166.

5 Vgl. Karl W. *Deutsch:* Macht und Kommunikation in der internationalen Gesellschaft. In: Wolfgang *Zapf:* Theorien des sozialen Wandels. Köln/Berlin 1971 (3), S. 471f.

6 Vgl. Arthur A. *Stein:* Why Nations Cooperate. Ithaca/London 1990.

7 Vgl. Arnold *Wolfers:* The Pole of Power and the Pole of Indifference. Deutsch in: Uwe Nerlich (Hrsg.): Krieg und Frieden in der modernen Staatenwelt. Gütersloh 1966, S. 360f.

8 John W. *Burton:* Systems, State, Diplomacy, and Rules. Cambridge 1968, S. 8–9.

9 Ernst-Otto *Czempiel:* Internationale Politik. Paderborn/München 1981, S. 101f. Vgl. dazu auch Hans-P. *Schneider:* Forschungsstrategie und Methodik nach dem Gitter-Modell. In: Jürgen *Bellers*/Wichard *Woyke* (Hrsg.): Analyse internationaler Beziehungen. Opladen 1989, S. 24–38.

10 Ian *Clark:* The hierarchy of states. Cambridge 1989.

11 Francis *Fukuyama:* Are We at the End of History? In: Fortune 121/2 Jan. 15, 1990, p. 75–78.

12 Vgl. Benjamin J. *Cohen:* The Question of Imperialism. N.Y. 1973.

13 Vgl. Hedley *Bull:* The Anarchical Society: A Study of Order in World Politics. London 1977.

14 Robert D. *McKinlay*/Richard *Little:* Global Problems and World Order. London 1986.

15 Vgl. Ernst-Otto *Czempiel:* Inernationale Politik. Paderborn 1982.

16 Vgl. Robert *Keohane*/Joseph *Nye:* Power and Interdependence. Boston/London 1989.

17 Klaus *Eßer*/Jürgen *Wiemann:* Schwerpunktländer in der Dritten Welt. Berlin 1981.

18 Vgl. Frank R. *Pfetsch*/Martin *Kaiser:* Wirtschafts- und gesellschaftspolitische Aktionsprogramme der Entwicklungsländer. Analyse und Bewertung. (Weltforum). München/Köln/London 1981. Siehe auch: Frank R. *Pfetsch:* Die Dritte Welt in Struktur und Programm. In: Vierteljahresberichte. Forschungsinstitut der Friedrich-Ebert-Stifung. Nr. 89, Sept. 1982, S. 249–271.

19 Vgl. Klaus *Bodemer:* Globalmodelle. In: Pipers Wörterbuch zur Politik. Bd. 5, 1984, S. 175–182. H. *Behrens*/Paul *Noack:* Theorien der internationalen Politik. München 1984, S. 87ff. Wolf-Dieter *Eberwein:* Weltmodelle und globale Entwicklungstrends. In: Volker *Rittberger* (Hrsg.), (Anm. 2), S. 198–214. Frank R. *Pfetsch*/Martin *Kaiser* (Anm. 18).

20 Vgl. Frank R. *Pfetsch:* Politische Utopie, oder: Die Aktualität des Möglichkeitsdenkens. In: ApuZ 53/90. 21. Dez. 1990.

21 D. *Meadows:* Die Grenzen des Wachstums. Bericht des Club of Rome zur Lage der Menschheit. Stuttgart 1972.

22 Vgl. Helmut *Kahn*/A. *Wiener:* Ihr werdet es erleben. Voraussagen der Wissenschaft bis zum Jahre 2000 (1967). Wien/München/Zürich 1968, S. 304.

23 Hinweise und Beispiele in: Daniel *Frei*/Dieter *Ruloff:* Handbuch der weltpolitischen Analyse. Diessenhofen 1984 und: Carl *Böhret* (Hrsg.): Simulation innenpolitischer Konflikte. Opladen 1972.

Kapitel 4: Akteure der internationalen Politik

1 Vgl. Frank R.*Pfetsch:* Verfassungspolitik der Nachkriegszeit. Theorie und Praxis des bundesdeutschen Konstitutionalismus. Darmstadt 1985; Fritz W. *Scharpf:* Die Handlungsfähigkeit des Staates am Ende des zwanzigsten Jahrhunderts. In: Politische Vierteljahresschrift, Dez. 1991 H. 4, S. 621f.

2 Gerhard *Lehmbruch:* Die deutsche Vereinigung: Strukturen und Strategien. In: Politische Vierteljahresschrift, Dezember 1991, H. 4, S. 585 f.

3 Jürgen *Kohl:* Die öffentlichen Ausgaben und ihre Finanzierung. In: Oscar W. *Gabriel* (Hrsg.): Die EG-Staaten im Vergleich. Opladen 1992, S. 361.

4 Vgl. Frank R. *Pfetsch:* Verfassungspolitik der Nachkriegszeit. Theorie und Praxis des bundesdeutschen Konstitutionalismus. Darmstadt 1985, S. 33 f.

5 Vgl. Frank R. *Pfetsch:* Einführung in die Außenpolitik der Bundesrepublik. Opladen 1981, S. 81f.

6 Quelle: nach Charles W. *Kegley*/Eugene R. *Wittkopf:* World Politics, Trends and Transformation. New York 1981, p. 131.

7 Karl *Marx*/Friedrich *Engels:* Manifest der Kommunistischen Partei (1847), S. 27.

8 Einen ersten Überlick bieten: Günther *Unser*: Die UNO. München [5]1993. Bundeszentrale für Politische Bildung (Hrsg.): Vereinte Nationen (Themenheft 5). Bonn 1984. Günther *Doeker* (Hrsg.): Die Vereinten Nationen. München 1976. Günther *Doeker:* Die UNO, Aufgaben und Strukturen der Vereinten Nationen. München 1988 (4).

9 Otto *Schmuck* (Hrsg.): Vierzig Jahre Europarat. Bonn 1990. Council of Europe: Achievements and Activities. Straßburg Aug. 1992. Werner *Weidenfeld*/Wolfgang *Wessels* (Hrsg.): Jahrbuch der europäischen Integration 1989/90 und 1990/91. Bonn 1990 und 1991.

10 Vgl.: Wichard *Woyke* (Hrsg.): Handwörterbuch Internationale Politik, Bonn 1990, S. 388–392. Fischer Weltalmanach 1992, Spalte 730–732.

11 Vgl.: Wichard *Woyke* (Hrsg.): (Anm. 10), S. 366–374, 494–500. Werner *Zürrer* (Hrsg.): Politische, wirtschaftliche, militärische Zusammenschlüsse und Pakte der Welt, 1987, S. 43–49. Fischer Weltalmanach 92, Spalte 722–726.

12 Vgl.: Lothar *Brock,* 1984: OAS, in: Pipers Wörterbuch zur Politik, Bd. 5, S. 356–358. Fischer Weltalmanach 1992, Spalte 728. Wichard *Woyke,* (Hrsg.), 1990: Handwörterbuch Internationale Politik, Bonn, S. 230, 250, 318, 329.

13 Vgl.: Helga *Baumgarten:* Arabische Liga. In: Pipers Handwörterbuch zur Politik, Bd. 5, München, 1984, S. 49–51. Fischer Weltalmanach 1992, Spalte 683–685. Munir D. *Ahmed:* Arabische Liga, in: Nahost Jahrbuch 1991, Opladen (Deutsches Orient Institut), 1991, S. 175–176.

14 Ronald D. *Palmer*/Thomas *Reckford* (Hrsg.):Building ASEAN. 20 Years of Southeast Asian Cooperation. The Washington Papers. 1987. ASEAN at the crossroads. Hrsg. N. Sopiee et al. Kuala Lumpur 1987.

Kapitel 5: Der Staat als wichtigster Akteur: Historische Konzepte und Erscheinungsformen

1 Diese Aussage bezieht sich auf die Wirkungsgeschichte, wie sie in der etablierten Geschichtsschreibung übermittelt wird. Damit soll aber nicht ausgeschlossen sein, daß es auch nicht- oder vorstaatliche Organisationsformen gegeben hat bzw. gibt, die ähnliches Verhalten zeigen wie Staaten und deren Regierungen. Vgl. Sabine *Bäuerle:* Konfliktregelung in Gesellschaften ohne Staat. Universität Heidelberg 1989 (MS).

2 John Mill *Stuart:* Considerations on Representative Government. Deutsch: Betrachtungen über die repräsentative Demokratie. Paderborn 1971, S. 240.
3 Karl W. *Deutsch:* Der Nationalismus und seine Alternativen. München 1972, S. 34. Siehe auch Ders.: Nationenbildung – Nationalstaat – Integration. In: Abraham *Ashkenasi*/Peter *Schulze* (Hrsg.). Düsseldorf 1972.
4 Vgl. William *Wallace:* Foreign Policy and the Political Process. Tiptree, Essex 1971, S. 31.
5 Vgl. Frank R. *Pfetsch* (Kap. 4, Anm. 5), S. 172f.
6 Ausführlicher siehe: Frank R. *Pfetsch:* Außenpolitische Doktrinen als Leitlinien des Regierens. In: Hans-Hermann *Hartwich*/Gottrik *Wewer* (Hrsg.) (Kap. 1, Anm. 1).
7 Das „Kleine politische Wörterbuch" läßt in seiner Definition denn auch einen weiten Spielraum von Bedeutungen zu: „Doktrin, wissenschaftlich, philosophische Theorie, ein System von Ansichten, ein politisches Programm." Kleines politisches Wörterbuch. C. *König* et al. (Hrsg.). Berlin 1967, S. 153.
8 Die sozialistische Variante lautet: „Die Schwächung eines Gliedes des Weltsystems des Sozialismus wirkt sich direkt auf alle sozialistischen Länder aus" (S. *Kowaljow* v. 26. 9. 1968. In: Boris *Meissner:* Die Breschnew Doktrin. Dokumentation. Köln 1969, S. 64–69).
9 Der britische Außenminister Palmerston formulierte als Grundprinzip des Gleichgewichts 1854: „Balance of power means only this – that a number of weaker states may unite to prevent a stronger one from acquiring a power which should be dangerous to them, and which should overthrow their independence, their freedom of action. It is the doctrine of self-preservation."
10 Jean *Bodin:* Les six livres sur la République. Deutsch: Sechs Bücher über den Staat. Peter C. *Mayer-Tasch* (Hrsg.), München 1981.
11 Carl *Schmitt:* Der Begriff des Politischen (1932). Nachdruck der 2. Aufl. Berlin 1979.
12 Tatjana *Ansbach:* Souveränität und ökonomische Unabhängigkeit. In: Roland Meister (Hrsg.): Studie zur Souveränität. Berlin 1981, S. 125.
13 Reinhard *Meyers:* Stichwort Transnationale Politik. In: Piper Wörterbuch, Bd. 1, 1985, S. 1038.
14 Reinhard *Meyers:* Weltpolitik in Grundbegriffen. Düsseldorf 1979, S. 271.
15 Thomas *Hobbes:* Vom Menschen, vom Bürger (1642). Hrsg.: G. *Gawlick*; Berlin 1959. Bd. 2.
16 Hans *Morgenthau:* Politics Among Nations. The Struggle for Power and Peace (1948). New York 1963, S. 69.
17 Vgl. James *Burnham:* The Machiavellians (1943). Chicago 1963. Deutsch: Die Machiavellisten. Verteidiger der Freiheit. Zürich 1949.
18 Vgl. Reinhard *Meyers:* Die Lehre von den Internationalen Beziehungen. Ein entwicklungsgeschichtlicher Überblick. Düsseldorf 1977.
19 *Platon:* Der Staat, zit. nach John Herz: 1959, S. 32.
20 Inis *Claude:* Power and International Relations. N.Y. 1962.
21 Georg Wilhelm Friedrich *Hegel* (1802): Politische Schriften. Frankfurt 1966, S. 130.
22 Ebenda S. 27.
23 Hans *Morgenthau* (Anm. 16).
24 *Thukydides:* Der Peloponnesische Krieg. Stuttgart 1990, S. 57.
25 Francesco *Guiccardini:* Storie fiorentine dal 1378 al 1509 (1509). Deutsch: Vom politischen und bürgerlichen Leben. Berlin o.J.

26 Friedrich *Gentz:* Fragmente aus der neuesten Geschichte des politischen Gleichgewichts in Europa (1806). In: Staatsschriften und Briefe, Bd. 1. Hrsg. v. H. v. *Eukart*, München 1921, S. 217.
27 Morton *Kaplan:* Models of International Systems. In: William D. *Coplin*/Charles W. *Kegley* (Hrsg.): Analyzing International Relations. N.Y. 1975, S. 259.
28 Bruce Bueno *de Mesquita:* Theories of Internal Conflict, in: Ted. R. Gurr (Hrsg.): Handbook of Political Conflict, New York 1980, S. 370.
29 Die völkerrechtliche Literatur des 17. und 18. Jahrhunderts (Grotius, Pufendorf, de Battel, Moser, Nicolaus) bejaht dies.
30 Zitiert nach Hans *Fenske:* Geschichtliche Grundbegriffe Bd. 2, Stuttgart 1975.
31 Sweden's Security Policy: Entering the 90s. Report by the 1984 Defence Committee, Stockholm 1985.
32 Karl P. *Sauvant*/Odette *Jankowitsch:* The Third World Without Superpowers. The Collected Documents of the Non-Aligned Countries. 4 Vol. (Oceana) New York 1978. Vgl. Frank R. *Pfetsch*/Martin *Kaiser:* (Kap. 2, Anm. 18), S. 43.
33 Überblicke siehe bei: Henning *Behrens*/Paul *Noack:* (Kap. 2, Anm. 19), S. 198 f. und Wolfgang *Mommsen:* Imperialismustheorien. Göttingen 1977.
34 Johan *Galtung:* Eine strukturelle Theorie des Imperialismus. In: Dieter Senghaas (Hrsg.): Imperialismus und strukturelle Gewalt. 1972, S. 35.
35 Hans-Ulrich Wehler (Hrsg.): Imperialismus. Köln 1970, S. 11.
36 Niccolo *Machiavelli:* Der Fürst (1532). Stuttgart 1955, XII. Kap., S. 49.
37 *Friedrich der Große:* Das politische Testament von 1752. Stuttgart 1974, S. 57.
38 Carl *von Clausewitz:* Vom Kriege (1832). Hamburg 1963, S. 14/16.
39 Thomas *Hobbes:* Vom Menschen, vom Bürger (1642). Hrsg.: G. Gawlick, Berlin 1959. Bd. 2, S. 78.
40 Charles-Louis *de Montesquieu:* De l'esprit des loix (1748), Paris 1950, 1961. Deutsch: Vom Geist der Gesetze, Stuttgart 1980, IX, 9.
41 Robert A. *Dahl:* The Concept of Power. In: Behavioral Science Bd. 2, Juli 1957, S. 201–215, p. 344.
42 Jack H. *Nagel:* The Descriptive Analysis of Power. New Haven 1975, S. 24.
43 Renate *Mayntz* et al.: Einführung in die Methoden der empirischen Soziologie. Köln/Opladen 1971.
44 Vgl. Frank R. *Pfetsch:* Die Dritte Welt in Struktur und Programm. In: Vierteljahresberichte. Forschungsinstitut der Friedrich-Ebert-Stiftung. Nr. 89, Sept. 1982, S. 251.
45 Vgl. Werner *Link* (Kap. 2, Anm. 3), S. 125.
46 Auf diesen Gesichtspunkt hat schon Machiavelli aufmerksam gemacht und Hegel hat sekundiert: „Ein Land, dessen eine Hälfte in dem Krieg sich entweder selbst untereinander herumschlägt oder die allgemeine Verteidigung aufgibt und durch Neutralität die andere dem Feinde preisgibt, muß im Kriege zerfleischt, im Frieden zerstückelt werden …“ (G. W. F. *Hegel*: 1966, S. 60).
47 Josef, *Zelger:* Konzepte zur Messung der Macht. Berlin: Duncker & Humblot 1975, S. 44/45.
48 German *Clifford:* A Tentavive Evaluation of World Power. In: Conflict Resolution 4 (1960) 1, 138–144.
49 Wilhelm *Fucks:* Formeln zur Macht (1965). Hamburg: rororo 1967.
50 Michel *Foucault:* Dispositive der Macht. Berlin 1978, S. 82.
51 Vgl. Frank R. *Pfetsch* (Anm. 44).
52 Thomas Robert *Malthus:* Essay on Population (1798/1803).

53 Frank *Notestein:* Theorie demographischer Veränderungen (1945). In: Regina *McNamara:* Demographic Transition Theory. In: International Encyclopedia of Population. Vol. 1, New York 1982.

54 Vgl. Peter R. *Hofstätter:* Gruppendynamik: Kritik der Massenpsychologie. Hamburg 1957, S. 358.

55 Diese 91% der Staaten mit gemischter Bevölkerungsstruktur zeigen wiederum unterschiedliche Zusammensetzung: 19% aller Staaten haen eine Mehrheitsethnie über 90%, 19% aller Staaten mit einem Volksanteil von 75–89% für eine Ethnie, 23% aller Staaten mit einem Anteil zwischen 50 und 74%, und schließlich bestehen 30% der Staaten auf der Erde aus ethnischen Gruppen ohne die Mehrheit nur einer Ethnie. (Vgl. Volker *Matthies*/Kushi M. *Khan:* 1981, S. 45 f.).

56 Kenneth E. *Boulding:* 1962: Conflict and Defense. New York. D. *Senghaas.* Regionalkonflikte in der Dritten Welt. Baden-Baden 1989

57 Modesto Seara *Vázquez:* Theorie der Einflußbereiche. In: Festschrift für W. *Wengler*, Bd. I, Allgemeine Rechtslehre und Völkerrecht. Berlin 1973, S. 547.

58 Zeuge dieser unterschiedlichen Wahrnehmung durch Politiker ist Willy Brandt, der im Vorwort des nach ihm benannten Kommissionsberichtes bekennt: „Und dennoch bleibt wahr, daß es in neuerer Zeit als Bundeskanzler andere Prioritäten waren, die mich in Anspruch nahmen und davon abhielten, den Nord-Süd-Fragen gerecht zu werden. Es ist gewiß so, daß ich denjenigen Kollegen nicht hinreichend Aufmerksamkeit widmete, die unsere Prioritäten überprüfen und ergänzen wollten." (S. 13).

59 Stanislaus *Ossowski* und Maria *Ossowska:* The Science of Science. In Organon, Warschau 1936, dt. In: H. *Krauch* (Hrsg.): Forschungsplanung, Mai 1966.

60 Exponentielles Wachstum: in zwei gleichen Zeitabschnitten geschieht unterschiedlich viel: alle 15 Jahre verdoppelt sich die Zahl wissenschaftlicher Zeitschriften, die Zahl der Mitglieder in wissenschaftlichen Institutionen, alle 10 Jahre die Zahl der Ingenieure in den USA. Vgl. Derek J. *de Solla Price:* Little Science, Big Science (1963). Frankfurt 1974.

61 *Bismarck* am 20. 4. 1894 zu nationalliberalen Reichstagsabgeordneten.

62 *Virchow,* kurz nach dem deutsch-französischen Krieg vor einer Versammlung der deutschen Naturforscher. Vgl. Rudolf *Virchow:* Über die Aufgaben der Naturwissenschaften in dem neuen nationalen Leben Deutschlands. In: Tageblatt der 44. Versammlung in Rostock 1871, S. 73–81.

63 Erstschlagskapazität: Fähigkeit, die gegnerische Nuklearkapazität in einem Überraschungsangriff zu zerschlagen, so daß der Gegner keinen wirksamen Vergeltungsschlag führen kann.

64 Zweitschlagskapazität: Fähigkeit, einen gegnerischen Kernwaffenschlag zu überstehen und mit dem verbleibenden Potential einen vernichtenden Vergeltungsschlag zu führen.

65 David J. *Singer:* The Correlates of War II. Testing Some Realpolitical Models. New York 1980.

66 Michael D. *Wallace:* Arms Race and Escalation. Some New Evidence. In: Journal of Conflict Resolution, 25,1 1979, 3–16.

67 P. F. *Diehl:* The Impact of Arms Race on Dispute Escalation – A Reevaluation (ISA Paper) 1982.

Kapitel 6: Instrumente in der internationalen Politik

1 Vgl. Frank R. *Pfetsch:* (Kap. 4, Anm. 5), S. 122 ff.
2 Frank R. *Pfetsch:* Theorie der Entscheidung in Gremien. In: Journal für Sozialforschung, H. 3/4 1987, S. 253 f.
3 Vgl. Amos *Yoder:* World Politics and the Causes of War Since 1914. (UPA). Lodon 1986, S. 216.
4 Vgl. David J. *Singer*/Bruce Bueno *Mesquita:* Alliances, Capabilities, and War: A Review and Synthesis. In: Political Science Annual IV, 1973, S. 237–280.
5 Vgl. Frank R. *Pfetsch*/Martin *Kaiser:* Wirtschafts- und gesellschaftspolitische Aktionsprogramme der Entwicklungsländer. München/Köln/London 1981.
6 Zur Ermittlung der Wortführerrolle kann ein neuartiges Verfahren angewandt werden, das es erlaubt, politischen Einfluß zu messen. Zur Identifikation herausragender Akteure im Nord-Süd-Dialog dient das Konzept „Gastgeberland", das in den folgenden Schritten gewonnen werden kann: zunächst werden die Gastgeberländer internationaler Konferenzen nach ihrer Häufigkeit ausgezählt, dann werden die politisch irrelevanten Konferenzorte (Orte in nicht direkt beteiligten neutralen Staaten wie Genf, Wien, Stockholm etc. und Orte, die nach dem Rotationsprinzip als Verhandlungsorte gewählt wurden) aussortiert und schließlich eine Gewichtung nach wichtigen und weniger wichtigen Konferenzen vorgenommen. Die Liste der Konferenzen zeigt für den Zeitraum 1945–1981 169 Konferenzen, die eine Rolle im Nord-Süd-Dialog spielten; in Afrika haben 60, in Asien 36 und in Lateinamaerika 30 solcher Konferenzen stattgefunden. Bei Anwendung des Konzepts „Gastgeberland" und seiner Operationalisierung nach den genannten Schritten lassen sich 19 Staaten als führende Sprecher für den Süden im Nord-Süd-Dialog identifizieren (vgl. Franz R. *Pfetsch* und Martin *Kaiser;* Anm. 5).
7 Michael *Brecher*/Jonathan *Wilkenfeld*/Sheila *Moser:* Crises in the Twentieth Century, Vol. 1. Handbook of International Crises. Vol. 2 Handbook of Foreign Policy Crises. Oxford/New York, 1988, S. 69/70. Außenpolitische Krisen unterscheiden sich von internationalen dadurch, daß bei außenpolitischen Krisen Bedrohungen von jeweils nationalen Akteuren wahrgenommen werden, während sich bei internationalen mehrere Akteure bedroht fühlen.
8 Siehe: Robert L. *Butterworth:* Managing Interstate Conflict, 1945–1974. Data with Synopses. Pittsburgh, 1976.

Kapitel 7: Integration und Desintegration – Weltstaat oder Staatenwelt

1 Vgl. Karl W. *Deutsch:* Analyse internationaler Beziehungen. Frankfurt 1968, S. 224; ders.: Die Schweiz als ein paradignatischer Fall politischer Integration. Bern 1976, S. 7.
2 Vgl. Carl J. *Friedrich:* Europa – Nation im Werden? (Europaunion Verlag), Bonn 1972.

3 Vgl. Dieter *Ruloff:* Weltstaat oder Staatenwelt. (Beck), München 1988.
4 Die Anteile der Exporte mit den übrigen EG-Staaten liegen beiden meisten EG-Ländern über 80% ihrer Ausfuhren. Bei der Bundesrepublik bei ca. 60%.
5 nach Werner *Abelshauser:* Zur Entstehung der ‚Magnettheorie' in der Deutschlandpolitik. In: Vierteljahreshefte für Zeitgeschichte, 27. Jg. 1979, S. 666.
6 Konrad *Adenauer:* Erinnerungen Bd. II, 1945–53, 1966, S. 87 f.
7 Vgl. Curt *Gasteyger:* Europa zwischen Spaltung und Einigung 1945–1990. Bundeszentrale für Politische Bildung. Bonn 1990 (mit Auswahlbibliographie). Hans-Wolfgang *Platzer:* Lernprozeß Europa. Bonn 1992. Werner *Weidenfeld* (Hrsg.): Europa von A–Z. Bonn 1991. Thomas *Läufer:* Europäische Gemeinschaft – Europäische Union. Vertragstexte von Maastricht. Bonn 1992.
8 Nach Anthony *Smith:* The Ethnic Revival in the Modern World. Cambridge 1981.
9 Fried *Esterbauer* (Hrsg.): Regionalismus. Wien 1979; Franz-Ludwig *Knemeyer:* Subsidiarität – Föderalismus, Zentralisation – Initiativen zu einem „Europa der Regionen". In: Deutsches Verwaltungsblatt 1990, S. 449; Fritz *Ossenbühl:* Regionalismus und Föderalismus in Europa. Baden-Baden 1990; Ulrich *Petersen:* Zur Rolle der Regionen im künftigen Europa. In: Die öffentliche Verwaltung. 1991, S. 278.
10 Vgl. Dirk *Gerdes* (Hrsg.): Aufstand der Provinz. Regionalismus in Westeuropa. Frankfurt 1980.

Kapitel 8: Konflikt und Kooperation im internationalen Staatensystem

1 Vgl. Karl W. *Deutsch:* (Kap. 2, Anm. 5), S. 472/3. Deutsch bezieht in seinem Artikel die positive Kovarianz auf Integration.
2 Vgl. Raymond *Cohen:* International Politics. The Rules of the Game. London/New York 1982 (2).
3 Bei den nachfolgenden Definitionsversuchen sollte berücksichtigt werden, daß Begriffe raum-zeitlich und sozial gebunden sind. Es macht einen Unterschied, ob z. B. der Kriegsbegriff aus der Sicht der Herrschenden oder der Beherrschten bestimmt wird, ob er in einer Zeit überwiegend positiver oder negativer Bewertung angewandt wird etc.
4 Vgl. Jack S. *Levy:* Theory of General War. In: World Politics. Vol. XXXVII, 1985, Nr. 3, S. 344–374.
5 Carl *von Clausewitz:* Vom Kriege (1832). Hamburg 1981, S. 39.
6 Ebenda, S. 20.
7 Ebenda, S. 27.
8 Georg Wilhelm Friedrich *Hegel* (1802): Politische Schriften. Frankfurt 1966, S. 23.
9 Ekkehart *Krippendorff:* Staat und Krieg. Die historische Logik politischer Unvernunft. Frankfurt 1985.
10 Quincy *Wright:* A Study of War (2 Vol.), (1942). Chicago, 1960. Dt. Übersetz. von R. *Witzel* 1969.
11 David J. *Singer*/Melvin *Small:* The Wages of War 1816–1965. A Statistical Handbook. New York 1972.

12 Wir unterscheiden uns damit von der Definition, die Istvan *Kende* und Klaus Jürgen *Gantzel* gewählt haben. Schon aus Gründen der Vergleichbarkeit mit Zählungen von *Wright, Richardson, Sorokin* oder *Singer/Small* ist eine engere Kriegsdefinition angezeigt; hinzu kommt, daß bei *Kende* ein ideologischer bias zugunsten sozialistischer Staaten vorliegt.
Die Bewertung der Stärke darf nicht nur nach meßbaren Potentialgrößen vorgenommen werden, wie Mannschaftsstärke, Waffen (Raketen), Wirtschaftskraft etc., sondern muß auch einbeziehen Taktik, Effizienz, Motivation (Kampfgeist), Geländekenntnis etc. So kann trotz potentiell ungleicher Stärke zwischen Vietnam und den USA vom Vietnamkrieg gesprochen werden; die über zehnjährige Dauer zeigt, daß die Motivation, die Guerilla-Taktik und die Geländekenntnis der Vietnamesen durchaus ein Gegengewicht zu der atomar hochgerüsteten Supermacht darstellten. Nicht als Krieg im definierten Sinne gelten somit die gewaltsamen Interventionen der US-Amerikaner in Grenada (1986), Libyen (1988) oder Panama (1989).

13 Fritz *Pasierbsky:* Krieg und Frieden in der Sprache. Frankfurt 1983, S. 13.

14 Johan *Galtung:* Friedensforschung. In: Ekkehart Krippendorff (Hrsg.): Friedensforschung. Köln/Berlin 1968, S. 520.

15 Ernst-Otto *Czempiel:* (Kap. 3, Anm. 9).

16 Die Erforschung meist gewaltsamer Konflikte mit Hilfe quantitativer Methoden hat eine über fünfzigjährige Geschichte. *Sorokin* (1937), *Wright* (1942) und *Richardson* (1950) waren die ersten, die in großem Stil und über einen langen Zeitraum Daten zu kriegerischen Ereignissen gesammelt haben. Ihnen sind andere gefolgt, so in neuerer Zeit vor allem *Kende* (1971), *Singer* und *Small* (1972), *Butterworth* (1976) und *Brecher, Wilkenfeld, Moser* (1988). Diese Arbeiten konzentrieren sich meist auf gewaltsame Auseinandersetzungen sowie auf solche, die eine internationale Tragweite hatten. Im Unterschied dazu haben wir eine Datenbank (KOSIMO) erstellt, die inhaltlich die breite Skala und empirische Vielfalt von kriegerischen und nichtkriegerischen Konflikten aufnimmt und die Integration von zwei Zustandsbeschreibungen, Krieg und Frieden, in ein umfassendes Konfliktmodell vornimmt. Das Simulationsmodell setzt also an einem politischen Konfliktbegriff an und verharrt nicht wie die Simulationsmodelle der ersten und zweiten Generation im ökonometrischen Bereich; auch wird nicht nur das Ereignis Krieg betrachtet, sondern die breite Skala der Interessenkonflikte. Subjekte des Konfliktaustrags sind gouvernementale und nicht-staatliche innerstaatliche und inernationale Akteure. Die zu erklärenden Ergebnisse resultieren aus den Beziehungen zwischen Konfliktlösungsmöglichkeiten und innerstaatlichen, zwischenstaatlichen und internationalen Determinanten.

17 Vgl. Frank R. *Pfetsch*/Peter *Billing:* Handbuch nationaler und internationaler Konflikte. Baden-Baden 1994.

18 Vgl. Erich *Weede:* Der ökonomische Erklärungsansatz in der Internationalen Politik. In: PVS, Juni 1989, S. 254–272.

19 Vgl. Jack S. *Levy:* Theory of General War. In: World Politics. Vol. XXXVII, Nr. 3, 1985, S. 344–374.

20 Stephen D. *Krasner:* International Regimes. Ithaka 1983, S. 2.

21 Vgl. Hans *Diefenbacher,* 1992: Weltwirtschaft und Strukturanpassung. In: Friedensgutachten der Forschungsstätte für Evangelische Studien u. a., Heidelberg, S. 95–104. Fischer Weltamanach 1992, Spalte 760–61. Dieter *Grosser*/Wichard *Woyke:* (Kap. 4, Anm. 10) GATT. Günther *Heiduk,* 1984: GATT,

in: Pipers Wörterbuch zur Politik, Bd. 5: Internationale Beziehungen, München, S. 166–172. Dieter *Ruloff,* 1988: Weltstaat oder Staatenwelt, München, S. 90–94.

22 Vgl. BMZ, Materialien Nr. 64, 1979, S. 37.

23 Dieter *Ruloff:* Weltstaat oder Staatenwelt. Über die Chancen globaler Zusammenarbeit. München 1988, S. 219.

Kapitel 9: Theorien über Krieg und Frieden

1 *Thukydides:* Der Peloponnesische Krieg (Reclam). Stuttgart 1990, S. 57.

2 Charles-Louis *de Montesquieu:* De l'esprit des loix (1748), Paris 1950, 1961. Dt.: Vom Geist der Gesetze, Stuttgart 1980, S. 145.

3 Vgl. Michael *Brecher:* Decision in Crisis. Berkely 1980.

4 Jean *Bodin:* Les six livres sur la Rèpublique. Deutsch: Sechs Bücher über den Staat. Peter Cornelius Mayer-Tasch (Hrsg.), München 1981, S. 75.

5 Erörterung der verschiedenen Analyseebenen bei David J. *Singer:* The Level of Analysis Problem in International Relations. In: World Politics 14/1, Oct. 1961. Deutsch: In: Helga *Haftendorn* (Hrsg.): Theorien der Internationalen Politik. Hamburg 1975. Kenneth N. *Waltz:* Man, the State, and War. Theoretical Analysis, New York/London 1959. Manus I. *Midlarsky:* On War. Political Violence in the International System, N.Y. 1975; Kap. I, Unterpunkt „Levels and Theories", S. 2 ff.

6 Konrad *Lorenz:* Das sogenannte Böse. Zur Naturgeschichte der Aggression. München 1963.

7 Albert, *Somit:* Review Article: Biopolitics; British Journal of Political Science, April 1972. Die Beziehungen zwischen Staaten seien „ein unvermeidliches Resultat des ‚Kampfes ums Dasein', zu dem vermutlich alle lebenden Organismen verurteilt sind" (S. 209).

8 Obert *Ardrey:* The Territorial Imperative, New York 1966, S. 316. *Tinbergen:* The Study of Instinct. Oxford 1951. Ders.: On War and Peace in Animals and Man. An Ethologist Approach to the Biology of Aggression. In: Science, Vol. 160, 28. 6. 1968, S. 1114–1118.

9 Vgl. Erich *Fromm:* Anatomie der menschlichen Destruktivität. Stuttgart 1974.

10 Sigmund *Freud:* Vorlesungen zur Einführung in die Psychoanalyse (1916/17). Darstellungen bei: Arthur *Kaufmann:* Gerechtigkeit – der vergessene Weg zum Frieden. Gedanken eines Rechtsphilosophen zu einem politischen Thema, S. 72 ff. Jean *Laplanche*/J. B. *Pontalis:* Das Vokabular der Psychoanalyse, Ffm. 1977 (3).

11 John *Gollard*/L. W. *Dobb*/N. E. *Miller*/O. H. *Mowrer*/R. R. *Pears:* Frustration and Aggression. New Haven 1939. Ross *Tagner:* The Psychology of Human Conflict. In: Elton B. McNeil (ed.): The Nature of Human Conflict, New York 1965. *Dollard* et al.: Frustration and Aggression. New Haven 1939; Leonard *Berkowitz:* Roots of Aggression: Re-examination of the Frustration-Aggression Hypothesis. New York 1969.

12 Vgl. auch Ted Robert *Gurr:* Why Men Rebel. Princeton 1969.

13 Literatur wie zu Machtkartelltheorie, Militarismustheorie.

14 Alexis *de Tocqueville:* Über die Demokratie in Amerika, Hg. v. J. P. Mayer, Bd. II, DVA Stuttgart 1962.

15 Joseph Alois *Schumpeter:* Zur Soziologie der Imperialismen. In: Archiv für Sozialwissenschaft und Sozialpolitik, 46. Jg. (1918/1919), S. 1–39 und 275–310; Alfred *Vagts:* A History of Militarism – Civilian and Military. New York 1937. Tristram *Coffin:* The Armed Society. New York 1964.

16 Ole R. *Holsti:* The Belief System and National Images: A Case Study. In: James N. Rosenau (ed.): International Politics and Foreign Policy. A Reader in Research and Theory. New York [2]1969, S. 543–590. Ders.: Cognitive Dynamics and Images of the Enemy. In: Journal of International Affairs, New York, XXI (1967), S. 16–39; auch in: David J. *Finley*/O. R. *Holsti*/Richard R. *Fagen:* Enemies in Politics. Chicago 1967, S. 25–96.

17 Frederick S. *Dunn:* War and the Minds of Men. New York 1950. Kenneth N. *Waltz:* Man, the State, and War. Theoretical Analysis. New York/London 1959. Theodor W. *Adorno*/E. *Frenkel-Brunswick*/D. J. *Levinson*/R. N. *Sanford:* The Authoritarian Personality. New York 1950. Überblicke bei: J. David *Singer* (ed.): Human Behavior and International Politics. Contributions from the Social-Psychological Sciences. Chicago 1965. J. K. *Zawodny* (ed.): Man and International Relations. Contributions of the Social Sciences to the Study of Conflict and Integration. San Francisco 1966.

18 Richard C. *Snyder*/H. W. *Bruck*/Burton *Sapin* (eds.): Foreign Policy Decision-Making. An Approach to the Study of International Politics. Glencoe, Ill., 1962; insbes. S. 14–185. Joseph *Frankel:* Foreign Policy Decision-Making. New York/Toronto/London 1963. George *Modelski:* A Theory of Foreign Policy. New York/London/Dunmow 1962.

19 Dazu: Fred *Cook:* The Warfare State, New York 1962; Otto *Kimminich:* Rüstung und politische Spannung. Gütersloh 1964.
Bert *Cochran:* The War System. New York 1965.

20 Werner *Levi:* Über die Ursachen des Krieges und die Voraussetzungen des Friedens. In: Ekkehart Krippendorff (Hrsg.): Friedensforschung. Köln [4]1974, S. 181–194.

21 Hans *Morgenthau:* Macht und Frieden. Grundlegung einer Theorie der internationalen Politik. Gütersloh 1963.
Werner *Levi:* Ideology, Interests, and Foreign Policy. In: International Studies Quarterly, XIV (1970), S. 1–31.

22 *Morgenthau*: 1963 (Anm. 21); Gottfried Karl *Kindermann:* Politische Theorie und internationale Politik in der Sicht der realistischen Schule. Hans *Morgenthaus* und Reinhold *Niebuhrs.* In: PVS, VI (1965), S. 291–301.

23 Robert *Strausz-Hupé:* Geopolitics: The Struggle for Space and Power. New York 1942. James E. *Dougherty,* Robert L. *Pfaltzgraff* (Jr.): Contending Theories of Internationale Relations. Philadelphia 1971.

24 Carl von *Clausewitz:* (Kap. 8, Anm. 5), Erstes Buch, I. Kap., Abschn. 24 und 26.

25 Harold D. *Lasswell:* World Politics and Personal Insecurity, New York 1965.

26 Siehe dazu auch Michael D. *Ward*/Ulrich *Widmaier:* The Domestic-Foreign Conflict Nexus: New Evidence and Old Hypotheses. In: International Interactions 9, 1982, S. 78 ff.

27 Karl W. *Deutsch:* Mass Communication and the Loss of Freedom in National Decision-Making. A Possible Research Approach to Interstate Conflict. In:

Dean G. *Pruitt*/Richard C. *Snyder* (eds.): Theory and Research on the Causes of War, Englewood Cliffs. New York 1969, S. 60 ff.

28 Bruce M. *Russett:* Cause, Surprise, and No Escape. In: Journal of Politics, XXIV (1962), S. 3–32; Robert *Jervis:* Perception and Misperception in International Politics. Princeton 1976. Richard N. *Lebow* 1981.

29 Karl W. *Deutsch*/Dieter *Senghaas:* Die brüchige Vernunft von Staaten. In: Kritische Friedensforschung. D. *Senghaas* (Hrsg.). Frankfurt 1971, S. 106.

30 M. *Mendler*/W. *Schwegler-Rohmeier:* Auf dem Weg zu einer allgemeinen Theorie der Kriegsursachen. In: Klaus Jürgen *Gantzel* (Hrsg.): Krieg in der Dritten Welt. Baden-Baden 1988, S. 266.

31 Dieter *Senghaas:* Zur Analyse von Drohpolitik in den internationalen Beziehungen. In: apuz, Nr. B 26/70, 27. 6. 70, S. 22–55. Ders.: Abschreckung und Frieden. Studien zur Kritik organisierter Friedlosigkeit, Frankfurt/M. 1981.

32 Herman *Kahn:* On Escalation. New York 1965. Lewis F. *Richardson:* Arms and Insecurity. A Mathematical Study of the Causes and Origins of War. Pittsburgh 1960. Ders: Statistics of Deadly Quarrels. Pittsburgh 1960. G. H. *Snyder*/P. *Diesing:* Conflict Among Nations. Bargaining, Decision Making, and System Structure in International Crises. Princeton 1977.

33 *Morgenthau, Strausz-Hupé, Possony, Spykman, Frankel, Kissinger, Osgood, Kahn, Kindermann* u. a.

34 Alastair *Buchan:* The End of Post-War Era. A New Balance of World Power. London 1974.

35 siehe Klaus Jürgen *Gantzel:* System und Akteur. Beiträge zur vergleichenden Kriegsursachenforschung. Düsseldorf 1972, S. 71.

36 *Levi* in Ekkehart *Krippendorff* ([4] Anm. 20).

37 Bert *Cochran:* The War System. New York 1965; Jack *Raymond:* Power at the Pentagon. New York 1964; Gabriel *Kolko:* The Politics of War. New York 1969; ders.: The Roots of American Foreign Policy. Boston 1969; C. Wright *Mills:* Gesellschaft und Recht in den Vereinigten Staaten. Hamburg 1962; John K. *Galbraith:* Wie bändigt man Generale? Hamburg 1970.

38 John *Swomley:* The Military Establishment. Boston 1964; Marc *Pilisuk*/Thomas *Hayden:* Is there a Military-Industrial Complex which Prevents Peace?: Consensus and Countervailing Power in Pluralistic Systems. In: William E. *Connolly* (ed.): The Bias of Pluralism. New York 1969, S. 123–155; Fritz *Vilmar:* Rüstung und Abrüstung im Spätkapitalismus. Frankfurt [5]1970; Seymour *Melman:* Pentagon Capitalism. New York 1970.

39 so Karl W. *Deutsch*/Dieter *Senghaas:* Die Schritte zum Krieg. Eine Übersicht über Systemebenen, Entscheidungsstadien und einige Forschungsergebnisse. In: apuz B 47/70, 21. 11. 70, S. 3–40, hier S. 21.

40 Begriff bei Klaus Jürgen *Gantzel*: (Anm. 35), S. 67; vgl. Karl W. *Deutsch:* The Nerves of Government. Models of Political Communication and Control, New York/London [2]1966; Frieder *Naschold:* Organisation und Demokratie. Untersuchung zum Demokratisierungspotential in komplexen Organisationen. Stuttgart 1969.

41 Nazli *Choucri*/Robert L. *North:* Nations in Conflict: National Growth and International Violence, San Francisco 1975.

42 Erich *Hobsbawn:* The age of Empire 1875–1914. New York 1989; Robert *Owen*/Bob *Sutcliff:* Studies in the theory of imperialism. London 1972; vgl. Übersicht bei Hans-Ulrich *Wehler* (Kap. 5, Anm. 35) und Wolfgang *Mommsen* (Kap. 5, Anm. 33).

43 Wladimir Iljitsch *Lenin:* Der Imperalismus als höchstes Stadium des Kapitalismus (1916), S. 83.

44 Vgl. M. *Mendler*/W. *Schwegler-Rohmeier* (Anm. 30).

45 Vgl. z. B. Johan *Galtung* (Kap. 5, Anm. 34), S. 29–104.

46 Niccolo *Machiavelli:* Discorsi. Gedanken über Politik und Staatsführung. Stuttgart 1977 (2), S. 37.

47 Jean *Bodin:* Les six livres sur la République. Deutsch: Peter Cornelius *Mayer-Tasch* (Hrsg.) Sechs Bücher über den Staat. München 1981, S. 75.

48 Vgl. Lewis F. *Richardson:* Statistics of Deadly Quarels. Boxwood Grove (1960), 1975 (3), S. XI.

49 Frantz *Fanon:* Les Damnés de la terre. Paris 1961. Ted R. *Gurr:* Rebellion. Düsseldorf 1972.

50 Vgl. den Überblick Klaus v. *Beyme* (Hrsg.): Empirische Revolutionsforschung. Opladen 1973.

51 Vgl. *Friedrich Ratzel:* Politische Geographie oder Geographie der Staaten, des Verkehrs und des Krieges. München 1923^3.

52 Charles-Louis de *Montesquieu* (Anm. 2) 1961. Auch Otto *Hinze*. In: Historische Zeitschrift Bd. 88 (1902). Hans W. *Baade* 1962.

53 Friedrich *Ratzel:* 1923, (s. Anm. 51) S. IV.

54 Charles-Louis de *Montesquieu:* De l'esprit des loix (1748). Paris 1950, 1961. Deutsch: Vom Geist der Gesetze. Stuttgart 1980, S. 137.

55 Jean *Bodin:* Les six livres sur la République. Deutsch: Peter C. *Mayer-Tasch* (Hrsg.): Sechs Bücher über den Staat. München 1981, S. 81.

56 A. F. K. *Organski:* World Politics. New York 1968.

57 S. Jack *Levy* 1985: Theory of General War. In: World Politics. Vol. XXXVII, No 3, p. 353.

58 Paul *Kennedy:* The Rise and Fall of the Great Powers. New York 1987.

59 Vgl. David J. *Singer*/Melvin *Small* (Anm. 11).

60 Vgl. Klaus Jürgen *Gantzel* (Anm. 35) S. 127–134 und z. B. Carl Joachim *Friedrich*/Zbigniew *Brzezinski:* Totalitäre Diktatur. Stuttgart 1957.

61 Karl W. *Deutsch*/Dieter *Senghaas* (Anm. 39) S. 23.

62 Michael W. *Doyle:* Liberalism and World Politics. In: AOSR 80, S. 1151–1169; Melvin *Small/David J. Singer:* The War-proneness of Democratic Regimes. In: Jerusalem Journal of International Relations. 1 (2), 50–69; Rudolph *Rummel:* Libertarianism and International Relations. In: JCR 27, S. 27–71.

63 Vgl. Frank R. *Pfetsch* (Kap. Einleitung, Anm. 1).

64 Amos *Yoder:* World Politics and the Causes of War Since 1914. Lanham 1986; Reinhold *Niebuhr:* Moral Man and Immmoral Society. New York 1952.

65 Quincy *Wright:* Design for a Research Project on International Conflicts and the Factors Causing Their Aggravation or Amelioration. In: Western Political Quarterly, X (1957), S. 236–275.

66 Arnold J. *Toynbee:* Krieg und Kultur. Der Militarismus im Leben der Völker. Stuttgart ^{2}1951.

67 Vgl. Peter *Billing:* Eskalation und Deeskalation internationaler Konflikte. Frankfurt u. a. 1992.

68 Gutorm *Gjessing:* Ecology and Peace Research. In: JPR, IV (1967), S. 125–139; Peter A. *Corning:* An Evolutionary Paradigm for the Study of Human Aggression. In: Martin A. *Nettleship* et al. (eds.): War. Its Causes and Correlates. Den Haag/Paris 1975; Harold und Margaret *Sprout:* The

Ecological Perspective of Human Affairs with Special Reference to International Politics. Princeton 1965.

69 Gaston *Bouthol:* Fonctions sociologiques de guerres, Revue Francaise de Sociologie, 1951, Heft 2; Andrew P. *Vayda:* Hypotheses about Functions of War. In: Morton *Fried*/Marvin *Harris*/Robert *Murphy* (eds.): War. The Anthropology of Armed Conflict, New York 1968.

70 Alastair *Buchan:* War in Modern Society, New York 1968; Richard *Rosecrance:* International Relations: Peace or War? New York 1973; Henry A. *Kissinger:* American Foreign Policy. New York 1969; Joseph *Frankel,* International Relations. London ²1972.

71 Quincy *Wright* (Kap. 8, Anm. 10) 1965 (2); Lewis F. *Richardson:* Statistics of Deadly Quarrels. Pittsburgh 1960; auch Rudolph J. *Rummel*: The Dimensions of Nations. Beverly Hills/London 1972.

72 Vgl. Klaus Jürgen *Gantzel* (Anm. 35) S. 147; Quincy *Wright* (Kap. 8, Anm. 10).

73 Karl W. *Deutsch*/R. C. *Angell:* The Quest for Order. Ann Arbor 1979.

74 Raymond *Aron:* Paix et guerre entre les nations. Paris 1962; Stanley *Hoffmann:* International System and International Law. In: Klaus *Knorr*/Sidney *Verba* (eds.): The International System. Theoretical Essays. Princeton/New York 1961; ders.: The State of War. New York 1965.

75 A. F. K. *Organski* (Anm. 56); Wilhelm *Fuchs:* Formel zur Macht. Prognosen über Völker, Wirtschaft, Potentiale. Stuttgart 1965.

76 Pitirim A. *Sorokin:* Social and Cultural Dynamics. New York 1937; Edward *Dewey:* The 177 Year Cycle in War. Pittsburgh 1957; David J. *Singer*/Melvin *Small:* Conflicts in the International System, 1816–1977. In: Charles W. *Kegley*/ P. J. *McGowan:* Challenges to America. Beverley Hill 1979; David J. *Singer*/Melvin *Small* (Anm. 11) S. 215; V. *Borschier*/Ch. *Guter:* Lange Wellen im Weltsystem. In: Volker *Rittberger* (Kap. 1, Anm. 2) S. 175–197.

77 Übersichten über Kriegsursachentheorien (meist allerdings ohne Nennung der jeweiligen Hauptvertreter) in:
– Henning *Behrens*/Paul *Noack:* Theorien der Internationalen Politik. München 1984;
– Dieter S. *Lutz* (Hrsg.): Lexikon Rüstung, Frieden, Sicherheit. München 1987;
– Klaus Jürgen *Gantzel* (Anm. 35); Julian *Lider:* Der Krieg. Deutungen und Doktrinen in Ost und West, Frankfurt/M./New York 1983;
– Karl W. *Deutsch*/Dieter *Senghaas* (Kap. 9, Anm. 29).

78 Dies ist die Aussage der Lehre vom gerechten Krieg bei Augustinus (354–430), Thomas v. Aquin (1225–1279), Sentili (1552–1608), Locke oder Montesquieu.

79 John *Locke:* An Essay Concerning Human Understanding (1687); ders.: Zwei Abhandlungen über die Regierung. Deutsch: W. Euchner (Hrsg.). Frankfurt 1977, S. 209.

80 Charles-Louis de *Montesquieu* (Kap. 5, Anm. 40) S. 145.

81 James N. *Rosenau* 1970.

82 Peter *Hansen* 1974.

83 Gerhard *Lehmbruch:* Konkordanzdemokratien im internationalen System. In: Ernst-Otto *Czempiel:* Die anachronistische Souveränität. Sonderheft der PVS 1, 1969.

84 Ebenda, S. 157.

85 Wie kann, so fragt Lehmbruch weiter, ein außenpolitisch neutraler Kurs für solche Staaten begründet werden?

a) Unter genetischem Gesichtspunkt kann der innenpolitische Zwang zum Ausgleich divergierender Präferenzen insbesondere dann zu einer Entlastung durch eine neutrale Außenpolitik führen, wenn eine externe Verstärkung der internen Konflikte antizipiert wird. Als Beispiel hierfür könne der Libanon gelten, dessen inneres Kräftegleichgewicht offenbar nur durch Zurückhaltung im westlich-arabischen und innerarabischen Verhältnis aufrechterhalten werden kann. Nach dem Wegfall dieser Bedingung ist allerdings das System zusammengebrochen.

b) Vom Standpunkt der außenpolitischen Stabilisierungsbedingungen von Konkordanzdemokratien läßt sich der Zusammenhang zwischen außenpolitischer Neutralität und Konkordanzdemokratie folgendermaßen begründen: „Kooperative Konfliktregelung durch Konkordanzstrategien ist umso leichter möglich, je stärker das System von außenpolitischen Entscheidungen entlastet ist.“ (S. 159)

Konkordanzdemokratien tendieren, um die Einheit zu erhalten, zur Reduzierung ihrer außenpolitischen Belastungen, also im Sprachgebrauch der Sozialkybernetik zur Reduktion der Entscheidungskomplexität. Diese Hypothese impliziert allerdings, daß eine Neutralitätspolitik von geringerer Komplexität ist als eine Politik, die sich einseitig an eine der großen Mächte anlehnt.

86 Erich *Weede:* Arms Race and Escalation – Some Persisting Doubts. In: JCR 24, 2, 285–287. 1980. P. F. *Diehl:* The Impact oft Arms Race on Dispute Escalation. International Studies Association 1982.

87 Michael D. *Wallace:* Arms Race and Escalation – Some New Evidence. In: JCR 25, 1, 1979, S. 157–180.

88 Bruce *Bueno de Mesquita:* The War Trap. New Haven 1981, S. 170 f.; A. F. K. *Organiski*/J. *Kugler:* The War Ledger. Chicago 1980, S. 147 f.

89 I. William *Zartman:* Ripe for Resolution. 1985; Daniel *Frei:* Erfolgsbedingungen für Vermittlungsaktionen in internationalen Konflikten. In: PVS 16/4, 1975, 447–490; J. *Bercovitch:* Social Conflicts and Third Parties: Strategies of Conflict Resolution. Boulder 1984; J. *Bercovitch:* International Mediation: A Study of the Incidence, Strategies and Conditions of Successful Outcomes. In: Cooperation and Conflict, XXI, 1986, S. 155–168; vgl. auch Frank R. *Pfetsch:* Conditions for Nonviolent Resolution of Conflicts. In: Ernst-Otto *Czempiel*/Liparit *Kiuzadjan* (eds.): Non-violence in International Crises. European Coordination Centre for Research and Documentation in Social Sciences. Wien 1990, S. 99–123.

90 Vgl. Daniel *Frei* (Anm. 89) S. 447–490; Ernst B. *Haas:* Regime Decay: Conflict Management and International Organizations, 1945–1981. In: International Organization 37/2, 1983, pp. 189–256; Mark W. *Zacher:* International Conflicts and Collective Security, 1946–1977. New York 1979.

91 Vgl. auch Jacob *Bercovitch* (Anm. 89) Social Conflicts...

92 Vgl. auch Jacob *Bercovitch:* International Mediation... (Anm. 89) S. 155–168.

93 Vgl. auch William I. *Zartman* (Anm. 89): Ripe for Resolution. S. 242.

94 Vgl. Herbert C. *Kelman* (ed.): International Behavior; A Social-Psychological Analysis, 1965; Robert F. *Randle:* The Origins of Peace. New York 1973; Kalevi J. *Holsti:* Resolving International Conflicts: A Taxonomy of Beha-

viour and some Figures on Procedure; in: JCR 10/3 1967, S. 272–276; Wilhelm G. *Grewe:* Die Arten der Behandlung internationaler Konflikte. In: Fred C. *Iklé:* Strategie und Taktik des diplomatischen Verhandelns. Gütersloh 1964, S. 11–14.

95 Vgl. Frank R. *Pfetsch:* Politische Theorie der Entscheidung in Gremien. In: Journal für Sozialforschung, H. 3/4, 1987, S. 260.

96 Ernst Otto *Czempiel* (Kap. 3, Anm. 9) S. 33.

97 Immanuel *Kant:* Zum ewigen Frieden (1795) Stuttgart 1979.

98 John Stuart *Mill:* Grundzüge der politischen Ökonomie, 1852.

99 Karl *Kautsky:* Krieg und Demokratie. Berlin 1932.

100 Peter *Kirsch:* Bilanz der Wirtschaftsbeziehungen. In: R. *Rock* und H.-D. *Jacobsen* (Hg.): Wirtschaftskrieg oder Entspannung? Bonn 1984, S. 109.

101 Immanuel *Kant* (Anm. 97).

102 Quincy *Wright* (Kap. 8, Anm. 10) S. 169.

103 Immanuel *Kant* (Anm. 97) S. 26.

104 Thomas *Hobbes:* Leviathan. (rororo) Hamburg 1965, S. 240, bzw. 132.

105 Vgl. Modesto Seara *Vázquez* 1973, S. 547. Vázquez führt als historische Fälle, in denen vertraglich Einflußbereiche von dominierenden Staaten festgelegt wurden, an: die Bulle Inter Coeterea Alexanders VI. (1493) über die Kapverdischen Inseln, das Abkommen zwischen Frankreich und England und vom 8. 4. 1904 über Ägypten, die Abkommen von Yalta und Potsdam.

106 Immanuel *Kant* (Anm. 97) S. 35.

107 Charles-Louis de *Montesquieu* (Kap. 9, Anm. 2) S. 137.

108 Jean-Baptiste *Say:* Ausführliches Lehrbuch der proletarischen politischen Philosophie. Deutsch: Leipzig 1845, S. 368.

109 David J. *Singer*/Bruce Bueno de *Mesquita:* Alliances (Kap. 6, Anm. 4), S. 237–280.

110 Francesco *Guicicardini:* Storia d'Italia, 1537.

111 Vgl. David J. *Singer:*/Brian *Gibbs*: Beyond Conjecture II: Data-Based Research Findings in International Politics. Greenwich 1991.

112 David *Garham:* Dyadic International War – The Role of Power Parity and Geographic Proximity. In: Western Political Quarterly 2, 1976 231–242.

113 Kenneth N. *Waltz:* The Stability of a Bipolar World. In: Daedalus 93. 1964, S. 881–909; Karl W. *Deutsch*/David J. *Singer:* Multipolar Power Systems and Internationals Stability. In: World Politics 16/3, April 1964.

114 Wilhelm *Fucks:* Formeln zur Macht (1965). Hamburg 1967, S. 179.

115 Vgl. Karl Otto *Hondrich:* Lehrmeister Krieg. Hamburg 1991.

Literaturverzeichnis

Spezielle Literatur findet sich zusätzlich in den Anmerkungen zu den einzelnen Kapiteln.

Allgemeine Literatur

Albrecht, Ulrich: Internationale Politik. Einführung in das System internationaler Herrschaft. München 1992

*Behrens,*Helmut/*Noack,* Paul: Theorien der internationalen Politik. München 1984

Bellers, Jürgen/*Woyke,* Wichard (Hrsg.): Analyse internationaler Beziehungen. Düsseldorf 1989

Berg-Schlosser, Dirk/*Maier,* Hans/*Stammen,* Theodor: Einführung in die Politikwissenschaft. München ⁵1992

Boyd, G./*Pentland,* Ch. (Hrsg.): Issues in Global Politics. New York 1981

Czempiel, Ernst-Otto: Internationale Politik. Ein Konfliktmodell. Paderborn 1982

Czempiel, Ernst-Otto: Friedensstrategien: Systemwandel durch internationale Organisationen. Paderborn 1986

Czempiel, Ernst-Otto: Das internationale System. In: Politik. Hrsg. v. K. v. Beyme, E.-O. Czempiel, P. Graf Kielmannsegg. Frankfurt/M. 1987, S. 238–262

Deutsch, Karl W.: Analyse der internationalen Beziehungen. Frankfurt/M. 1971

Frei, Daniel (Hrsg.): Theorien der internationalen Beziehungen. München 1973

Gantzel, Klaus Jürgen: System und Akteur. Düsseldorf 1972

Haftendorn, Helga: Theorien der internationalen Politik. Gegenstand und Methode der internationalen Beziehungen. Hamburg 1975

Holsti, Kalevi J.: International Politics: A Framework for Analysis. Englewood Cliffs/N.J. 1977, ²1983

Hütter, Joachim: Einführung in die internationale Politik. Stuttgart 1976

Kaiser, Karl/*Schwarz,* Hans-Peter (Hrsg.): Weltpolitik. Strukturen – Akteure – Perspektiven. Bonn 1985

Kegley, Ch. W./*Wittkopf,* E. R.: World Politics, Trends and Transformation. New York 1981

Kindermann, Gottfried-Karl (Hrsg.): Grundelemente der Weltpolitik. München 1977

Knapp, Manfred/*Krell,* Gert (Hrsg.): Einführung in die Internationale Politik. München/Wien 1990

Kress, Gisela/*Senghaas,* Dieter: Politikwissenschaft. Eine Einführung in ihre Probleme. Frankfurt/M. 1981

Krippendorff, Ekkehart (Hrsg.): Internationale Beziehungen. Köln 1973

Krippendorff, Ekkehart: Internationales System als Geschichte. Einführung in die internationalen Beziehungen. Frankfurt/M. 1975, 1977, Bd. 1 u. 2

Link, Werner: Der Ost-West-Konflikt. Die Organisation der internationalen Beziehungen im 20. Jahrhundert. Stuttgart 1980

Merle, Marcel: Sociologie des relations internationales. Paris ⁴1988

Meyers, Reinhard: Die Lehre von den Internationalen Beziehungen. Ein entwicklungsgeschichtlicher Überblick. Düsseldorf 1977

Noack, Paul: Internationale Politik. München ⁵1981

Northedge, F. S.: The International Political System. London 1976

Olson, William C./*Groom*, H. J. R.: International Relations then and now. London 1991

Pfetsch, Frank R.: Einführung in die Außenpolitik der Bundesrepublik. Eine systematisch-theoretische Grundlegung. Opladen: Westdeutscher Vlg. 1981

Pfetsch, Frank R. (Hrsg.): Konflikte seit 1945, 5 Bde. Freiburg: Ploetz 1991

Pfetsch, Frank R.: Die Außenpolitik der Bundesrepublik 1949–1992. Von der Spaltung zur Vereinigung. München 1993

Ruloff, Dieter: Weltstaat oder Staatenwelt. Über Chancen globaler Zusammenarbeit. München 1988

Smith, M./*Little*, R/*Shakleton*, M. (eds.): Perspectives on World Politics. London 1981

Tudyka, Kurt: Internationale Beziehungen. Stuttgart 1971

Waltz, Kenneth N.: Theory of International Politics. Cambridge/Mass. 1979

Weede, Erich: Weltpolitik und Kriegsursachen im 20. Jahrhundert. München 1975

Weede, Erich: Entwicklungsländer in der Weltgesellschaft. Opladen 1985

Handbücher, Übersichten, Lexika

Bracher, Klaus Dieter/*Fraenkel*, E. (Hrsg.): Internationale Beziehungen. Das Fischer Lexikon. Frankfurt 1969

Kindermann, Gottfried-K. (Hrsg.): Grundelemente der Weltpolitik. München 1977

Pipers Wörterbuch, Bd. 5: Internationale Beziehungen. Hrsg. Andreas Boeckh. München 1984

Nohlen, Dieter (Hrsg.): Lexikon Dritte Welt. Baden-Baden 1989

Woyke, Wichard: Handwörterbuch Internationale Politik. Opladen 1990

Spezielle Literatur

Bartels, Larry M.: Power and Influence as a Covariance Structure. Paper delivered at the Annual Meeting of the APSA. Washington 1984

Beck, Ulrich: Risikogesellschaft. Auf dem Weg in eine andere Moderne. Frankfurt/M. 1986.

Bell, Daniel: The coming of post-industrial society. A venture in social forecasting. 4th ed. New York: Basic Books 1973, dt.: Die nachindustrielle Gesellschaft. Übers. von S. Summerer und G. Kurz. Frankfurt/M. 1975. (gekürzt)

Bercovitch, Jacob: International Mediation: A Study of the Incidence, Strategies and Conditions of Successful Outcomes. In: Cooperation and Conflict, XXI, 1986 S. 155–168

Bercovitch, Jacob: Social Conflicts and Third Parties: Strategies of Conflict Resolution. Boulder 1984

Billing, Peter: Eskalation und Deeskalation internationaler Konflikte. Frankfurt u. a. 1992

Blainey, Geoffrey: The Causes of War. London 1973

Bodin, Jean: Les six livres sur la République. Deutsch: P. C. Mayer-Tasch (Hrsg.): Sechs Bücher über den Staat. München 1981
Borchardt, U: Die Kriege der Nachkriegszeit. In: Vereinte Nationen 34,2, 1986 S. 68–74
Brecher, Michael/*Wilkenfeld*, Jonathan/*Moser* Sheila: Crises in the Twentieth Century, Vol. 1. Handbook of International Crises. Vol. 2 Handbook of Foreign Policy Crises. Oxford/New York 1988
Brogan, Patrick: World Conflicts. London, 1989. Deutsch: Die Unruhe der Welt. Wien/Darmstadt 1990
Buchan, Alastair: The End of the Postwar Era. A New Balance of World Power. London 1974
Bueno de Mesquita, Bruce: The War Trap. New Haven 1981
Bull, Hedley: The Anarchical Society. 1978. Deutsch: Die anarchische Gesellschaft. in: Kaiser, Karl/Hans-Peter Schwarz, (Hrsg.): Weltpolitik. Strukturen – Akteure – Perspektiven. (Schriftenreihe der Bundeszentrale für Politische Bildung). Bonn 1985, S. 31–49
Bull, Hedley/*Watson*, Adam (eds.): The Expansion of International Society. 1982
Burton, J. W.: The Resolution of Conflict. In: International Studies Quarterly. Vol. 16, 1972 S. 5–29
Butterfield, Herbert: The Balance of Power. In: Ders.:/Wright, Martin (Hrsg.): Diplomatic Investigations, Essays in the Theory of International Politics. London 1966, S. 132–148
Butterworth, R. L.: Managing Interstate Conflict, 1945–1974. Data with Synopses. Pittsburgh 1976
Campbell, A. E.: Balance of Power. In: Encyclopedia of American Foreign Policy. New York. Bd. I, S. 58–65
Clark, Ian: The hierarchy of states. Reform and resistance in the international order. Cambridge 1989
Claude, J.: Power and International Relations. New York 1962
Clausewitz, Carl von: Vom Kriege (1832–34). Frankfurt/Berlin/Wien, 1981
Clausewitz, Carl von: Vom Kriege, hrsg. von Pickert, Wolfgang/Schramm, von, Lecke ²1978
Cline, Ray S.: World Power Assessment. Boulder. 1977
Cohen, Raymond: International Politics. The Rues of the Game. London/New York 1982 (2)
Cox, Robert W./*Jacobson*, Harold K.: The Anatomy of Influence. Decision Making in International Organisations. New Haven ²1972
Crabb, Cecil V. (Jr.): The Doctrines of American Foreign Policy. Their Meaning, Role and Future. London 1982
Cukwurah, A.: The Settlement of Boundary Disputes in International Law. Manchester 1967
Czempiel, Ernst-Otto (Hrsg.): Die anachronistische Souveränität. Politische Vierteljahresschrift. Sonderheft 1, 1969
Czempiel, Ernst-Otto/*Schweitzer*, Carl-Christoph: Weltpolitik der USA nach 1945. Einführung und Dokumente. Bonn: Schriftenreihe der Bundeszentrale für politische Bildung Bd. 210, 1984, erw. Neuaufl. 1989
Dahl, Robert A.: The Concept of Power. In: Behavioral Science Bd. 2, Juli 1957, S. 201–215
Day, Alan J. (Ed.): Border and Territorial Disputes (1987). London 1988 (2)

Dechmann, Heide Birgit: Conflict, Cooperation and Structural Configuration. In: P. Heintz/P. A. Hermandes (Hrsg.): Bulletin Nr. 27, 1972, S. 57–148. Soziologisches Institut der Universität Zürich.
Deuerlein, Ernst: Föderalismus. Bonn 1972
Deutsch, Karl W.: The Nerves of Government. New York 1963
Deutsch, Karl W./*Foltz,* W. J. (eds.): Nation Building. New York 1963
Deutsch, Karl W.: Nationenbildung – Nationenstaat – Integration. Düsseldorf 1972
Deutsch, Karl W.: Politische Kybernetik. Freiburg [2]1970
Deutsch, Karl W./*Singer,* David J.: Multipolar Power Systems and International Stability. In: World Politics, 1964, S. 390–406
Diehl, P. F.: The Impact of Arms Race on Dispute Escalation. Paper presented to ISA. Atlanta 1982
Dingemann, R.: Bewaffnete Konflikte seit 1945. Zwischenstaatliche Auseinandersetzungen, Befreiungskriege in der Dritten Welt, Bürgerkriege. Düsseldorf 1983
Etzioni, Amitai: Political Unification. New York 1965
Fisher, R.: International Mediation. International Peace Academy. New York 1978
Forrester, Jay: Industrial Dynamics. Cambridge, Mass. 1969
Frei, Daniel: Erfolgsbedingungen für Vermittlungsaktionen in internationalen Konflikten. In: PVS 16/4, 1975, 447–490
Frei, Daniel: Internationale Zusammenarbeit. Theoretische Ansätze und empirische Beiträge. Königstein: Hain 1982
Friedrich der Große: Das politische Testament von 1752. Stuttgart 1974
Friedrich, Carl-Joachim: Europa – Nation im Wandel? Bonn 1972
Fucks, Wilhelm: Formel zur Macht (1965). Hamburg 1967
Fuhrmann, Manfred: Europa – Zur Geschichte einer kulturellen und politischen Idee. In: Konstanzer Universitätsreden 121, Konstanz 1981
Gaddis, John Lewis: The United States and the Origins of the Cold War 1941–1947. New York 1972
Gaddis, John Lewis: The Long Peace. Inquiries into the History of the Cold War. New York 1987
Galtung, Johan: Friede und Gewaltstruktur. In: H. Haftendorn: Theorie der Internationalen Politik. Hamburg 1975, S. 114–130
Galtung, Johan: Eine strukturelle Theorie des Imperialismus. In: D. Senghaas (Hrsg.): Imperialismus und strukturelle Gewalt. Frankfurt 1972, S. 29–104
Gantzel, Klaus-Jürgen: System und Akteur. Beiträge zur vergleichenden Kriegsursachenforschung. Düsseldorf 1972
Gantzel, Klaus Jürgen/*Meyer-Stamer,* Jörg (Hrsg.), 1986: Die Kriege nach dem Zweiten Weltkrieg bis 1984. München
Gantzel, Klaus Jürgen (Hrsg.): Krieg in der Dritten Welt. Baden-Baden 1988
Gardner, Lloyd C.: Architects of Illusion. Men and Ideas in American Foreign Policy 1941–1949. Chicago 1970
Gentz, Friedrich: Über den ewigen Frieden. In: Historisches Journal 3. Bd. 1800, S. 711–790
German, Clifford: A Tentative Evaluation of World Power. In: Conflict Resolution 4 (1960) 1, 138–144
Goedeke, Peter/*Stuckmann,* Elmar/*Vogt,* Martin: Kriege im Frieden. Braunschweig 1983

Grewe, Wilhelm G.: Die Arten der Behandlung internationaler Konflikte. In: Iklé, Franz A.: Strategie und Taktik des diplomatischen Verhandelns. Gütersloh 1964, S. 11–14
Haas, Ernst B.: Why We Still Need the United Nations. The Collective Management of International Conflicts, 1945–1984. Institute of International Studies. University of California, Berkely, 1986
Haas, Ernst B.: Regime Decay: Conflict Management and International Organizations, 1945–1981. In: International Organization 37/2. 1983, pp 189–256
Haas, Ernst B./*Butterworth,* R. L./*Nye,* Joseph S.: Conflict Management by International Organizations. Morristown 1972
Haas, Ernst B.: Collective Security and the Future International System. Denver 1968
Haas, Ernst B.: Beyond the Nation-State: Functionalism and International Organization. Stanford 1964
Hacke, Christian: Von Kennedy bis Reagan. Grundzüge der amerikanischen Außenpolitik 1960–1984. Stuttgart 1984
Hahn, Walter F. (Hrsg.): Central America and the Reagan Doctrine. London 1987
Hegel, Georg Wilhelm Friedrich (1802): Politische Schriften. Frankfurt 1966
Hegel, Georg Wilhelm Friedrich (1830): Werke in zwanzig Bänden Vorlesungen über die Philosophie der Geschichte. Bd. 12. Frankfurt 1980
Heyke, Hans-Eberthard: Die Prinzipien der friedlichen Koexistenz. In: Politische Vierteljahresschrift 7, 1966, S. 574–630
Hirschmann, Albert O.: Die Strategie der wirtschaftlichen Entwicklung (The strategy of economic development). Übers. von H. Körner und C. Uhlig. Stuttgart 1967
Hobbes, Thomas: Vom Menschen, vom Bürger (1642). Hrsg.: G. Gawlick. Berlin 1959. Bd. 2
Hobbes, Thomas: Leviathan. Hrsg. v. Peter C. Mayer-Tasch. Hamburg 1965
Holsti, K. J.: Resolving International Conflicts: A Taxonomy of Behaviour and some Figures on Procedure. In: JCR 10/3, 1967, S. 272–276
Hondrich, Karl Otto: Lehrmeister Krieg. Hamburg 1992
Howard, Harry N.: The Regional Pacts and the Eisenhower Doctrine. In: The Annals of the American Academy of Political and Social Science (May 1972) 401, S. 85–94
Jönsson, Christer: Superpower, Comparing American and Soviet Foreign Policy. London 1984
Juette, R./*Grosse-Juette,* A. (Hrsg.): The Future of International Organization. London 1981
Kant, Immanuel: Zum ewigen Frieden (1795). Stuttgart 1979
Katzenstein, Peter J. (Hrsg.): Between Power and Plenty. Foreign Economic Policies od Advanced Industrial States. Madison/Wisc. 1978
Kelman, H. C. (Ed.): International Behavior; A Social-Psychological Analysis, New York 1965
Kende, Istvan: Twenty-Five Years of Local Wars. In: JPR 1, S. 5–22, 1971
Kende, Istvan: Wars of Ten Years (1967–1976). In: J 15, 3, S. 227–241, 1978
Kende, Istvan: Über die Kriege seit 1945. In: Friedens- und Konfliktforschung 16, 1982
Keohane, Robert/*Nye,* Joseph: Power and Interdependence. Boston/London 1989
Kennan, George F.: American Diplomacy 1900–1950. Chicago 1951

Kennedy, Paul: The Rise and Fall of the Great Powers. New York 1987
Kohler-Koch, Beate (Hrsg.): Regime in den Internationalen Beziehungen. Baden-Baden 1989
Krakau, Knud: Missionsbewußtsein und Völkerrechtsdoktrin in den Vereinigten Staaten von Amerika. Frankfurt/Berlin. Abhandlungen der Forschungsstelle für Völkerrecht und ausländisches Recht der Universität Hamburg, Bd. 14, 1967
Krasner, Stephen D. (Ed.): International Regimes. Ithaka/New York 1983
Krippendorff, Ekkehart (Hrsg.): Friedensforschung. Köln/Berlin 1968
Krippendorff, Ekkehart: Staat und Krieg. Die historische Logik politischer Unvernunft. Frankfurt 1985
Krushchew, Nikita S.: On Peaceful Coexistence. In: Foreigne Affairs, Vol. 38, 1959, S. 1–18
LaFeber, Walter: The Truman Doctrine. In: Encyclopedia of American Foreign Policy. New York 1978, Bd. II, S. 980–985
Lehmbruch, Gerhard: Konkordanzdemokratien im internationalen System. In: Die anachronistische Souveränität. Hrsg. von E.-O. Czempiel. Sonderheft der PVS 1, 1969, S. 157ff.
Levine, E. P.: Mediation in International Politics. In: Peace Research Society Papers, Vol. 13, 1971, pp. 23–43
Levy, Jack S.: Theory of General War. In: World Politics. Vol. XXXVII, Nr. 3, 1985, S. 344–374
Link, Werner: Der Ost-West-Konflikt. Stuttgart [2]1988
Liska, G.: Nations in Alliance: The Limits of Interdependence. Baltimore 1962
Locke, John: An Essay Concerning Human Understanding (1687). Oxford 1975
Locke, John: Of Civil Government. Second Treatise. Intr. by R. Kirk. Chicago: Gateway 1955. Deutsch: Zwei Abhandlungen über die Regierung, hrsg. von W. Euchner. Frankfurt 1977
Loth, Wilfried: Die Teilung der Welt. 1941–1955. München 1985
Löwenthal, Abraham F.: The Dominican Intervention. Cambridge/Mass. 1972
Machiavelli, Niccolo: Der Fürst (1532). Stuttgart 1955
Machiavelli, Niccolo: Discorsi. Gedanken über Politik und Staatsführung. Stuttgart 1977
Maoz, Z.: Paths to Conflict. International Dispute Initiation, 1816–1976. Boulder 1982
March, James G.: The Power of Power. In: D. Easton (Hrsg.): Varieties of Political Theory. New York 1966. S. 39–70
Matthies, Volker: Blockfreiheit. In: Pipers Wörterbuch zur Politik, Bd. 5; Internationale Beziehungen. Theorien – Organisationen – Konflikte. Hrsg. v. Andreas Boeckh. München 1984, S. 74–79
Matthies, Volker: Kriegsschauplatz Dritte Welt. München 1988
Matthies, Volker: Die Blockfreiheit. Opladen 1985
May, Ernest R.: The Making of the Monroe Doctrine. Cambridge/London 1975
Mayntz, Renate et al.: Einführung in die Methoden der empirischen Soziologie. Köln/Opladen 1969
McKinlay, R. D./*Little*, R.: Global Problems and World Order. London 1986
Meadows, Dennis L.: Das globale Gleichgewicht. Modellstudien zur Wachstumskrise (Toward global equilibrium). Übers. von H. D. Heck. Hamburg 1976
Meadows, Dennis L. et al.: Die Grenzen des Wachstums. Bericht des Club of Rome zur Lage der Menschheit (The limits to growth). Übers. von H. D. Heck. Stuttgart 1972

Mearsheimer, John J.: Back to the Future. Instability in Europe after the Cold War. In: International Security, 1990, 15: 1, S. 5–56

Meiers, Franz Josef: Von der Entspannung zur Konfrontation. Die amerikanische Sowjetpolitik im Widerstreit von Innen- und Außenpolitik 1969–1980. Bochum 1987

Meissner, Boris: „Neues Denken“ und sowjetische Außenpolitik. In: Außenpolitik (1989) 2, 107–125

Mendler, M./*Schwegler-Rohmeier,* W.: Auf dem Weg zu einer allgemeinen Theorie der Kriegsursachen. In: Gantzel, Klaus Jürgen (Hrsg.): Krieg in der Dritten Welt. Baden-Baden 1988, S. 199–292

Mesarovic, Mihailo/*Pestel,* Eduard: Menschheit am Wendepunkt. 2. Bericht an den Club of Rome zur Weltlage. Stuttgart 1974

Mill, John Stuart: Considerations on Representative Government. Deutsch: Betrachtungen über die repräsentative Demokratie. Paderborn 1971

Mitrany, David: The Functional Theory of Politics. London 1975

Mommsen, Wolfgang J. (Hrsg.): Der moderne Imperialismus. Stuttgart 1971

Morgenthau, Hans: Politics Among Nations. The Struggle for Power and Peace (1948). New York 1960

Montesquieu, Charles Louis de: De l'esprit des loix (1748), Paris 1950, 1961. Deutsch: Vom Geist der Gesetze. Stuttgart 1980

Nagel, Jack H.: The Descriptive Analysis of Power. New Haven 1975

Niebuhr, Reinhold: Moral Man and Immoral Society: A Study in Ethics and Politics. New York 1952

Nogee, Joseph L./*Donaldson,* Robert H.: Soviet Foreign Policy Since World War II. New York 1948, ²1985

Nye, Joseph: Peace in Parts – Integration and Conflict in Regional Organisations. Boston 1971

Organski, A. F. K.: World Politics. New York 1959

Osgood, Robert E. et al: America and the World. From the Truman Doctrine to Vietnam. Baltimore/London 1970

Osmanczyk, Edmund Jan: The Encyclopedia of the United Nations and International Agreements. Philadelphia/London 1985

Overholt, William H./*Chou,* Marylin: Foreign Policy Doctrines. In: Foreign Policy Analysis (hrsg. von Richard L. Merritt). Lexington/Toronto/London 1975, S. 149–153

Pecquet, A.: De l'Art de Negocier avec les Souverains. Den Haag 1738

Pfetsch, Frank R./*Kaiser,* Martin: Wirtschafts- und gesellschaftspolitische Aktionsprogramme der Entwicklungsländer. München/Köln/London 1981

Pfetsch, Frank R.: Die Dritte Welt in Struktur und Programm. In: Vierteljahresberichte. Forschungsinstitut der Friedrich-Ebert-Stiftung, Nr. 89, September 1982

Pfetsch, Frank R.: Conditions for Nonviolent Resolution of Conflicts. In: Czempiel, Ernst-Otto L./Kiuzadjan, L. (Eds.): Non-violence in International Crises. European Coordination Centre for Research and Documentation in Social Sciences. Wien 1990 S. 99–123

Pfetsch, Frank R. (Hrsg.): Konflikte seit 1945, 5 Bde. Freiburg 1991

Pfetsch, Frank R.: Internationale und nationale Konflikte nach dem Zweiten Weltkrieg. In: Politische Vierteljahresschrift, 32. Jg. (1991), H. 2, S. 258–285

Pfetsch, Frank R.: Deutsche Einheit und europäische Integration. In: Ulrike Liebert/Wolfgang Merkel (Hrsg.): Die Politik zur deutschen Einheit. Opladen 1991, S. 299–320

Platzer, Hans-Wolfgang: Lernprozeß Europa. Bonn 1992
Randle, R. F.: Die Origins of Peace. New York 1973
Regionale Verflechtung der Bundesrepublik Deutschland. München 1973
Reynolds, Charles: Theory and Explanation in International Politics. London 1973
Ricardo, David: Über die Grundsätze der politischen Ökonomie und der Besteuerung. Übers. und m. e. Einl. v. G. Bondi. Berlin 1959
Richardson, L. F.: Statistics of Deadly Quarrels (1950). Pittsburgh 1960
Richta, Radovan: Politische Ökonomie des 20. Jahrhunderts. Die Auswirkungen der technisch-wissenschaftlichen Revolution auf die Produktionsverhältnisse. U. d. Titel: Zivilisation auf dem Scheideweg. 2. Aufl. Frankfurt/M. 1971
Richta, Radovan: Technischer Fortschritt und die industrielle Gesellschaft. Frankfurt/M. 1972
Rittberger, Volker: Zur Friedensfähigkeit von Demokratien. In: Aus Politik und Zeitgeschichte, Bonn Oktober 1987
Ruloff, Dieter: Weltstaat oder Staatenwelt. Über Chancen globaler Zusammenarbeit. München 1986
Ruloff, Dieter: Wie Kriege beginnen. München 1987 (2)
Schmitt, Carl: Der Begriff des Politischen (1932). Nachdruck der 2. Aufl. Berlin 1979
Schultze, Rainer O.: Stichwort „Föderalismus". In: Pipers Wörterbuch zur Politik 2. München 1983, S. 93–116
Schweigler, Gerhard: Von Kissinger zu Carter. Entspannung im Widerstreit von Innen- und Außenpolitik 1969–1981. München/Wien 1982
Short, John R.: An Introduction to Political Geography. London 1982
Senghaas, Dieter (Hrsg.): Kritische Friedensforschung. Frankfurt 1971
Senghaas, Dieter (Hrsg.): Peripherer Kapitalismus. Analysen über Abhängigkeit und Unterentwicklung. Frankfurt 1974
Senghaas, Dieter: Abschreckung und Frieden. Frankfurt 1971
Senghaas, Dieter: Konfliktformationen im internationalen System. Frankfurt 1988
Simkim, W. E.: Mediation and the Dynamics of Collective Bargaining. Washington 1971
Singer, David J./*Small,* Melvin: Resort to Arms. International and Civil War, 1816–1980. Beverly Hills 1982
Singer, David J.: The Correlates of War II. Testing Some Realpolitic Models. New York 1980
Singer, David J./*Small,* Melvin: The Wages of War 1816–1965. A Statistical Handbook. New York 1972
Singer, David J.: The Correlates of War I: Research Origines and Rationale. New York 1979
Siverson, R. M./*Tennefoss,* M. R.: Interstate Conflicts: 1815–1965; in: International Interactions 9, 2, 1982 S. 147–178
Snyder, G. H./*Diesing,* P.: Conflicts Among Nations. Bargaining, Decision Making and System Structure in International Crises. Princeton 1977
Snyder, S./*Glenn,* H.: Crisis Bargaining. In: Ch. F. Hermann (ed.): International Crises. New York 1972, S. 217–256
Sorokin, P. A.: Social and Cultural Dynamics. New York 1937
Stein, A. A.: Why Nations Cooperate. Circumstance and Choice in International Relations. Ithaka 1990
Steinweg, Reiner (Red.): Kriegsursachen. Frankfurt 1987

Thompson, Terry L.: Ideology and Policy. The Political uses of Doctrine in the Soviet Union. Boulder/Colo. 1989

Tinbergen, Jan: Wir haben nur eine Zukunft. Reform der internationalen Ordnung. Der Rio-Bericht an den Club of Rome. Opladen 1977

Tuchman, Barbara: Die Torheit der Regierenden. Von Troja bis Vietnam. Frankfurt 1984

Tucker, Robert W.: The Inequality of Nations. New York 1977

Unser, Günther: Die UNO. München 1988 (4)

Vanhanen, Tatu: The Emergence of Democracy. A Comparative Study of 119 States, 1850–1979. Helsinki 1984

Wallace, Michael D.: Power and International War. In: Journal of Peace Research 1971, S. 23–35

Wallace, Michael D.: Arms Race and Escalation. In: Journal of Conflict Resolution 23, 1, 3–16, 1979

Wallerstein, I.: Structure and War – On International Relations, 1920–1968. Stockholm 1973

Waltz, Kenneth N.: The Stability of a Bipolar World. In: Daedalus 93, 1964, S. 881–909

Weber, Max: Wirtschaft und Gesellschaft. Tübingen 1956

Weede, Erich: Arms Race and Escalation – Some Persisting Doubts. In: J. o. C. Res. 24, 2, 1980, S. 285–287

Weede, Erich: Der ökonomische Erklärungsansatz in der Internationalen Politik. In: PVS, Juni 1989, S. 254–272

Wehler, Hans-Ulrich (Hrsg.): Imperialismus. Köln/Berlin 1970

Wehr, P.: Conflict Regulation. Boulder 1979

Weidenfeld, Werner/*Wessels,* Wolfgang (Hrsg.): Wege zur Europäischen Union. Vom Vertrag zur Verfassung? Bonn 1986

Weingartner, Thomas: Die Außenpolitik der Sowjetunion seit 1945. Eine Einführung. Düsseldorf 1973

Wolf, Klaus D./*Zürn,* Michael: Theorien der internationalen Beziehungen heute. In: Gegenwartskunde 2/1991, S. 241–267

Wright, Quincy: A Study of War (2 Vol), (1942). Chicago, 1960. Deutsche Übersetzung von R. Witzel 1969

Wright, Quincy: The Causes of War and the Conditions of Peace. London 1935

Young, Oran R.: The Intermediaries: Third Parties in International Crises. New York 1967

Young, Oran R.: International Regimes: Toward a New Theory of Institutions. In: World Politics 1985, S. 104–122

Zacher, M. W.: International Conflicts and Collective Security, 1946–1977. New York 1979

Zartman, I. W.: Ripe for Resolution. Oxford 1985

Zelger, Josef: Konzepte zur Messung der Macht. Berlin 1975

Zivier, Ernst: Die Nichtanerkennung im modernen Völkerrecht. Probleme staatlicher Willensäußerung. Berlin, 1969

Register

Karl Rohe
POLITIK
BEGRIFFE UND WIRKLICHKEITEN
2. Auflage
Kohlhammer